신약정독 : 복음서 편

신약정독

복음서 편

오경준 지음

홍성사

성경에는 깊고 오묘한 진리가 무궁합니다. 꼼꼼히 정독하면 엄청난 보물이 나옵니다. 작금의 통독 열풍은 표면 답사였습니다. 이제 깊이 들어가 황금을 캘 때입니다. 시대가 정독을 요구합니다. 성경정독은 놀라운 일을 일으킵니다. 속 빈 교회가 신뢰를 되찾고, 말씀이 기뻐 믿음이 살아나고, 순종으로 얻은 간증이 가득할 것입니다. 과거 루터의 성경정독이 역사를 바꾼 것처럼 말입니다.

이 요구 앞에, 저는 먼저 성경의 핵심인 복음서 정독을 도우려고 이 책을 썼습니다. 강단에서 복음서 본문이 점점 사라집니다. 예수님의 이야기가 비현실적으로 보여서인 듯합니다. 예수를 믿는다고 다 병이 낫는 것도, 물 위를 걷는 것도, 떡 다섯 개로 열두 바구니를 남기는 것도 아닙니다. 신비한 치료와 기적은 기대만큼 자주 일어나지 않습니다. 본래 잘 안 일어나서 기적인 것입니다.

그래서인지 복음서는 어느새 주일학교 구연동화 소재 정도로 머물고 실제 삶에서 멀어져 갑니다. 예수님과 우리 사이가 멀어지는 것입니다. 복음서의 표면만 읽어서 생긴 비극입니다. 복음서

안에는 진리의 보화가 무한합니다. 깊고 바르게 정독하면 언제라도 발견할 수 있습니다. 서두르지 말고 주문 외듯 지나치지 말고, 되새기고 연관 짓고 관찰하고 비교하며 꼼꼼히 읽으면 됩니다.

이 책은 이론이나 방법론적 설명을 피했습니다. 오히려 복음서 본문을 실제로 정독하고 해석하는 과정을 관련 구절들과 함께 이야기하듯 풀어 나갔습니다. 또 난해한 본문의 이해를 돕는 복음서 주석 역할도 감당하도록 애썼습니다. 따라서 복음서를 정독하며 이 책을 참고서로 사용하셔도 좋고, 책을 먼저 읽으신 후 복음서를 읽으며 그것이 정말 그러한가를 따져 나가도 좋을 것입니다. 애초에 양쪽 모두를 고려하며 쓴 책입니다.

부디 이 책이 복음서를 정독하려는 모든 분께 도움이 되고, 성경 정독의 시대를 활짝 여는 도구가 되기를 바랍니다. 이 책은 본래 〈신약정독〉 시리즈의 첫 번째 책입니다. 앞으로 사도행전 편, 바울서신 편, 공동서신 편 등을 계속 써나가서 〈신약정독〉 시리즈를 완성하고, 나아가 〈구약정독〉 시리즈까지 쓰는 것이 제 일생의 사명 어린 꿈입니다. 예수님께서 제 꿈을 이뤄 주시길 소망합니다.

Sola Scriptura!
2018년 2월

오 경준

머리말
신약정독 워밍업 / 복음서정독 워밍업

마태
복음 | Matthew

사역 이전(마 1:1-4:11)

전반기 사역(마 4:12-18:35)

마가 복음 | Mark

누가복음 | Luke

중반기 사역(눅 9:51-19:27)

후반기 사역(눅 19:28-22:38)

사역의 완성(눅 22:39-24:53)

요한
복음 | John

사역 초기의 7일(요 1:1-2:12)

신약정독 워밍업

신약성경은 총 27권으로 이루어져 있습니다. 각 권을 특징에 따라 분류하면 다음과 같습니다.

신약성경	복음서(4권)	마태복음, 마가복음, 누가복음(공관복음서) 요한복음(제4복음서)
	역사서(1권)	사도행전
	바울서신(13권)	로마서, 고린도전·후서, 갈라디아서, 데살로니가전·후서(여행서신) 에베소서, 빌립보서, 골로새서, 빌레몬서(옥중서신) 디모데전·후서, 디도서(목회서신)
	공동서신(8권)	히브리서, 야고보서, 베드로전·후서, 요한1·2·3서, 유다서
	예언서(1권)	요한계시록
총 27권		**9명(혹은 그 이상)의 기록자**

복음서는 예수님의 생애와 교훈을 기록한 네 권의 책입니다. 마태복음, 마가복음, 누가복음은 공통의 관점이 들어 있어서 공관복음서라고 부릅니다. 요한복음은 공관복음서와 여러모로 구별되기에 제4복음서라고 부릅니다. 공관복음서에도 실제로는 개별적 특징이 많습니다. 네 복음서의 공통적이면서도 다양한 증언은 예수님의 모습을 더 또렷하고 풍성하게 전해 줍니다.

역사서인 사도행전은 초기 기독교 역사를 기록한 책입니다. 예수님이 승천하신 후 어떻게 기독교 신앙과 교회가 전 세계로 확장되었는지 구체적인 역사 기록 속에서 보여 줍니다. 사도행전을 통해 신약성경, 특히 서신서들의 내용이 실제 역사 배경 위에 놓여 있음을 확인할 수 있습니다.

바울서신은 바울이 특정 교회나 개인에게 보낸 열세 편의 편지입니다. 여행서신 여섯 권은 선교 여행길에서 쓴 것이고, 옥중서신 네 권은 감옥에서 쓴 것이며, 목회서신 세 권은 제자인 디모데와 디도에게 목회의 지침을 전해 준 것입니다. 각 서신에는 바울이 주님께 얻은 구원의 진리와 믿음의 권고가 가득합니다.

공동서신은 야고보, 베드로, 요한, 유다 등이 쓴 여덟 편의 편지입니다. 수신자가 불특정하기 때문에 공동적이고 일반적인 편지라고 해서 붙인 이름입니다. 그래서 일반서신이라고 부르기도 합니다. 예전에는 히브리서를 바울이 썼다고 보는 견해가 많아서 일곱 권만 공동서신으로 분류했지만, 지금은 아니라는 입장이 강해서 여덟 권 모두 공동서신으로 분류합니다. 공동서신 역시 구원의 진리와 믿음의 권고들로 이루어져 있습니다.

예언서인 요한계시록은 사람들이 자주 오해하는 책입니다. '계시록' 혹은 '묵시록'이라고 하면 판타지적인 미래를 떠올립니다. 하지만 요한계시록도 신약성경에 속해 있다는 것을 잊어서는 안 됩니다. 다른 신약과 마찬가지로 요한계시록의 핵심 주제 역시 예수님의 사랑과 구원입니다. 다만 그 배경에 박해 상황이 좀더 깊이 있게 담겨 있습니다.

신약성경 전체에는 공통된 주제가 관통합니다. '예수 그리스도의 구원'입니다. 이 주제는 인간에게 복된 소식이므로 '복음'이라고 부릅니다. 신약의 기록자들은 예수 그리스도의 복음을 세상에 알리고자 성령의 감동으로 이 책들을 썼습니다. 이중 가장 먼저 기록된 책은 데살로니가전서입니다. 이 책이 쓰인 시기는 대략 AD 51년경으로 보는데, 예수님이 승천하신 지 20년도 채 되기 전입니다. 가장 나중에 기록된 책은 요한계시록으로 AD 90~100년 사이에 쓰인 것으로 보입니다. 결론적으로 지금 우리 손에 들린 신약성경은 AD 51~100년 사이인 약 50년 동안 아홉 명(혹은 그 이상)의 저자가 예수님과 그분의 구원에 대해 기록한 스물일곱 권의 모음이라 할 수 있습니다.

복음서정독 워밍업

복음서는 예수님의 삶과 교훈을 기록한 네 권의 책입니다. 복음서를 제대로 읽으려면 그 공통성과 다양성을 동시에 살펴보아야 합니다.

공통성

네 권의 복음서는 한목소리로 동일한 핵심을 전하고 있습니다. 그 내용은 다음과 같습니다.

- 예수님은 **하나님의 아들이시다**(마 3:17; 14:33; 16:16 등; 막 1:1; 3:11; 15:39 등; 눅 1:35; 4:41; 22:70 등; 요 1:34; 11:27; 20:31 등).

- 예수님은 많은 **기적과 교훈을 남기셨다**(각 복음서의 기록 대부분 및 요 20:30-31; 21:25 참조).

- 예수님은 **십자가에서 사형당하시고 무덤에 장사되셨다**(마 26:47-27:66; 막 14:43-15:47; 눅 22:47-23:56; 요 18:1-19:42).

- 예수님은 **장사된 지 사흘 만에 부활하셨다**(마 16:21; 17:9; 28:1-20; 막 9:9; 10:33-34; 16:1-18; 눅 18:31-33; 24:1-53; 요 2:19-22; 20:1-23).

- 예수님이 **십자가를 지신 이유는 인간을 죄에서 구원하기 위함이셨다**(마 1:21; 20:28; 26:26-28; 막 10:45; 14:22-25; 눅 1:76-77; 22:19-20; 24:46-48; 요 1:29; 3:16-17; 6:53-58; 12:27).

이상을 한 문장으로 줄이면 '하나님의 아들 예수 그리스도가 이 땅에서 많은 기적과 교훈을 베푸시다 십자가에 달려 죽으시고 사흘 만에 부활하셨는데 이는 인간을 죄에서 구원하시기 위함이다'

입니다. 이것이 복음의 핵심이고, 복음서는 이 사실을 인류에게 전하기 위해 기록된 책들입니다. 바울은 "내가 너희에게 전한 복음을 너희에게 알게 하노니…성경대로 그리스도께서 우리 죄를 위하여 죽으시고 장사 지낸바 되셨다가 성경대로 사흘 만에 다시 살아나사"(고전 15:1-4)라고 했습니다. 이 고백은 사복음서의 공통주제와 정확히 일치합니다.

다양성

각 복음서는 개별적 특징을 지닙니다. 한 복음서에 등장하는 사건이 다른 복음서에는 나오지 않기도 하고, 같은 사건에 대해서도 다른 시각과 목소리가 등장합니다. 이는 자연스럽고 당연한 일입니다. 각 복음서의 기록자가 처한 입장과 관점이 다르기 때문입니다. 한 사건에 하나의 시각만 존재하면 사건의 실체를 알기가 외려 힘들어집니다. 다양한 관점은 진실 파악에 도움이 됩니다.

따라서 복음서가 네 권인 것은 우리에게 복입니다. 각 복음서의 다양성을 통해 예수님의 생애와 교훈을 비교 분석하여 정확한 진실을 파악할 수 있기 때문입니다. 나아가 이를 통해 복음서가 기록된 당시 기독교의 정황까지 알 수 있습니다. 그러므로 복음서의 다양성은 예수님과 초기 기독교 세계를 다각적이고도 면밀히 들여다보게 하려는 하나님의 배려입니다. 이 배려는 심지어 복음서끼리 서로 불일치해 보이는 부분에도 녹아들어 있습니다. 그래서 지난 2,000년간 그토록 많은 공격을 받았음에도, 교회는 네 권의 복음서를 통합하거나 각색하려 하지 않고 온전히 보존해 온 것입니다.

끝으로 복음서 정독을 위한 실제적인 팁 두 가지를 말씀드리겠습니다.

전체 구조 파악

먼저 각 복음서의 전체 구조를 한눈에 조망하고 시작하는 것이 좋습니다. 복음서의 구조는 나누는 사람마다 다른데, 이 책은 독특하고도 쉬운 구조로 복음서 전체를 조망했습니다. 공관복음서는 '예수님의 사역'과 '활동지역' 중심으로, 요한복음은 예수님의 '세 번의 예루살렘 방문'과 '여섯 번의 유대인 명절'로 구분했습니다. 이 구조를 염두에 두고 복음서를 정독해 가면 개별 본문을 통과할 때도 방향성을 잃지 않을 것입니다. 이를 표로 나타내면 다음과 같습니다.

공관복음서의 구조	요한복음서의 구조
I. 사역 이전 II. 전반기 사역(갈릴리 중심) III. 중반기 사역(갈릴리에서 예루살렘으로) IV. 후반기 사역(예루살렘 중심) V. 사역의 완성	I. 사역 초기의 7일 II. 첫 번째 예루살렘 방문(첫 유월절) III. 두 번째 예루살렘 방문(유대인의 명절과 둘째 유월절) IV. 세 번째 예루살렘 방문(초막절과 수전절) V. 사역 말기의 5일(셋째 유월절 엿새 전) VI. 십자가와 부활(셋째 유월절)

정독의 기본 요령

복음서를 정독할 때는 다음의 기본 요령이 필요합니다.

· 본문 속의 육하원칙(5W1H)을 주목하라

'누가, 언제, 어디서, 무엇을, 어떻게, 왜'를 주목하면서 글을 읽는 것은 내용 파악의 가장 기본입니다. 성경 읽기도 예외가 아닙니다. 이 육하원칙을 발화점으로 해서 얻은 영감으로 깊은 진리에 도달하는 경우가 많습니다.

· 동사를 제대로 살피라

우리말은 동사가 순서상 가장 마지막에 나오기 때문에, 우리말 성경으로 정독할 때는 문장이 어떤 동사로 마무리되는지 반드시 확인해야 합니다. 앞부분만 대략 훑으며 넘어가는 식의 읽기는 안 된다는 의미입니다. 특히 동사(뿐 아니라 동사 계통의 부정사, 분사까지)는 시제를 가지므로, 과거인지 현재인지 혹은 미래인지 염두에 두어야 합니다.

· 본문의 전후를 살피라

지금 읽는 본문이 어떤 사건 후에 이어지는 것인지, 그리고 이를 통해 어떤 일이 일어나는지 확인할 때 비로소 진짜 의미가 드러나는 경우가 상당히 많습니다.

· 다른 복음서의 동일한(혹은 비슷한) 본문과 비교하라

비슷한 내용이지만 복음서마다 기록 방식과 표현이 다른 경우가 많습니다. 이 경우 그 차이점을 묵상의 주제로 삼으면 좋습니다. 예를 들어 "왜 마태복음에는 '심령이 가난한 자'라고 나오는데 누가복음에는 그냥 '가난한 자'로만 나올까? 본래 예수님은 뭐라고 말씀하셨을까? 만약 마태가 '심령이'를 첨가했다면 그 이유가 무엇일까? 반대로 누가가 '심령이'를 의도적으로 뺀 것이라면 그 이유는 무엇일까?" 식의 묵상은 복음서가 기록된 마태와 누가의 시대로, 나아가 실제로 그 말씀을 설파하신 예수님의 발치 아래까지 우리를 인도해 줍니다.

· '예수님의 복음'이 모든 해석의 기본임을 잊지 말라

복음서에 '복음'이 들어가는 것은 이미 살핀 대로 예수 그리스도의 구원의 복음을 전하기 때문입니다. 따라서 본문 해석의 가장 기본적인 출발점과 열쇠가 이 '구원의 복음'임을 항상 기억해야 합니다.

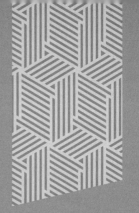

마태
복음

Matthew

대표적 특징

마태복음에는 '이때부터'(아포 토테, Ἀπὸ τότε)라는 독특하면서도 의도적인 표현이 나옵니다. 이 표현은 신약성경 전체에 단 네 번만 나오는데, 세 번을 마태가 사용했습니다(마 4:17; 16:21; 26:16; 나머지 한 번은 눅 16:16). 신기하게도 이 표현이 나오는 부분마다 마태복음의 대표적인 특징들이 드러납니다.

첫 번째 '이때부터'는 예수님의 공식 사역이 시작되는 구절에 나옵니다. "**이때부터** 예수께서 비로소 전파하여 이르시되 회개하라 천국이 가까이 왔느니라"(마 4:17). 여기서 '이때'는 세례요한의 체포와 맞물립니다. 요한이 체포되고 그의 활동이 완전히 종료된 후에야 예수님은 사역을 시작하시는데, 이는 예수님과 구약의 연속성을 보여 줍니다. "모든 선지자와 율법이 예언한 것은 요한까지니"(마 11:13)라는 말씀처럼 세례요한은 구약성경의 최종지점에 서 있습니다. 따라서 그 뒤를 이은 예수님의 사역은 구약과 긴밀한 연속성을 지닙니다. 이를 증명하듯 마태복음에는 다른 복음서보다 구약성경의 인용과 율법에 대한 강조가 굉장히 많습니다.

하지만 마태복음을 유대인 친화적인 책으로 섣불리 결론지으면 안 됩니다. 실제 내용을 보면 당시 유대인들의 편견과 선입견을 날카롭게 지적하고 율법의 참된 정신과 본질을 일깨우는 말씀이 가득합니다. 말씀을 왜곡하는 바리새인들의 가식과 외식을 지적하는 내용도 많습니다. 따라서 마태복음은 표면상 친유대적이지만 실은 상당히 반유대적입니다. 기존 유대인들의 그릇된 관념이 아닌 구약 율법의 참된 본질을 깨우쳐 주기 때문입니다. 율법의 본질은 궁극적으로 복음의 진리와 상통합니다.

두 번째 '이때부터'는 베드로의 신앙고백 후에 등장합니다. "**이때로부터** 예수 그리스도께서 자기가 예루살렘에 올라가…고난을 받고 죽임을 당하고 제 삼 일에 살아나야 할 것을 제자들에게 비로소 나타내시니"(마 16:21). 베드로의 신앙고백을 들으신 예수님은 교회의 출현을 선포하시고 '이때부터' 십자가 고난(마 16:17-18)을 예고하십니다. 이는 신앙고백을 드린 교회가 앞으로 십자가의 길을 걸어야 한다는 뜻입니다. 이 길은 예수님이 먼저 가신 길이므로 교회는 반드시 따라야 합니다. "누구든지 나를 따라오려거든 자기를 부인하고 자기 십자가를 지고 나를 따를 것이니라"(마 16:24). 교회의 길이 고난의 길이라는 가르침 역시 마태복음의 두드러진 특징 중하나입니다(복음서 중 마태복음에만 '교회'라는 단어가 나옴. 마 16:18; 18:17 참조).

마지막 '이때부터'는 가룟 유다의 배신과 직결됩니다. 유다는 대제사장들과 밀약을 맺은 후 "**그때부터** 예수를 넘겨줄 기회"(마 26:16)를 찾기 시작합니다. 우리말 성경에는 '그때부터'라고 나와 있지만, 위에 등장한 두 번의 '이때(로)부터'와 동일한 헬라어입니다. 유다의 배신을 기점으로 예수님의 고난 여정이 본격적으로 시작됩니다. 마태복음이 유다의 배신을 강조한 것은 믿는 무리 가운데 언제라도 배신자가 끼어 있을 가능성을 보여 줍니다. 한 신앙 공동체에도 곡식과 가라지가 섞여 있을 가능성이 있다는 말입니다.

'가라지'라는 말도 마태복음에만 나옵니다(마 13:25, 26, 27, 29, 30, 36, 38, 40). 이들은 모습만 그럴듯하고 열매가 없는 신앙인을 의미합니다.

마태복음에는 이런 자들을 향한 경고와 일침으로 가득합니다. "나더러 주여 주여 하는 자마다 다 천국에 들어갈 것이 아니요"(마 7:21)라는 말씀이 대표적입니다. 이러한 말씀은 오늘날 예수님을 믿는 우리에게도 경고와 가르침을 줍니다. 진짜로 믿는 성도가 과연 누구인지 일깨워 주기 때문입니다. 마태복음이 이런 경고의 말씀을 중심에 놓았다는 것은 마태복음의 초기 독자들이 중심과 속까지 참된 신앙을 추구하는 사람들이었다는 증거입니다.

이외에도 마태복음의 독특한 점들은 굉장히 많지만, 일단 이 세 가지 특징을 중심으로 읽어 나가겠습니다. 그러면 핵심에 근접할 수 있을 뿐 아니라, 나아가 다른 특징들도 포착할 수 있을 것입니다.

마태복음의 주요 특징

· 표면상 유대인에게 친밀하나 실제로는 그들의 편견을 깨뜨리려 한다.

· 교회가 가야 할 길이 고난의 길임을 강조한다.

· 그릇된 신앙인들에 대해 경고한다.

글쓴이의 흔적

일반적으로 우리는 마태, 마가, 누가, 요한이 각 복음서를 기록했다고 생각합니다. 하지만 실제로 복음서에는 이들이 저자라는 증언이 나오지 않습니다. 모두 후대의 추정으로 비롯된 것이고, 각 복음서의 제목도 이 추정을 따라 붙은 것입니다. 복음서의 저자들은 대부분 자기 모습을 최대한 감추고 예수님의 이야기를 기록했습니다. 따라서 기존에 알려진 저자들을 미리 대입해서, '마태는 세리니까', '누가는 의사니까' 하는 식으로 복음서를 읽는 것은 좋지 않은 방법입니다. 자칫 선입견에 갇힐 수 있기 때문입니다. 사심 없이 본문을 먼저 정독하고 그 후에 느껴지는 저자의 이미지를 나름대로 간직하는 것이 더 좋습니다.

이런 시각으로 복음서를 들여다보면 각 기록자의 체취가 진하게 묻은 부분들이 발견됩니다. 아무리 객관적인 기록이라도 저자의 자취가 남기 마련이기 때문입니다. 마태복음의 경우, 저자와 그가 속한 신앙 공동체의 모습이 은연중에 담겨 있는 대표적 구절은 다음과 같습니다. "그러므로 천국의 제자 된 서기관마다 마치 새것과 옛것을 그 곳간에서 내오는 집주인과 같으니라"(마 13:52).

'천국의 제자 된 서기관'이란 표현은 마태복음의 기록자와 당시 마태 신앙 공동체의 특징을 나타낸다고 보는 견해가 많습니다. 본래 서기관은 율법을 보존하고 해석하며 가르치는 사람입니다. 그런데 마태복음에는 유대교의 서기관들이 예수님께 굉장히 야단맞는 존재로 나옵니다. 율법의 본질을 버리고 껍질에만 치중했기 때문입니다. 하지만 여기 등장하는 마태 공동체 사람들, 즉 천국의 제자 된 서기관들은 다릅니다. 이들은 외식하는 유대 서기관들과 달리 말씀의 본질에 집중합니다. 구약의 율법과 메시아 예언의 참된 의미를 밝히고 유대 서기관들의 그릇된 가르침이 아닌 새롭고 참된 천국의 진리를 전합니다.

그래서 마태복음 곳곳에는 천국에 대한 가르침이 풍성하게 나옵니다. '천국'이라는 단어의 등장 자체가 마태복음의 고유한 특징입니다. 다른 복음서는 모두 '하나님의 나라'라는 용어를 사용하는데 마태복음에만 '천국'이라고 나옵니다('천국'은 36번, '하나님의 나라'는 4번만 등장함. 마 12:28; 19:24; 21:31, 43 참조). 천국 가르침의 핵심은 마태복음 13장에 기록된 일곱 가지 비유로 집중됩니다. 일곱 가지 천국 비유의 결론부에서 예수님은 제자들을 '천국의 제자 된 서기관'이라고 명명하신 것입니다. 예수님이 주신 이 명칭은 마태복음의 기록자와 그의 교회에게 무척 뜻깊은 의미였음이 분명합니다. 외식하는 서기관들과 달리 말씀의 본질을 붙잡고, 땅의 보물이 아닌 하늘의 영광을 바라보며 사는 마태 공동체 스스로를 가장 잘 표현해 주는 말이었기 때문입니다.

결론적으로 마태복음을 쓴 기록자와 이 책을 소유했던 마태 공동체는 외식하는 자들의 옛 가르침과 주님의 참된 새 가르침을 구분할 줄 알았고, 이 참되고 새로운 가르침을 천국 곳간에서 꺼내와 세상에 전파했습니다(마 5:21-22; 33-34 등 참조). 이것이 마태 공동체의 가장 중요한 사명이자 자부심이었기에 마태는 다른 복음서에 기록되지 않은 '천국의 제자 된 서기관'이란 표현을 특별히 남겨 놓은 것입니다.

사역 이전

족보(마 1:1-17)

마태복음의 시작은 좀 지겹게 느껴집니다. '누가 누구를 낳고'가 반복되는 아브라함과 다윗의 족보가 나오기 때문입니다. 하지만 당시 유대인들은 족보 자체에 상당한 친숙함과 흥미를 느꼈을 것 입니다. 메시아가 아브라함과 다윗의 족보에서 온다고 믿었기 때 문입니다. 그러나 마태복음에 등장하는 이 족보는 유대인들의 기 대를 금방 무너뜨렸습니다. '다말'(마 1:3), '라합'(마 1:5), '룻'(마 1:5), '우 리아의 아내'(마 1:6) 그리고 '마리아'(마 1:16)라는 다섯 여인의 이름이 등장하기 때문입니다. 이 여인들은 대부분 이방인이거나 간음과 연관된 자로, 율법적인 부정함과 관련되어 있습니다(창 38:1-30; 수 2:1; 룻1:4; 삼하 11:1-5; 마 1:18-19 참조).

이 다섯 여인이 족보에 기록된 것은 아브라함과 다윗의 족보가 썩 자랑할 만한 것이 아님을 폭로한 것입니다. 유대인들이 자랑하던 아브라함의 혈통은 순수하지도, 순결하지도 않았습니다. 그래서 세례요한은 이렇게 외쳤습니다. "속으로 아브라함이 우리 조상이라고 생각하지 말라…하나님이 능히 이 돌들로도 아브라함의 자손이 되게 하시리라"(마 3:9). 결국 이 족보는 아브라함과 다윗 족보의 어두운 실상을 드러내어 유대인들의 잘못된 메시아관을 깨뜨리려 한 것입니다. 진짜 메시아는 유대인의 혈통적 자부심을 만족시켜 줄 민족적 영웅이 아니었습니다. 오히려 죄 많은 인생들과 얼룩진 역사에 찾아오신 분이었습니다. 참 메시아 예수님은 "자기 백성을 그들의 죄에서 구원할 자"(마 1:21)이셨습니다. 이때의 '자기 백성'은 유대인들만이 아닙니다. 아브라함의 족보에 이방인도 섞여 있듯이, 진정한 메시아는 유대인과 이방인을 구분하지 않고 인류 전체를 위해 오신 분입니다.

탄생과 유아기(마 1:18-2:23)

예수님의 탄생 이야기는 마태복음과 누가복음에만 등장합니다. 누가복음에는 목자들이 나오지만 마태복음에는 동방박사들이 등장합니다. 이는 예수님이 마구간에서 태어나 "구유"(눅 2:7)에서 목자들을 만나셨고, 이후 다시 어떤 "집"(마 2:11)으로 거처를 옮기신 후 그곳에서 박사들을 만나셨다는 뜻입니다. 박사들이 출발한 "동방"(마 2:1)은 메소포타미아 지역으로 추정되는데, 아마도 박사들은 수백 킬로미터가 넘는 황량한 길을 낙타를 타거나 혹은 도보로 여행했을 것입니다. "그의 별을 보고"(마 2:2) 찾아왔다는 고백은 "한 별이 야곱에게서 나오며"(민 24:17)라는 구약의 예언과 연결됩니다.

동방박사들이 처음부터 예수님을 인류의 메시아로 확신하지는 못한 것 같습니다. 굳이 헤롯 왕을 찾아가 "유대인의 왕으로 나신 이가 어디 계시냐"(마 2:2)라고 묻는 장면이 이를 방증합니다. 하지만 예수님이 왕가 출신이 아님을 보고 박사들은 메시아가 유대인들만의 임금이 아니라는 것을 깨달은 것 같습니다. 궁전을 나선 후 "그들이 별을 보고 매우 크게 기뻐하고 기뻐하더라"(마 2:10)라는 표현에 이런 내면이 담겨 있습니다. 앞서 나온 '족보'가 편협한 유대인들에게 이방인까지 포용하는 메시아를 가르쳤다면, 동방박사들의 기쁨은 그 은혜의 당사자인 이방인들이 전 인류적 메시아를 마침내 깨닫는 극적인 장면입니다. 동방박사들의 깨달음은 "아기께 경배하고…예물"(마 2:11)을 드리는 장면에서 정점을 이룹니다.

하지만 아기 예수님의 운명은 녹록지 않습니다. "헤롯이 아기를 찾아 죽이려"(마 2:13) 했기 때문입니다. 이 위기에 등장한 영웅이 마리아의 남편 요셉입니다. 예수님의 탄생 이야기에 나오는 세 번의 꿈은 모두 요셉이 꾼 것입니다(마 1:20-23; 2:13, 19). 꿈을 꾼 요셉은 즉시 "주의 사자의 분부대로 행하여"(마 1:24) 순종합니다(마 2:14, 21). 만약 요셉이 없었다면 마리아와 아기 예수님의 목숨은 위태로웠을 것입니다.

이러한 요셉의 행동은 마태복음의 중요한 사상과 맞물립니다. 마태복음은 '작은 자'에게 특별한 관심을 보입니다. 이 사실은 첫 장에 등장한 족보에 이미 암시되어 있었습니다. 족보에 나오는 여인들은 모두 도움이 절실한 자들이었습니다. 이들을 향한 도움 없이는 메시아의 족보가 지속될 수 없었습니다. 이런 '약자와 돕는 자'의 구도는 족보의 마지막 커플인 마리아와 요셉에서 정점을 이룹니다. 위기에 처한 "아기와 그의 어머니"(마 2:13, 20, 21)가 요셉에 의해 생명을 건지기 때문입니다.

이처럼 마태복음은 '작은 자'를 도와야 한다는 사상을 깊이 품고 있습니다. '작은 자'라는 표현 자체가 다른 복음서보다 많이 등장하고(마태복음 6번, 마가복음 1번, 누가복음 3번, 요한복음 1번), 이를 강조한 '지극히 작은 자'라는 개념은 오직 마태복음에만 나옵니다(마 25:40, 45). 그런데 놀랍게도 이 '지극히 작은 자'는 최후 심판의 기준이 됩니다. "지극히 작은 자 하나"(마 25:40, 45)에게 먹을 것과 마실 것을 주고, 이들을 영접하고 옷을 입히며 돌보는 것이 곧 예수님께 "한 것"(마 25:40)이라고 기록되고 있기 때문입니다. 작은 자를 도운 사람은 영생에 들어가지만 그렇지 않은 사람들은 영벌에 들어갑니다(마 25:46).

참으로 두려운 가르침입니다. 우리가 아는 대로 예수님을 믿으

면 천국에 갑니다. 하지만 마태복음은 그 '믿음'을 다시 생각하게
합니다. 마태복음이 말하는 믿음은 단순한 지적 동의나 내면의 반
성이 아니라 "회개에 합당한 열매"(마 3:8)를 맺는 것입니다. "아름
다운 열매를 맺지 아니하는 나무마다 찍혀 불에 던져"(마 7:19)집니
다. '불'은 최후의 심판에 나온 '영벌'과 동일한 개념입니다. 따라
서 마태복음이 말하는 열매 맺는 참 믿음은 지극히 작은 자를 돕
는 것과 직결됩니다.

세례와 광야시험(마 3:1-4:11)

모든 복음서는 예수님의 공식 사역 전에 세례요한을 소개합니다.
요한은 "광야에 외치는 자의 소리"(마 3:3; 막 1:3; 눅 3:4; 요 1:23)로 주님
의 길을 예비합니다. 예수님은 그에게 세례도 받으십니다. 그런데
마태복음의 세례 이야기에는 다른 복음서에 없는 독특한 부분이
있습니다. 예수님이 "세례를 받으려 하시니 요한이 말려"(마 3:13-14)
거부합니다. 본래 세례는 인간을 "회개하게 하기 위하여"(마 3:11) 주
는 것입니다. 따라서 죄가 없으신 예수님은 세례를 받으실 필요가
없습니다. 그래서 요한은 "내가 당신에게서 세례를 받아야 할 터인
데"(마 3:14)라고 고백합니다. 그런데 예수님은 "우리가 이와 같이 하
여 모든 의를 이루는 것이 합당하니라"(마 3:15)라고 말씀하십니다.

예수님이 이루려 하신 '모든 의'는 복음의 근본에서 이해해야
합니다. '의'(義)에는 두 가지 요소가 있습니다. 첫 번째, 악을 보면

사역 이전   35

가차 없이 '처벌하는 의'로서 흔히 '정의'라고 부릅니다. 정의는 통쾌해 보이지만 정말로 시행되면 큰일이 납니다. 모든 인간은 악하고 "의인은 없나니 하나도 없"(롬 3:10)기 때문입니다. 따라서 '처벌의 의' 앞에는 온 인류가 벌을 받아야 합니다. 이런 인간을 불쌍히 여기셔서 하나님은 또 다른 '의'를 보내셨습니다. 바로 두 번째, 예수 그리스도의 '대속의 의'입니다.

대속(代贖)이란 '대신 죄를 속하는 것'입니다. 이 단어는 본래 포로나 노예를 해방시키기 위해 치르는 몸값을 의미합니다. 예수님은 사망의 포로가 된 인간의 죗값을 치르려고 자기 목숨을 대가로 지불하셔서 '처벌의 의'를 충족시키셨습니다. 이를 통해 인간은 '대속의 의'를 얻게 되었습니다. '대속의 의'는 곧 '사랑'입니다. 결국 '처벌의 의'와 '대속의 의'(다른 말로 '정의'와 '사랑')가 동시에 충족되는 것이 "모든 의를 이루는 것"(마 3:15)입니다. 그렇다면 예수님이 받으신 세례는 죄 씻음이 아니라 죄인들이 강물에 씻은 죄를 대신 짊어지신 것입니다. "인자가 온 것은 섬김을 받으려 함이 아니라 도리어 섬기려 하고 자기 목숨을 많은 사람의 대속물로 주려"(마 20:28) 하셨기 때문입니다.

인간에게 대속의 은혜를 주기로 처음 계획하신 분은 하나님이셨습니다. 그러므로 "예수께서 세례를 받으시고 곧 물에서 올라오실새 하늘이 열리고…소리가 있어 말씀하시되 이는 내 사랑하는 아들이요 내 기뻐하는 자라"(마 3:16-17)라는 음성이 울려 퍼진 것입니다. 이는 하나님께서 예수님의 십자가 결단을 기뻐하셨다는 증거입니다. 하지만 이 결단이 발표되자 곧바로 마귀의 유혹이 시작됩니다. 당연한 순서입니다. 예수님의 사명이 성취되어 "자기 영광으로 모든 천사와 함께 올 때"(마 25:31, 26:64 참조)가 되면 "마귀와 그 사자들을 위하여 예비된 영원한 불"(마 25:41)이 임할 것이기 때문입니다.

이를 저지하려고 마귀는 예수님을 유혹합니다. 예수님의 육체에 욕망을 집어넣으려 합니다. 마귀는 "네가 만일 하나님의 아들이어든"(마 4:3, 6) 돌로 떡이 되게 하고, 성전 꼭대기에서 뛰어내려 사람들의 주목을 끌라고 합니다. 예수님의 사명을 육체의 욕심을 위한 것으로 바꾸기 위함입니다. '하나님의 아들 그리스도'(마 16:16; 26:63)는 인간의 대속물로 자기 몸을 희생하기 위해 오셨습니다. 하지만 마귀는 하나님의 아들도 육체를 입었으니 몸을 위해 살라고 유혹합니다. 하늘의 권능으로 주린 배부터 채우고 세속의 명예를 추구하라고 유혹합니다.

육신의 욕망을 따르는 것은 마귀에게 굴복하는 것입니다. 자기에게 "엎드려 경배하면"(마 4:9) 천하만국과 영광을 주겠다는 마귀의 마지막 유혹이 이를 증명합니다. 그러나 예수님은 모든 유혹을 말씀으로 이기십니다. 배가 고파도 말씀보다 떡이 우선되어서는 안 되고(마 4:3; 신 8:3), 인기와 명예를 위해 하나님을 시험해서도 안 되며(마 4:7; 신 6:16), 탐심 때문에 하나님 외에 다른 것에 머리를 숙이면 안 된다(마 4:10; 신 6:13)고 선언하십니다. 이 선언은 하나님께 순종하는 것이 육신의 쾌락보다 귀중하다는 고백입니다.

전반기 사역

산상수훈(마 5:1-7:29)

사역을 시작하신 예수님은 "무리를 보시고 산에 올라가"(마 5:1) 앉으신 후 산상수훈을 가르치십니다. 산상수훈을 제대로 이해하려면 그 속에 네 종류의 사람이 등장함을 알아야 합니다. 이방인, 외식하는 자, 율법 폐기자, 하늘 아버지의 자녀입니다.

▪ 이방인

산상수훈의 이방인(마 5:47; 6:7, 32)은 "무엇을 먹을까 무엇을 마실까 무엇을 입을까"(마 6:31)를 인생의 가장 중요한 문제로 삼습니다. 그래서 늘 "목숨을 위하여…몸을 위하여…염려"(마 6:25)합니다. 또한 열심히 "보물을 땅에 쌓아"(마 6:19) 둡니다. 이들은 땅에 속한 자들입니다. 이때의 '땅'은 '하늘'의 반대 개념입니다. 이미 살펴보았지만 다른 복음서에서 '하나님의 나라'를 즐겨 사용하는 것과 달리 마태복음은 독자적으로 '천국'이란 표현을 사용합니다. '하나님의 나라'가 하나님의 통치를 의미하는 추상적 개념이라면, '천국' 곧 '하늘나라'는 공간적 개념입니다. 따라서 산상수훈의 이방인은 하늘나라 바깥에 있는 사람들입니다. '하늘'의 반대인 '땅'에 집착하기 때문입니다. 이 이방인에는 심지어 유대인이나 믿는 성도들도 포함될 수 있습니다. 하나님을 믿지만 "하나님과 재물을 겸하여"(마 6:24) 섬기는 자도 존재하기 때문입니다.

▪ 외식하는 자

외식하는 자(마 6:2, 5, 16; 7:5)는 율법적이고 종교적인 유대인들을 가리킵니다. 이들은 겉보기에 하나님을 잘 섬기는 것 같지만 역시 땅에 속해 있습니다. 하늘의 상보다 땅의 명예를 더 소중히 여기기 때문입니다. 이들은 "사람에게 보이려고"(마 6:1) 의를 행하고, "구제할 때…나팔"(마 6:2)을 불며, "회당과 큰 거리 어귀에 서서"(마 6:5) 기도하고, "금식할 때…슬픈 기색"(마 6:16)을 보입니다. 이는 그들이 율법을 잘못 사용하기 때문입니다. 율법의 본질과 정신에는 관심이 없고 문자와 조항에만 매달려 사람의 칭찬을 얻고 싶어 합니다. 말 그대로 '외식'(겉 외外, 꾸밀 식飾)이 목표입니다. 심지어 다른 이들의 흠과 티를 지적해서 자기를 돋보이게 하려고 합니다(마 7:1-5). 이런 자들에게 예수님은 "자기 상을 이미 받았느니라"(마 6:5)라고 말씀하십니다. 이는 곧 "하늘에 계신 너희 아버지께 상을 받지 못하느니라"(마 6:1)라는 말씀과 직결됩니다.

예수님은 이런 자들에게 율법의 진정한 의미를 가르치십니다. "나는 너희에게 이르노니"(마 5:22, 28, 32, 34, 39, 44; 6:2, 5, 16)로 시작하는 가르침은 율법의 본질과 정신을 강조합니다. "살인하지 말라"(마 5:21), "간음하지 말라"(마 5:27), "헛맹세를 하지 말고"(마 5:33) 등의 명령은 문자적인 살인, 간음, 헛맹세뿐 아니라 인간 내면의 미움, 음욕, 거짓으로 연결됩니다. 이처럼 본질이 도입되면 사실상 율법을 온전히 지키는 것은 불가능해집니다. "형제에게 노하는"(마 5:22) 일이나 "마음에 이미 간음"(마 5:28)하는 일이나 "맹세한 것을 주께 지키"(마 5:33)는 일에 그 누구도 완벽할 수 없습니다. 결국 인간은 율법 준수를 통해 하나님께도, 인간에게도 칭찬을 얻을 수 없는 존재입니다. 따라서 예수님의 가르침은 외식하는 자들을 향한 날카로운 비판과 일침입니다.

하지만 여기서 새로운 문제가 시작됩니다. 산상수훈을 해석하기 힘든 이유는 예수님의 이 날카로운 일침이 주님의 성도들에게도 여전히 적용되기 때문입니다. 외식하는 자뿐 아니라 믿는 자도 산상수훈의 강화된 율법을 온전히 지킬 수 없습니다. 그래서 문제가 복잡한 겁니다. 산상수훈 앞에 서면 외식하는 자든 믿는 자든 예외 없이 "지옥 불"(마 5:22)에 들어가야 합니다. 과연 이것이 예수님의 본뜻이실까요?

이 문제의 해답을 찾아낸 사람이 바로 사도 바울입니다. 바울도 산상수훈의 말씀을 놓고 우리와 같은 고민을 했을 것입니다. 그때 하나님이 깨달음을 주셨습니다. "율법이 말하는 바는…모든 입을 막고 온 세상으로 하나님의 심판 아래에 있게 하려 함이라 그러므로 율법의 행위로 그의 앞에 의롭다 하심을 얻을 육체가 없나니 율법으로는 죄를 깨달음이니라"(롬 3:19-20). 바리새인 출신(빌 3:5) 바울은 이전에 지킬 수 있다고 생각했던 율법이 실은 인간의 힘으로는 지킬 수 없는 것임을 깨달았습니다. 율법을 통해 의로워지기는 커녕 심판과 처벌만 가중될 뿐이라는 것입니다. 이 깨달음은 마침내 기독교의 핵심교리인 '이신칭의', 즉 '믿음으로만 의롭다고 칭함받는다'는 깨달음으로 이어집니다. 바울의 표현대로 하면 "사람이 의롭다 하심을 얻는 것은 율법의 행위에 있지 않고 믿음으로 되는 줄 우리가 인정하노라"(롬 3:28)입니다.

하지만 여전히 의문은 가시지 않습니다. 정작 산상수훈에는 이 이신칭의 사상도 명확하게 드러나지 않습니다. 율법의 무게를 가중시키신 예수님은 그렇기 때문에 율법을 의지하지 말고 '나를 믿으라'고 하지 않으십니다. 오히려 "천지가 없어지기 전에는 율법의 일점일획도 결코 없어지지 아니하고 다 이루리라"(마 5:18) 하시면서 "너희 의가 서기관과 바리새인보다 더 낫지 못하면 결코 천국에 들어가지 못하리라"(마 5:20)라고 한층 더 가혹하게 말씀하십니다. 대체 이 문제를 어떻게 풀 수 있을까요?

산상수훈에 그 열쇠가 숨어 있습니다. 바로 "내가 율법이나 선지자를 폐하러 온 줄로 생각하지 말라"(마 5:17)라는 구절입니다. 이 말씀은 당시 어떤 이들이 '예수님은 율법이나 선지자를 폐하러 오신 분'이라고 주장했음을 보여 줍니다. 여기서 바울의 사상과 산상수훈 간의 연결고리가 드러납니다. 바울은 산상수훈의 말씀을 통해 "율법으로는 죄를 깨달을"(롬 3:20)을 뿐이므로 율법의 행위보다 믿음이 중요함을 깨달았습니다. 그런데 이 진리를 전파하자 엉뚱한 일이 벌어집니다. 이신칭의를 오해한 어떤 이들이 믿기만 하면 무슨 죄든 다 용서받으니 '이제 율법이 필요 없다'고 주장한 것입니다.

바울서신 곳곳에 이런 자들의 흔적이 선명하게 드러납니다. 바울은 "율법이 들어온 것은 범죄를 더하게 하려 함이라 그러나 죄가 더한 곳에 은혜가 넘쳤나니"(롬 5:20)라고 합니다. 그러자 누군가 이렇게 말합니다. '오호! 그럼 이제부터 열심히 죄를 지어야지. 죄가 더해질수록 더욱 큰 은혜를 받는다니까.' 이런 삐딱한 자들이 나타났기 때문에 바울은 곧이어 이렇게 외친 것입니다. "은혜를 더하게 하려고 죄에 거하겠느냐 그럴 수 없느니라 죄에 대하여 죽은 우리가 어찌 그 가운데 더 살리요"(롬 6:1-2). 결국 이 사람들은 하나님의 은혜를 편리한 면죄부로 사용한 것입니다. 이들에게 율법은 소중하지 않습니다. 믿기만 하면 율법을 어겨도 언제든 용서받는다고 생각했기 때문입니다.

'율법 폐기자'들은 산상수훈이 전해진 시기에도 존재했습니다. 그뿐 아니라 마태복음이 기록된 당시에도 이런 생각을 가진 사람들이 있었습니다. 그래서 마태는 되도록 복음서에 이신칭의에 대한 가르침을 축소했습니다. 기본적인 진리를 마태 공동체 성도들은 이미 잘 알고 있었고, 자칫 지나치게 강조하면 문제를 일으키는 사람들에게 힘을 보탤 수 있는 상황이었기 때문입니다. 그래서 마태는 예수님의 가르침에서 '믿음'보다 '율법을 행함'에 대한 부분을 더 집중적으로 담았습니다. 예수님은 결코 "율법이나 선지자를 폐하러"(마 5:17) 오신 것이 아니라, "완전하게 하려"(마 5:17) 하셨고, "천지가 없어지기 전에는 율법의 일점일획도 결코 없어지지 아니"(마 5:18)한다고 말입니다.

오늘날 우리도 믿음을 면죄부처럼 사용할 수 있습니다. 죄를 지어도 믿음이 있으니 괜찮다고 안심하고 스스로 하나님이 되어 자기가 지은 죄를 간단히 용서해 버립니다. 하지만 산상수훈은 이런 식의 믿음이 거짓되고 위험한 것임을 분명하게 지적합니다. 믿음은 교통카드처럼 소지하다가 필요할 때 꺼내 쓰는 도구가 아닙니다. 우리의 믿음은 예수님의 죽음이라는 엄청난 역사적 사건을 통해 주어졌습니다. 이를 진심으로 믿으면 주님 앞에서 몸 둘 바를 모르게 됩니다. 또한 죄가 얼마나 무서운지 뼈저리게 느낍니다. 내 죄 때문에 하나님의 아들이 죽으셨기 때문입니다. 그런데 이 거대한 하나님의 은혜를 도리어 색욕거리로 바꾸고(유 1:4) 죄를 부추기는 도구로 사용하는 것은 참으로 무지한 태도입니다.

구원의 은혜를 전심으로 받아들이는 자는 몸서리를 치며 죄를 멀리합니다. 동시에 죄를 일깨워 주는 율법을 날마다 가까이하고 묵상합니다. 바울은 외칩니다. "그런즉 우리가 믿음으로 말미암아 율법을 파기하느냐 그럴 수 없느니라 도리어 율법을 굳게 세우느니라"(롬 3:31). 산상수훈은 바로 이 이야기를 하고 있는 것입니다.

• 율법 폐기자

그러므로 산상수훈에 등장하는 세 번째 인물은 바로 '율법 폐기자'들입니다. 이들은 겉보기에 예수님을 잘 믿는 사람처럼 보이지만 그 믿음으로 좋은 열매를 맺으려 하지 않습니다. 율법을 버리고 행함을 무시합니다. 대신 감정적이고 열광적인 신앙을 선호합니다. 예수님을 열심히 "주여 주여"(마 7:21, 22) 부르며 "주의 이름으로 선지자 노릇 하며 주의 이름으로 귀신을 쫓아내며 주의 이름으로 많은 권능"(마 7:22)을 행했다고 자랑합니다. 하지만 예수님은 그들에게 "불법을 행하는 자들아 내게서 떠나가라"(마 7:23)라고 말씀하십니다.

여기에서 '불법'은 단순히 율법을 어기는 것이 아니라 아예 버리는 것으로 율법 자체가 없는 상태, 즉 '무법'한 상태를 의미합니다. 이 단어 역시 마태복음의 독특한 표현인데, 다른 복음서에는 없고 마태복음에만 네 번 나옵니다(마 7:23; 13:41; 23:28; 24:12). 결국 이 무법자들은 믿음을 내세워 율법과 행함을 무시하는 '율법 폐기자'들입니다.

마태복음 13장 '천국 비유'에 나오는 가라지도 "불법을 행하는 자들"(마 13:41)로 등장합니다. 이때의 '불법' 역시 마가복음 7장 23절과 같은 단어인 '무법'입니다. 이 무법자들은 행함이 없기에 열매를 맺을 수 없습니다. 예수님은 "아름다운 열매를 맺지 아니하는 나무마다 찍혀 불에 던져지느니라"(마 7:19)라고 말씀하십니다. 결국 "가라지는 먼저 거두어 불사르게"(마 13:30) 되는 것과 같은 운명입니다.

- 하늘 아버지의 자녀

산상수훈에 나오는 가장 중요한 존재는 '하늘 아버지의 자녀'들입니다. 이들은 하나님을 아버지라고 부르는 사람들입니다(마 5:16, 45, 48; 6:1, 9, 14, 26, 32; 7:11). 동시에 예수님이 선언하신 '팔복'(마 5:3-12)의 주인공들입니다. 팔복은 세상의 복과 다릅니다. 세상은 육신이 잘되고 형통한 것을 복이라고 합니다. 하지만 예수님은 광야시험에서 이미 이를 부정하셨고 '심령이 가난하고'(마 5:3), '애통하고'(마 5:4), '의에 주리고 목마른 자'(마 5:6)가 복이 있다고 말씀하셨습니다. "너희 가난한 자는 복이 있나니…지금 주린 자는 복이 있나니"(눅 6:20-21)라고 기록된 누가복음과 달리, '심령'이나 '의'라는 단어가 들어간 것은 이제껏 살펴본 율법의 맥락에서 이해할 수 있습니다. 믿는 자도 당연히 율법을 행해야 합니다. 문제는 이 행함이 산상수훈의 두 번째 등장인물인 '외식하는 자'와 어떤 차이가 있느냐 하는 것입니다. 외식하는 자들도 겉으로는 율법을 열심히 지키기 때문입니다.

하지만 둘의 내면은 전혀 다릅니다. 외식하는 자들은 사람의 칭찬에 만족하지만 십자가의 보혈에 감사해서 율법을 지키는 자는 늘 송구합니다. 그래서 후자의 사람들의 심령은 가난합니다(마 5:3). 아무리 애써도 온전치 못해 애통해합니다(마 5:4). 주님을 기쁘시게 할 만큼 의로워지기 위해 심령이 늘 배고프고 목마른 상태이기 때문입니다(마 5:6). 동시에 이들은 교만하지 않고 온유합니다(마 5:5). 또 외식하는 자와 달리 마음이 청결합니다(마 5:8). 예수님은 바로 이러한 경지를 팔복에서 말씀하신 것입니다.

팔복을 제대로 이해하면 비로소 "너희 의가 서기관과 바리새인보다 더 낫지 못하면 결코 천국에 들어가지 못하리라"(마 5:20)라는 말씀이 풀립니다. 이는 율법 준수의 '외적인 성과'가 아니라 '내면의 태도'에 대한 말씀입니다. 하나님께 감사하여 진심으로 율법을 행하는 성도는 애초에 바리새인의 가식적인 의를 능가합니다.

그렇다면 믿는 이가 행할 율법의 핵심은 무엇일까요? 이른바 '황금률'로 집약됩니다. 황금률은 "무엇이든지 남에게 대접을 받고자 하는 대로 너희도 남을 대접하라 이것이 율법이요 선지자니라"(마 7:12)입니다. 이 명령은 근본적으로 '이웃 사랑'에 대한 말씀입니다(롬 13:10; 갈 5:14; 약 2:8 등 참조). 그런데 마태복음은 이 이웃의 범위를 확장시킵니다. 예수님은 "너희가 너희를 사랑하는 자를 사랑하면 무슨 상이 있으리요"(마 5:46)라고 하시면서 '원수도 긍휼히 여기고'(마 5:7, 44) '자신을 고발하는 자'(마 5:25)나 '오른편 뺨을 치고 속옷을 가지고자 하는 자'(마 5:39-40)까지 용납하며 "너희 원수를 사랑하며 너희를 박해하는 자를 위하여 기도하라"(마 5:44)고 명하십니다. 이처럼 사랑의 대상을 확장해야 비로소 "하늘에 계신 너희 아버지의 아들"(마 5:45)이 되기 때문입니다.

이는 팔복의 일곱 번째인 "화평하게 하는 자는 복이 있나니 그들이 하나님의 아들이라 일컬음을 받을 것임이요"(마 5:9)라는 말씀과 상통합니다. '화평하게 하는 자'는 '평화를 만드는 자'란 뜻입니다. 예수님은 자기 성도들이 온 세상을 품을 만큼 사랑이 크기를 원하셨습니다. 그래야 "가서 모든 민족을 제자로 삼아 아버지와 아들과 성령의 이름으로 세례를 베풀"(마 28:19) 수 있기 때문입니다.

결론적으로 산상수훈에 등장하는 자들은 '땅에 속한 자'와 '하늘에 속한 자'로 나눌 수 있습니다. 땅에 속한 자는 먹고사는 문제를 염려하는 이방인들과 율법을 이용해서 사람의 칭찬을 얻으려는 외식하는 자들, 또한 이와 반대로 믿음을 왜곡해서 율법을 폐기하는 자들입니다. 하지만 하늘에 속한 하늘 아버지의 자녀들은 율법의 본질인 예수님의 가르침, 즉 "나의 이 말을 듣고 행하는 자"(마 7:24)입니다. 하늘의 자녀들은 주님의 법을 즐거워하지만 땅에 속한 자들은 이를 기뻐하지 않습니다. 그러다 보니 하늘의 자녀들은 땅에서 미움과 박해를 당합니다. 그런데 도리어 이것이 복이라고 합니다. 주님을 위해 받는 박해가 하늘에서 상을 얻을 근거이기 때문입니다. 예수님은 "나로 말미암아 너희를 욕하고 박해하고 거짓으로 너희를 거슬러 모든 악한 말을 할 때에는 너희에게 복이 있나니 기뻐하고 즐거워하라 하늘에서 너희의 상이 큼이라"(마 5:11-12)라고 말씀하셨습니다.

주님의 법도는 땅에서 힘이 없어 보입니다. 뺨을 맞고 속옷을 빼앗겨도 그저 당하기만 합니다. 그래도 이 법을 따르는 온유한 자가 끝내 땅을 차지합니다(마 5:5). 예수님이 이를 증명하셨습니다. 십자가에서 죽으신 주님은 부활 후 "하늘과 땅의 모든 권세를 내게 주셨으니"(마 28:18)라고 말씀하십니다. 이어 하늘의 자녀들에게 진군명령을 내리십니다. "모든 민족을 제자로 삼아…내가 너희에게 분부한 모든 것을 가르쳐 지키게 하라"(마 28:19-20). 하늘과 땅의 모든 권세를 가지신 주님이 "내가 세상 끝날까지 너희와 항상 함께 있으리라"(마 28:20)라고 약속하셨기 때문입니다. 이제 하늘의 자녀들이 예수님의 법도를 들고 진군하면 땅이 굴복할 것입니다.

하늘의 자녀들은 "먼저 그의 나라와 그의 의"(마 6:33)를 구하고 세상의 '소금과 빛'(마 5:13-14)으로 살아야 합니다. 또 날마다 이렇게 기도해야 합니다. "뜻이 하늘에서 이루어진 것같이 땅에서도 이루어지이다"(마 6:10). 이 간구 역시 마태복음에만 등장합니다. 마태공동체는 하늘의 법도로 땅에서 살라는 주님의 말씀을 지상명령으로 삼고 살았습니다. 결국 산상수훈은 '율법의 완성인 예수님의 가르침'과 이를 따르는 '하늘 자녀의 삶' 그리고 이를 통한 '지상 정복'에 대한 지침서입니다.

치료와 기적 행하심(마 8:1-9:38)

예수님은 산에서 내려오신 후 놀라운 치료와 기적을 행하십니다. 성경에서 이런 신비한 이야기를 대할 때 우리는 좌로도 우로도 치우치지 말아야 합니다. 과학의 기준으로 기적을 부정하는 것도, 혹은 당장 기적이 일어날 것처럼 광적으로 받아들이는 것도 문제입니다. 우리는 먼저 예수님의 기적에 담긴 뜻과 의미를 찾아야 합니다. 예수님이 풍랑을 잔잔케 하셨다고 해서 태풍이 불 때 배타고 나가서 바람에게 소리치는 것은 올바른 신앙이 아닙니다. 오히려 인류역사상 유일하게 바람을 꾸짖으신 예수님의 높고 위대하심을 깨닫고, 이 기적을 통해 우리에게 주고자 하신 메시지가 무엇인지 집중해야 합니다. 이것이 복음서에 기적들이 수록된 이유입니다.

예수님이 갈릴리를 중심으로 행하신 마태복음 8-9장의 기적들을 요약하면 다음과 같습니다.

- 나병환자 치료(마 8:1-4)

- 백부장의 하인의 중풍병 치료(마 8:5-13)

- 베드로의 장모의 열병 치료(마 8:14-17)

- 바람과 바다를 잔잔케 하심(마 8:23-27)

- 가다라의 귀신 들린 두 사람 치료(마 8:28-34)

- 침상에 누운 중풍병자 치료(마 9:1-8)

- 혈루증 여인 치료 및 한 관리의 죽은 딸을 살리심(마 9:18-26)

- 두 맹인 치료(마 9:27-31)

- 귀신 들려 말 못하는 자 치료(마 9:32-34)

이상의 기적들은 우선 예수님의 정체를 밝혀 줍니다. 예수님이 산상수훈을 마쳤을 때 "무리들이 그의 가르침에 놀라니 이는 그 가르치시는 것이 권위 있는 자"(마 7:28-29)와 같았다고 나옵니다. 이때 '권위'는 누군가에게 명령하여 복종시키는 힘입니다. 권위가 무한하신 분, 다시 말해 세상 만물에게 명령하실 수 있는 분은 오직 하나님입니다. 그런데 이 신적 권위를 무리는 산상수훈을 통해 예수님에게서 감지했습니다. 그러자 예수님은 그 권위를 실제로 증명하기 시작하셨습니다. 그것이 바로 산상수훈 뒤에 이어진 기적과 치료 이야기입니다.

예수님이 명령하시니 나병과 중풍병과 열병과 귀신들이 떠났습니다. 심지어 무생물인 바람과 바다까지 그 명령에 순종했습니다. 그래서 사람들은 "이이가 어떠한 사람이기에 바람과 바다도 순종하는가"(마 8:27)라고 두려워하다가 얼마 후 "진실로 하나님의 아들이로소이다"(마 14:33)라며 예수님께 엎드렸고, 마침내 예수님을 십자가에 직접 못 박은 "백부장과 및 함께 예수를 지키던 자들이⋯ 심히 두려워하여⋯이는 진실로 하나님의 아들이었도다"(마 27:54)라고 고백한 것입니다. 이처럼 기적 이야기는 일차적으로 예수님이 하나님의 아들의 권위를 갖고 계심을 보여 줍니다.

그렇다면 하나님의 아들이 땅에서 행하신 치료와 기적들의 본
뜻은 무엇일까요? 표면적으로는 육체의 질병을 고치신 것 같지만
그게 다가 아닙니다. 다섯 번째 환자인 '침상에 누운 중풍병자'에
게 예수님은 "안심하라 네 죄 사함을 받았느니라"(마 9:2)라고 말씀
하십니다. 몸이 마비된 병자니까 그냥 "일어나 걸어가라"(마 9:5) 하
시면 되는데 예수님은 여기서 질병 치료를 죄 사함과 연관시키십
니다. 이는 이 땅의 질병이 죄와 긴밀한 관계에 있음을 보여 줍니
다. 하지만 절대 오해해서는 안 됩니다. 한 개인이 병에 걸린 이유
가 그의 죄 때문이라는 말이 아닙니다. 그러한 정죄는 오히려 비
성경적인 자세입니다(요 9:3 참조).

질병과 죄의 관계는 훨씬 포괄적입니다. 질병은 악한 세력의 힘
을 상징합니다. 이 땅의 개인뿐 아니라 인류 전체가 죄인이기에
악한 세력이 지금 땅에서 득세하고 있다는 뜻입니다. 그래서 악한
귀신과 질병은 마태복음에서 자주 동일선상에 등장합니다(마 9:32;
10:1; 17:14-18 등). 인간은 병에 걸렸든 건강하든 모두 죄의 세력 아래
있고 결국에는 이 죄 때문에 죽을 것입니다. 따라서 예수님의 병
고치심은 단순히 육체 치료의 차원을 넘어섭니다. 이는 하나님의
아들이 이 땅에 오셔서 드디어 죄의 권세를 꺾고 굴복시키기 시작
하셨다는 의미입니다.

그래서 예수님은 중풍병자를 앞에 두고 '내게 병을 고치는 권능
이 있다' 하지 않으시고 "인자가 세상에서 죄를 사하는 권능이 있
는 줄을 너희로 알게 하려 하노라"(마 9:6)라고 말씀하신 것입니다.

이 죄 사함의 주제는 곧이어 세리 마태를 부르시는 장면과 "많은 세리와 죄인들이 와서 예수와 그의 제자들과 함께"(마 9:10) 앉아서 음식을 먹는 장면으로 이어집니다. 이 자리에서 예수님은 "나는 의인을 부르러 온 것이 아니요 죄인을 부르러 왔노라"(마 9:13)라고 선언하십니다. 이는 스스로 죄인임을 깨닫고 예수님께 나아오는 자들은 누구든지 죄 사함의 은혜를 입을 것이란 뜻입니다. 하지만 건강하다고 자부하고 자기의 병든 상태, 곧 죄인 된 상태를 끝까지 부정하는 사람은 치료를 받지 못할 것입니다(마 9:12).

치료 이야기에 등장한 병자들은 대부분 겸손하고 간절한 태도로 예수님께 나아왔습니다. 이들 중 몇몇은 심지어 큰 위험을 감수하기도 했습니다. 나병환자나 혈루증 여인은 사람들에게 접근하지 못하도록 율법에 규정되어 있었습니다(레 13:45-46; 15:19-31). 이들은 돌에 맞을지도 모를 상황에서 목숨을 건 간절함으로 나아왔습니다. 예수님은 이들을 귀히 여기시고 치료하셨습니다. 심지어 접촉이 금지된 나병환자에게 "손을 내밀어 그에게 대시"(마 8:3)기까지 하면서 말입니다. 이 모두는 예수님이 자기에게 나아오는 자를 박대하지 않으신다는 뜻입니다. "수고하고 무거운 짐 진 자들아 다 내게로 오라 내가 너희를 쉬게 하리라"(마 11:28)라는 초청의 말씀대로입니다.

때로는 주변 사람들의 간절함을 통해 치유가 일어나기도 했습니다. 자기 하인을 아끼던 백부장이나 중풍병자의 침상을 들고 온 사람들 혹은 자기 딸을 위해 찾아온 관리의 경우도 모두 사랑하는 사람을 위해 예수님께 나아와 간구한 자들입니다. 그들은 한마디로 이웃을 사랑한 사람들입니다. 특히 예수님은 침상에 실려 온 중풍병자를 "작은 자"^(마 9:2)라고 부르시는데, 그렇다면 이 사람들은 말 그대로 작은 자를 섬기던 사람들입니다. 예수님은 작은 자를 섬기는 성도들의 간구를 귀히 여기고 응답과 치료를 베푸시는 분입니다.

결론적으로 이 치료와 기적 이야기는 산상수훈과 짝을 이룹니다. 두 이야기의 시작과 끝에 동일한 덮개가 존재하기 때문입니다. 이를 보기 쉽게 나타내면 다음과 같습니다.

예수께서 온 갈릴리에 두루 다니사 그들의 회당에서 가르치시며 천국 복음을 전파하시며 백성 중의 모든 병과 모든 약한 것을 고치시니(마 4:23).	산상수훈 (마 5-7장)	치료와 기적들 (마 8-9장)	예수께서 모든 도시와 마을에 두루 다니사 그들의 회당에서 가르치시며 천국 복음을 전파하시며 모든 병과 모든 약한 것을 고치시니라 (마 9:35).
말씀과 치유사역	**말씀사역**	**치유사역**	**말씀과 치유사역**

예수님의 활동에 대한 동일한 두 진술이 산상수훈과 기적 이야기의 앞뒤를 감싸고 있습니다. 이 둘을 요약하면 '말씀사역'과 '치유사역'입니다. '말씀사역'의 내용은 5-7장의 '산상수훈'이고 '치유사역'은 8-9장의 '치료와 기적'입니다. 예수님이 하신 이 두 가지는 곧 우리 교회가 이어 가야 할 사명입니다. 교회의 본업은 예수님의 가르침을 전하고 인간의 고통과 아픔을 치유하는 일입니다.

열두 제자 파송 및 파송 설교(마 9:36-10:42)

예수님이 백성들에게 말씀과 치료를 베푸신 것은 깊은 연민이 있으셨기 때문입니다. 마태복음은 예수님이 "무리를 보시고 불쌍히 여기시니 이는 그들이 목자 없는 양과 같이 고생하며 기진함이라"(마 9:37)라고 전합니다. 양은 스스로를 방어할 수 없기에 '목자 없는 양'은 한마디로 '죽을 수밖에 없는 상태'입니다. 이는 모든 인간에게 적용됩니다. 인간은 모두 언젠가는 죽기 때문입니다. 중요한 것은 이 죽음이 육체의 죽음으로만 끝나는 게 아니라는 사실입니다. 성경은 "한번 죽는 것은 사람에게 정해진 것이요 그 후에는 심판이 있으리니"(히 9:27)라고 가르칩니다. 이 심판에서 의롭다고 인정받을 수 있는 자는 아무도 없습니다. 하나님의 완전하심이 심판의 기준이기에 인간끼리 서로 착하다고 치켜세운들 아무 소용이 없습니다.

그래서 예수님은 "오직 몸과 영혼을 능히 지옥에 멸하실 수 있는 이를 두려워하라"(마 10:28)라고 말씀하십니다. 하나님은 육체뿐 아니라 인간의 영혼까지 심판하실 분입니다. 따라서 죄인 된 인생은 목자 없는 양같이 가련합니다. 하지만 다행히도 이런 인간을 주님께서 불쌍히 여겨 주셨습니다. 이것이 복음의 근원입니다. 사랑과 연민 때문에 예수님은 심판 대신 구원을 먼저 베푸셨습니다.

예수님은 복음을 세상에 전하기 위해 제자 열둘을 보내셨습니다(마 10:5). 따라서 제자들을 파송할 때 예수님이 전하신 설교에는 제자들이 사명을 위해 반드시 숙지해야 할 네 가지 사항이 들어 있습니다.

▪ 전파 대상

먼저 예수님은 열두 제자에게 "오히려 이스라엘 집의 잃어버린 양에게로 가라"(마 10:6)고 명령하셨습니다. 다른 복음서에는 없는 이 말씀이 기록된 것은 당시 마태복음을 읽던 교회가 동족인 유대인 전도에 관심이 많았다는 증거입니다. 이 명령은 나중에 '모든 민족을 제자로 삼으라'(마 28:19)는 말씀으로 확장되지만, 첫 파송 설교에 동족인 유대인을 일차적 전도대상으로 정하신 것은 의미가 깊습니다. 한마디로 전도와 섬김의 대상을 너무 멀리서 찾지 말라는 뜻입니다. 오늘날 해외와 오지로 떠나는 선교사님들의 사명은 참으로 귀합니다. 하지만 모든 성도가 그 길을 갈 수는 없습니다. 대부분의 성도는 '바다보다 집 앞 도로부터 건너라'는 권고를 기억해야 합니다. 거창한 포부를 펼치려다 정작 나를 통해 복음을 들어야 할 가까운 이웃을 놓칠 수도 있기 때문입니다.

▪ 전파 내용

그렇다면 제자들이 전할 내용은 무엇일까요? 예수님은 "천국이 가까이 왔다"(마 10:7)고 전파하라 명하십니다. 이때 천국은 심판과 동일 선상의 개념입니다. 심판을 통해야만 천국에 들어갈 수 있습니다. 모든 인간은 이 심판에서 죄인으로 드러나 벌을 받을 운명이지만 이를 불쌍히 여기신 예수님은 "자기 목숨을 많은 사람의 대속물로 주려"(마 20:28)고 이 땅에 오셨습니다. '천국이 가까이 왔다'는 외침은 바로 이 심판을 복음과 함께 전하라는 것입니다. 다가올 심판의 두려움을 깨우쳐 주고 복음을 통해 천국을 바라보게 하라는 의미입니다.

혹자는 오늘날 교회가 천국 이야기만 하고 현실과 사회운동을 소홀히 해서 문제라는 말을 합니다. 그러나 교회의 문제는 오히려 천국에 제대로 집중하지 않아서 생깁니다. 심판을 통해야만 들어가는 곳이 천국이므로 천국에 가려는 자는 항상 심판을 의식해야 합니다. 이미 구원받은 성도도 마찬가지입니다. 구원의 의미를 아는 것은 곧 심판의 의미를 아는 것입니다. 따라서 진실로 믿는 자는 땅에 사는 동안 늘 두렵고 떨립니다(빌 2:12). 천국의 기준에 턱없이 모자람을 스스로 잘 알기 때문입니다. 그래서 팔복의 사람들처럼 날마다 말씀 안에서 거룩하기 위해 애씁니다. 이런 자가 믿는 성도요, 이런 교회가 '세상의 소금과 빛'(마 5:13-16)이 됩니다.

▪ 무소유의 원칙

예수님은 또한 제자들에게 '무소유'의 원칙을 주셨습니다(마 10:9-10). 무소유는 단순히 '청렴'을 넘어 '협력'의 개념입니다. 예수님은 "일꾼이 자기 먹을 것 받는 것이 마땅함이라"(마 10:10) 하시면서 사명의 길에서 자신을 도와줄 사람들을 찾아 그들의 도움을 받으라고 명하십니다(마 10:11-13). 이는 민폐가 아니라 오히려 그들에게 상받을 기회를 주는 것입니다. "제자의 이름으로 이 작은 자 중 하나에게 냉수 한 그릇이라도 주는 자는…결단코 상을 잃지 아니"(마 10:42)할 것이기 때문입니다.

여기서 우리는 마태복음이 말하는 '작은 자'의 대열에 복음을 전하는 제자들도 포함된다는 것을 깨닫게 됩니다. '최후의 심판 비유'(마 25:31-46)에서 '지극히 작은 자'에게 먹을 것과 입을 것을 주는 것은 단순히 빈민을 돕는 행위뿐 아니라 복음 전도자들을 돕는 일입니다. 예수님이 "옥에 갇혔을 때에 와서 보았느니라"(마 25:36)라고 칭찬하신 것이 이를 증명합니다. 당시 복음 전도자들은 감옥에 갇힐 위협에 놓여 있었습니다. 세상이 예수님의 가르침을 달가워하지 않았기 때문입니다. 예수님은 전도자들에게 "내 이름으로 말미암아 모든 사람에게 미움을 받을 것"(마 10:22)이며, 사람들이 "공회에 넘겨주겠고 그들의 회당에서 채찍질하리라"(마 10:17)라고 말씀하셨습니다. 제자들은 죽음도 각오해야 했습니다. 그러나 예수님은 이 모든 위협에도 "자기 목숨을 얻는 자는 잃을 것이요 나를 위하여 자기 목숨을 잃는 자는 얻으리라"(마 10:39)라고 말씀하셨습니다.

■ 제자도

당시 예수님의 파송 설교를 듣고 나간 제자들이 곧바로 위협을 경험한 것은 아닙니다. 이 설교는 미래적이고 예언적입니다. 일차적으로 예수님이 승천하신 후 사도들이 복음을 전하면서 받을 박해에 대한 예언이자, 그렇게 세워진 미래 교회들이 확장되는 중에 성도들이 받을 박해에 대한 예언입니다. 박해는 오늘날에도 세계 곳곳에서 여전히 이어지고 있습니다. 예수님의 제자가 당할 고통은 이미 예견된 것입니다. 예수님을 믿으면 잘되고 좋은 일만 일어난다는 것은 거짓입니다. 제자의 삶은 본래 고통이 예견된 좁고 협착한 길입니다(마 7:13-14).

결국 예수님의 파송 설교는 참된 제자의 길이 무엇인지 일깨워 줍니다. 제자의 길은 예수님이 가신 십자가의 길입니다. "자기 십자가를 지고 나를 따르지 않는 자도 내게 합당하지 아니하니라"(마 10:38)라고 예수님은 말씀하셨습니다. 사실 오늘날 대부분의 사람은 이런 말씀을 논하기 부끄러울 만큼 편안한 삶을 살고 있습니다. 그럼에도 파송설교를 통해 꼭 돌아보아야 할 것이 있습니다. 현재 우리의 신앙생활이 과거 목숨을 걸고 예수님을 따른 선조들의 피와 눈물의 결과라는 것, 그리고 아직도 지구촌 곳곳에는 여전히 박해 속에 주님을 따르는 신실한 형제자매가 있다는 것을 말입니다. 이를 기억하면서 이들을 힘써 돕고, 우리도 언젠가 주님의 제자로서 박해받을 날이 올지 모른다는 각오로 날마다 믿음을 다져야 합니다.

일곱 가지 천국비유(마 13:1-52)

예수님의 말씀사역은 '가르침'과 '전파'로 구분됩니다(마 4:23). 가

르침의 주된 내용은 앞서 살펴본 산상수훈이고 전파의 내용은 천
국 복음입니다. 천국 복음의 주된 내용은 마태복음 13장의 일곱
가지 비유에서 발견할 수 있습니다. 제목별로 간추리면 다음과 같
습니다.

- 씨 뿌리는 비유(마 13:3-9)/ 비유 해석(마 13:18-23)

- 곡식과 가라지 비유(마 13:24-30)/ 비유 해석(마 13:36-43)

- 겨자씨 한 알 비유(마 13:31-32)

- 가루 서 말과 누룩 비유(마 13:33)

- 밭에 감추인 보화 비유(마 13:44)

- 진주 장사 비유(마 13:45-46)

- 물고기 모는 그물 비유(마 13:47-50)

첫 번째 '씨 뿌리는 비유'를 제외한 나머지 비유는 모두 "천국
은"이라는 말로 시작합니다. 씨 뿌리는 비유도 나중에는 "천국의
비밀"(마 13:11)을 담은 것이고, 이때의 씨도 "천국 말씀"(마 13:19)을 의
미한다는 것이 밝혀집니다. 즉 이 비유들은 모두 천국에 관한 것
입니다. 그런데 한 가지 짚고 넘어가야 할 것은 각 비유에 천국의
형태 묘사가 전혀 없다는 것입니다. 다소 의아한 일입니다. 천국
은 구원받은 자들이 최종적으로 갈 하늘의 신비한 나라입니다. 복
음서에 '천국' 혹은 '하나님의 나라'가 등장하면 '들어간다'는 동
사가 16번(마태복음 7번, 마가복음 5번, 누가복음 3번, 요한복음 1번)이나 붙습니다.

이는 천국이 공간적인 장소임을 보여 줍니다.

현실을 중시하는 사람들은 하나님의 통치를 강조하고 이 땅에 세워지는 하나님 나라를 강조합니다. 당연히 옳습니다. 예수님이 오심으로 분명히 이 땅에 하나님 나라가 시작되었습니다(마 12:28). 하지만 그럼에도 복음서가 말하는 천국 혹은 하나님 나라는 성도가 최후에 들어갈 장소적 개념이라는 것이 압도적입니다. 이는 복음서뿐 아니라 신약성경 전체를 통틀어 부인할 수 없는 사실입니다. 그러므로 궁극적인 하나님 나라는 믿는 이들이 최종적으로 들어갈 하늘에 있는 나라, 곧 천국입니다.

하지만 예수님은 너무나 궁금한 저 천국의 모습을 끝내 공개하지 않으십니다. 이 땅의 무엇과도 비길 수 없기 때문입니다. 바울은 자신의 낙원 체험에 대해 "그가 낙원으로 이끌려 가서 말로 표현할 수 없는 말을 들었으니 사람이 가히 이르지 못할 말이로다"(고후 12:4)라고 말합니다. 낙원에서 본 것은커녕 들은 말조차 제대로 표현하지 못하겠다는 바울의 고백은 천국이 인간의 표현과 상상을 뛰어넘은 곳이라는 뜻입니다. 예수님도 천국을 '숨겨진 보물'이나 '극히 값진 진주'라고만 표현하셨습니다. 이 모두는 천국 비유를 통해 천국의 모습보다 그 특성을 먼저 깨달아야 한다는 뜻을 담고 있습니다. 바로 이 특성을 알려 주는 것이 마태복음 13장의 비유들인데, 정리하면 다음과 같습니다.

씨 뿌리는 비유 (마 13:3-9)	'좋은 밭'은 천국의 말씀을 받아들이지만 '길가나 돌밭이나 가시떨기'는 받아들이지 않는다.
곡식과 가라지 비유 (마 13:24-30)	천국에 들어갈 '곡식'과 들어가지 못할 '가라지'는 서로 섞여 있다가 마지막에 구분될 것이다.
겨자씨 한 알 비유 (마 13:31-32) 가루 서 말과 누룩 비유 (마 13:33)	천국은 이 땅에서 보잘것없어 보이지만 결국 거대한 '나무' 혹은 '부푼 반죽'처럼 현저히 모습을 드러낼 것이다.
밭에 감추인 보화 비유 (마 13:44) 진주 장사 비유 (마 13:45-46)	그러므로 그 가치를 볼 수 있는 사람은 '보물' 혹은 '극히 값진 진주' 같은 천국에 자기의 모든 것을 투자한다.
물고기 모는 그물 비유 (마 13:47-50)	천국에 들어갈 '좋은 물고기'와 들어가지 못할 '못된 물고기'는 마지막에 구별될 것이다(곡식과 가라지 비유와 유사함).

　　천국은 사람이 영원한 생명을 얻는 곳입니다. '천국'과 '영생'은 자주 동의어로 사용됩니다(마 18:8-9; 25:46 등). 하지만 천국은 엄격한 심사를 거쳐야만 들어갈 수 있습니다. 예수님은 그 심사를 "추수 때"(마 13:30), 즉 "세상 끝"(마 13:39, 49)에 있을 심판이라고 말씀하십니다. 여기서 천국이라는 공간은 필연적으로 심판이라는 시간과 맞물립니다. 심판의 때가 오면 가라지와 못된 물고기는 불타거나 버려지고 곡식과 좋은 물고기만 구원받습니다.

　　그렇다면 곡식과 좋은 물고기로 인정받을 존재는 누구일까요? 이를 설명해 주는 것이 '좋은 밭'입니다. '밭'은 천국의 말씀을 받아들이는 인간의 마음입니다(마 13:19). 좋은 밭은 좋은 마음 상태를 말하는데, 그 정체는 나머지 세 밭과 비교할 때 명확해집니다. 먼저 '길가 밭'은 말씀을 거부하는 완악하고 딱딱한 마음입니다. '돌밭'과 '가시떨기'는 말씀은 받아들이지만 "말씀으로 말미암아 환난이나 박해가 일어날 때"(마 13:21) 혹은 "세상의 염려와 재물의 유혹"(마 13:22)이 찾아올 때 포기하는 마음입니다. 이들은 한마디로 천국보다 세상이 중요한 사람들, 곧 땅에 속한 자들입니다.

하지만 좋은 밭은 다릅니다. 이들은 천국의 잠재성을 믿습니다. 비록 땅에서 천국의 말씀이 겨자씨나 누룩처럼 보잘것없어 보이더라도 미래에 가장 귀하고 값진 보물과 진주가 될 것을 믿습니다. 그래서 지금 "자기의 소유를 다 팔아"(마 13:44, 46) 투자합니다. 결국 좋은 밭은 천국의 말씀을 위해 현재 삶을 희생하는 사람입니다. 이들은 의인으로 인정받고 "자기 아버지 나라에서 해와 같이 빛나"(마 13:43)게 될 것입니다. 그러나 말씀을 버린 자들은 "풀무 불에 던져 넣으리니 거기서 울며 이를 갈게"(마 13:42) 될 것입니다.

이 비유들의 메시지는 산상수훈과도 상통합니다. 산상수훈은 "너희를 위하여 보물을 하늘에 쌓아 두라"(마 6:20) 명합니다. 이 명령은 곧이어 "눈은 몸의 등불이니 그러므로 네 눈이 성하면 온몸이 밝을 것이요 눈이 나쁘면 온몸이 어두울 것"(마 6:22-23)이라는 알쏭달쏭한 내용으로 이어집니다. 이 수수께끼가 바로 천국비유에서 풀립니다. 예수님은 천국비유를 알아듣지 못하는 사람들에게 "그 귀는 듣기에 둔하고 눈은 감았으니"(마 13:15)라고 하십니다. 그들은 눈이 온전치 못해 진리를 보지 못합니다. 하지만 예수님은 제자들에게 "너희 눈은 봄으로, 너희 귀는 들음으로 복이 있도다"(마 13:16)라고 말씀하십니다. 이때의 '눈'은 천국의 가치를 볼 줄 아는 영적 안목을 의미합니다.

천국 비유에서 또 하나 주목할 것은 멸망당할 사람들 중에 천국에 들어갈 것처럼 보이는 자들도 섞여 있다는 것입니다. 돌밭이나 가시떨기는 분명히 천국의 말씀을 일시적으로 받아들인 자들입니다. 심지어 그들은 "말씀을 듣고 즉시 기쁨으로"(마 13:20) 받았습니다. 가라지 역시 좋은 곡식과 교묘히 섞여 자랍니다. 일명 '독보리'라 불리는 가라지는 실제 곡식과 구분이 가지 않을 만큼 비슷합니다. 이는 믿는 자로 보이는 사람 중에 여전히 가짜가 섞여 있다는 마태복음 특유의 경고입니다. 즉 "나더러 주여 주여 하는 자"(마 7:21)들과 같은 사람입니다.

베드로의 신앙고백(마 16:13-20)

전반기 사역이 끝날 무렵 예수님은 제자들을 데리고 "빌립보 가이사랴 지방에"(마 16:13) 가십니다. 이스라엘 북부에 있는 이 도시는 이방신들과 로마 황제의 화려한 신전으로 유명했습니다. 여기서 예수님은 제자들에게 "사람들이 인자를 누구라 하느냐"(마 16:13)고 물으시고 곧이어 "너희는 나를 누구라 하느냐"(마 16:15)고 질문하십니다. 인류 역사상 가장 무게감 있는 질문입니다. 세상 모든 사람이 이 질문 앞에 서야 하고, 대답해야 하며, 그 대답에 따라 최종 운명이 결정됩니다.

베드로는 일단 좋은 답변으로 예수님의 칭찬을 얻습니다. "주는 그리스도시요 살아 계신 하나님의 아들이시니이다"(마 16:16). 여기서 '주' 곧 '주인'이라는 고백은 가벼운 말이 아닙니다. 당시는 로마 황제 가이사가 온 지중해 지역의 통치자였고, 이를 거부하면 생명이 위태로웠습니다. 빌립보 가이사랴에 세워진 황제의 신전이 그 권위를 나타냈습니다. 하지만 베드로는 '주인'의 호칭을 황제가 아니라 예수님께 드립니다.

그뿐 아니라 베드로는 예수님을 '그리스도'와 '하나님의 아들'이라고 부릅니다. 그리스도는 '기름 부음 받은 자'(히브리어로는 '메시아', 요 1:41 참조)로서 고통받는 백성들을 구원하기 위해 선택된 구원자를 의미합니다. 유대인들은 그리스도를 갈망해 왔지만 오해도 품고 있었습니다. 그들은 그리스도가 로마 식민 상황에서 자기들을 구원해 줄 존재라고 믿었습니다. 그래서 그리스도가 다윗처럼 위대한 영웅으로 태어나 이스라엘의 정치 지도자로 올 것을 기대하면서, 다윗의 자손으로 오실 그리스도를 갈망한 것입니다.

하지만 진짜 그리스도는 이스라엘의 정치적 해방이 아니라 온 인류를 죄와 심판에서 해방시킬 영적 구원자였습니다. 그래서 예수님은 그리스도가 다윗의 자손이라고 철석같이 믿는 유대인들에게 "다윗이 그리스도를 주라 칭하였은즉 어찌 그의 자손이 되겠느냐"(마 22:45) 하고 반박하신 것입니다. 이는 그리스도가 땅에 속한 '다윗의 아들'(원어로 '자손'과 '아들'은 같은 단어임)이 아니라 하늘에 속한 '하나님의 아들'이라는 뜻입니다. 만약 그리스도가 다윗의 아들이라면 육신의 문제는 해결할지 몰라도 죄를 대속하지는 못합니다. 그러나 하나님의 아들인 그리스도는 인간의 죄 문제를 해결할 영적 구원자입니다. 예수님은 베드로의 '예수님=주=그리스도=하나님의 아들'이라는 고백을 기뻐하셨습니다. '하나님의 아들이신 그리스도'를 깨달아야 영적 구원을 이해할 수 있기 때문입니다.

그리하여 예수님은 이 고백이 있은 후 "너는 베드로라 내가 이 반석 위에 내 교회를 세우리니"(마 16:18)라고 말씀하십니다. 그런데 이때 말씀하신 '베드로'를 단순히 인간 베드로로 해석하는 것은 바람직하지 않습니다. 예수님이 말씀하신 '베드로'(페트로스)는 말 그대로 '반석'(페트라)을 의인화한 표현입니다. 인간 베드로가 반석이 될 수 없는 이유는 예수님이 곧이어 "사탄아 내 뒤로 물러가라"(마 16:23) 하고 야단치시기 때문입니다. 상황에 따라 돌변하는 인간이 교회의 반석이 될 수는 없습니다. 예수님이 말씀하신 반석은 인간 베드로가 아니라 베드로가 드린 신앙고백을 의미합니다. 이 신앙고백 위에 교회가 세워질 것이라는 뜻입니다. 이러한 교회는 이 땅을 지배하는 "음부의 권세"(마 16:18)로부터 벗어나려는 이들의 모임입니다. 모든 인간은 이 음부, 곧 지옥의 권세에 붙잡혀 있습니다. 그런데 예수님은 교회를 "음부의 권세가 이기지 못하"(마 16:18)는 곳이라고 선포하셨습니다. 교회에 모인 회중은 음부의 권세에서 벗어날 수 있다는 것입니다.

사실 이는 물 위를 걸으신 예수님(마 14:22-33)의 모습에서 예견되어 있었습니다. 인간이 물 위를 걷지 못하는 이유는 중력 때문입니다. 중력은 땅속으로 끌어당기는 힘입니다. 그런데 예수님이 말씀하신 '음부'(하데스, 마 11:23; 16:18)의 원뜻은 흥미롭게도 땅속의 지하세계입니다. 이외에 음부와 비슷한 의미로 쓰이는 '지옥'(게엔나), '스올', '무저갱'(아뷔소스) 등도 땅속과 연관된 단어들입니다. 즉 영적인 의미에서 중력은 모든 인생을 지옥으로 당기는 권세를 상징합니다. 예수님이 중력을 무시하고 물 위를 걸으신 것은 음부의 세력에서 자유로우시다는 뜻입니다. 따라서 예수님을 따르는 교회도 당연히 음부의 권세를 이길 수 있습니다.

또한 예수님은 교회에게 "천국 열쇠"(마 16:19)를 선사하셨습니다. 땅에 속한 사람들이 마침내 예수님을 통해 하늘의 자녀가 된 것입니다. 이들은 땅에 살지만 하늘과 소통할 권세를 지닙니다. 예수님은 "네가 땅에서 무엇이든지 매면 하늘에서도 매일 것이요 네가 땅에서 무엇이든지 풀면 하늘에서도 풀리리라"(마 16:19; 18:18)라고 약속하십니다. '매고 푼다'의 의미는 교회의 합심 기도와 관련이 있습니다. "너희 중의 두 사람이 땅에서 합심하여 무엇이든지 구하면 하늘에 계신 내 아버지께서 그들을 위하여 이루게 하시리라"(마 18:19)는 약속과 연결됩니다.

첫 고난 예고(마 16:21-28)

베드로의 신앙고백을 기점으로 마태복음은 큰 전환을 맞이합니다. 베드로의 고백 위에 교회를 세우신 예수님은 "이때로부터…많은 고난을 받고 죽임을 당하고 제 삼 일에 살아나야 할 것"(마 16:21)을 제자들에게 비로소 나타내십니다. 예수님의 고난 예고는 구원의 참 의미를 보여 줍니다. 본래 구원은 어떤 위험으로부터 건짐을 받는 것입니다. 그렇다면 우리는 예수님을 통해 과연 무엇으로부터 건짐을 받을까요? 이에 대한 입장에 따라 신앙의 성향이 갈라집니다.

베드로는 예수님을 '하나님의 아들 그리스도'(마 26:63; 요 20:31 참조)라고 고백했습니다. 이 고백으로 베드로는 예수님의 칭찬을 들었지만, 아이러니하게도 자기가 드린 고백의 진정한 의미는 알지 못했습니다. 하늘에 속한 예수님의 신적 초월성을 감지했지만, 그분의 구원이 영적인 차원임은 미처 알지 못한 것입니다. 오늘날 우리도 베드로와 비슷하게 생각할 때가 자주 있습니다. 예수님을 하나님의 아들 그리스도로 고백하지만, 실제로는 돈, 건강, 진학, 취업, 결혼, 승진 문제에 쉽게 빠집니다. 그래서 이런 문제를 해결해 줄 구원자를 찾습니다. 예나 지금이나 우상과 미신과 거짓된 종교들이 판치는 이유가 바로 이 때문입니다.

하지만 예수님은 현실의 문제보다 더 근본적인 것, 즉 인간의 죄 문제를 해결하러 오셨습니다. 마태복음은 예수님이 "자기 백성을 그들의 죄에서 구원할 자"(마 1:21)라고 초두에 명시합니다. 예수님은 고난 예고를 통해 이 사실을 다시 명확히 하신 것입니다. 그리스도의 구원이 인간의 죄를 용서하기 위한 십자가 '고난'과 '죽음' 그리고 '부활'에 있기 때문입니다. 하지만 베드로는 땅의 문제가 우선이었습니다. 그래서 "예수를 붙들고 항변하여…주여 그리 마옵소서 이 일이 결코 주께 미치지 아니하리이다"(마 16:22)라고 합니다. 그리스도는 현실의 곤란을 회복하실 분이므로 십자가에서 죽으시면 안 된다는 것입니다. 이스라엘을 해방시키고 능력과 기적으로 질병과 가난을 내쫓아야 했습니다.

하지만 예수님은 이를 거절하십니다. 다윗의 자손이 아니라 하나님의 아들이신 그리스도의 목표는 그것이 아니기 때문입니다. 예수님은 이미 사탄 앞에서 세상 명예와 부귀를 단호히 거부하셨습니다(마 4:1-11). 이 땅에 오신 목표가 "자기 목숨을 많은 사람의 대속물로 주려 함"(마 20:28)이셨기 때문입니다. 하지만 베드로는 대속의 십자가가 아닌 세상의 번영과 형통을 주장했습니다. 이는 광야에서 예수님을 유혹한 사탄과 같은 노선입니다. 그래서 예수님은 베드로에게 "사탄아 내 뒤로 물러가라 너는 나를 넘어지게 하는 자로다"(마 16:23)라며 나무라신 것입니다. 죄와 심판으로부터 구원을 가로막는 모든 행위는 마귀에게 속한 것입니다.

오늘날 교회는 예수님의 호통에 귀를 기울여야 합니다. 대부분의 성도가 예수님을 구원자로 믿습니다. 하지만 과연 무엇으로부터의 구원인지 고민해야 합니다. 육신의 문제가 우선이라면 우리의 신앙은 우상종교와 다를 바 없습니다. 세상에서 잘 먹고 잘사는 것이 목적이라면, 우리가 고백한 '하나님의 아들 그리스도'는 단지 다른 우상보다 좀더 힘 있는 존재일 뿐입니다. 하지만 우리의 믿음이 죄와 심판에서 구원하실 그리스도를 향한 것이라면 '하나님의 아들 그리스도'는 세상 무엇과도 비할 수 없는 유일하고 완전한 구원자입니다.

신앙고백을 드려 칭찬받은 베드로가 금세 야단맞은 모습은 우리의 신앙이 어디로 향해야 하는지 잘 보여 줍니다. 우리를 죄로부터 구원하신 은혜에 감사해서 지금 가난하든 부유하든, 건강하든 병들었든 기뻐하고 찬양하며 말씀을 좇아 산다면 주님께서 기뻐하실 것입니다. 하지만 하나님의 일보다 사람의 일에 집착한다면 베드로가 들은 꾸지람이 이번에는 우리를 향할지도 모릅니다.

'누가 크냐'로 시작된 네 가지 교훈(마 18:1-35)

예수님이 예루살렘으로 출발하시기 전에 제자들은 "천국에서는 누가 크니이까"(마 18:1)라고 묻습니다. 이 질문에 대해 예수님은 다음과 같은 네 가지 교훈을 차례로 말씀하십니다.

- 어린아이같이 되라(마 18:2-11)

먼저 예수님은 "너희가 돌이켜 어린아이들과 같이 되지 아니하면 결단코 천국에 들어가지 못하리라"(마 18:3)라고 말씀하십니다. 이때 '어린아이들'은 "자기를 낮추는 사람"(마 18:4)입니다. 사실 예수님의 대답은 무지에 대한 경고입니다. 제자들은 천국에서 누가 더 큰 지위를 얻을까에 지대한 관심을 갖고 있었습니다. 하지만 그런 관심 자체가 천국에 합당치 못합니다. "누구든지 자기를 높이는 자는 낮아지고 누구든지 자기를 낮추는 자는 높아"(마 23:12)지는 것이 천국의 법칙이기 때문입니다. 어린아이들과 같이 되지 않는 자는 자기를 높이는 자입니다. 이런 자는 결단코 천국에 들어가지 못합니다.

무엇보다 당시 어린이들은 사회에서 무시당하기 쉬운 계층이었습니다(마 14:21; 15:38). 그러므로 '어린아이같이 되라'에는 소외된 자들의 위치까지 내려가 그들을 이해하고 받아들이라는 명령도 포함되어 있습니다. 예수님은 그들과 함께 계시므로 "어린아이 하나를 영접하면 곧 나를 영접함"(마 18:5)과 같다고 하셨습니다. 나아가 어린아이의 개념을 "나를 믿는 이 작은 자 중 하나"(마 18:6)로 확장시키며, 이들 중 "하나를 실족하게 하면 차라리 연자 맷돌이 그 목에 달려서 깊은 바다에 빠뜨려지는 것이 나으니라"(마 18:6)라고 경고하십니다. 이는 교회가 소외된 자들의 입장을 늘 헤아리며 나아가야 한다는 뜻입니다. 예수님은 "삼가 이 작은 자 중의 하나도 업신여기지 말라"(마 18:10)고 재차 명령하셨습니다.

▪ 잃은 양 한 마리 비유(마 18:12-14)

잃은 양 비유도 마찬가지입니다. "양 백 마리가 있는데 그중의 하나가 길을 잃었으면 그 아흔아홉 마리를 산에 두고 가서 길 잃은 양을 찾지 않겠느냐"(마 18:12) 하신 것은 "이 작은 자 중의 하나라도 잃는 것은 하늘에 계신 너희 아버지의 뜻이 아니니라"(마 18:14)라는 예수님의 말씀과 일맥상통합니다.

• 형제가 죄를 범했을 때(마 18:15-22)

이제 가르침은 다른 방향으로 전환됩니다. 예수님은 "네 형제가 죄를 범하거든"(마 18:15)이라고 하면서 죄지은 형제를 대하는 세 단계를 일러 주십니다. 첫 단계는 "그 사람과만 상대하여 권고"(마 18:15)하고, 두 번째는 "두세 증인의 입으로 말마다 확증하게"(마 18:16) 하며, "교회에 말하고 교회의 말도 듣지 않거든 이방인과 세리와 같이 여기라"(마 18:17)는 것입니다.

최종 판결인 '이방인과 세리같이 여기라'는 말씀은 상당히 매정해 보입니다. 조금 전에 '잃어버린 한 마리 양'을 강조하신 것과 어쩐지 어울리지 않습니다. 하지만 이 단락의 출발점이 "네 형제가 죄를 범하거든"(마 18:15)임을 기억해야 합니다. 즉 이 문제는 일반인이 아니라 교회 내에서 죄지은 사람을 어떻게 처리할 것인가에 대한 말씀입니다. 그 죄인은 잃어버린 한 마리 양, 다시 말해 교회에서 돌봐야 할 '작은 자'가 아니라 이들을 '실족하게 한 죄인'입니다. 예수님은 이런 자의 죄가 커서 목에 연자 맷돌을 매다는 것보다 큰 벌을 받을 것이라고 경고하십니다.

하지만 이 단락 역시 무자비한 정죄의 말씀은 아닙니다. 이 속에는 죄인이라도 돌이킬 기회를 세 번은 주어야 한다는 의미가 담겨 있습니다. 첫 번째와 두 번째 경우에서 죄를 지은 본인과 증인들만 만나라고 하신 것은 죄인의 개인적 입장을 최대한 배려하신 것입니다. 만약 이 단계에서 회개한다면 그의 죄는 교회 전체의 문제로 확대되지 않을 것입니다. 하지만 이렇게 기회를 주었는데도 끝내 회개하지 않는다면 최종적으로 교회가 그를 치리할 권한을 가집니다. 교회는 이 죄인을 '이방인과 세리 같은 존재'로 선언할 수 있습니다.

그러나 이때의 '이방인과 세리' 역시 완전히 버려진 존재는 아닙니다. 마태복음에 나오는 이방인과 세리들은 언제나 회개하여 새롭게 될 가능성이 있었습니다(마 8:11-12; 9:9-13; 12:41-42 등). 판결의 목표는 회개하지 않는 형제를 정죄하고 추방하는 것이 아니라, 그들의 죄를 일깨워 주고 교회 안에서 그들의 권한과 활동에 제한을 두라는 데 초점이 있습니다. '어린아이처럼 자기를 낮추지 않고' 또한 '나를 믿는 이 작은 자 중 하나를 실족하게 하는' 사람이 교회에서 큰 목소리를 내면 문제가 커지기 때문입니다.

그런 자들을 일깨우기 위해 책망하고 전체를 위해 활동을 제한할 수는 있지만, 그렇다고 미워해서는 안 됩니다. 이는 구약성경의 "너는 네 형제를 마음으로 미워하지 말며 네 이웃을 반드시 견책하라"(레 19:17)는 가르침과 비슷합니다. 책망했을 때 그가 잘못을 뉘우치지 않아도 마음으로 용서하고 돌아오면 언제든 받아들일 자세를 취해야 합니다. 이는 "그때에 베드로가 나아와 이르되 주여 형제가 내게 죄를 범하면 몇 번이나 용서하여 주리이까"(마 18:21)라는 질문에서 확인됩니다. 이 질문을 하는 베드로는 '일곱 번의 용서'를 염두에 두고 있었습니다. 굉장한 아량입니다. 누군가 내게 연속으로 일곱 번이나 나쁜 짓을 하면 참기 힘들 것입니다. 하지만 예수님은 "일곱 번을 일흔 번까지라도 할지니라"(마 18:22)라고 말씀하십니다. 용서는 한계를 두지 말고 끝까지 베풀어야 한다는 뜻입니다.

▪ 만 달란트 빚진 자 비유(마 18:23-35)

이처럼 끝없이 용서를 베풀어야 하는 이유를 예수님은 '만 달란트 빚진 자 비유'에서 설명하십니다. 달란트는 금이나 은을 세는 단위로, 한 달란트는 대략 34킬로그램입니다. 금이 만 달란트면 34만 킬로그램, 즉 엄청난 액수의 돈입니다. 만 달란트 빚진 자는 자기 의로 절대 구원받을 수 없는 우리 인간을 상징합니다. 이렇게 큰 빚을 진 종을 "주인이 불쌍히 여겨 놓아 보내며 그 빚을 탕감하여"(마 18:27) 주었습니다. 이는 하나님께서 그리스도를 통해 인간의 죄를 용서해 주신 것을 의미합니다. 하지만 이렇게 큰 용서를 받은 사람이 "나가서 자기에게 백 데나리온 빚진 동료 한 사람을 만나 붙들어 목을 잡고…빚을 갚으라"(마 18:28)고 윽박질렀습니다. 이 사실이 전해지자 주인은 "노하여 그 빚을 다 갚도록 그를 옥졸들에게 넘기"(마 18:34)고 맙니다.

이 비유는 복음을 기반으로 해서만 해석이 가능합니다. 갚지 못할 빚을 지고 처벌받을 죄인을 불쌍히 여기신 주님은 자기 피로 죗값을 탕감해 주셨습니다. 이로써 성도는 용서받은 존재가 되었습니다. 그런데 이때 질문이 대두됩니다. 용서받은 자의 증거가 무엇일까 하는 것입니다. 그에 대한 답이 바로 이 비유입니다. 용서받은 자는 자기 이웃을 용서합니다. 자기는 용서받고도 이웃을 용서하지 않으면 받은 은혜를 다시 빼앗길 것입니다. 애초에 자기가 받은 용서의 가치를 믿지 않는 것이기 때문입니다. 이처럼 마태복음은 믿는 자의 삶에 대한 경고를 쉬지 않고 이어 갑니다.

마 19:1-20:34

중반기 사역

부자청년과의 만남(마 19:16-30)

예수님은 이제 십자가를 지기 위해 예루살렘으로 가셔야 합니다. 그래서 "갈릴리를 떠나 요단강 건너 유대 지경"(마 19:1)에 이르십니다. 거기서 이혼에 대한 바리새인의 질문에 답하시고(마 19:3-12), 어린아이들을 용납하라고 제자들을 가르치신 후(마 19:13-15), 한 부자 청년을 만나십니다. 청년은 예수님께 "내가 무슨 선한 일을 하여야 영생을 얻으리이까"(마 19:16)라고 묻습니다. 예수님은 그에게 "계명들을 지키라"(마 19:17) 하시면서 "살인하지 말라, 간음하지 말라, 도둑질하지 말라, 거짓 증언하지 말라, 네 부모를 공경하라, 네 이웃을 네 자신과 같이 사랑하라"(마 19:18-19)고 하십니다. 그러자 부자 청년은 "이 모든 것을 내가 지키었사온대 아직도 무엇이 부족하니이까"(마 19:20) 하고 다시 묻습니다.

청년은 스스로 의롭다고 주장합니다. 곁에 "큰 무리가"(마 19:2) 함께 있던 상황에서 그는 이 말을 내뱉으며 의기양양했을 것입니다. 무리 중에도 그 청년을 칭찬하는 사람이 있었을지 모릅니다. 결국 청년은 '영생에 부족함이 없다'는 칭찬을 기대했던 것입니다. 하지만 산상수훈에서 보았듯, 인간은 하나님의 계명을 온전히 지킬 수 없습니다. 진실한 태도로 계명 앞에 서면 바울처럼 자신의 부족함과 초라함을 깨닫게 될 뿐입니다. 아무리 지금 강건함을 자랑해도 인간은 결국 죽을 수밖에 없는 존재입니다(마 9:12-13 참조).

그런데 청년은 하나님의 계명을 통해 칭찬과 명예를 얻기 원했습니다. 산상수훈에 등장하는 외식하는 자의 또 다른 모습입니다. 이런 자들에게 하나님의 말씀은 욕망을 채우는 도구가 됩니다. 계명을 이용하는 사람은 오히려 말씀에 전적으로 순종하지 않습니다. 이들에게 중요한 것은 주위 사람들의 평판입니다. 요란스럽게 계명을 지키는 척하지만 칭찬과 인정을 받으면 그것으로 만족하고 스스로 말씀을 정복한 것으로 생각합니다. 하지만 말씀 앞에 결코 온전할 수 없음을 아는 자는 사람의 칭찬이 아니라 하나님의 평가를 두려워합니다. 그래서 하나님의 심판을 면하고 하늘의 칭찬을 얻을 기회가 있다면, 모든 것을 버릴 각오가 되어 있습니다.

참제자는 하늘의 명예를 위해 땅의 모든 것을 버리고 주를 따르는 자들(마 19:27)입니다. "내 이름을 위하여 집이나 형제나 자매나 부모나 자식이나 전토를 버린 자마다 여러 배를 받고 또 영생을 상속하리라"(마 19:29). 이 말씀은 성도가 자기 재산을 무조건 포기해야 한다는 뜻이 아니라, 모든 것이 주님의 것임을 고백하고 주님 뜻대로 사용할 수 있어야 한다는 뜻입니다.

포도원의 품꾼 비유(마 20:1-16)

이 가르침 후에 예수님은 "먼저 된 자로서 나중 되고 나중 된 자로서 먼저 될 자가 많으니라"(마 19:30)라고 하시며 이른바 '포도원의 품꾼'의 비유를 들려주십니다. 이른 아침이나 제 삼시, 육시, 구시, 십일 시에 일하러 온 자들이 모두 똑같은 품삯을 받게 될 것이라는 내용입니다(우리 시각으로는 오전 9시, 정오, 오후 3시, 5시).

이 비유는 두 각도로 해석할 수 있습니다. 비록 늦게 복음을 받아들이고 믿은 자(즉 나중 된 자)도 같은 상이 예비되어 있으므로 지금 열심을 내어 하나님 나라를 위해 일하라는 격려입니다. 동시에 먼저 부름받았음을 내세워 "집 주인을 원망"(마 20:11)하고 "나중 온 이 사람들"(마 20:21)을 무시하는 자들(즉 먼저 된 자들)에 대한 경고이기도 합니다. 혹자는 전자가 구원받은 이방인이고 후자는 유대인들을 상징한다고 해석하기도 합니다. 어느 정도 일리는 있지만 더 세밀히 적용하면, 전자는 교회 안의 '작은 자'들이고 후자는 득세하면

중반기 사역   77

서 권한을 내세우는 '교만한 자'들로 볼 수 있습니다.

세베대 아들들 어머니의 청탁(마 20:17-34)

포도원의 품꾼 비유를 마치신 후, 예수님은 십자가를 지기 위해 예루살렘으로 가시겠다는 고난 예고(마 20:17-19)를 또다시 하십니다. 그때 엉뚱한 일이 일어납니다. "세베대의 아들의 어머니가 그 아들들을 데리고 예수께 와서 절하며…나의 이 두 아들을 주의 나라에서 하나는 주의 우편에, 하나는 주의 좌편에 앉게 명하소서"(마 20:20-21)라고 부탁한 것입니다. 이는 당시 예수님 주변 사람들이 가진 심각한 오해를 보여 줍니다. 예수님의 나라는 십자가 죽음과 부활을 통해 주어집니다. 예수님은 틈날 때마다 이를 가르치셨습니다(마 17:12, 22-23; 20:17-19; 26:1-2). 하지만 사람들은 이 고난 예고를 그저 로마와 싸워 새로운 나라를 세우기 위한 선전포고로 생각했습니다. 그리고 예수님이 전쟁에서 이기고 왕이 되시면, 자신들은 일등공신으로 높은 벼슬에 오르리라 기대했습니다. 그래서 세배대의 아들들이 선수를 치자 "열 제자가 듣고 그 두 형제에 대하여 분히"(마 20:24) 여긴 것입니다.

어머니의 치맛바람을 동원해 높은 벼슬을 요구한 야고보와 요한을 보시면서 예수님은 무척 허탈하셨을 것입니다. 예수님은 "너희는 너희가 구하는 것을 알지 못하는도다 내가 마시려는 잔을 너희가 마실 수 있느냐"(마 20:22) 하고 물으십니다. 그리고 같은 오해를 품고 시기하는 제자들에게도 진실을 알려 주십니다. 예수님이 예루살렘으로 가시는 목적은 제자들의 기대처럼 "집권자들이… 주관하고 그 고관들이…권세를 부리는"(마 20:25) 권력쟁취와 관련이 없습니다. "섬김을 받으려 함이 아니라 도리어 섬기려 하고 자기 목숨을 많은 사람의 대속물로 주려"(마 20:28) 하신 것입니다. 이를 위해 십자가에서 죽는 것이 바로 예수님이 예루살렘에서 '마시려는 잔'이었습니다.

마가복음에는 사건의 주체가 "세베대의 아들 야고보와 요한"(막 10:35)으로 나오고 그들의 어머니는 등장하지 않습니다. 그런데 마태복음이 사건의 주체가 본래 그들의 어머니였다고 자세히 밝힌 것은 야고보와 요한의 체면을 어느 정도 고려해서일 것입니다. 앞으로 살펴보겠지만 마가복음은 열두 제자를 부정적으로 묘사하는 경향이 있습니다. 마태복음은 이러한 경향을 곳곳에서 조금씩 완화시키려고 하는데, 당시 초대교회가 존중하던 열두 사도의 위상이 지나치게 깎이지 않도록 신경 쓴 것입니다. 이러한 노력은 누가복음에서 가장 두드러집니다. 누가복음은 이 사건을 언급조차 하지 않습니다. 당시 각 복음서를 읽던 교회들의 분위기가 서로 달랐음을 뜻합니다. 이에 대해서는 앞으로 더 자세히 설명할 기회가 있을 것입니다.

이상의 일들은 예루살렘에서 약 23킬로미터 떨어진 여리고 지방에서 있었습니다. 말씀을 마치신 예수님은 드디어 예루살렘을 향해 출발하십니다. 예수님은 여리고에서 떠나가실 때 맹인 두 사람의 간절한 요청으로 그들의 눈을 고쳐 주십니다. 마태복음은 "예수께서 불쌍히 여기사 그들의 눈을 만지시니 곧 보게 되어 그들이 예수를 따르니라"(마 20:34)라고 기록합니다. 이 기적을 보면서 제자와 무리들은 예수님의 '고난의 잔'을 이해하기는커녕, 예루살렘에 도착하면 필경 어마어마한 승리가 있으리라 기대하며 한껏 마음이 부풀었을 것입니다.

후반기 사역

예루살렘 입성과 성전 철거(마 21:1-17)

예수님은 마침내 "예루살렘에 가까이 가서 감람산 벳바게에 이르렀을 때"(마 21:1) 두 제자에게 "맞은편 마을로 가라 그리하면 곧 매인 나귀와 나귀 새끼가 함께 있는 것을 보리니 풀어 내게로 끌고 오라"(마 21:2) 하십니다. 이는 "그는 겸손하여 나귀, 곧 멍에 메는 짐승의 새끼를 탔도다"(마 21:5)라는 구약의 메시아 예언(슥 9:9)이 이루어진 것입니다. 제자들이 나귀와 새끼를 데려오자 예수님은 마침내 예루살렘으로 입성하십니다. 무리는 "호산나 다윗의 자손이여 찬송하리로다 주의 이름으로 오시는 이여"(마 21:9)라며 찬양합니다. '호산나'는 시편 118편 25절에 나오는 '호시아 나'(אָנָּא הוֹשִׁיעָה)로 '내가 간구합니다, 구원하소서'라는 뜻입니다.

호산나의 외침은 예수님이 예루살렘에 입성하신 직후 성전의 장사꾼들을 내쫓으신 사건(마 21:12-13) 때도 계속 이어졌습니다. 그러자 대제사장들과 서기관들이 "성전에서 소리 질러 호산나 다윗의 자손이여 하는 어린이들을 보고 노하여 예수께 말하되 그들이 하는 말을 듣느냐"(마 21:15-16)라고 합니다. 즉, 왜 저 소리를 조용히 안 시키고 듣고만 있느냐고 따진 것입니다. 그러자 예수님은 시편 8편 2절을 인용하여 "어린 아기와 젖먹이들의 입에서 나오는 찬미를 온전하게 하셨나이다 함을 너희가 읽어 본 일이 없느냐"(마 21:16) 하고 되물으십니다.

이 말씀에는 예수님의 소망이 담겨 있습니다. 예루살렘에 입성하시는 예수님을 향해 무리가 '호산나'라고 외친 것은 표면상 옳은 태도입니다. 나귀를 타신 예수님은 명백히 참된 구원자이십니다. 하지만 그들의 '구원 요청'은 진정한 구원과 어긋나 있었습니다. 예수님은 지금 죄로부터 인간을 구원하시려고 예루살렘에 들어가시는 중입니다. 하지만 무리가 바라는 것은 자기들을 괴롭히는 로마 정권과 타락한 종교 지도자들로부터의 구원입니다. 그렇기에 그들은 며칠 후 예수님이 아무 저항 없이 체포되시자 실망하고 변심하여 예수님을 십자가에 못 박으라고 외친 것입니다(마 27:22-23).

예수님은 무리가 변심하리라는 것을 당연히 알고 계셨습니다. 따라서 예루살렘에 입성하실 때 무리의 호산나를 들으면서도 세배대의 아들들의 어머니가 좌의정 우의정 자리를 요구할 때 느낀 답답함을 여전히 느끼셨을 겁니다. 그런데도 예수님은 무리의 찬양을 제지하지 않으시고 묵묵히 예루살렘으로 들어가십니다. 그이유가 바로 '어린 아기와 젖먹이들' 이야기에 나타납니다. 예수님께는 어떤 기대가 있었던 것입니다. 비록 지금은 어린 아기와 젖먹이들 같아서 구원의 참 의미를 모르는 상태로 호산나를 외치지만, 십자가를 지고 부활하면 참 구원의 의미를 깨닫는 자들이 나타날 것이라는 기대입니다. 그래서 예수님은 무리의 호산나를 일단 기쁘게 받으신 것입니다. 하나님께서 이 외침을 결국 온전하게 하실 것이기 때문입니다.

무리의 기대는 예수님이 "성전에 들어가사 성전 안에서 매매하는 모든 사람들을 내쫓으"(마 21:12)실 때 더욱 증폭되었을 것입니다. 헤롯대왕이 거대하게 확장해 놓은 당시 예루살렘 성전은 제물 바치는 자들로 끊이지 않았습니다. 성전에서 권력을 행사하던 대제사장들은 이를 돈벌이에 이용했습니다. 장사꾼들을 성전 뜰 근처까지 끌어들여 제사용 짐승을 팔고 로마 돈을 유대 돈으로 환전하도록 허락한 것입니다. 이를 통해 뒷돈을 챙긴 대표적 인물은 대제사장 안나스로, 그는 예수님을 체포한 대제사장 가야바의 장인입니다(마 26:3, 57; 눅 3:2; 요 18:13). 그는 이렇게 얻은 돈으로 로마에 뇌물을 바치고 대제사장 직위와 부귀영화를 이어 나갔습니다.

예수님이 장사꾼들을 성전에서 내쫓은 것은 일차적으로 종교 지도자들의 타락을 꾸짖으신 것입니다. 본래 성전은 "기도하는 집"(마 21:13)입니다. 기도는 하나님을 향한 것이므로 성전은 하나님과 만나는 영적 공간입니다. 하지만 대제사장들은 이를 "강도의 소굴"(마 21:13)로 만들었습니다. 욕심을 채우려고 성전을 뺏고 훔치는 공간으로 만든 것입니다. 그들은 하나님 대신 스스로 성전의 주인이 되었습니다. 당시 뜻있는 자들은 이런 상황을 안타까워했습니다. 그런데 예수님이 장사꾼들의 상과 의자를 둘러엎으시는 것을 보고는 가슴이 뛰었을 것입니다. 타락한 종교 지도자들과 그들이 빌붙은 로마 권력을 쫓아내고 솔로몬 때처럼 경건한 제사를 회복할 것이라고 기대한 것입니다.

하지만 이들의 기대 역시 예수님의 본뜻과는 거리가 멀었습니다. 예수님 자신이 "성전보다 더 큰 이"(마 12:6)시기 때문입니다. 예수님은 이미 더러워진 예루살렘 성전을 청소해서 재활용할 마음이 없으셨습니다. 타락한 성전은 결국 "돌 하나도 돌 위에 남지 않고 다 무너"(마 24:2)질 것입니다. 예수님은 "하나님의 성전을 헐고 사흘 동안에"(마 26:61) 새로 지으실 것입니다. 새 성전은 십자가를 지신 후 사흘 뒤에 부활하신 예수님의 새 몸을 의미합니다(요 2:21 참조). 이제 인간은 예수님을 통해서만 하나님을 만날 수 있습니다. 따라서 우리가 흔히 '성전청결' 혹은 '성전정화'라고 부르는 사건은 근본적으로 '성전철거'가 올바른 표현입니다. 예수님은 구약시대를 상징해 온 성전의 완전한 철거와 폐쇄를 선언하신 것입니다.

성전 안에서의 논쟁과 가르침들(마 21:18-23:39)

성전철거 사건 후 예수님은 베다니에서 유하시고(마 21:17) 다음 날 이른 아침에 성으로 들어오십니다(마 21:18). 때마침 시장하셨던 예수님은 길가에서 한 무화과나무를 보시고 그리로 가서 열매를 찾으십니다(마 21:19). 그러나 잎사귀밖에 없는 무화과나무를 보시자 "이제부터 영원토록 네가 열매를 맺지 못하리라"(마 21:19) 하고 꾸짖으십니다. 순간 무화과나무가 말라 버립니다. 이는 일종의 시청각 교육입니다. 시장하신 예수님은 심판의 주님이고 이파리만 무성한 무화과나무는 열매 없는 자들을 상징합니다. "아름다운 열매를 맺지 아니하는 나무마다 찍혀 불에 던져지느니라"(마 7:19)라는 경고의 말씀을 말라 버린 무화과나무를 통해 시각적으로 생생하게 보여 주신 것입니다.

이 사건은 곧 펼쳐질 성전에서의 '논쟁들'에 대한 예고편이기도 합니다. 예수님이 성전에 들어가 가르치실 때(마 19:23), 무화과나무처럼 겉만 화려하고 열매 없는 대제사장들과 장로들은 예수님께 시비를 겁니다. 그들은 "무슨 권위로 이런 일을 하느냐"(마 21:23) 하고 따집니다. 하지만 예수님이 "요한의 세례가…하늘로부터냐 사람으로부터냐"(마 21:25) 하고 물으시자 입을 다뭅니다. 모든 백성이 지지했던 세례요한을 그들은 인정하지 않았기 때문입니다. 그러자 예수님은 다음과 같은 세 가지 비유를 들려주십니다.

▪ 두 아들 비유 (마 21:28-32)

두 아들 비유에서 아버지는 두 아들을 향해 "얘 오늘 포도원에
가서 일하라"(마 21:28)고 말합니다. 그러자 맏아들은 "가겠나이다
하더니 가지 아니하고"(마 21:29) 둘째 아들은 "싫소이다 하였다가
그 후에 뉘우치고"(마 21:30) 갔습니다. 아버지의 뜻대로 행한 것은
당연히 둘째 아들입니다. 말만 번지르르한 맏아들은 장자의 기득
권을 누리면서도 정작 하나님께 순종하지 않는 대제사장과 바리
새인들을 상징합니다. 이 가증한 자들을 향해 예수님은 "세리들과
창녀들이 너희보다 먼저 하나님의 나라에 들어가리라"(마 21:31)라
고 말씀하십니다.

▪ 악한 농부들 비유 (마 21:33-46)

악한 농부들 비유는 더 직접적입니다. 한 집주인이 포도원을 일
구어 농부들에게 세를 주고 타국에 갔습니다(마 21:33). 이후 주인은
열매를 받으려고 소작농들에게 두 번에 걸쳐 종들을 보냅니다. 하
지만 농부들은 종들을 때리고 죽이고 돌로 쳤습니다(마 21:35). 주인
은 다시 "자기 아들을 보내며…그들이 내 아들은 존대하리라"(마
21:37) 하고 기대합니다. 하지만 농부들은 그 아들까지 포도원 밖으
로 내쫓아 죽입니다(마 21:39). 이 비유에는 타락한 대제사장들이 끝
내 회개하지 않고 하나님의 아들이신 예수님을 죽이리라는 암시
가 들어 있습니다. 하지만 "건축자들이 버린 돌이 모퉁이의 머릿
돌"(마 21:42)이 된 것처럼 예수님은 부활하셔서 악한 "그를 가루로

만들어 흩으"(마 21:44)실 것입니다.

이 비유를 하신 후, 예수님은 "하나님의 나라를 너희는 빼앗기고 그 나라의 열매 맺는 백성이 받으리라"(마 21:43) 말씀하십니다. 대제사장들과 바리새인들은 자기들을 가리켜 말씀하신 줄 알고 분개하지만, 무리를 무서워하여 예수님을 잡지는 못합니다. 무리들이 "예수를 선지자"(마 21:46)로 알았기 때문입니다.

■ **혼인잔치 초대 비유**(마 22:1-14)

예수님은 세 번째 비유인 혼인잔치 초대 이야기를 시작하십니다. 아들을 위해 혼인잔치를 베푼 임금이 종들을 보내 그 청한 사람들에게 혼인잔치에 오라고 전하지만 그들은 오기를 싫어합니다(마 22:2-3). 왕이 다른 종들을 다시 보내 간곡히 초청했지만, 그들은 돌아보지도 않고 한 사람은 자기 밭으로 가고, 한 사람은 자기 사업을 위해 갔으며, 그 남은 자들은 종들을 잡아 모욕하고 죽였습니다(마 22:5-6). 그러자 임금은 노하여 군대를 보내 그 살인한 자들을 진멸하고 동네를 불사릅니다(마 22:7). 이 비유도 두 번째 비유처럼 교만한 반역자들이 결국 처벌받는다는 내용입니다.

그런데 비유 이야기는 좀더 이어집니다. 임금은 종들을 다시 보내 "네거리 길에 가서 사람을 만나는 대로 혼인잔치에 청하여 오라"(마 22:9)고 합니다. 종들은 길에 나가 악한 자나 선한 자나 만나는 대로 모두 데려옵니다. 그런데 혼인 잔치에 손님이 가득해지자 임금은 "예복을 입지 않은 한 사람을 보고…사환들에게 말하되 그 손발을 묶어 바깥 어두운 데에 내던지라"(마 22:11-13) 명합니다.

다소 황당해 보이는 이 부분은 일종의 '자체 경고'입니다. 앞서 초대받은 사람들이 열매 없는 구약의 유대인들이라면, 새로 초대된 사람들은 예수님 앞에 나아온 신약의 사람들입니다. 신약시대에 주님의 초청은 사람을 가리지 않고 주어집니다. 그러므로 누구나 예수님께 나아올 수 있습니다. 하지만 모든 자가 천국에 합당한 것은 아닙니다. 그 자리에 참석한 자는 반드시 예복을 입어야 합니다. '예복'을 원어로 직역하면 '혼례식용 의복'입니다. 이 혼례식은 임금의 아들, 즉 예수님을 위한 것입니다. 따라서 이 예복은 혼례의 주인이신 예수님과 어울리는 옷으로서, 이를 입는다는 것은 결국 주님의 말씀에 순종한다는 뜻입니다.

이 가르침을 따르지 않는 자는 천국에 합당하지 않습니다. 비유의 시작이 "천국은 마치"(마 22:2)임을 기억해야 합니다. 여기서도 마태복음의 특징이 드러납니다. 누구나 초대받을 수 있기에 어중이떠중이들도 신앙 공동체에 들어와 있지만, 그날이 되면 예복이 없는 자, 즉 주님의 뜻대로 행하지 않은 자는 가라지처럼 버림을 받으리라는 말씀입니다.

▪ 세금과 부활 논쟁(마 22:15-46)

바리새인들은 다시 자기 제자들을 헤롯 당원들과 함께 예수님께 보내 "가이사에게 세금을 바치는 것이 옳으니이까"(마 22:17) 하고 묻습니다. 이 질문은 참 교묘합니다. 만약 예수님이 '옳다' 하면 로마를 지지하는 것이 되므로 백성들이 등을 돌릴 것이고, '옳지 않다' 하면 로마에 고발해 체포할 빌미를 잡을 수 있기 때문입니다. 그때 예수님은 당시 통용되던 데나리온 동전을 가져오게 하신 후 "이 형상과 이 글이 누구의 것이냐"(마 22:20) 하고 되물으십니다. 그러자 그들은 로마황제인 "가이사의 것"(마 22:21)이라고 답합니다. 이에 예수님은 "그런즉 가이사의 것은 가이사에게, 하나님의 것은 하나님께 바치라"(마 22:21)라고 말씀하십니다.

예수님의 대답은 일단 소모적인 충돌을 피하려 한 것입니다. 모호하지만 일리 있어 보이는 답변에 그들은 "놀랍게 여겨"(마 22:22) 그 자리를 떠납니다. 하지만 예수님의 대답에는 그들이 미처 깨닫지 못한 날카로운 비판이 숨어 있습니다. 이를 이해하기 위해서는 예수님이 말씀하신 첫 단어인 '그런즉'을 잘 이해해야 합니다. 이 '그런즉'은 바로 앞의 내용과 깊이 연관된 단어입니다. 그들은 방금 전에 동전의 형상과 글이 가이사의 것이라고 답했습니다. 그 대답을 들으시고 주님은 "그런즉…"이라는 말을 시작하신 것입니다. 따라서 '그런즉'은 '너희가 그 형상과 글을 가이사의 것으로 생각한다는데, 그렇다면…'의 뜻입니다. 그러면 '가이사의 것은 가이사에게 하나님의 것은 하나님에게 바치라'의 뜻이 이제 밝혀집니다. 예수님은 그들에게 '그것이 가이사의 것이라고 생각한다면 가이사에게 바치고 하나님의 것이라고 생각한다면 하나님께 바치라'고 비꼬신 것입니다.

예수님은 이 말씀을 통해 그들의 실체를 폭로하십니다. 동전의 형상과 글, 나아가 그 동전 자체도 절대 '가이사의 것'이 아닙니다. 세상 모든 것은 '하나님의 것'입니다. 그들은 하나님을 믿는다 하면서도 여전히 가이사의 세상에 꽁꽁 갇혀 있습니다. 그래서 예수님은 이 말씀을 통해 하나님보다 로마 권력을 더 두려워하고 거기에 빌붙어 사는 유대 종교 지도자들의 실체를 폭로하신 것입니다.

그들이 떠나자 이번에는 바리새파와 라이벌 관계인 사두개인들이 찾아옵니다. 사두개인들은 하나님을 믿고 율법을 지켰지만 현세만 중시하고 내세와 영적인 차원은 믿지 않았습니다. 그래서 마태복음은 이들을 "부활이 없다 하는 사두개인들"(마 22:23)로 소개합니다. 이들은 모세의 '형사취수제'를 거론하면서 일곱 형제를 남편으로 맞았지만 차례로 하늘에 먼저 보낸 여인이 "부활 때에 일곱 중의 누구의 아내가 되리이까"(마 22:28) 하고 묻습니다. 예수님은 "부활 때에는 장가도 아니 가고 시집도 아니 가고 하늘에 있는 천사들과 같으니라"(마 22:30)라고 답하십니다. 땅의 기준으로 영적인 천국을 파악해서는 안 된다는 말씀입니다. 이어서 예수님은 "아브라함의…하나님은 죽은 자의 하나님이 아니요 살아 있는 자의 하나님이시니라"(마 22:32) 하시면서 부활이 실제임을 가르치십니다.

예수님이 사두개인들의 말문을 막으시자 바리새인들이 다시 몰려옵니다. 그중 한 율법사가 예수님께 "선생님 율법 중에서 어느 계명이 크니이까"(마 22:36)라고 묻습니다. 예수님은 "네 마음을 다하고 목숨을 다하고 뜻을 다하여 주 너의 하나님을 사랑하라…네 이웃을 네 자신같이 사랑하라"(마 22:37, 39) 하신 후 "이 두 계명이 온 율법과 선지자의 강령"(마 22:40)이라고 하십니다. 이어서 바리새인들에게 "너희는 그리스도에 대하여 어떻게 생각하느냐 누구의 자손이냐"(마 22:42) 물으십니다. 그러자 그들은 "다윗의 자손"이라고 답합니다. 그때 예수님은 다윗이 쓴 시편 110편 1절을 인용하십니다. "주께서 내 주께 이르시되 내가 네 원수를 네 발 아래에 둘 때까지 내 우편에 앉아 있으라"(마 22:44).

여기서 다윗은 두 '주'를 언급합니다. 앞선 '주'는 여호와 하나님입니다(시 110:1에는 애초에 '여호와'라고 나옴). 그다음 여호와의 우편에 앉으신 '주'는 메시아 그리스도입니다. 그러므로 그리스도는 결코 다윗의 자손일 수 없습니다. "다윗이 그리스도를 주라 칭하였은즉 어찌 그의 자손이 되겠느냐"(마 22:45)는 말씀 그대로입니다. 이 가르침은 당시 유대인들의 인간 영웅적 메시아관과 세속적 구원관을 깨뜨리는 동시에, 참 구원자이신 그리스도의 영적 구원을 알려주려 하신 것입니다. 또한 이 단락에서 우리는 삼위일체의 동시출현도 발견할 수 있습니다. "다윗이 성령에 감동되어"(마 22:43)의 성부 여호와 하나님과 그 우편에 앉으신 성자 예수 그리스도의 관계를 깨닫고 있기 때문입니다. 이 말씀 후로는 예수님께 줄곧 시비를 걸던 종교 지도자들 중에 "한마디도 능히 대답하는 자가 없고 그날부터 감히 그에게 묻는 자도 없"(마 22:46)어집니다.

• 서기관들과 바리새인들에 대한 경계와 저주(마 23:1-39)

이번에는 예수님이 무리와 제자들에게 서기관과 바리새인들을 경계하라고 지시하십니다(마 23:1-2). "무엇이든지 그들이 말하는 바는 행하고 지키되 그들이 하는 행위는 본받지 말라"(마 23:3). 이는 그들의 행위가 하나님이 아니라 "사람에게 보이고자"(마 23:5) 함이고, 교만하여 "높은 자리와…랍비라 칭함을 받는 것을 좋아"(마 23:6-7)하기 때문입니다. 하지만 예수님의 제자는 "하늘에 계신 이"(마 23:9)만을 아버지로 모시고, "지도자는 한 분이시니 곧 그리스도"(마 23:10)라고 고백하며, 그들끼리는 "다 형제"(마 23:8)인 자들입니다. 예수님은 교만하지 말고 "섬기는 자가 되어야"(마 23:11) 한다고 말씀하십니다. "자기를 높이는 자는 낮아지고 누구든지 자기를 낮추는 자는 높아"(마 23:12)지기 때문입니다.

경계의 말씀은 서기관들과 바리새인들을 향한 예수님의 '일곱 번의 경고'로 이어집니다. 이 경고는 사실상 저주입니다. "화 있을진저"(마 23:13, 15, 16, 23, 25, 27, 29)로 시작하는 저주들은 산상수훈의 팔복에서 "…하는 자는 복이 있나니"(마 5:3-10)라는 표현과 뚜렷한 대조를 이룹니다. 믿는 이들이 '복 있는 자'라면 바리새인들은 '화 있을 자'입니다. 예수님의 제자들과 바리새파는 극과 극입니다. 예수님을 따르는 자는 결코 바리새인들의 신앙 형태를 따르면 안 됩니다. 예수님이 이들을 향해 혹독한 저주를 내리셨기 때문입니다.

바리새인들에게서 경계해야 할 모습은 다음과 같습니다. 먼저 이들은 본질보다 겉치레에 치중합니다. 성전보다 성전의 금을, 제단보다 제단 위의 예물을 중히 여깁니다(마 23:16-22). 또한 박하, 회향, 근채 같은 작은 식물들까지 신경 써서 십일조는 드리되 율법의 더 중한바 정의와 긍휼과 믿음은 버립니다(마 23:23). "하루살이는 걸러 내고 낙타는 삼키는"(마 23:24) 식으로 자기에게 유리하게 율법을 해석합니다. 그래서 그들의 명칭 앞에는 "외식하는"(마 23:13, 15, 23, 25, 27)이 붙습니다. '외식'이란 한마디로 "잔과 대접의 겉은 깨끗이 하되 그 안에는 탐욕과 방탕으로 가득하게 하는"(마 23:25) 것입니다.

심지어 이들은 "선지자를 죽인 자의 자손"(마 23:31)입니다. 그들은 여전히 조상들과 같은 짓을 저지릅니다. 앞으로 예수님이 보내실 "선지자들과 지혜 있는 자들과 서기관들을…죽이거나 십자가에 못 박고…박해"(마 23:34)하면서 자기 "조상의 분량"(마 23:32)을 채울 것입니다. 이 말씀은 예언적입니다. 여기서 박해받을 자들은 예수님이 승천하신 후 파송될, 미래의 제자들을 가리킵니다. 이들은 일차적으로 당시 마태복음을 읽던 성도들, 즉 마태 공동체라 할 수 있습니다. 마태복음이 기록된 당시 현실이 과거 예수님의 예언 속에 미리 나타난 것입니다.

우리는 당시 마태 공동체가 바리새파 계통의 사람들에게 박해를 당했음을 예측할 수 있습니다. 예수님의 가르침대로 본질과 핵심을 추구하며 바리새적인 외식을 비판했기에 극심한 미움을 산 것입니다. 하지만 마태 공동체가 받는 미움이 의아한 것은 아닙니다. 예수님도 세상에서 똑같이 미움을 당하셨습니다. 그러므로 이들은 오히려 복된 자들입니다. "나로 말미암아 너희를 욕하고 박해하고…악한 말을 할 때에는 너희에게 복이 있나니 기뻐하고 즐거워하라 하늘에서 너희의 상이 큼이라"(마 5:11-12)라고 예수님은 미리 말씀하셨기 때문입니다.

최종적으로 예수님은 바리새인들에게 "뱀들아 독사의 새끼들아 너희가 어떻게 지옥의 판결을 피하겠느냐"(마 23:33)라는 무서운 경고를 던지십니다. 또 그들이 지배하는 타락한 예루살렘을 향해 깊은 탄식과 함께 "너희 집이 황폐하여 버려진바 되리라"(마 23:38)라고 하십니다.

성전 밖에서의 종말에 대한 교훈(마 24:1-25:46)

이상의 경고를 끝으로 예수님은 성전을 나오십니다. 그리고 성전을 향해 "돌 하나도 돌 위에 남지 않고 다 무너뜨려지리라"(마 24:2)라고 말씀하십니다. 헤롯 대왕 때부터 약 46년(요 2:20)에 걸쳐 확장 공사를 한 예루살렘 성전은 어마어마한 위용을 자랑했습니다. 그 거대한 성전이 무너진다는 말씀을 듣고 제자들은 "우리에게 이르소서 어느 때에 이런 일이 있겠사오며 또 주의 임하심과 세상 끝에는 무슨 징조가 있사오리이까"(마 24:3)라고 묻습니다. 이 질문을 시작으로 예수님은 종말에 대한 교훈을 본격적으로 말씀하십니다.

제자들의 질문은 두 가지였습니다. '언제 성전이 무너지느냐'와 '주의 임하심 곧 세상 끝에 무슨 징조가 있느냐'입니다. 역사적으로 이 둘은 다른 시기입니다. 예루살렘 성전은 AD 70년에 이미 무너졌고 세상의 끝은 21세기인 지금도 오지 않았습니다. 하지만 예수님은 둘을 긴밀히 연관 지으십니다. 재림과 종말의 시발점을 '성전파괴 사건'으로 잡으시기 때문입니다. 이는 "민족이 민족을, 나라가 나라를 대적하여 일어나겠고 곳곳에 기근과 지진이 있으리니 이 모든 것은 재난의 시작이니라"(마 24:7-8)라는 말씀에서 확인할 수 있습니다.

이 구절은 AD 67년 베스파시아누스와 그 아들 티투스가 이끄는 로마군대가 이스라엘을 치려고 진군하던 모습과 깊은 관계가 있습니다. 이 부대는 AD 70년에 예루살렘으로 쳐들어가서 성전을 불태웠습니다. 따라서 제자들의 첫 번째 질문인 '성전이 언제 무너지느냐'에 대한 예수님의 답변은 '다가오는 전쟁에서 무너진다'입니다. 이 전쟁은 예수님이 승천하시고 약 37년 후에 일어납니다. 마태복음은 보통 이 전쟁이 있은 뒤에 기록된 책으로 봅니다(대략 AD 80~90년으로 보는 견해가 많음). 즉 이 말씀은 마태복음 당시 사람들에게는 이미 성취된 예언입니다. 마태 공동체의 성도들은 이 말씀을 보면서 불과 10~20년 전에 있었던 끔찍한 전쟁을 생생히 떠올렸을 것입니다.

그런데 예수님은 이 전쟁을 "재난의 시작"(마 24:8)이라고 하십니다. 그렇다면 재난은 아직 계속되고 있습니다. 재난은 이제 박해의 형태입니다. 성전이 파괴된 후 "그때에 사람들이 너희를 환난에 넘겨주겠으며 너희를 죽이리니"(마 24:9)라고 말씀하셨기 때문입니다. '그때에'는 본래 '그러고 나서'(then)의 뜻입니다. 순서상 성전

파괴가 먼저 있고 그다음에 박해가 시작되는 것입니다. '너희'는 성전파괴 이후를 살아가는 모든 믿는 사람입니다. 이들은 예수님의 "이름 때문에 모든 민족에게 미움"(마 24:9)을 받게 될 것입니다. 또한 "거짓 선지자가 많이 일어나 많은 사람을 미혹"(마 24:11)할 것입니다. 그러나 이 모든 것은 "천국 복음이 모든 민족에게 증언되기 위하여 온 세상에 전파"(마 24:14)되는 과정입니다. 이 과정이 다 하면 그제야 끝이 옵니다(마 24:14). 이 시간은 고통스럽지만, "끝까지 견디는 자는 구원을 얻으리라"(마 24:13)라고 예수님은 말씀하십니다.

이처럼 예수님은 '성전파괴'를 시작으로 '박해와 유혹기'를 거쳐, 마침내 '세상의 끝'이 올 것이라고 가르치십니다. 이 3단계 구도는 이어지는 단락(마 24:15-31)에서 그대로 반복됩니다. 단락 초반(마 24:15-22)에 나타나는 "큰 환난"(마 24:21)은 로마의 공격과 예루살렘 성전 파괴 사건을 더 상세히 묘사한 것입니다. 누가복음에는 아예 "너희가 예루살렘이 군대들에게 에워싸이는 것을 보거든"(눅 21:20)이라는 설명이 첨가되어 있습니다. 환난, 즉 성전 파괴가 있고나면 "거짓 그리스도들과 거짓 선지자들이 일어나…택하신 자들도 미혹"(마 24:30)하는 시기가 시작됩니다. 이는 조금 전에 살펴본 성전 파괴 후의 '유혹과 박해의 시기'와 일치합니다. 이 시기가 지나면 드디어 세상의 끝이 와서 "그때에 인자의 징조가 하늘에서 보이겠고…인자가 구름을 타고 능력과 큰 영광으로 오는 것"(마 24:30)을 보게 될 것입니다.

예수님은 이렇게 두 번이나 반복해서 '성전파괴-박해와 유혹-종말과 재림'이라는 구도를 가르치십니다. 중요한 것은 종말을 기다리는 우리 성도의 삶이 지금 '박해와 유혹기'에 있다는 것입니다. 성전파괴가 재난의 시작이고 이후 박해와 유혹기가 지속되다가 그 끝에 주님이 오십니다. 이는 사실 마태복음이 내내 강조해 온 것입니다. 기독교는 현실의 복을 추구하지 않습니다. 하늘의 영광을 위해 현재를 희생하고 고통을 감내합니다. 예수님의 이름을 위해 고난을 받으며 자기를 부인하고 십자가를 집니다. 동시에 이 길을 꺾으려는 어떤 유혹도 과감히 물리치며 꿋꿋이 전진합니다. 마지막에 주님이 오셔서 심판하실 것이기 때문입니다.

예수님은 "천지는 없어질지언정 내 말은 없어지지 아니하리라"(마 24:35)라고 하시면서 종말과 심판이 반드시 올 것을 확증하십니다. 하지만 그날과 그때는 아무도 모르고 "오직 아버지만"(마 24:36) 아십니다. 그날은 "노아의 때와 같이…사람들이 먹고 마시고 장가들고 시집가고 있으면서"(마 24:37-38) 여느 때처럼 평범하게 사는 중에 갑자기 찾아올 것입니다. 그러므로 "너희도 준비하고 있으라 생각하지 않은 때에 인자가 오리라"(마 24:44)라는 경고에 귀 기울여야 합니다. 항상 때를 의식하며 "충성되고 지혜 있는 종이 되어 주인에게 그 집 사람들을 맡아 때를 따라 양식을 나눠 줄 자"(마 24:45)가 되어야 합니다. 그러지 않고 "악한 종이 마음에 생각하기를 주인이 더디 오리라 하여 동료들을 때리며 술친구들과 더불어 먹고 마시게 되면 생각하지 않은 날 알지 못하는 시각에 그

종의 주인이 이르러"(마 24:48-50) 그를 엄벌에 처하실 것입니다.

예수님은 곧이어 종말과 연관된 세 가지의 비유를 말씀하십니다. '열 처녀 비유'와 '달란트 비유' 그리고 '최후 심판 비유'(혹은 '양과 염소 비유')입니다.

▪ 열 처녀 비유(마 25:1-13)

열 처녀 비유는 종말의 때에 구원 얻을 성도의 자격을 보여 줍니다. 열 처녀는 표면상 모두 믿는 자들입니다. 이들은 함께 신랑이 오기를 기다리면서 등을 준비합니다. 이는 열 처녀가 동일한 신앙 공동체에 속해 있음을 보여 줍니다. 슬기로운 다섯은 그릇에 기름을 담아 등과 함께 가져가지만(마 25:4), 미련한 자들은 등을 가지되 기름은 가지지 않았습니다(마 25:3). 둘의 차이는 '기름'입니다. 양쪽 다 '등'은 있지만 미련한 자들에겐 기름이 없습니다. 간혹 기름을 성령으로 해석하기도 하는데, 다소 어긋한 추측입니다. 미련한 처녀들이 기름을 나눠 달라고 하자 슬기로운 처녀들이 그러기에는 부족하다고 하는데(마 25:8-9), 성령은 사람이 사람에게 나눠 달라고 부탁할 존재도, 나누어서 부족해지는 존재도 아니기 때문입니다. 무엇보다 마태복음에서 성령을 주시는 분은 오직 예수님입니다(마 3:11).

이 비유에서 '등'과 '기름'은 마태복음의 특성상 예수님의 가르침과 그 가르침을 행하는 것, 즉 '말씀'과 '행위'입니다. 예수님은 지혜로운 자와 미련한 자의 특성을 산상수훈에서 이미 가르쳐 주셨습니다. "나의 이 말을 듣고 행하는 자는…지혜로운 사람 같으리니"(마 7:24). "나의 이 말을 듣고 행하지 아니하는 자는…어리석은 사람 같으리니"(마 7:26). 지혜로운 자나 어리석은 자 모두 '나의 이 말' 곧 '예수님의 가르침'을 들었습니다. 열 처녀 비유로 말하자면 둘 다 '등'은 가진 상태입니다. 다만 둘의 차이는 이 가르침을 '행하는가, 행하지 않는가'입니다. 따라서 '기름'은 '말씀을 밝히는 삶', 즉 '행위'입니다. 미련한 다섯 처녀는 주님의 말씀을 들었지만 행함이 없는 신앙인을 의미합니다. 이런 자가 천국에 들어가지 못한다는 것은 마태복음이 거듭 강조하는 내용입니다(마 5:20; 7:21 등).

- **달란트 비유**(마 25:14-30)

"어떤 사람이 타국에 갈 때 그 종들을 불러…각각 그 재능대로 한 사람에게는 금 다섯 달란트를, 한 사람에게는 두 달란트를, 한 사람에게는 한 달란트를 주고"(마 25:14-15) 떠납니다. 다섯 달란트와 두 달란트 받은 종은 "바로 가서 그것으로 장사하여"(마 25:16) 각각 원금만큼의 이득을 남기고 주인에게 칭찬을 받습니다. 하지만 "한 달란트 받았던 자는…달란트를 땅에 감추어"(마 25:24-25) 두었다가 그대로 가져와서 꾸지람을 받습니다.

종들의 근본적인 차이는 호칭에서 밝혀집니다. 다섯 달란트와 두 달란트 받은 종은 "착하고 충성된 종"(마 25:21, 23)이고 한 달란트 받은 종은 "악하고 게으른 종"(마 25:26)입니다. 대조되는 핵심은 '충성되다'와 '게으르다'입니다. 충성된 자는 착하지만, 게으른 자는 악합니다. 그런데 두 종의 충성됨은 "바로 가서 그것으로 장사하여"(마 25:16)라는 행위로 증명됩니다. '장사하여'라는 말은 사실 장사와 관련된 단어가 아니라 일반적인 노동행위를 포함합니다. 예를 들어 '두 아들 비유'에서 아버지가 "얘 오늘 포도원에 가서 일하라"(마 21:28) 할 때 '일하라'가 이와 같은 단어입니다.

따라서 이 종들은 주인이 맡긴 것으로 열심히 일한 자들입니다. 그들이 얻은 이익은 열심의 증거이자 열매입니다. 이에 반해 한 달란트 받은 종은 오랫동안 아무것도 하지 않습니다(마 25:19). 이자를 불리려는 최소한의 노력조차 하지 않습니다(마 25:27). 그래서 그는 '게으른' 종입니다.

결국 이 비유는 열 처녀 비유와 같습니다. 미련한 처녀들에게는 '등'이 있었고 게으른 종에게는 '한 달란트'가 있었습니다. 이는 성도들이 받은 '예수님의 말씀'을 의미합니다. 하지만 말씀의 등을 끝내 밝히지 못한 미련한 다섯 처녀처럼, 한 달란트 받은 자 역시 그 말씀으로 아무 소득을 남기지 못했습니다. 그러다가 "결산"(마 25:19)의 순간에 "바깥 어두운 데로 내쫓으라 거기서 슬피 울며 이를 갈리라"(마 25:30)라는 처벌을 받게 된 것입니다.

- **최후의 심판 비유**(마 25:31-46)

열 처녀 비유와 달란트 비유는 말씀을 들은 자가 이를 실제로 행해야 함을 가르치신 것입니다. 그렇다면 그 행함의 내용은 구체적으로 무엇일까요? 이에 대한 답이 바로 세 번째 최후의 심판 비유에서 드러납니다. 예수님은 이 비유에서 "인자가 자기 영광으로 모든 천사와 함께 올 때에 자기 영광의 보좌에 앉으리니 모든 민족을 그 앞에 모으고…목자가 양과 염소를 구분하는 것같이"(마 25:31-32) 구분할 것이라고 하십니다. 이때 오른편의 양들에게는 "내 아버지께 복받은 자들이여…너희를 위하여 예비된 나라를 상속받으라"(마 25:34) 하시지만, 왼편 염소들에게는 "저주를 받은 자들아 나를 떠나 마귀와 그 사자들을 위하여 예비된 영원한 불에 들어가라"(마 25:41) 하실 것이라고 말씀하십니다.

양과 염소의 운명을 결정짓는 기준은 명확합니다. 예수님은 복받은 양들에게 "내가 주릴 때에 너희가 먹을 것을 주었고 목마를 때에 마시게 하였고 나그네 되었을 때에 영접하였고 헐벗었을 때에 옷을 입혔고 병들었을 때에 돌보았고 옥에 갇혔을 때에 와서 보았느니라"(마 25:35-36)라고 하십니다. 그러자 의인들은 우리가 언제 그랬느냐고 질문합니다. 예수님은 "너희가 여기 내 형제 중에 지극히 작은 자 하나에게 한 것이 곧 내게 한 것이니라"(마 25:40)라고 하십니다. 동시에 염소들에게는 "지극히 작은 자 하나에게 하지 아니한 것이 곧 내게 하지 아니한 것이니라"(마 25:45) 말씀하십니다. 여기서 우리는 '행하는 것'이 '작고 연약한 자들을 섬기는 것'임을 알 수 있습니다. 이 역시 마태복음에서 예수님이 줄곧 강조하신 내용입니다.

'작고 연약한 자'들은 세상의 일반적인 빈민이나 병자들만을 의미하지 않습니다. 예수님은 "여기 내 **형제** 중에 지극히 작은 자 하나"(마 25:40)라고 하십니다. 이는 결국 같은 믿음의 공동체 안에 있는 고통받는 지체를 뜻합니다. 이 지체들은 물질적으로 가난하고 병든 자일 수도 있지만, 상처받기 쉬운 초신자일 수도 있고 복음을 위해 나그네 되고 옥에 갇힌 전도자들일 수도 있습니다. 믿는 성도는 이런 자들을 먼저 염두에 두고 섬겨야 합니다. 이는 선택 사항이 아닙니다. 예수님은 그들을 섬겼는가 섬기지 않았는가로 판단하실 것입니다. 작은 자를 섬기지 않은 이들은 영벌에 들어가고 작은 자들을 섬긴 이들은 영생에 들어갈 것입니다(마 25:46).

향유 부은 여인과 가룟 유다 및 최후의 만찬(마 26:1-30)

말씀을 마치신 예수님은 "이틀이 지나면 유월절이라 인자가 십자가에 못 박히기 위하여 팔리리라"(마 26:2)라는 마지막 고난예고를 하십니다. 그 후 예루살렘을 떠나 "베다니 나병환자 시몬의 집"(마 26:6)에 가서 머무르십니다. 그때 "한 여자가 매우 귀한 향유 한 옥합을 가지고 나아와서"(마 26:7) 식사하시는 예수님의 머리에 붓습니다. 제자들은 분개하며 이를 가난한 자를 위해 사용했어야 한다고 주장합니다(마 26:9). 그러나 예수님은 "그가 내게 좋은 일을 하였느니라"(마 26:10) 하시면서 "이 여자가 내 몸에 이 향유를 부은 것은 내 장례를 위하여 함이니라"(마 26:12)라고 칭찬하십니다. 그리고 "온 천하에 어디서든지 이 복음이 전파되는 곳에서는 이 여자가 행한 일도 말하여 그를 기억하리라"(마 26:13)라고 말씀하십니다.

여인이 예수님께 향유를 부은 사건은 사복음서 모두에 나옵니다(마 26:6-13; 막 14:3-9; 눅 7:36-50; 요 12:1-8). 그중 마태복음과 마가복음의 기록은 동일한 사건이 분명하고 누가복음의 기록은 확실히 다른 사건입니다. 문제는 요한복음의 향유 사건인데, 이는 요한복음을 다루는 4부에서 자세히 살펴보겠습니다(일단 예수님께 향유를 부은 여인이 최소 2명 이상이었음을 기억하면 됩니다). 마태복음에 나오는 여인은 예수님께 큰 칭찬을 받았습니다. 그리스도의 영적 구원이 의미하는 바를 제대로 알았기 때문입니다. 다른 사람들이 예수님께 현실의 승리를 바라는 중에도, 여인은 예수님이 인간의 죄를 위해 죽으실 것을 알았습니다. 그 죽음이 곧 자기 죄 때문이었기에 여인은 장례에 쓸 귀한 향유로 미리 감사를 표한 것입니다. 여인은 예수님이 활동하실 때 십자가와 구원의 참 의미를 깨달은 극소수였습니다. 그래서 예수님이 귀히 보신 것입니다.

이때는 이미 "대제사장들과 백성의 장로들이 가야바라 하는 대제사장의 관정에 모여 예수를 흉계로 잡아 죽이려고"(마 26:3-4) 의논하던 때였습니다. 그런데 향유 사건 이후 "열둘 중의 하나인 가룟 유다라 하는 자가 대제사장들에게 가서 말하되 내가 예수를 너희에게 넘겨주리니 얼마나 주려느냐"(마 26:14-15) 하고 제안합니다. 큰 무리의 지지를 받고 있던 예수님을 조용히 체포할 수 있는 기회는 최측근만이 제공할 수 있었습니다. 가룟 유다는 이를 알고 돈벌이를 위해 계획을 세운 것입니다.

간혹 유다를 애국자로 주장하는 사람들도 있는데, 허황된 주장입니다. '얼마나 주려느냐'라는 말에서 알 수 있듯이 유다의 배신은 평소 "돈궤를 맡고 거기 넣는 것을 훔쳐"(요 12:6) 온 행위로 보아 욕심 때문이었습니다. 그가 받은 '은 삼십'은 당시 예루살렘에서 묘지로 쓸 땅을 구입할 수 있을 만큼 큰돈이었습니다(마 27:7). 가까운 사람에게 배신당하는 것은 엄청난 고통입니다. 예수님이 자기 제자에게 배신당한 것은 메시아가 이 땅에서 온갖 나쁜 상황을 다 겪으셨다는 증거입니다. 동시에 가룟 유다는 마태복음의 주제인 '믿는 자 중에 섞인 가라지'의 대표입니다. 심지어 예수님의 측근 중에도 가라지가 존재했던 것입니다.

이후 예수님은 무교절 첫날에 유월절 저녁식사를 제자들과 함께 나누십니다(마 26:17). 본래 유월절은 유대 달력으로 1월 14일 저녁이고 무교절은 1월 15일부터 이어지는 일주일을 말합니다(레 23:5-6). 그래서 이 기록에 대한 논쟁이 있지만, 말씀을 볼 때 작은 부분에 지나치게 집중하면 본질을 놓칠 수 있습니다. 마태복음이 이 하루 차이를 동일시한 것은, 당시 유대인들이 유월절 저녁부터 이미 무교병을 먹었기에 유월절을 무교절의 시작으로 인식했다고 보면 됩니다(막 14:1, 12에서도 확인할 수 있음).

중요한 것은 유월절 식사가 지닌 의미입니다. 예수님은 식사 중에 "너희 중의 한 사람이 나를 팔리라"(마 26:21)라고 하십니다. 배신당하실 것을 이미 알고 계셨던 것입니다. 하지만 이는 하나님의 뜻을 이루는 과정이었기에 예수님은 다가올 죽음의 의미를 담담히 떡과 포도주로 설명하십니다. 그것이 바로 최후의 만찬에서 행해진 성찬 예식입니다. 예수님은 "떡을 가지사 축복하시고 떼어 제자들에게 주시며…받아서 먹으라 이것은 내 몸이니라"(마 26:26)하시고, "또 잔을 가지사 감사기도 하시고 그들에게 주시며…너희가 다 이것을 마시라 이것은 죄 사함을 얻게 하려고 많은 사람을 위하여 흘리는 바 나의 피 곧 언약의 피니라"(마 26:27-28)라고 말씀하십니다. 이 선언은 예수님이 지실 십자가의 의미를 정확히 보여줍니다. 십자가에서 찢기신 몸과 흘리신 피는 인간의 죄 사함을 위한 생명의 양식입니다(요 6:35, 53-55).

사역의 완성

체포와 두 번의 재판(마 26:31-27:26)

유월절 저녁식사를 마치고 예수님과 제자들은 감람산으로 갑니다(마 26:30). 그때 예수님은 "오늘 밤에 너희가 다 나를 버리리라"(마 26:31)라고 하시면서 특히 베드로에게는 "오늘 밤 닭 울기 전에 네가 세 번 나를 부인하리라"(마 26:34)라고 예고하십니다. 이후 예수님은 감람산 겟세마네에 이르십니다. 죽음을 코앞에 두고 "마음이 매우 고민하여 죽게"(마 26:38) 되신 예수님은 감람유(올리브기름)를 짜던 장소인 겟세마네에서 마음을 다해 기도하십니다. 세 번에 걸친 기도의 핵심은 "아버지여 만일 할 만하시거든 이 잔을 내게서 지나가게 하옵소서 그러나 나의 원대로 마시옵고 아버지의 원대로 하옵소서"(마 26:39)입니다.

예수님의 겟세마네 기도는 참된 기도가 무엇인지 보여 줍니다. 우리가 보통 하나님께 드리는 기도는 '나한테 뭔가를 달라'는 것입니다. 심지어 내가 잘돼야 하나님도 좋지 않느냐는 식의 논리도 보탭니다. 예수님의 기도는 내가 아니라 하나님의 뜻에 집중합니다. 인간의 육체는 하나님의 뜻을 거부합니다. 내 욕망을 꺾어야 그 뜻이 이루어지기 때문입니다. 욕망보다 하나님의 뜻이 소중하고 그 뜻에 굴복했음을 보여드리는 것이 기도입니다. 한마디로 기도는 '요구'가 아니라 '굴복'입니다. 이는 산상수훈에서 이미 선언되었습니다. 예수님은 이방인들처럼 육체의 먹을 것, 마실 것, 입을 것을 구하지 말고 "먼저 그의 나라와 그의 의를 구하라"(마 6:33)고 가르치셨습니다. 이 말씀을 겟세마네에서 몸소 보여 주신 것입니다.

기도 후 예수님은 "나를 파는 자가 가까이 왔느니라"(마 26:46)라고 하십니다. 그러자 가룟 유다가 칼과 몽치를 가진 큰 무리를 데리고 와서 "예수께 나아와 랍비여 안녕하시옵니까"(마 26:49) 하고 입을 맞춥니다. 유다의 행동은 어두워 잘 보이지 않는 밤에 무리에게 예수님을 식별해 주려고 미리 정한 암호였습니다(마 26:48). 무리는 암호를 보고 "예수께 손을 대어"(마 26:50) 잡았습니다. 그러자 제자 중 하나가 "칼을 빼어 대제사장의 종을 쳐 그 귀를 떨어뜨"(마

26:51)렸고, 예수님은 "칼을 가지는 자는 다 칼로 망하느니라 너는 내가 내 아버지께 구하여 지금 열두 군단 더 되는 천사를 보내시게 할 수 없는 줄로 아느냐"(마 26:52-53) 하고 야단치십니다. 예수님이 자발적으로 체포되신 것은 "이런 일이 있으리라 한 성경"(마 26:54)을 이루려 하신 것이기 때문입니다.

예수님이 체포되시자 제자들은 "다 예수를 버리고"(마 26:56) 도망쳐 버립니다. 예수님은 대제사장 가야바와 로마 총독 빌라도 앞에서 각각 재판을 받으십니다. 먼저 가야바 법정에서 "대제사장들과 온 공회가 예수를 죽이려고 그를 칠 거짓 증거"(마 26:59)를 찾았고 최종적으로 두 사람이 "이 사람의 말이 내가 하나님의 성전을 헐고 사흘 동안에 지을 수 있다 하더라"(마 26:61)라고 증언합니다. 그러자 대제사장이 예수님께 "이 사람들이 너를 치는 증거가 어떠하냐"(마 26:62) 하고 묻습니다. 하지만 예수님은 침묵하십니다.

이를 본 대제사장은 "네가 하나님의 아들 그리스도인지 우리에게 말하라"(마 26:63)고 합니다. 그때 예수님은 "네가 말하였느니라 그러나 내가 너희에게 이르노니 이후에 인자가 권능의 우편에 앉아 있는 것과 하늘 구름을 타고 오는 것을 너희가 보리라"(마 26:64)라고 말씀하십니다. 결국 이 말씀으로 인해 대제사장은 "자기 옷을 찢으며…그가 신성 모독하는 말을 하였으니 어찌 더 증인을 요구하리요"(마 26:65) 하며 분개하고, 재판에 참석한 자들은 예수님이 "사형에 해당하니라"(마 26:66) 소리치기에 이릅니다. "예수의 얼굴에 침 뱉으며 주먹으로 치고 어떤 사람은 손바닥으로 때리며…

그리스도야 우리에게 선지자 노릇을 하라 너를 친 자가 누구냐"(마 26:67-68) 하며 예수님을 농락하기까지 합니다.

일찌감치 도망쳤던 베드로는 "멀찍이 예수를 따라 대제사장의 집 뜰에"(마 26:58) 들어와 있었습니다. 그러다가 두 여종과 곁에 섰던 사람들이 차례로 그에게 "예수와 함께 있었도다"(마 26:69, 71), "너도 진실로 그 도당이라"(마 26:73)라고 하자 연거푸 부인하다가 세 번째에는 "저주하며 맹세하여…나는 그 사람을 알지 못하노라"(마 26:74) 했고 곧 닭이 웁니다. 그리고 베드로는 "밖에 나가서 심히 통곡"(마 26:75)합니다.

예수님의 사형을 결정한 대제사장의 무리는 "예수를 죽이려고…결박하여 끌고 가서 총독 빌라도에게"(마 27:1-2) 넘겨줍니다. 로마의 지배를 받던 유대인들에게는 함부로 사형을 집행할 권한이 없었기 때문입니다(요 18:31). 한편 예수님이 재판받으시는 동안 근처에 있던 가룟 유다는 "그의 정죄됨을 보고 스스로 뉘우쳐"(마 27:3) 은 삼십을 돌려주려 했으나 거절당합니다. 결국 유다는 "은을 성소에 던져 넣고 물러가서 스스로 목매어"(마 27:5) 죽습니다.

이후 예수님은 빌라도 총독 앞에 끌려가십니다. 빌라도가 "네가 유대인의 왕이냐"(마 27:11) 하고 묻자, 예수님은 "네 말이 옳도다"(마 27:11)라고 답하십니다. 그리고 나서 이어지는 대제사장들과 장로들의 수많은 고발에는 아무 대답도 하지 않으십니다. 예수님의 침묵에 빌라도는 놀라면서, 명절이 되면 총독이 무리의 청원대로 죄수 한 사람을 놓아주는 전례에 따라 "내가 누구를 너희에게 놓아주기를 원하느냐 바라바냐 그리스도라 하는 예수냐"(마 27:17) 하고 무리에게 묻습니다. 빌라도가 예수님을 배려한 것은 예수님이 "그들의 시기"(마 27:18) 때문에 체포된 것을 알았고, 그의 아내가 "사람을 보내어 이르되 저 옳은 사람에게 아무 상관도 하지 마옵소서 오늘 꿈에 내가 그 사람으로 인하여 애를 많이 태웠나이다"(마 27:19)라고 말했기 때문입니다.

하지만 대제사장들과 장로들은 무리를 설득해 바라바를 놓아주고 예수님을 죽이고자 합니다(마 27:20). 군중은 정의보다 집단감정을 따르기 쉽습니다. 실망한 집단감정은 보상받을 대상을 찾다가 결국 자기를 실망시킨 존재에게 보복하려 합니다. 보복심리는 때로 무고한 희생을 당연시하고 심지어 이를 즐깁니다. 예수님이 예루살렘에 입성하실 때 열렬히 환호했던 무리는 체포된 예수님의 초라한 모습에 크게 실망하여 "십자가에 못 박혀야 하겠나이다"(마 27:22, 23)라고 외칩니다. 예수님께 사형당할 만한 죄가 있는지는 중요하지 않았습니다. 자기들의 기대와 욕망을 채워주지 못한 것 자체가 죽어 마땅한 죄였기 때문입니다. 이는 인간의 이기적이고 악한 죄성을 보여 줍니다.

빌라도는 무리를 제지하려 했지만 "아무 성과도 없이 도리어 민란이 나려는 것을 보고 물을 가져다가 무리 앞에서 손을 씻으며… 이 사람의 피에 대하여 나는 무죄하니 너희가 당하라"(마 27:24)고 말합니다. 그러자 백성은 "그 피를 우리와 우리 자손에게 돌릴지어다"(마 27:25)라고 답합니다. 2,000년 가까이 수많은 박해를 겪으면서 나라 없이 살아온 유대인들의 기구한 운명은 이때의 대답과 결코 무관하지 않을 것입니다. 마침내 예수님은 채찍질당하고 십자가에 못 박히도록 넘겨집니다(마 27:26).

십자가 죽음과 장례(마 27:27-66)

마태복음은 십자가에서 예수님이 치욕과 조롱 당하시는 모습에 상당히 집중합니다. 예수님의 사형은 "총독의 군병들"(마 27:27)에 의해 집행되었습니다. 군병들은 먼저 예수님을 허수아비 같은 왕의 모습으로 꾸밉니다. 예수님의 "옷을 벗기고 홍포를 입히며 가시관을 엮어 그 머리에 씌우고 갈대를 그 오른손에"(마 27:28-29) 들게 합니다. 그리고 그 앞에서 무릎 꿇는 흉내를 내며 "침 뱉고 갈대를 빼앗아…머리를"(마 27:30) 치며 조롱합니다. 그러다가 다시 "홍포를 벗기고 도로 그의 옷을 입혀 십자가에 못 박으려고"(마 27:31) 끌고 갑니다.

당시 예수님은 매우 허약한 상태였습니다. 종횡무진 불꽃같이 사역하시다가 긴 도보 여행을 거쳐 예루살렘에 입성하신 후, 이른 아침부터 끼니를 거르시며(마 21:18) 바쁘게 최후의 일정들을 소화하셨습니다. 게다가 전날 밤을 꼬박 새운 상태로 체포되신 후 매 맞으며(마 26:67) 법정들에 끌려 다니시다가 채찍질과 희롱(마 27:25-31)까지 당하셨으니 제대로 서 있기도 힘드셨을 것입니다. 십자가형을 받은 죄수는 대부분 자기 십자가를 스스로 지고 가야 했습니다. 하지만 예수님은 무거운 십자가를 감당치 못해 자꾸만 떨어뜨리셨던 것 같습니다.

그래서 군병들은 "시몬이란 구레네 사람을 만나매 그에게 예수의 십자가를 억지로 지워 가게"(마 27:32) 했던 것입니다. 구레네는 아프리카 리비아 키레네 지역으로, 당시 시몬은 아마도 괜히 예루살렘에 와서 재수 없는 일을 당했다고 느꼈을 것입니다. 하지만 실은 인류를 구원하신 예수님의 십자가를 함께 지는 영예를 얻은 것이었습니다. 예수님이 십자가를 지신 장소는 "골고다 즉 해골의 곳"(마 27:33)이었습니다. 무시무시한 이름이 붙은 것으로 보아 그곳은 당시 공식적인 사형 집행장이었던 것 같습니다. 영적인 의미로 보면 모든 인생들의 최종 목적지입니다. 죽음과 멸망의 장소이기 때문입니다.

군병들은 골고다에 도착하자 예수님께 "쓸개 탄 포도주를…주어 마시게"(마 27:34) 하려 합니다. 사복음서의 십자가 사건에는 총 세 종류의 포도주가 언급되는데 '쓸개 탄 포도주'(마 27:34), '몰약 탄 포도주'(막 15:23), '신 포도주'(마 27:48; 막 15:36; 눅 23:36; 요 19:29)입니다. 예수님은 이중 쓸개 탄 포도주와 몰약 탄 포도주는 받지 않으셨습니다. 그래서 둘을 동일한 것으로 보는 해석도 많은데, 실은 그렇지 않습니다. 둘의 성분이 완전히 다르기 때문입니다. 쓸개는 동물성이고 몰약은 식물성입니다.

마가복음에 기록된 몰약 탄 포도주는 마취나 환각제로 쓰였지만 마태복음에 기록된 쓸개 탄 포도주에는 그런 효과가 없고 오히려 쓴 맛으로 사형수를 놀리고 조롱하려는 의도로 사용되었습니다. 마태복음이 마가복음을 참고했다고 보는 것은 오늘날 거의 정설로 받아들여지는데, 그렇다면 마태가 마가복음의 몰약 탄 포도주를 빼고 굳이 쓸개 탄 포도주를 언급한 것은 의도가 있는 것입니다. 마태는 예수님께 쓸개 탄 포도주와 신 포도주가 제공되었다고 기록합니다. 이는 구약성경의 말씀과 직결됩니다. 시편에 "그들이 쓸개를 나의 음식물로 주며 목마를 때에는 초를 마시게 하였사오니"(시 69:21)라는 말씀이 나오기 때문입니다.

다윗의 이 시는 한 인간이 당할 수 있는 치욕의 극치를 보여 줍니다. 부당한 대우를 당해도 항의나 저항을 전혀 할 수 없는 상태, 사람들의 손에 놀아나는 장난감으로 전락해 버린 치욕적인 상태를 이 시는 묘사하고 있습니다. 그런데 이 일이 예수님께 그대로 일어나고 있습니다. 며칠 전까지만 해도 '호산나'를 외치며 환호하던 무리는 시편의 가련한 의인에게 원수들이 행한 것같이, 예수님께 쓸개와 초를 강제로 먹이려 하고 있습니다.

예수님께 쓸개와 초맛 나는 신 포도주가 제공된 사실을 마태가 선별하여 기록한 것은, 하나님의 아들이신 예수님이 십자가에서 어마어마한 치욕과 조롱을 감내하셨음을 강조한 것입니다. 이는 당시 마태와 그의 공동체가 실제로 감내해야 했던 현실과 연관됩니다. 옛 율법을 자랑하던 유대인들에게 새롭고 참된 법을 전하던 '천국의 제자 된 서기관들', 곧 마태 공동체는 부당한 치욕과 조롱을 수없이 받았을 것입니다. 그래서 마태는 예수님의 십자가 사건에서 치욕과 조롱 당하신 사실을 더 강조한 것입니다. 예수님이 그 치욕과 조롱을 통해 부활의 영광을 얻으셨듯이 지금 마태의 교인들 역시 참된 영광을 얻을 것이라는 격려입니다. 산상수훈에서 예수님이 "나로 말미암아 너희를 욕하고 박해하고 거짓으로 너희를 거슬러 모든 악한 말을 할 때에는 너희에게 복이 있나니"(마 5:11)라는 약속대로 말입니다.

예수님이 쓸개 탄 포도주를 거절하시자 군병들은 마침내 "예수를 십자가에 못 박"(마 27:35)습니다. 예수님의 몸에 못이 박힌 부위는 이제까지의 연구에 의하면 손바닥과 발등이 아니라 손목과 양발의 뒤꿈치입니다. 그래야 몸이 십자가에 단단히 고정되기 때문입니다. 또한 여러모로 의견이 갈리는 십자가 모양은 간혹 등장하는 티(T) 자가 아니라 우리에게 익숙한 크로스 형태가 맞을 것입니다. 그래야 머리 위에 '유대인의 왕 예수'라 쓴 죄패를 붙일 수 있기 때문입니다(마 27:37). 십자가에 달리신 후에도 예수님을 향한 조롱은 멈추지 않았습니다. 먼저 군병들은 예수님의 "옷을 제비 뽑아"(마 27:35) 나눕니다. 요한복음에 의하면 예수님은 겉옷뿐 아니라 속옷까지 다 벗겨지십니다(요 19:23). 십자가에 달리신 예수님은 완전히 벌거벗은 상태였던 것입니다.

예수님을 향해 사람들은 더 극렬한 모욕을 시작합니다. 지나가는 자들은 자기 머리를 흔들며 "성전을 헐고 사흘에 짓는 자여 네가 만일 하나님의 아들이어든 자기를 구원하고 십자가에서 내려오라"(마 27:40)고 말합니다. 과거 광야에서 사탄이 던진 유혹(마 4:3, 6)

과 유사한 말을 들으시면서 고통과 싸우시던 예수님은 정말 그렇게 하고 싶으셨을지도 모릅니다. 그럴 권한과 능력이 있으셨기 때문입니다. 하지만 예수님은 인류에게 진정한 구원을 주시기 위해 모든 것을 인내하십니다.

인간은 십자가의 고통을 피해서 내려오는 것을 구원이라 생각하기 쉽습니다. 그래서 "대제사장들도 서기관들과 장로들과 함께 희롱하여…그가 남은 구원하였으되 자기는 구원할 수 없도다…지금 십자가에서 내려올지어다 그리하면 우리가 믿겠노라"(마 27:41-42)라고 말합니다. 인간의 눈에는 세상에서 잘되는 것이 구원입니다. 하지만 예수님의 구원은 영생을 위한 것입니다. 영적인 구원은 예수님이 대속의 십자가를 지셔야만 우리에게 주어집니다. 따라서 예수님이 십자가에서 내려오면 믿겠다는 말은 어리석은 말입니다. 조롱과 멸시 속에서도 예수님이 십자가에서 내려오지 않으셨기에 구원이 주어진 것입니다. 당장 내려오실 수 있으나 모욕을 감내하시고 돌아가신 것이 참된 구원입니다. 우리를 사랑하셨기에 이 모든 것을 능히 감당하신 것입니다.

십자가에 달리신 후 '제 육시에서 제 구시까지'(지금 시각으로 정오에서 오후 3시까지) "온 땅에 어둠"(마 27:45)이 임했습니다. "제 구 시쯤에 예수께서 크게 소리 질러 이르시되 엘리 엘리 라마 사박다니 하시니 이는 곧 나의 하나님, 나의 하나님, 어찌하여 나를 버리셨나이까 하는 뜻"(마 27:46)이었습니다. 이는 시편 22편 1절 말씀을 암송하신 것입니다. 이 시편에는 이런 구절도 나옵니다. "나는 벌레요 사람

이 아니라 사람의 비방거리요 백성의 조롱거리니이다"(시 22:6). 예
수님은 십자가에 달리신 순간 사람과 하나님 양편 모두에게 버림
받으셨습니다. 이는 본래 버림받아야 할 인간을 대신하신 것입니
다. 예수님이 그날 버림을 받으셨으므로 지금 우리가 하나님께 받
아들여진 것입니다.

　예수님의 외침을 듣고 어떤 이들은 "이 사람이 엘리야를 부른
다하고…해면을 가져다가 신 포도주에 적시어 갈대에 꿰어 마시
게"(마 27:47-48) 했습니다. 다른 사람들은 "가만 두라 엘리야가 와
서 그를 구원하나 보자"(마 27:49)고 말했습니다. 이들의 말 역시 섬
뜩합니다. 예수님의 말씀을 듣고 싶은 대로 왜곡했기 때문입니다.
엘리야는 큰 능력의 선지자였습니다. 따라서 그들은 예수님이 십
자가의 고통을 피하려고 '엘리 엘리'라는 엘리야의 권능을 빌리는
주문을 외운다고 생각했습니다. 하지만 예수님은 인간들을 위해
하나님께 버림받는 극심한 고통을 토로하신 것입니다. 말씀에 담
긴 예수님의 심정을 외면하고, 내가 듣고 싶은 대로 말씀을 해석
하는 자들은 그때나 지금이나 여전히 존재합니다.

　이후 예수님은 "다시 크게 소리 지르시고 영혼이 떠나"(마 27:50)
십니다. 마침내 인류 구원을 위한 십자가의 사랑을 이루신 것입니
다. 예수님이 돌아가시는 순간 "성소 휘장이 위로부터 아래까지
찢어져 둘이"(마 27:51) 됩니다. 성전의 성소와 지성소를 나누던 휘
장은 죄인 된 인간이 하나님께 직접 나아갈 수 없음을 상징해 왔
습니다. 하지만 예수님이 죽으심으로 이제 누구나 하나님께 나아

가 "아바 아버지"(개역한글성경 인용, 막 14:36; 롬 8:15; 갈 4:6)라고 부를 수 있게 되었습니다. 찢어진 성전 휘장이 이를 상징합니다. 특히 이 휘장은 '위로부터 아래까지' 찢어졌습니다. 이는 휘장을 찢으신 분이 하늘의 하나님이심을 보여 줍니다. 자기 아들의 대속의 죽음을 보신 하나님께서 마침내 죄인들에게 친히 생명의 길을 여신 것입니다.

예수님이 돌아가신 후 나타난 또 다른 현상은 큰 지진과 함께 "무덤들이 열리며 자던 성도의 몸이 많이 일어"(마 27:52)난 것입니다. 성도의 부활 현상은 예수님의 죽음이 인간에게 생명을 주기 위한 것임을 보여 줍니다. 혹자는 성도들의 부활이 예수님의 부활보다 앞섰기 때문에 "그리스도께서…잠자는 자들의 첫 열매가 되셨도다"(고전 15:20)에 위배되지 않느냐고 반문하기도 합니다. 그렇지 않습니다. 예수님의 부활은 죽은 육신이 그대로 살아난 것이 아니라 영원한 생명의 몸으로 사신 것입니다. 비록 승천 직전까지 예전과 유사한 모습을 보이시지만 궁극적으로 예수님의 부활은 영생의 몸으로 다시 사신 것입니다. 그러나 죽은 성도들의 부활은 단지 과거의 육체 상태로 되살아난 것입니다. 따라서 부활의 첫 열매는 여전히 예수님이십니다. 그렇지 않으면 이들보다 먼저 부활한 회당장 야이로의 딸이나 나사로 혹은 구약의 사르밧 과부의 아들이 부활의 첫 열매가 되어야 합니다.

예수님의 죽음 후에 일어난 현상들을 보면서 예수님을 못 박은 로마의 백부장과 군병들은 "심히 두려워하여…이는 진실로 하나님의 아들이었도다"(마 27:54)라고 고백합니다. 그 후 예수님의 감춰진 제자 "아리마대의 부자 요셉이라 하는 사람"(마 27:57)이 빌라도에게 "예수의 시체를 달라"(마 27:58) 하고 "시체를 가져다가 깨끗한 세마포로 싸서 바위 속에 판 자기 새 무덤에 넣어 두고 큰 돌을 굴려 무덤 문에 놓고"(마 27:59-60) 갑니다. 이를 "막달라 마리아와 다른 마리아"(마 27:61)가 미리 보아 두었습니다.

한편 대제사장들과 바리새인들은 빌라도를 찾아가 과거에 예수님이 "내가 사흘 후에 다시 살아나리라"(마 27:63)라고 했다면서 "그의 제자들이 와서 시체를 도둑질하여 가고 백성에게 말하되 그가 죽은 자 가운데서 살아났다"(마 27:64)고 말할지 모르니 "무덤을 사흘까지 굳게 지키게"(마 27:64) 해달라고 합니다. 그래서 "경비병과 함께 가서 돌을 인봉하고 무덤을 굳게"(마 27:66) 지키게 합니다.

부활(마 28:1-15)

예수님이 십자가를 지신 날은 금요일이었습니다. 다음 날인 토요일, 즉 유대인의 "안식일이 다 지나고 안식 후 첫날(곧 일요일)이 되려는 새벽에 막달라 마리아와 다른 마리아가 무덤을 보려고"(마 28:1) 갑니다. 예수님이 무덤에 계신 기간은 금요일 오후부터 일요일 새벽까지로, 날수로는 사흘이고 시간상으로는 더 짧습니다. 예수님이 일요일에 부활하셨으므로 교회는 이날을 주님의 날 곧 주일(主日)로 지킵니다. 여인들이 무덤에 도착하자 갑자기 "큰 지진이 나며 주의 천사가 하늘로부터 내려와 돌을 굴려 내고 그 위에"(마

28:2) 앉았습니다. 경비병들은 기절하여 "죽은 사람과 같이"(마 28:4) 되었고 천사는 여자들에게 "너희는 무서워하지 말라···그가 여기 계시지 않고 그가 말씀하시던 대로 살아나셨느니라"(마 28:5-6)라고 말합니다. 이 말에 여인들은 "무서움과 큰 기쁨으로 빨리 무덤을 떠나 제자들에게 알리려고 달음질"(마 28:8)합니다.

부활하신 예수님은 그들을 만나 "평안하냐"(마 28:9)고 물으십니다. 여인들은 "나아가 그 발을 붙잡고 경배"(마 28:9)했고, 예수님은 "무서워하지 말라 가서 내 형제들에게 갈릴리로 가라 하라 거기서 나를 보리라"(마 28:10)라고 하십니다. 복음의 핵심은 예수님의 십자가와 부활입니다. 십자가가 나무라면 부활은 열매입니다. 둘은 절대 분리될 수 없습니다. 만약 예수님이 십자가를 지고 그냥 죽으셨다면 인류의 4대 성인은 될지언정 구원자가 되실 수는 없습니다. 하지만 예수님은 인간을 죽음과 멸망에서 온전히 구원하셨습니다. 예수님의 빈 무덤과 부활은 모든 인간의 숙명의 굴레가 마침내 깨어졌음을 증명합니다. 공자님과 부처님은 지금도 거대한 묘역과 수많은 사리를 자랑합니다. 이는 그들이 인류의 큰 스승일지라도 여전히 땅에 속한 자들임을 보여 줍니다. 우리는 예수님의 빈 무덤을 자랑합니다. 예수님이 하나님의 아들이라는 징표이자, 그분의 부활로 우리가 영생을 얻게 되었다는 증거입니다.

부활을 알린 천사와 예수님은 여인들에게 "무서워하지 말라"(마 28:5, 10)고 합니다. 무덤 문이 열리고 죽은 자가 살아난 것을 실제로 보는 것은 무서운 일입니다. 그래서 그날 무덤을 "지키던 자들이 그를 무서워하여 떨며 죽은 사람과 같이"(마 28:4) 됩니다. 하지만 여인들은 달랐습니다. 일시적으로는 두려워하지만 곧 "큰 기쁨으로"(마 28:8) 가득 찹니다. '큰 기쁨'에 대한 묘사는 마태복음에만 나옵니다. 이 기쁨은 당연한 것입니다. 며칠 전 예수님이 십자가에서 돌아가시는 것을 직접 보았고(마 27:55-56) 묻히신 무덤까지 확인했지만(마 28:61), 여인들에게는 일말의 기대가 있었습니다. 생전에 예수님이 사흘 뒤에 살아날 것이라는 가르침을 여러 번 하셨기 때문입니다(마 16:21; 17:9, 23; 20:19 등). 예수님의 부활은 경비병들에게는 공포 그 자체였지만 여인들에게는 약속의 성취와 큰 기쁨이었습니다.

예수님의 재림 때도 이와 같을 것입니다. "인자가 권능의 우편에 앉아 있는 것과 하늘 구름을 타고 오는 것"(마 26:64)을 온 인류가 보는 그날, 두려움에 떨며 "통곡하며"(마 24:30) 죽은 사람처럼 될 자들과 큰 기쁨으로 주님을 맞이할 자들이 있을 것입니다. 이들의 궁극적인 차이는 주님이 하신 말씀을 믿고 따랐는가 아닌가입니다. 경비병들은 부활의 신비를 직접 목격하고도 대제사장들이 "돈을 많이 주며…그의 제자들이 밤에 와서 우리가 잘 때에 그를 도둑질하여 갔다 하라"(마 28:12-13)고 부탁하자 "돈을 받고 가르친 대로"(마 28:15) 합니다. 이들은 진실로 길가나 돌밭처럼 굳은 마음이요, 썩을 몸을 위해 하늘의 진리를 버리고 '무엇을 먹을까 마실까 입을까'에 집착하는 자들입니다.

그러나 여인들이 부활 앞에서 보여 준 '큰 기쁨'은 성도로 하여

금 더욱 열심히 진리를 따르게 하는 원동력입니다. 예수님의 부활이 곧 나의 승리이자 부활이 될 줄을 믿기에 우리는 두려움 없이 말씀대로 전진할 수 있습니다. 그래서 기독교는 기쁨의 종교입니다. 이 기쁨은 고통의 십자가가 사라져서 느끼는 것이 아니라 비록 십자가가 무겁고 힘들어도 이 고통이 장래에 부활의 영광이 될 것을 믿기에 누리는 미래적 기쁨과 소망입니다.

사명 위임(마 28:16-20)

부활하신 예수님과 제자들은 다시 만납니다. 열한 제자는 "갈릴리에 가서 예수께서 지시하신 산에 이르러 예수를 뵈옵고 경배"(마 28:16-17)합니다. 그때 부활하신 예수님은 제자들에게 큰 사명을 위임하십니다. 이 말씀은 마태복음에만 나오는 내용입니다. "하늘과 땅의 모든 권세를 내게 주셨으니 그러므로 너희는 가서 모든 민족을 제자로 삼아 아버지와 아들과 성령의 이름으로 세례를 베풀고 내가 너희에게 분부한 모든 것을 가르쳐 지키게 하라 볼지어다 내가 세상 끝날까지 너희와 항상 함께 있으리라"(마 28:18-20).

예수님은 먼저 '모든 민족을 제자로 삼으라'고 하십니다. 이는 유대인의 특권이 완전히 철폐되었다는 뜻입니다. 지금부터는 누구든지 하나님의 말씀을 듣고 따르면 하늘의 제자가 될 수 있습니다. 특히 이때의 '말씀'은 유대인들이 조항으로만 간직해 온 율법이 아닙니다. 율법의 본질, 즉 "율법의 더 중한바 정의와 긍휼과 믿음"(마 23:23)을 관통하는 진리로서, 한마디로 "내가 너희에게 분부한 모든 것"(마 28:20)과 십자가 복음입니다.

그러므로 이제 세상 모든 족속들은 아버지 하나님뿐 아니라 그 아들 예수 그리스도와 성령의 이름으로 세례를 받고 예수님의 가르침을 배워 지키는 자가 되어야 합니다. 마태복음이 늘 강조해 왔듯, 배우는 것뿐 아니라 지키는 것이 중요합니다. 아무리 배워도 행함이 없으면 천국 백성이 될 수 없고, 결국 가라지로 판명나기 때문입니다. 이 명령 앞에 서 있던 당시 열한 제자, 그리고 마태복음을 읽던 초대교회 성도들, 나아가 지금 우리 모두는 이 진리와 행함의 비밀을 세상에 전하여 천국 잔치에 사람들을 초대하는 사명자로 부름받았습니다. 예수님이 직접 위임하신 이 사명은 참으로 영광스러운 것입니다.

하지만 사명자의 길은 탄탄대로가 아닙니다. 말씀을 전하는 제자의 길은 좁은 문과 협착한 길입니다(마 7:14). 이 길에서 제자들은 손해 보고 박해당하고 심지어 목숨을 잃습니다. 하지만 십자가를 이기신 부활의 예수님은 하늘뿐 아니라 땅의 모든 권세를 가지셨습니다. 그리고 우리에게 '세상 끝날까지 함께 있으리라' 약속하셨습니다. 이 약속은 제자들이 앞으로 힘든 일 없이 늘 잘될 것이란 의미가 아닙니다. '세상 끝날'이라는 말씀이 중요합니다. 이 표현은 천국비유에서 심판을 가르치실 때 예수님이 사용하신 것입니다(마 13:39, 40, 49). 이는 고통 속에 사명을 감당하는 제자들이 마침내 최후의 승리자가 될 것이라는 약속입니다.

'세상 끝날'에 예수님은 "영광의 보좌"(마 25:31)에 앉아 세상을 심판하실 것입니다. 그리고 "그의 택하신 자들을 하늘 이 끝에서 저 끝까지 사방에서"(마 24:31) 모으시고 천국으로 인도하셔서 큰 상을 주실 것입니다.

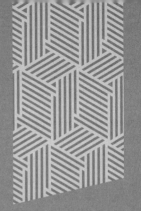

마가
복음

Mark

대표적 특징

마가복음은 사복음서 중 가장 먼저 쓰였습니다(지금까지 연구로는 거의 정설로 받아들여지고 있음). 마가복음 내용의 상당 부분이 마태복음과 누가복음에 흡사한 형태로 등장합니다. 마태복음에 약 90퍼센트, 누가복음에 약 50퍼센트 정도가 발견됩니다. 이는 마태와 누가가 마가복음을 참고하면서 복음서를 기록했다는 증거가 됩니다. 그런 점에서 마가복음은 지금 우리가 접할 수 있는 예수님의 이야기 중 가장 날것에 가깝다고 할 수 있습니다.

마가복음에 등장하는 예수님은 느긋하게 앉아서 말씀을 가르치시기보다 바쁘게 움직이고 활동하시는 모습이 더 많습니다. 이런 특징은 마가복음에서 자주 사용되는 독특한 단어인 '즉시'(혹은 '곧') 에서 두드러집니다. 마가복음을 정독하다 보면 '곧' 혹은 '즉시'라는 말이 너무 자주 나와 당황스러울 정도입니다. 이 부사(헬라어로는 유뒤스 εὐθὺς 혹은 유데오스 εὐθέως)는 마가복음에서 총 43번 나오는데, 다른 복음서보다 훨씬 빈번하게 등장합니다(마태복음 19번, 누가복음 9번, 요한복음 6번). 따라서 마가복음의 전체적인 분위기는 급하고 활기차며, 예수님은 물론 다른 인물들까지 모두 분주하게 활동합니다. 이러한 기록은 우리로 하여금 예수님 당시 사역과 현장의 분위기를 보다 생생하게 목격하도록 도와줍니다.

하지만 이러한 분위기가 있다고 해서, 마태복음에 기록된 예수님의 말씀과 가르침들을 얼렁뚱땅 넘겨도 된다는 의미는 전혀 아님니다. 다른 복음서보다 분량은 적지만 마가복음에 기록된 예수님의 말씀들은 좀더 특별한 의미가 있습니다. 위대한 스승의 가르침은 보통 세월이 흐르면서 서서히 집약되고 정리됩니다. 마태복음, 누가복음, 요한복음에는 이런 세월의 흔적이 역력해서 예수님의 수많은 가르침과 비유가 비교적 잘 다듬어지고 정리된 형태로 실려 있습니다. 하지만 마가복음에는 예수님의 말씀이나 가르침이 잘 정리된 형태라기보다 주로 활동과 연계해서 토막토막 등장합니다. 그러기에 오히려 더 의미가 있습니다. 아직 다듬어지지 않은 기록이지만, 예수님의 본래 음성과는 더 가깝다고 볼 수 있기 때문입니다.

그래서인지 마가복음의 가르침들은 신앙의 기초이자 근본인 복음에 집중하는 경향이 있습니다. 일단 '복음'이라는 용어부터 그렇습니다. 복음(유앙겔리온, εὐαγγέλιον)이란 명사는 마태복음에 4번 등장하고(마 4:23; 9:35; 24:14; 26:13), 누가복음에는 한 번도 나오지 않습니다. 대신 누가는 '복음을 전하다'(유앙겔리조, εὐαγγελίζω)라는 동사를 주로 사용합니다(눅 1:19; 2:10; 3:18 등 총 10번). 이는 누가복음이 복음의 '내용'보다 복음 '전파'에 관심이 많았다는 뜻입니다. 이미 살펴본 대로 마태복음 역시 복음의 기초 내용보다 좀더 발전된 형태, 즉 그릇된 옛 율법을 뛰어넘는 새롭고 본질적인 주님의 법에 더욱 집중합니다. 하지만 분량이 훨씬 적은 마가복음에는 '복음'이라는 개별 명사가 무려 8번이나 반복됩니다(막 1:1, 14, 15; 8:35; 10:29; 13:10; 14:9; 16:15). 마가복음이 복음의 기본적 내용과 의미에 무척 관심이 많다는 증거입니다. 따라서 우리는 마가복음을 통해 예수님이 가르치신 복음의 본래 의미를 보다 깊이 깨달을 수 있습니다. 마가는 예수님의 탄생이나 유아기 혹은 소년기에 대한 기록을 남기지 않고, 곧장 복음의 내용과 의미부터 밝힙니다. 초반에 등장하는 세례요한 이야기나 예수님이 첫 사역을 개시하시는 장면에 복음에 대한 개념이 명확하게 담겨 있습니다.

또한 마가복음은 다른 복음서와 비교할 때 일종의 판단 기준을 제공합니다. 마태복음이나 누가복음이 마가복음과 겹치는 내용을 비교해 보면, 시기상 가장 먼저 기록된 마가복음의 본문을 그들이 어떻게 생략 혹은 가감했는지 알 수 있습니다. 이 부분을 연구하면 각 복음서의 저자가 어떤 의도로 복음서를 기록했는지도 짐작할 수 있습니다. 글쓴이에게 특정 의도가 있는 경우, 같은 말도 자기 식으로 새롭게 표현하거나 내용을 가감할 수 있기 때문입니다. 글쓴이는 항상 자기 글을 읽을 독자를 의식합니다. 따라서 이런 식의 비교 연구는 당시 복음서를 쓴 기록자와 독자들의 상황, 나아가 그들이 속한 공동체의 분위기까지 추측할 수 있게 합니다.

끝으로 마가복음에는 제도권과 기득권을 거부하는 모습이 자주 발견됩니다. 앞으로 보겠지만, 다른 복음서보다 열두 사도를 더 부정적으로 묘사하는 측면이나 마가복음에만 나오는 '스스로 열매 맺는 땅의 비유'(막 4:26-29) 등이 대표적 예입니다. 동시에 마가복음은 동료들 간의 협력과 도움을 강조합니다. '침상의 중풍병자'(막 2:1-12)나 '에바다의 환자'(막 7:31-37), '벳세다의 맹인'(막 8:22-26)

은 모두 가까운 사람들의 적극적인 도움으로 예수님께 치료를 받습니다. 심지어 중풍병자는 "무리들 때문에 예수께 데려갈 수 없으므로 그 계신 곳의 지붕을 뜯어 구멍을 내고…상을 달아"(막 2:4) 내리는 가운데 치료를 받습니다. 마태복음에서는 발견할 수 없는 이런 사건들은 성도들이 서로 협력해서 한 영혼을 살리는 일에 마가복음이 얼마나 많은 관심이 있었는지 보여 줍니다.

이외에도 여러 특징이 있지만, 일단 위에서 살펴본 내용을 염두에 두고 정독해 가면 마가복음이 말하고자 하는 핵심을 이해할 수 있을 것입니다. 내용을 정리하면 다음과 같습니다.

마가복음의 주요 특징

· 사복음서 중 가장 먼저 기록됨
· 예수님의 사역 현장을 활기차고 생생하게 묘사함
· 복음 자체의 내용과 의미 강조
· 다른 복음서와의 비교 기준 제공
· 권위와 기득권을 거부하는 분위기
· 성도 간의 협력 강조

글쓴이의 흔적

예수님이 최후 만찬 장소를 정하시는 장면에서 마태복음은 "성안 아무에게 가서…유월절을 네 집에서 지키겠다 하시더라 하라"(마 26:18)라고만 기록합니다. 하지만 마가복음은 예수님이 하신 길고도 모호한 말씀을 기록합니다. "성내로 들어가라 그리하면 물한 동이를 가지고 가는 사람을 만나리니 그를 따라가서 어디든지 그가 들어가는 그 집 주인에게 이르되…나의 객실이 어디 있느냐 하시더라 하라 그리하면 자리를 펴고 준비한 큰 다락방을 보이리니 거기서 우리를 위하여 준비하라"(막 14:13-15).

여기서 우리는 당시 예루살렘에 예수님의 비밀스러운 측근들이 존재했음을 짐작하게 됩니다. 제자들도 이들의 얼굴과 집을 모르는 것으로 보아, 정체를 숨기고 지내는 무리였던 것 같습니다. 제자들과 이들의 접선 장면은 꽤 비밀스럽습니다. 당시 예루살렘 성내에는 물동이를 들고 다니는 사람이 많았습니다. 각 가정에서 쓸물을 성내의 실로암 연못에서 수시로 퍼왔기 때문입니다. 그래서 '물동이 든 사람' 코스프레는 비밀 접선에 용이했을 것입니다. 이들이 예수님과 제자들을 위해 준비한 장소는 "큰 다락방"(막 14:15)이었습니다. 복음서에서 다락방은 마가복음과 누가복음 그리고 사도행전에만 나옵니다. 특히 사도행전은 예수님이 승천하신 후 예루살렘에 남은 제자들이 "유하는 다락방"(행 1:13)이 있었다고 밝힙니다. 이 다락방은 전후 연관성으로 보아 예수님의 최후 만찬이 열린 다락방일 확률이 매우 높습니다.

그런데 이 다락방의 주인은 "마가라 하는 요한의 어머니 마리아"(행 12:12)일 가능성이 큽니다. 초대 예루살렘 교회 성도들의 주된 모임 장소가 그녀의 집이었기 때문입니다(행 12:12). 그래서 이곳을 보통 '마가 다락방'이라고 부릅니다. 예수님 당시 이 장소가 비밀스러워야 했던 이유는 당시 종교 지도자들이 "예수를 흉계로 잡아 죽일 방도"(막 14:1)를 구하고 있었기 때문입니다. 그런데 여기서 또다시 마가복음만의 흥미로운 기록이 등장합니다. 마지막 만찬을 마치신 예수님은 제자들과 감람산으로 가시고(막 14:26) 겟세마네에서 기도드리신 후 체포됩니다. 그러자 제자들은 예수님을 버리고 모두 도망가 버립니다(막 14:50). 그때 갑자기 황당한 장면 하나가 툭 튀어나옵니다. "한 청년이 벗은 몸에 베 홑이불을 두르고 예수를 따라가다가 무리에게 잡히매 베 홑이불을 버리고 벗은 몸으로 도망하니라"(막 14:51-52).

다른 복음서에는 나오지 않는 이 뜬금없는 구절은 수수께끼처럼 모호합니다. 상당수는 이 구절을 마가복음의 기록자가 자기의 흔적을 남긴 부분으로 봅니다. 이 기묘한 스트리킹의 주인공인 '한 청년'이 바로 마가복음의 글쓴이였고, 그가 바로 다락방 주인집 아들 마가였다는 것입니다.

이 의견은 여러 면에서 일리가 있습니다. 만찬이 열린 다락방과 예수님이 체포되신 겟세마네는 예수님 최측근 제자들만 아는 비밀 장소였습니다(요 18:1-2). 따라서 이 뜬금없는 청년은 비밀장소인 다락방에서부터 예수님을 따라왔을 확률이 높습니다. 그렇다면 마가복음의 기록자는 전통적인 견해대로 사도행전에 나오는 다락방 주인 마리아의 아들, 곧 "마가라 하는 요한"(행 12:12, 25, 37)일 가능성이 큽니다. 그 집에 속한 사람이 아니고서는 예수님을 따라올 청년이 없을 것이기 때문입니다.

만약 도망친 청년이 마가복음의 글쓴이가 아니라 해도, 최소한 글쓴이와 매우 가까운 사이였음은 분명합니다. 전체적인 스토리 전개를 어색하게 만들면서까지 이런 황당한 개인사를 실어 줄 정도로 말입니다. 하지만 아무래도 이 청년은 마가복음의 글쓴이 자신으로 보는 것이 가장 자연스럽습니다. 주인집 아들 마가는 예수님과 제자들이 다락방을 나서는 모습을 보고, 급히 홑이불만 걸치고 겟세마네까지 따라간 것입니다. 그렇게 보면 애초에 성내에서 '물 한 동이를 가지고 간 사람'도 마가일 확률이 높습니다. 마리아가 아들을 시켜 제자들과 첫 접선을 하게 했을 가능성이 높기 때문입니다.

마가는 복음서를 기록하면서 젊은 날 자신의 부끄러운 과거가 계속 생각났을 것입니다. 검과 몽치를 가지고 나타난 무리(막 14:48)가 예수님을 끌고 가는 중에 몰래 그들을 따라가다가 무리에게 잡혀(막 14:51) 혼비백산해서 벌거벗고 도망친 기억 말입니다. 그래서 돌발적이지만 자신의 부끄러운 도주 장면을 고해하듯 기록한 것입니다. 마치 그림 한 귀퉁이에 슬그머니 자기 모습을 그려 넣은 화가처럼 말입니다. 이 모든 추론이 맞는다면, 마가복음은 당시에 예수님을 직접 만난 실제 증인의 생생한 육필로 받아들일 수 있습니다.

사역 이전

예수님의 길을 직접 준비하신 하나님(막 1:1-11)

마가복음에는 예수님의 탄생이나 어린 시절 이야기가 없습니다. 마태복음, 누가복음과 달리 예수님의 사역 직전의 상황이 곧장 펼쳐집니다. 이때 등장하는 인물이 세례요한입니다. 세례요한에 대한 '이사야의 글'(사 40:3) 인용은 사복음서에 모두 나오지만, 마가복음에만 나오는 독특한 문장이 하나 있습니다. "내가 내 사자를 네 앞에 보내노니 그가 네 길을 준비하리라"(막 1:2)입니다. 마태나 누가가 이 문장을 생략한 것은 뒤에 나오는 "주의 길을 준비

하라 그의 오실 길을 곧게 하라"(마 3:3; 막 1:3; 눅 3:4, 요 1:23 참조)만으로
도 세례요한을 충분히 설명할 수 있다고 생각했기 때문입니다.

하지만 마가복음에 이 문장이 들어간 것은 복음의 근본 의미
를 알려 주기 위해서입니다. 이 구절에서 '내가'는 하나님이고 '네
길'의 '너'는 '예수님'입니다. 따라서 요지는 '하나님이 예수님의
길을 준비하셨다'입니다. 앞으로 펼쳐질 예수님의 길이 모두 하나
님의 계획에서 비롯되었다는 뜻입니다. 예수님의 길은 곧 하나님
의 길이고, 예수님의 복음은 곧 하나님의 복음입니다. 이는 "예수
그리스도의 복음"(막 1:1)이라는 선언이 잠시 후 "하나님의 복음"(막
1:14)으로 바뀌면서 정확히 입증됩니다. '하나님의 복음'이란 말 역
시 복음서 중에 마가복음에만 나오는 독특한 표현입니다(바울서신에
는 여러 번 나옴. 롬 1:1; 고후 11:7; 살전 2:8 등).

결국 마가복음은 예수님의 복음이 하나님께로부터 난 것임을
선언하면서 시작합니다. 다른 복음서가 이를 생략한 것은 독자들
이 이미 잘 알고 있다고 생각했기 때문입니다. 하지만 가장 먼저
기록된 마가복음에는 이 사실이 기록되어야 했습니다. '복음이 무
엇인가'를 올바로 알려면 반드시 짚고 넘어가야 할 주제이기 때문
입니다.

마가가 말하는 '복음의 근본'을 제대로 알면 신앙을 이해하는 폭
이 넓어집니다. 예수님을 세상에 보내신 분도, 고난을 받고 십자가
에 죽게 하신 분도, 그리고 다시 살리신 분도 하나님임을 알게 됩
니다. 인간을 구원하기 위해 하나님은 자기 아들을 죽이는 뼈아픈

결단을 내리셨습니다. 우리를 사랑하시기 때문입니다(요 3:16).

　그래서 예수님이 "요단강에서 요한에게 세례를 받으시고 곧 물에서 올라오실"(막 1:9-10) 때 하늘에서 "너는 내 사랑하는 아들이라 내가 너를 기뻐하노라"(막 1:11)라는 소리가 울려 퍼진 것입니다. 예수님의 세례는 하나님이 맡기신 십자가의 길을 가려는 결단과 순종이요, 그 첫걸음이었습니다. 그 발걸음이 시작된 순간 최초의 계획자이신 하나님은 진심으로 기뻐하셨습니다. 마태복음이 이 기쁨을 "모든 의를 이루는 것"(마 3:15)으로 설명했다면, 마가복음은 '하나님의 계획'이라는 개념으로 이를 보여 주고 있습니다.

들짐승과 광야 사십 일(막 1:12-13)

　세례 후에 예수님은 광야로 가십니다. 마가복음은 이 부분을 매우 간결하게 서술합니다. 금식하셨다는 이야기도 없고, 사탄에게 시험받으시는 장면은 나오지만(막 1:13) 구체적인 시험 내용은 나오지 않습니다. 그럼에도 다른 복음서에 없는 중요한 표현 하나가 발견됩니다. 예수님이 "들짐승과 함께 계시니"(막 1:13)라는 구절입니다. '들짐승'(세리온, θηρίον)이란 말은 이 본문에만 나오는데, 바울 서신의 독특한 고백과 연결됩니다. 바울은 "내가 사람의 방법으로 에베소에서 맹수와 더불어 싸웠다면 내게 무슨 유익이 있으리요"(고전 15:32)라고 합니다. 이때 '맹수와 더불어 싸우다'라는 표현은 예수님과 함께 광야에 있었던 '들짐승'과 같은 단어에서 나온 말입니다(세리오마케오, θηριομαχέω).

바울이 에베소에서 맹수와 싸운 것은 기독교인으로서 받은 박해입니다. 이로 보아, 마가복음을 읽던 당시 기독교인들도 비슷한 박해 상황에 놓여 있었을 가능성이 큽니다. 마가복음은 AD 65~70년 경에 기록된 것으로 보이는데, 이 시기는 로마의 네로황제 통치기 (AD 54~68)와 맞물립니다. 네로 황제는 기독교 박해자였고 특히 들짐승을 이용해 많은 성도를 공개 처형한 잔인한 인물입니다. 마가복음은 이런 위기 가운데 살았거나 혹은 그 위기를 가까이에서 느끼며 살아야 했던 당시 성도들에게 광야에서 시험받으신 예수님을 기록하면서 위로를 전하고 싶었던 것 같습니다. 우리가 따르는 예수님도 한때 광야에서 들짐승의 위험에 노출된 상태로 지낸 적이 있으셨다고, 그럼에도 그 곁에서 "천사들이 수종"(막 1:13)을 들고 있었다고 말입니다.

전반기 사역

복음의 실체(막 1:14-15)

마태복음처럼 마가복음도 요한이 잡힌 후(막 1:14)부터 예수님이 복음을 전하셨다고 기록합니다. 그런데 마가복음은 복음의 내용을 더 상세히 설명합니다. "때가 찼고 하나님의 나라가 가까이 왔으니 회개하고 복음을 믿으라"(막 1:15)라고 말입니다. '회개하라'나 '하나님의 나라(혹은 천국)가 가까이 왔다'는 표현은 마태복음이나 누가복음에도 나오지만(마 4:17; 눅 10:9), '때가 찼다'와 '복음을 믿으라'는 표현은 마가복음에만 나옵니다. 이 표현들 역시 복음이 무엇인지 밝혀 주는 중요한 역할을 합니다.

▪ 때가 찼고 하나님의 나라가 가까이 왔으니 ^(막 1:15a)

예수님이 말씀하신 '때'는 목적과 계획이 담긴 시간을 말합니다
(카이로스, καιρός). 때가 이제 꽉 찼습니다. '찼다'는 말은 여유가 하나
도 없다는 뜻으로, 이미 시작되었다는 말입니다. 그런데 예수님은
곧이어 '하나님의 나라가 가까이 왔다'고 하십니다. '가까이 왔다'
는 아직 완성된 상태가 아닙니다. 말 자체에 여백이 들어 있습니
다. 결국 예수님의 말씀은 이런 뜻입니다. '때가 다 차서 이미 시작
되었으나 아직 완전히 도래하진 않았다.' 무슨 뜻일까요?

여기서 '때'는 하나님이 계획하신 종말입니다. '때가 찼다'는 말
은 하나님이 계획하신 종말의 시간이 마침내 도래했다는 뜻입니
다. 종말은 시작되었고 아무도 돌이킬 수 없습니다. 그런데 종말
은 또 다른 시작과 맞물립니다. 바로 하나님 나라입니다. 세상의
종말은 곧 하나님 나라의 시작입니다. 문제는 둘 사이에 미세한
틈새가 존재한다는 것입니다. 마치 영화의 시작 벨이 울린 것과
같습니다. 영화관의 벨이 울리면 먼저 불이 꺼지고 스크린에 영상
이 펼쳐집니다. '때가 찼다'는 선언은 이제 곧 하나님 나라가 시작
될 것이라는 벨소리입니다. 불이 꺼진 어둠 속에서 관객들은 잠깐
숨을 고르며 영상을 기다립니다. 즉 벨소리와 영화 시작 사이에
간발의 시간차가 존재합니다. 하나님 나라도 마찬가지입니다. 시
작 벨이 울려 곧 영화가 시작되겠지만, 아직 잠깐의 시간이 있습

니다.

이 간발의 시간차는 인간에게 소중한 기회입니다. 이 틈새 시간 속에 구원자이신 예수님이 찾아오셨습니다. 예수님이 오신 이유는 곧 시작될 하나님 나라의 무서운 특징 때문입니다. 하나님 나라가 시작되면 모든 사람이 입국대 앞에 서야 합니다. 그런데 이때의 입국심사는 매우 까다로워 아무도 통과하지 못합니다. 심사기준이 '하나님의 온전하심'이기 때문입니다. 인간은 모두 하나님 나라의 심사에 떨어지고 지옥에 가야 합니다. 그래서 예수님이 급히 찾아오신 것입니다. 인간에게 마지막 기회를 주시려고 말입니다. 따라서 예수님의 복음은 극도의 긴박성을 띱니다. 이미 종은 울렸고 언제 심판이 시작될지 모릅니다. "그날과 그때는…하늘에 있는 천사들도, 아들도 모르고 아버지만"(막 13:32) 아십니다.

복음을 전하시는 예수님도, 이를 받아들여야 할 사람도 결코 느긋할 수 없습니다. 이미 살펴본 대로 마가복음에는 '즉시'(우리말 성경은 '곧'이라는 말과 섞어서 번역함)라는 단어가 쉴 새 없이 나옵니다. 이 단어는 예수님의 활동이나 성령의 활동 혹은 제자들과 주변 사람들의 활동을 나타낼 때도 두루 사용됩니다. 그래서 마가복음을 제대로 읽으면 속도감이 굉장합니다. 복음의 배경에 '긴박성'이 깔려 있기에 예수님을 비롯한 등장인물들이 결코 느긋하지 않습니다. 이미 종말의 벨은 울렸습니다. 언제 커튼이 열리고 하나님의 심판이 시작될지 모릅니다.

예수님은 어떻게 해서든 이 긴박성을 우리에게 알려 주려고 하십니다(막 13:28-30). 이 짧은 틈새 시간이 유일한 구원의 기회이기 때문입니다. 이 비밀을 깨달은 바울은 "보라 지금은 은혜받을 만한 때요 보라 지금은 구원의 날이로다"(고후 6:2)라고 했습니다. 이 틈새 시간의 긴박함과 귀중함을 아는 자가 복이 있습니다.

혹자는 2,000년 전에 종말이 시작되었다면서 아직도 심판이 오지 않았으니 모두 거짓이라고 합니다. 그러나 "주의 약속은 어떤 이들이 더디다고 생각하는 것같이 더딘 것이 아니라 오직 주께서는 너희를 대하여 오래 참으사 아무도 멸망하지 아니하고 다 회개하기에 이르기를"(벧후 3:9) 원하십니다. 우리 중에 2,000년을 기다린 사람은 아무도 없습니다. 인간은 길어야 100년 정도 살 수 있는 시한부 인생일 뿐입니다. 그래서 긴박합니다. 곧 종말을 맞이할 것이므로 "이 시기를 알거니와 자다가 깰 때가 벌써 되었"(롬 13:11)다는 경고를 항상 마음에 새겨야 합니다.

다른 혹자는 종말의 심판이 비이성적인 개념이라고 말합니다. 그렇지 않습니다. 이성적으로도, 과학적으로도 종말은 존재해야 정상입니다. 세상에는 악한데도 처벌받지 않고 끝까지 잘 살다가 잘 죽는 사람이 많습니다. 이는 비과학적입니다. 원인이 있는데 결과가 도출되지 않았기 때문입니다. 죽음이 끝이고 이후에 심판이 없다고 주장하는 것이 오히려 비이성적입니다. 심판은 필연적으로 존재해야 하며 실제로도 존재합니다. 이를 깨닫고 마지막 기회인 틈새 시간 속에서 구원자를 만나는 자가 정녕 지혜롭습니다.

• 회개하고 복음을 믿으라(막 1:15b)

그렇다면 이 긴박한 틈새 시간에 인간은 어떻게 해야 구원받을 수 있을까요? 예수님은 "회개하고 복음을 믿으라"(막 1:15)고 말씀하셨습니다. 회개는 스스로 죄인임을 고백함으로 시작됩니다. 하나님 나라에 들어가려면 본래 죄가 없어야 하지만, 그런 사람은 존재하지 않습니다. 관대하신 하나님은 심사의 기준을 바꾸셨습니다. 스스로 죄인임을 깨닫고 고백한 사람에게 기회를 주기로 결정하신 것입니다. 이제 하나님 나라의 입국심사 기준이 바뀌었습니다. 본래 죄 없는 자가 들어가야 하는데, 거꾸로 죄인이 들어가게 되었습니다. 물론 이때의 죄인은 스스로 죄인임을 인정한 사람입니다.

예수님은 말씀하셨습니다. "건강한 자에게는 의사가 쓸데없고 병든 자에게라야 쓸데 있느니라 나는 의인을 부르러 온 것이 아니요 죄인을 부르러 왔노라"(막 2:17). 이 말씀은 복음의 핵심을 찌르는 중요한 선언이기에 마태와 누가도 이 말씀을 거의 수정 없이 인용합니다(마 9:12-13; 눅 5:31-32). 결국 긴박한 시대에 구원을 얻으려는 자는 무엇보다 자신이 죄인임을 깨달아야 합니다. 이것이 예수님의 '회개하라'의 의미입니다.

하지만 '회개'만으로 구원을 얻을 수는 없습니다. 마태복음에는 가룟 유다도 "스스로 뉘우쳐"(마 27:3) 자기의 은 삼십을 집어던졌습니다. 그렇다고 유다가 구원받은 것일까요? 뉘우침만이 회개는 아닙니다. 진실로 죄를 뉘우치고 심판을 두려워하는 자는 필연적으로 구원자를 찾게 됩니다. 물에 빠졌을 때 지푸라기라도 잡는 심정으로 말입니다. 바울은 "이 사망의 몸에서 누가 나를 건져 내랴"(롬 7:24)라고 외쳤습니다. 그런데 바로 그 순간 "복음을 믿으라"(막 1:15)라는 예수님의 약속이 주어졌습니다.

회개한 자가 믿을 것은 오직 복음입니다. 주님의 복음이 그를 구원해 줄 것입니다. 그런데 이때의 '복음'에는 기이한 논리가 들어 있습니다. 복음은 '복되고 좋은 소식'입니다. 예수님이 오셔서 세상에 전하신 소식이 곧 복음입니다. 그런데 아이러니하게도 복음 속에 다시 '복음을 믿으라'가 들어 있습니다. 쉽게 말해 '복음은 곧 복음을 믿으라'입니다. 이 아이러니는 딱 한 가지 공식으로만 풀립니다. 복음을 전하신 예수님 자신이 곧 복음일 때만 가능합니다. 결국 예수님의 '복음을 믿으라'는 말씀은 '나를 믿으라'는 말씀과 같은 뜻입니다.

이는 마가의 독특한 표현에서 다시 증명됩니다. 마가복음에는 "나와 복음을 위하여"(막 8:35)라는 표현이 나옵니다. 마태복음과 누가복음은 이 부분을 그저 "나를 위하여"(마 10:39; 16:25; 눅 9:24)라고만 기록하는데, 마가복음은 '복음'과 '예수님'을 동일선상에 놓고 언급합니다. 복음과 예수님의 동일성을 표현한 것입니다. 예수님을 위함이 복음을 위함이요, 복음을 위함이 곧 예수님을 위함입니다. 즉 예수님이 복음이자 복음이 예수님이라는 뜻입니다. 예수님은 복음의 전파자인 동시에 복음 그 자체이십니다. 마치 인류 속죄제 사의 대제사장인 동시에 그 제사의 제물이 되신 것과 같은 이치입

첫 이적: 쫓겨나는 더러운 귀신(막 1:21-28)

마가복음에서 기록하는 예수님의 첫 이적은 안식일에 "회당에 더러운 귀신 들린 사람"(막 1:23)에게서 귀신을 쫓아내신 것입니다. 마태복음에는 기록되지 않은 이 사건을 마가가 첫 이적으로 소개한 것은 특별한 의미가 있기 때문입니다. 즉, 복음이 이 땅의 더러운 귀신들의 세력을 몰아낸다는 것입니다. 이를 제대로 이해하려면 먼저 '귀신 들림'과 '귀신 쫓기'에 대한 오해부터 풀고 가야 합니다. 간혹 육체나 정신에 질병이 있는 사람을 보고 귀신 들렸다 말하기도 하고, 그렇게 정죄할 때 당황하는 반응을 귀신 들린 증거라고 하기도 합니다. 게다가 귀신을 쫓는답시고 성경에 없는 '안찰'이라는 방식으로 사람을 때려 상해를 입히거나 심지어 죽이기까지 합니다. 이는 비성경적일 뿐 아니라 큰 잘못입니다.

예수님이 귀신을 쫓으신 것은 무당이나 퇴마사들이 하는 축귀와 다릅니다. 흔히 축귀라 하면 몸에서 나가지 않으려는 귀신과 옥신각신하며 다투는 모습을 연상하는데, 예수님의 축귀와는 아무 연관이 없습니다. 예수님은 이 땅에서 귀신과 싸우신 적이 단 한 번도 없습니다. 그 어떤 귀신도 예수님과 감히 대결구도를 가질 수 없습니다. 그저 예수님 앞에 겁먹고 스스로 정체를 드러내며 즉시 굴복할 뿐입니다(막 1:23-26; 3:11; 5:6-8 등). 심지어 예수님의 제자들 역시 귀신 쫓는 일로 곤란을 겪은 적은 없습니다(눅 10:17; 행 5:16; 8:7; 16:18, 단 막 9:18은 예외. 뒤에서 더 설명하겠지만 이때 제자들은 문제가 많은 상태였음. 막 9:33 이하 참조).

틈만 나면 귀신과 축귀술 운운하며 교회를 혼란케 하는 이들은 그릇된 자들입니다. 복음서에 나오는 예수님의 축귀는 더 큰 틀에서 해석해야 합니다. 많은 사람이 귀신 들림을 질병과 자주 연관시켜 생각하는데, 잘못된 편견입니다. 마가복음의 경우 예수님의 치료 사건은 총 13번 나옵니다. 이중 질병과 귀신 들림이 동시에 나타난 경우는 단 2번뿐입니다. 정신이상 증상을 보이는 '거라사 귀신 들린 자'(막 5:1-20)와 변화산 사건 후 한 아버지가 데려온 '말 못하게 귀신 들린 아들'(막 9:14-29)뿐입니다. 나머지 11번 중에서 9번의 치료 사건은 귀신과 아무 상관없는 일반적 질병이고, 반대로 마지막 2번은 질병 없이 귀신만 들린 경우입니다. 따라서 질병에 걸린 것을 무조건 귀신 들렸다고 생각하는 것은 대단히 위험한 태도입니다.

마가복음을 잘 살펴보면 오히려 색다른 표현이 두드러집니다. 사람을 괴롭히는 귀신에게 '더러운'을 붙여서 '더러운 귀신'이라고 합니다. 이 표현은 마가복음에 11번 나오는데(마태복음 2번, 누가복음 6번, 요한복음 없음), 이를 정확히 번역하면 '더러운 영'입니다. 더러운 영은 '거룩한 영', 즉 성령과 반대됩니다. 여기서 귀신들이 하는 짓이 밝혀집니다. 더러운 영들은 성령과 반대되는 일을 합니다. 거룩한 성령은 사람을 감동하여 하나님 나라를 위해 살도록 하지만,

더러운 귀신은 사람을 충동하여 땅의 욕심을 따라 살게 합니다(롬 8:5-9; 고전 2:14; 갈 5:17 참고).

귀신은 정신이나 육체를 병들게 하는 정도를 넘어서 훨씬 광범위한 차원에서 활동합니다. 이를 입증하는 것이 바로 마가복음의 첫 이적인 '회당의 귀신 들린 자' 사건입니다. 이 사람은 분명히 귀신 들렸지만 질병과 아무 관련이 없고, 심지어 예수님이 정체를 드러내기까지 아무도 그가 귀신 들린 것을 알아차리지 못합니다. 만약 그에게 조금이라도 이상 증세가 있었다면 안식일 예배에 그를 들어오지 못하게 했을 것입니다. 하지만 그는 지금 회중과 섞여 감쪽같이 예배를 드리고 있습니다. 대체 이 멀쩡해 보이는 귀신 들린 자는 회당에서 무엇을 하고 있었을까요? 회당에서 사람들을 섬기며 사랑과 소망을 전하는 일을 했을 것 같지는 않습니다. 예수님이 꾸짖으신 것으로 보아(막 1:25), 회당에서 뭔가 악한 일을 해왔을 것입니다. 험담과 이간질로 공동체 분열을 꾀하고 있었을지도 모릅니다.

이 장면은 우리로 하여금 '귀신 들림'을 바르게 인식하도록 돕습니다. 귀신은 단순히 사람 속에 들어와 정신이상이나 질병을 일으키는 존재만이 아닙니다. 인간을 육의 욕망에 따라 살게 하는 모든 악한 욕심과 직결됩니다. 요한계시록에서는 악한 바벨론 성을 "귀신의 처소와 각종 더러운 영이 모이는 곳"(계 18:2)이라고 칭합니다. 이때 '더러운 영'은 복음서의 '더러운 귀신'과 같은 표현입니다. 더러운 귀신들이 하는 일은 바벨론 성에서 믿는 자를 박해하고(계 17:6) 음행과 사치와 이에 필요한 무역 및 경제활동(계 18:1-19)을 왕성하게 하는 것입니다. 성령이 아니라 육신을 따르도록 하는, 인간의 모든 일에 관여합니다. 따라서 죄와 육신의 욕망에서 나오는 활동들은 모두 더러운 귀신들과 직결된 것입니다.

예수님이 더러운 귀신을 내쫓으신 것은 이러한 차원에서 이해해야 합니다. 예수님의 축귀는 썩어질 육체를 따라 살게 하는 이 땅의 더러운 죄의 세력을 꺾으신 것입니다. 사도행전을 보면 바울과 실라가 빌립보에서 점치는 귀신 들린 여종을 만납니다. 그 여종은 "주인들에게 큰 이익을 주는 자"(행 16:16)였는데, 바울이 귀신을 쫓아내자 주인들은 "자기 수익의 소망이 끊어진 것"(행 16:19) 때문에 바울과 실라를 거짓으로 고소하여 옥에 가둡니다. 이 경우 진짜 악독한 귀신은 어디에서 더 크게 활동하고 있을까요? 가련한 여종을 보살피기는커녕 자신의 경제적 이득을 위해 부려먹다가, 바울의 치료로 손해를 입자 하나님의 종들을 옥에 가둔 주인들이 진짜 더러운 귀신에게 붙들린 자들입니다.

우리는 예수님의 축귀를 보다 큰 틀에서 보아야 합니다. 이 땅 곳곳에는 더러운 욕망을 부추기는 귀신의 활동이 너무나 많습니다. 또 그 귀신의 힘 아래 고통하며 신음하는 사람들도 부지기수입니다. 예수님의 축귀는 근본적으로 더러운 귀신의 권세가 땅에서 꺾이기 시작했음을 선언하신 것입니다. 그러므로 거룩한 영을 따라 하늘을 소망하는 성도들도 이 땅의 더러운 영의 세력을 꾸짖고 치료하여 하나님 나라를 세워 갈 책임이 있습니다. 이것이 예

수님께서 귀신을 내쫓으신 진정한 의미이고, 그 바른 의미가 드러
난 사건이 바로 마가복음의 첫 이적인 '회당의 귀신들린 자' 사건
입니다. 예수님을 따르는 제자들은 이러한 참된 축귀의 권세를 얻
은 자들입니다(막 6:7).

예수님이 세상에 오신 목적(막 1:38)

예수님은 이 땅에 전도하기 위해 왔다고 밝히십니다. '전도하
다'와 '전파하다'는 동일한 헬라어(케뤼소, κηρύσσω)인데, 마가복음에서
주로 전파되는 내용은 두 가지입니다.

첫 번째는 '복음'입니다(막 1:14; 13:10; 14:9; 16:15). "예수께서…하나님
의 복음을 전파하여"(막 1:14)에 나오는 '전파'는 '전도'와 같은 단어
입니다. 즉, 예수님은 이 땅에 '복음전도'를 하기 위해 오신 것입니
다. 이미 살펴본 대로, 복음은 틈새 시간 속에 오셔서 전하신 구원
의 '소식'이자 예수님 '자신'입니다. 고로 복음은 듣는 것인 동시
에 만나는 대상입니다. 복음을 들으면 누구든지 복음의 실체인 예
수님을 만나게 됩니다. 이 일을 시작하신 예수님은 또한 이 신비
한 '전도'를 제자들에게 맡기셨습니다(막 16:15). 따라서 제자들의 복
음전도를 듣는 자들 역시 이를 통해 예수님을 만날 수 있습니다.
예수님 다시 오실 때까지 "복음이 먼저 만국에 전파되어"(막 13:10)
나가는 전도사역은 계속될 것입니다.

두 번째는 예수님이 행하신 '일'입니다. 예수님은 복음을 전파하

면서 많은 이적과 치료를 행하셨습니다. 그때 사람들은 "예수께서 자기에게 어떻게 큰일 행하셨는지를…전파"(막 5:20)하고 다녔습니다. 이때의 '전파' 역시 '전도'와 같은 말입니다. 이들이 전파한 예수님의 '큰일'은 한마디로 복음의 '열매'입니다. 복음을 듣고 예수님을 만난 사람은 반드시 그 열매를 체험합니다. 완악한 나 자신과 내 삶을 복음이 변화시키기 때문입니다. 이 변화를 세상에 전하고 보여 줄 때, 즉 예수님이 행하신 일을 전파할 때, 나를 지켜보는 다른 사람들이 주님의 살아 계심을 깨닫습니다. 흔히 간증이라고 부르는 복음의 체험 전파 역시 예수님의 전도 활동의 연장선이었습니다. 그리고 복음전도 활동은 지금도 제자 된 교회를 통해 지속되고 있습니다. 예수님은 이 일을 시작하기 위해 세상에 오신 것입니다.

회당의 한쪽 손 마른 사람 치료(막 3:1-6)

마가복음에는 예수님의 감정 묘사가 다른 복음서에 비해 상당히 구체적으로 나옵니다. 회당의 한쪽 손 마른 사람을 치료하는 과정에서 예수님은 바리새인들에게 감정을 드러내십니다. "그들의 마음이 완악함을 탄식하사 노하심으로 그들을 둘러보시고"(막 3:5). 여기서 예수님의 두 감정이 드러납니다. 먼저 '탄식'입니다. 이 단어는 신약성경 전체에서 오직 이 본문에만 나오는 말로서 '지극히 슬퍼하고 상처받은 마음 상태'를 뜻합니다. 예수님이 이토록 슬퍼하신 것은 바로 바리새인들의 완악함 때문이었습니다. '완악함'이란 단어 역시 복음서 중에서 마가복음에만 나오는데, '바른 말을 들어도 귀를 막고 끝까지 자기 입장을 바꾸지 않는 마음 상태'를 뜻합니다.

유대인에게 안식일 준수는 매우 중요한 계명이었고 대부분 이를 열심히 지켰습니다. 외식하는 자들은 '안식일에 일하지 말라'는 조항을 더 복잡하게 만들었습니다. 자기들이 더 의롭다는 칭찬을 듣기 위해서였습니다. 이 과정에서 안식일에 추수나 질병 치료를 하면 안 된다는 조항이 삽입되었습니다. 그래서 그들은 예수님이 안식일에 환자가 있는 회당으로 들어가시자 "고발하려 하여 안식일에 그 사람을 고치시는가 주시"(막 3:2)한 것입니다. 그들 자신의 악한 정체성을 스스로 폭로한 행위입니다. 계명과 율법을 지키는 목적은 하나님을 기쁘시게 하는 것입니다. 곁에 있는 사람이 아프고 죽어 간다면 돕고 살리는 것이 하나님을 기쁘시게 하는 것임은 말할 필요도 없습니다.

하지만 바리새인들은 이미 율법의 근본정신을 버렸습니다. 그들은 하나님을 기쁘시게 하는 것보다 자기가 의롭다고 칭찬받는 것이 중요했습니다. 이런 생각을 가진 자들에게 예수님은 "안식일에 선을 행하는 것과 악을 행하는 것, 생명을 구하는 것과 죽이는 것, 어느 것이 옳으냐"(막 3:4)라고 질문하신 것입니다. 바리새인들은 질문의 답을 이미 알고 있었습니다. 선을 행하고 생명을 구하는 것이 옳음은 삼척동자도 압니다. 하지만 그들은 질문에 답할 수 없었습니다. 그러면 자기들이 틀렸음을 인정해야 했기 때문입니다. 그래서 그들은 끝내 잠잠했습니다(막 3:4). 바로 이 '잠잠함'이 예수님을 슬프고 탄식하게 만든 '마음의 완악함'(막 3:5)입니다.

예수님은 심판을 앞둔 사람들에게 "회개하고 복음을 믿으라"(막 1:15) 외치셨습니다. 회개의 시작은 틀렸음을 인정하는 것입니다. 이 일은 가장 쉬우면서도 가장 어렵습니다. 자기 의를 조금이라도 고수하려는 자는 자신이 틀렸음을 절대 인정하지 않습니다. 행여 자기 죄악이 들통나도 눈과 귀를 막고 침묵해 버립니다. 변화하지 않겠다는 완악한 고집입니다. 누구든 구원을 얻을 수 있지만, 완악한 자는 불가능합니다. 구원의 필수 단계인 회개로 들어갈 수 없기 때문입니다.

완악함은 마침내 무서운 분노를 부릅니다. 예수님은 완악한 자들에게 크게 노하셨습니다. '노함'은 단순한 분노를 넘어서는 표현입니다. 신약성경에 총 36번 나오는 이 단어는 대부분 '하나님의 진노'를 가리킵니다(마 3:7; 눅 21:23; 요 3:36 등). 하나님의 진노에는 반드시 처벌이 따릅니다. 끝내 바뀌지 않고 눈과 귀를 막아 버린 자는 결국 하나님의 진노와 처벌을 받게 됩니다. 그리고 그 처벌의 날에는 누구도 그들을 구원해 줄 수 없습니다. 따라서 종말의 때 지옥에 들어갈 사람은 다름 아닌 '완악한 자'입니다. 때가 찼고 심판이 가까이 왔기에 완악한 자는 속히 회개하고 복음이신 예수님을 믿어야 합니다. 하지만 애석하게도 바리새인들은 다른 길을 모색합니다. 자신들의 잘못이 드러나자 오히려 "나가서 곧 헤롯당과 함께 어떻게 하여 예수를 죽일까 의논"(막 3:6)하기 시작한 것입니다.

스스로 열매 맺는 땅 비유(막 4:26-29)

마가복음 4장에는 네 가지 천국비유가 나옵니다.

마가복음의 천국비유	다른 복음서의 동일 비유
씨 뿌리는 비유(막 4:3-20)	마 13:3-23; 눅 8:5-15
등불 비유(막 4:21-25)	마 5:15; 10:26; 7:2; 13:12; 눅 8:16-18
스스로 열매 맺는 땅 비유(막 4:26-29)	없음
겨자씨 비유(막 4:30-43)	마 13:31-33; 눅 13:18-21

씨 뿌리는 비유, 등불 비유, 겨자씨 비유는 마태복음과 누가복음에도 흡사한 형태로 나옵니다. 하지만 스스로 열매 맺는 땅 비유는 다른 복음서에 나오지 않는, 마가복음만의 독특한 가르침입니다. 이 속에는 마가복음의 중요한 사상이 녹아 있습니다.

비유의 내용은 이렇습니다. "하나님의 나라는 사람이 씨를 땅에 뿌림과 같으니 그가 밤낮 자고 깨고 하는 중에 씨가 나서 자라되 어떻게 그리되는지를 알지 못하느니라"(막 4:26-27). 이때 씨 뿌리는 사람이 하나님이나 예수님을 상징한다고 볼 수는 없습니다. 다만 "뿌리는 자는 말씀을 뿌리는 것"(막 4:14)이므로 예수님이 승천하신 후 말씀을 전한 사도나 전도자들을 상징한다고 볼 수 있습니다. 이들은 말씀을 뿌려도 열매 맺는 일에는 아무 공헌을 하지 못합니다. 씨에서 싹이 트고 이삭이 자라 곡식과 열매를 맺는 힘은 오직 '땅'에서만 나옵니다(막 4:28-29). 이 비유의 핵심은 "땅이 스스로 열매를 맺되"(막 4:28)에 있습니다. 즉, 열매를 맺게 하는 핵심은 땅이라는 것입니다.

마태복음에서 땅의 이미지는 간혹 부정적입니다. 예를 들어 "보물을 땅에 쌓아두지 말라"(마 6:19) 등의 표현이 그렇습니다. 하지만 마가복음은 땅을 예수님께 모여든 '무리'와 자주 연결합니다. 천국비유가 선포되는 4장 첫 구절 "온 무리는 바닷가 육지에 있더라"(막 4:1)가 대표적입니다. 이 묘사도 오직 마가복음에만 나오는데, 이때 '육지'는 스스로 열매 맺는 땅 비유(막 4:26-29)에서 사용하는 '땅'과 정확히 같은 단어입니다.

따라서 이런 병행이 가능합니다. '무리'는 땅에서 예수님이 뿌리시는 '말씀'을 듣고 있습니다. 이는 비유에서 '땅'에 '씨'가 뿌려지는 장면과 같습니다. 땅에 있는 사람들이 곧 말씀의 씨를 받아들이는 '땅'입니다. 그런데 이 비유에서 땅은 예사로운 땅이 아니라 '스스로 열매를 맺는 땅'이라고 합니다. 이는 씨 뿌리는 비유의 "좋은 땅"(막 4:8)과도 직결됩니다. 두 땅 모두 씨를 뿌리면 스스로 좋은 열매를 맺기 때문입니다. 따라서 지금 땅에서 말씀을 듣는 무리는 바로 '좋은 땅'을 상징합니다. 이 무리는 말씀의 씨를 받으면 스스로 열매를 맺습니다. 말씀을 전하는 사도나 전도자는 아무 기여를 하지 못합니다. 씨앗을 받은 땅이 스스로 열매를 맺는 것처럼^(막 4:28) 오직 말씀을 듣는 무리 속에만 열매 맺는 힘이 존재합니다. '무리'는 원어로 '오클로스'(ὄχλος)인데 어떤 사람들은 이를 '민중'이라고 해석합니다. 명칭이 어떻든 마가복음에 등장하는 무리는 높은 계층이 아니라 주로 소외되고 고통받는 사람들로 자주 등장합니다. 즉, 이 비유는 '민초들 속에 말씀의 열매를 맺는 힘이 있다'는 뜻입니다.

이런 관점에서 읽으면 마가복음의 또 다른 특징이 드러납니다. 마가복음은 다른 복음서에 비해 열두 제자를 상당히 부정적으로 그립니다. 예를 들어 빌립보 가이사랴에서 베드로가 신앙고백을 했을 때, 예수님은 곧바로 자신이 많은 고난을 받고 사흘 만에 살아나야 할 것을 제자들에게 가르치십니다^(막 8:31). 그러나 베드로가 예수님을 붙들고 항변하자 예수님은 베드로를 꾸짖으시며 "사탄아 내 뒤로 물러가라"^(막 8:33)고 말씀하십니다. 베드로가 '항변했다'는 말과 예수님이 그를 '꾸짖었다'는 말은 사실 같은 단어입니다. 따라서 마가복음의 기록대로라면 베드로는 신앙을 고백했으나 아무 칭찬도 듣지 못하고 오히려 사탄이라고 야단을 맞은 것입니다. 베드로가 매우 부정적으로 그려지고 있습니다.

하지만 마태복음에서 예수님은 베드로의 고백을 들으시고 "바요나 시몬아 네가 복이 있도다"^(마 16:17)라고 일단 칭찬하십니다. 베드로의 위상은 완전히 추락하지 않고 어느 정도 유지됩니다. 누가복음에는 예수님의 칭찬이 나오지 않지만, 그를 사탄이라고 야단치신 장면도 없습니다. 누가복음도 베드로의 권위를 보호하는 것입니다(눅 9:18-22). 또 다른 예를 들면 마가복음에서 제자들은 예수님의 가르침을 깨닫지 못하는 우둔한 존재로 자주 등장합니다(막 6:52; 8:17, 21; 9:32). 예수님이 "바리새인들의 누룩"(막 8:15)을 주의하라고 하셨을 때 제자들은 이를 끝내 깨닫지 못하고 야단을 맞습니다. 하지만 마태복음에는 "그제야 제자들이…깨달으니라"(마 16:12)라는 구절이 나옵니다.

이상의 내용은 다른 복음서가 열두 제자의 권위를 어느 정도 유지시키려 했던 반면, 마가복음은 그들의 위상에 크게 신경 쓰지 않았다는 증거입니다. 복음서가 기록될 당시 열두 사도의 권위는 상당히 중요했습니다. 그들이 예수님의 권위를 이어받았다고 생각하는 사람이 많았기 때문입니다. 물론 이 생각이 틀린 것은 아닙니다. 초대교회의 질서가 확립되는 데 열두 사도의 권위는 당연히 큰 역할을 했습니다. 하지만 언제부턴가 스스로 사도의 권위를 이어 받았다고 주장하면서 다른 이들의 전도활동을 막고 교회에서 문제를 일으키는 자들이 생겨났습니다(고후 3:1; 11:5; 12:11 등 참조). 마가복음은 이러한 특권의식으로 교회 안에서 기득권을 차지하려는 분위기를 극구 거부하고 있는 것입니다.

이는 다음 장면에서 더 분명히 확인할 수 있습니다. 요한은 예수님께 "우리를 따르지 않는 어떤 자가 주의 이름으로 귀신을 내쫓는 것을 우리가 보고 우리를 따르지 아니하므로 금하였나이다"(막 9:38)라고 합니다. 그러자 예수님은 "금하지 말라…우리를 반대하지 않는 자는 우리를 위하는 자니라"(막 9:39-40)라고 하십니다. 이 구절은 마태복음에는 나오지 않고 누가복음에는 간략하게만 나옵니다(눅 9:49-50). 하지만 마가복음은 이 이야기를 "나를 믿는 이 작은 자들 중 하나라도 실족하게 하면 차라리 연자 맷돌이 그 목에 매여 바다에 던져지는 것이 나으니라"(막 9:42)라는 살벌한 경고와 곧장 연결시킵니다. '나를 믿는 작은 자들 중 하나'에는 방금 요한이 말한 "우리를 따르지 않는 어떤 자"(막 9:38)도 포함됩니다. 결국 이 이야기는 예수님의 측근임을 내세워 권력을 휘두르고 다른 이들의 활동을 막는 특권층의 횡포가 잘못되었음을 보여 주는 것입니다.

이런 관찰을 통해 당시 마가 공동체에 계급이나 특권의식을 거부하는 분위기가 있었다고 짐작할 수 있습니다. 그들은 어떤 특권층의 권위 아래 있기보다 평범하고 다양한 구성원이 복음으로 하나 되어 믿음 안에서 평등과 평화를 지향하는 사람들이었습니다. 그들의 구체적인 정체는 사도들의 위상이 낮아지는 장면에서 오히려 마가가 긍정적으로 소개하는 사람들의 모습을 통해 추측할 수 있습니다.

예를 들어 예수님이 변화산에서 내려오셨을 때, 산 아래에는 귀신들린 아들을 데리고 온 아버지가 있었습니다. 그는 "내가 선생님의 제자들에게 내쫓아 달라 하였으나 그들이 능히 하지 못하더이다"(막 9:18)라고 말합니다. 이 말에서 열두 제자의 무능함이 여실히 드러납니다. 예수님이 아이를 고쳐 주시자 제자들은 "우리는 어찌하여 능히 그 귀신을 쫓아내지 못하였나이까"^(막 9:28)라고 묻습니다. 그때 예수님은 "기도 외에 다른 것으로는 이런 종류가 나갈 수 없느니라"^(막 9:29)라고 말씀하십니다. 즉, 예수님의 능력을 나타나게 하는 것은 오직 기도라는 뜻입니다.

그런데 예수님의 능력을 부른 기도를 실제로 드린 사람이 나옵니다. 귀신 들린 아이의 아버지입니다. 처음에 그는 "무엇을 하실 수 있거든 우리를 불쌍히 여기사 도와주옵소서"^(막 9:22)라고 말합니다. 예수님은 "할 수 있거든이 무슨 말이냐 믿는 자에게는 능히 하지 못할 일이 없느니라"^(막 9:23)라고 하십니다. 그 순간 아이의 아버지는 "내가 믿나이다 나의 믿음 없는 것을 도와주소서"^(막 9:24)라고 외칩니다. 바로 이 부르짖음이 예수님이 바라시는 기도였습니다. 이 속에는 연약한 자기 상태를 정직하게 고백하고 주님만 의지하려는 결단이 담겨 있습니다. 아비의 기도를 들으시고 예수님은 아이를 고쳐 주신 것입니다.

결국 귀신 들린 아이의 아버지는 열두 제자보다 더 긍정적으로 묘사됩니다. 이와 비슷한 대비들이 마가복음 곳곳에서 자주 발견됩니다. "예수께 그 지방에서 떠나시기를 간구"^(막 5:17)한 돼지 떼의 주인들과 예수님의 명령대로 널리 복음을 전파한 '거라사의 귀신 들린 사람'^(막 5:1-20), 제자들과 예수님이 감싸 주신 어린이들^(막 10:13-16), 부자들과 두 렙돈을 헌금한 가난한 과부^(막 12:41-44), 예수님을 버리고 도망간 제자들^(막 14:50)과 주님의 십자가를 끝까지 지켜보던 많은 여인들^(막 15:40-41) 등이 해당합니다.

이처럼 마가복음은 특권을 내세울 만한 사람들은 부정적으로 기록하고 병든 아이의 아버지, 이방 거라사의 귀신 들린 자, 어린 아이, 가난한 과부, 여인들 같은 사람들을 긍정적으로 묘사합니다. 이는 당시 마가 공동체의 모습을 투영한 것입니다. 마가 공동체 성도들은 믿음 안에서 서로를 보듬고 격려하며 주님을 따라가는 공동체였습니다. 그들은 "서로 누가 크냐"(막 9:34) 다투는 것을 철저히 거부하고 "누구든지 첫째가 되고자 하면 뭇 사람의 끝이 되며 뭇 사람을 섬기는 자가 되어야 하리라"(막 9:35)라는 예수님의 말씀에 순복하고자 한 낮은 자의 공동체였습니다. 오늘날 교회는 성공한 자, 부유한 자들을 내세워 자랑하고 이들을 하나님의 복받은 증인으로 내세웁니다. 하지만 마가복음에 등장하는 이들의 모습을 보고 깊이 돌아볼 필요가 있습니다. 하나님이 기뻐하시는 열매는 특별하고 높은 위치가 아니라 낮고 소외된 민초들의 땅에서 스스로 자라고 맺히는 것이기 때문입니다.

사도 바울도 이 비유를 알았던 것 같습니다. 그는 고린도교회 교인들이 "어떤 이는 말하되 나는 바울에게라 하고 다른 이는 나는 아볼로에게라"(고전 3:4) 하며 다툰다는 소식을 듣고 이렇게 말합니다. "아볼로는 무엇이며 바울은 무엇이냐…나는 심었고 아볼로는 물을 주었으되 오직 하나님께서 자라나게 하셨나니 그런즉 심는 이나 물 주는 이는 아무것도 아니로되 오직 자라게 하시는 이는 하나님뿐이니라…너희는 하나님의 밭이요 하나님의 집이니라"(고전 3:5-9). 권위를 자랑하며 군림하는 자가 아니라 스스로를 낮추며 말씀을 따라 사는 사람들이 하나님의 밭이자 열매 맺는 좋은 땅입니다. 복음은 부귀와 영화를 가져다주는 도깨비 방망이가 아닙니다. 버려지고 소외된 자리에서도 서로를 보듬고 함께 견디며 끝내 하나님이 기뻐하실 열매를 맺게 하는 힘입니다.

고르반(막 7:1-23)

바리새인들이 율법 조항에 집착한 반면 예수님은 율법의 정신과 본질을 귀히 여기셨습니다. 마가복음 경우에는 '고르반' 사건이 대표적입니다. 이 사건은 '밥 먹기 전에 손 씻는 문제'에서 출발합니다. 당시 이스라엘 장로들의 전통에는 손을 잘 씻지 않고서는 음식을 먹지 않는 전통이 있었습니다(막 7:3). 바리새인들은 이 전통을 남을 정죄하고 자기의 명예를 얻는 도구로 삼았습니다. 그래서 예수님의 "제자 중 몇 사람이…씻지 아니한 손으로 떡 먹는 것"(막 7:2)을 보고 "어찌하여 당신의 제자들은 장로들의 전통을 준행하지 아니하고 부정한 손으로 떡을 먹나이까"(막 7:5)라며 예수님께 따졌습니다.

그때 예수님이 의미심장한 단어를 꺼내십니다. 바로 "고르반"(막 7:11)입니다. 고르반은 히브리어로 '예물'이라는 뜻인데, 마가복음은 이를 "하나님께 드림이 되었다"(막 7:11)라고 설명합니다. 즉, 고르반은 '하나님께 드린 예물'을 뜻합니다. 예수님이 고르반 이야기를 꺼내신 이유는 본문에서 밝혀집니다. 먼저 예수님은 바리새인들에게 "네 부모를 공경하라…또 네 아버지나 어머니를 모욕하는 자는 죽임을 당하리라"(막 7:10)라는 구약 말씀을 꺼내십니다(출 20:12; 신 5:16 / 출 21:17; 레 20:9). 이 말씀은 하나님이 직접 내려주신 십계명의 다섯 번째 조항으로, 장로들의 전통과 견주기 불가능한 매우 중요한 말씀입니다.

어떤 부모가 도움이 필요해서 자식에게 돈을 부탁했습니다. 그러자 자식은 "아버지에게나 어머니에게나 말하기를 내가 드려 (당신들을) 유익하게 할 것이 고르반 곧 하나님께 드림이 되었다"(막 7:11)고 말합니다. '내가 드려 유익하게 할 것'은 자식이 마땅히 부모님께 드려 봉양할 돈을 의미합니다. 하지만 자식은 그 돈이 하나님께 이미 예물로 드린 상태, 즉 고르반이 되었으므로 드릴 돈이 없다고 말합니다. 그러면 부모는 할 말이 없습니다. 이미 하나님께 바친 예물을 자기에게 달라고 할 수는 없기 때문입니다. 하지만 여기에는 교묘한 술수가 숨어 있습니다. 이를 알기 위해서는 예수님이 야단치신 바리새인과 서기관들의 출신부터 눈여겨보아야 합니다.

이 사건은 "바리새인들과 또 서기관 중 몇이 예루살렘에서 와서 예수께 모여들었다"(막 7:1)로 시작합니다. 즉 이들은 지방이 아니라 수도 예루살렘에서 성전을 중심으로 활동하는 종교 지도자들이었습니다. 이들은 당시 대제사장과 결탁하여 엄청난 특권을 누리고 있었습니다. 성전의 재정을 관리하고 집행할 권한이 있었기 때문입니다. 마가복음 12장에서 예루살렘 성전에 들어가신 예수님은

"서기관들을 삼가라 그들은 과부의 가산을 삼키며"^(막 12:39-40)라고 말씀하십니다. 당시 과부들 중에는 죽은 남편에게 어느 정도 재산을 받은 사람들이 있었습니다. 성전 서기관들은 그런 과부들에게 접근하여 재산을 성전에 바치고 일생 봉사하며 살 것을 권하곤 했습니다^(눅 2:36 여선지자 안나 참고). 권유에 순종한 과부들은 신실했지만, 서기관들에게는 비열한 목적이 있었습니다. 과부들이 성전에 드린 재산을 서기관 재량으로 사용할 수 있었기 때문입니다. 예수님은 이를 '과부의 가산을 삼키는 행위'라고 하신 것입니다.

고르반도 이와 비슷한 상황으로 추정할 수 있습니다. 예수님 앞에 모인 바리새인과 서기관들 가운데는 자기 재산을 고르반 형태로 성전에 바친 사람들이 있었습니다. 고르반을 통해 그들은 백성의 칭찬을 받았습니다. 전 재산을 하나님께 드렸다는 명예를 얻은 것입니다. 그러나 실상은 성전에 바쳐진 고르반의 집행권을 여전히 그들이 가지고 있었습니다. 아마도 이런 관행은 당시 성전 지도자들만의 비밀스러운 전통이었던 것 같습니다. 그들 자신은 아무것도 손해 보지 않았습니다. 고르반은 단지 부모를 비롯한 다른 사람들이 자기 재산에 빌붙는 것을 귀찮아하는 이들에게 좋은 구실이었을 뿐, 여전히 사용권은 그들에게 있었기 때문입니다. 그런데도 하나님께 모든 것을 드렸다는 명예까지 얻었으니 정말 편리하고 교묘한 그들만의 전통이었습니다.

하지만 인간의 중심을 아시는 예수님은 예루살렘 성전 지도자들의 타락을 꿰뚫어보고 계셨습니다. 이들의 속내가 심히 악하기에 예수님은 "이 백성이 입술로는 나를 공경하되 마음은 내게서 멀도다"^(막 7:6)라는 하나님의 탄식을 그대로 표현하신 것입니다. 하나님께서 명령하신 '부모 공경'은 버리면서도 이득을 챙기고 헌신자의 명예까지 얻을 수 있는 가증한 전통을 따랐기 때문입니다. 이는 "너희가 전한 전통으로 하나님의 말씀을 폐하"^(막 7:13)는 행위였습니다. 예루살렘에서 온 바리새인들과 서기관들은 아마도 예수님의 지적에 가슴이 철렁 내려앉았을 것입니다. 완전범죄라고 생각했던 그들만의 고르반 전통을 예수님이 소상히 알고 계셨기 때문입니다.

이후 예수님은 "무리를 다시 불러…너희는 다 내 말을 듣고 깨달으라 무엇이든지 밖에서 사람에게로 들어가는 것은 능히 사람을 더럽게 하지 못하되 사람 안에서 나오는 것이 사람을 더럽게 하는 것이니라"^(막 7:14-16)라고 가르치십니다. 여기에 기독교의 근본정신이 담겨 있습니다. 기독교는 형식과 겉치레의 종교가 아닙니다. 중요한 것은 속과 중심입니다. 중심이 주님 앞에 진실하고 신령할 때 겉과 형식은 그다지 중요하지 않습니다. 하지만 그 마음에 "악한 생각 곧 음란과 도둑질과 살인과 간음과 탐욕과 악독과 속임과 음탕과 질투와 비방과 교만과 우매함"^(막 7:21-22)이 가득하다면 아무리 겉이 화려하고 그럴듯해 보여도, 그 신앙은 거짓입니다.

칠병이어 사건(막 8:1-10)

예수님은 오병이어와 칠병이어의 기적을 통해 큰 무리를 먹이시는데, 둘은 일견 매우 비슷해 보입니다. 하지만 두 기적은 다른 의미를 품고 있습니다. 오병이어 사건은 요한복음에서 그 의미가 가장 명확히 드러납니다. 그렇기에 여기서는 오병이어 사건을 간단히만 살피면서 칠병이어 사건을 집중적으로 다루겠습니다.

칠병이어와 오병이어 사건에는 커다란 차이점이 있습니다. 가장 먼저 드러나는 것은 시간적 차이입니다. 오병이어 사건은 예수님과 오후 한나절 정도 함께한 사람들에게 일어났습니다. "오고 가는 사람이 많아 음식 먹을 겨를도 없음이라"(막 6:31)라는 기록의 시간적 배경은 점심식사 때이고, 오병이어의 기적이 행해진 것은 그날 저녁, 즉 "때가 저물어"(막 6:35) 갈 때쯤입니다. 따라서 오병이어를 체험한 무리는 예수님과 오후 한 나절 정도(4-5시간)를 함께한 것입니다. 하지만 칠병이어는 다릅니다. 예수님은 칠병이어의 무리가 "나와 함께 있은 지 이미 사흘이 지났"(막 8:2)다고 말씀하십니다. 한나절과 사흘의 무게감은 다릅니다. 잠깐 나들이하는 한나절 소풍과 2박 3일 여행은 준비부터 다릅니다. 이는 칠병이어의 무리가 오병이어 무리보다 예수님과 더욱 친밀했음을 보여 줍니다.

또한 두 사건에는 공간적 차이가 존재합니다. 오병이어 사건은 빈 들(막 6:35)에서 이루어집니다. '빈 들'(에레모스, ἔρημος)에 푸른 잔디(막 6:39)가 자라고 있었다는 것으로 보아 그 땅은 척박한 모래사막은 아니었습니다. 더구나 제자들은 예수님께 "무리를 보내어 두루 촌과 마을로 가서 무엇을 사먹게 하옵소서"^(막 6:36)라고 말합니다. 이는 그들이 있는 빈 들 가까이에 상점과 마을이 존재했다는 뜻입니다. 하지만 칠병이어 사건은 완전히 다른 공간에서 일어납니다. 사건의 배경인 '광야'(에레미아, ἐρημία)는 모래와 돌만 있는 사막입니다. 그래서 예수님은 "그들을 굶겨 집으로 보내면 길에서 기진하리라"^(막 8:3)라고 염려하신 것입니다. 그들은 주변에서 음식을 구할 수 없을 만큼 깊은 사막으로 들어온 상태입니다. 제자들은 오병이어 사건 때와 달리 "이 광야 어디서 떡을 얻어 이 사람들로 배부르게 할 수 있으리이까"^(막 8:4)라고 묻습니다.

이러한 시간적·공간적 차이는 칠병이어의 무리가 오병이어 때와 달리 예수님을 따라 사막 깊은 곳까지 상당히 오랫동안 동행했음을 보여 줍니다. 사흘이나 생계를 내팽개치고 먹을 것도 없는 사막에 따라온 것입니다. 이들은 자기의 일상을 내려놓고 예수님을 좇은 성숙한 성도들입니다. 예수님과 함께 있는 기쁨을 위해 세상 욕심과 생계를 포기하고 고통을 감수하는 모습이 이들에게서 나타납니다. 따라서 이들은 오병이어의 무리보다 더 성숙한 신앙을 가진 성도들이라 할 수 있습니다.

만약 두 사건이 말하려는 메시지가 같은 내용이라면, 마태복음이나 마가복음은 오병이어 이후에 칠병이어가 다시 이어지는 사건 배치를 피했을 것입니다. 방금 오병이어 사건을 읽은 사람들에게 칠병이어 사건은 오히려 맥 빠지는 느낌을 주기 때문입니다.

오병이어로 '남자만 오천 명'(실제 사람 수는 일만 명 이상)을 먹이셨는데, 그보다 떡이 두 개나 많은 칠병이어로 전보다 적은 "약 사천 명"(막 8:9)만 먹이셨으니, 뭔가 퇴보한 느낌을 줍니다. 하지만 칠병이어 사건의 본질을 알고 나면 이는 퇴보가 아니라 진보임을 깨닫게 됩니다. 오병이어의 무리와 달리 큰 결단으로 예수님을 따라 먼 길을 동행한 성숙한 무리에게 내리신 은혜이기 때문입니다.

또 하나의 차이점이 있습니다. 두 기적은 주체가 다릅니다. 오병이어 사건에서는 예수님이 무리의 배고픔을 걱정하지 않으십니다. 무리가 배고플 것이라는 생각은 제자들에게서 온 것입니다(막 6:35). 하지만 칠병이어 사건에서는 예수님이 무리의 배고픔을 염려하십니다. 자기를 따라 깊은 사막에서 사흘이나 시간을 보낸 무리를 보시고 "내가 무리를 불쌍히 여기노라"(막 8:2)라고 직접 말씀하십니다. 오병이어 사건에서 예수님은 무리가 "목자 없는 양 같음으로 인하여 불쌍히 여기"(막 6:34)십니다. 이는 그들의 육신보다 영혼을 염려하시는 것입니다. 하지만 칠병이어에서 예수님은 그들이 "먹을 것"(막 8:2)이 없기 때문에 겪는 육신의 배고픔 자체를 안타까이 여기셨습니다.

우리는 중요한 결론에 도달할 수 있습니다. 예수님은 오병이어의 무리를 보시면서는 그들의 영혼을 염려하셨지만, 칠병이어의 무리를 보시고는 그들의 육신의 배고픔을 염려하셨습니다. 후자의 무리는 이미 복음을 받아들여 영혼의 허기를 채운 후 더 깊은 신앙으로 들어간 이들이었기 때문입니다. 한마디로 "자기를 부인하고 자기 십자가를 지고 나를 따를 것이니라"(막 8:34)라는 명령에 순종한 본보기입니다. 성도가 육신을 포기하고 십자가의 길을 과감히 따르자, 예수님은 오히려 그들의 배고픔을 염려하기 시작하신 것입니다.

특히 마가복음은 예수님이 칠병이어 성도들의 개별 사정까지 알고 계셨다는 암시를 보여 줍니다. 예수님은 "그중에는 멀리서 온 사람들도 있느니라"(막 8:3) 하십니다. 이 구절이 마태복음에는 빠져 있고 마가복음에만 나오는 것은 이미 살펴보았듯, 마가 공동체가 주로 낮은 자와 소외된 자들의 무리였기 때문입니다. 예수님의 세심하신 염려는 당시 마가 공동체에게도 특별한 위로가 되었을 것입니다. 힘든 상황에 놓인 자들의 세세한 형편까지 이미 알고 계신다는 주님의 음성은 커다란 용기를 주었을 것입니다.

마지막으로 두 사건의 차이는 거둔 것에서 드러납니다. 오병이어에서 남은 것은 "열두 바구니"(막 6:43)였습니다. 하지만 칠병이어에서는 "일곱 광주리"(막 8:8)를 거둡니다. 숫자상으로는 오병이어가 더 많은 것 같지만 바구니와 광주리는 전혀 다릅니다. '바구니'(코피노스, κόφινος)는 일반적으로 손에 들고 다니는 작은 소쿠리를 의미합니다. 하지만 '광주리'(스퓌리스, σπυρίς)는 거대한 용기입니다. 사도행전에서 "제자들이 밤에 사울을 광주리에 담아 성벽에서 달아 내리니라"(행 9:25)라는 말씀에 등장하는 광주리와 같습니다. 광주리는 어른 한 사람이 들어갈 만큼 크고 튼튼한 것으로, 바구니와 상대가 안 되는 크기입니다.

결론적으로 칠병이어는 예수님께 헌신하여 삶을 드리고 험한 광야 길도 순종하며 따라가는 제자들을 예수님이 항상 인도하실 것이라는 약속입니다. 마태복음의 산상수훈에서는 이를 "그런즉 너희는 먼저 그의 나라와 그의 의를 구하라 그리하면 이 모든 것을 너희에게 더하시리라"(마 6:33)라고 표현합니다.

지금까지 살펴본 오병이어와 칠병이어 사건의 차이점을 표로 정리하면 다음과 같습니다.

	오병이어	칠병이어
시간적 특성	예수님과 한나절을 같이한 무리	예수님과 사흘 밤낮을 같이한 무리
공간적 특성	푸른 잔디가 난 빈 들	황량한 사막
	주변에 먹을 것을 구할 수 있음	주변 어디에도 먹을 것이 없음
먹은 수	남자만 오천 명	약 사천 명
걱정의 주체	제자들이 무리의 배고픔을 걱정함	예수님이 무리의 배고픔을 걱정하시고 각각의 사정도 잘 아심
남은 양	자그마한 바구니 열두 개	거대한 광주리 일곱 개

귀먹고 말 더듬는 자와 벳새다 맹인 치료(막 7:31-37; 8:22-26)

마가복음에는 다른 복음서에 없는 두 가지 치료 이야기가 나옵니다. 귀 먹고 말 더듬는 자(막 7:31-37)와 벳새다 맹인(막 8:22-26)을 치료하신 이적입니다. 이 사건 전까지 예수님은 비교적 간단하게 환자를 치료하셨습니다. 회당의 귀신 들린 자의 경우 꾸짖기만 하셨고(막 1:25), 앓아누운 시몬의 장모는 손을 잡아 일으키셨으며(막 1:31), 나병환자에게는 손을 대기만 하셨고(막 1:41), 그 외에 침상의 중풍병자나 회당의 한쪽 손 마른 사람은 단지 말씀으로 고치셨습니다. 하지만 귀먹고 말 더듬는 자와 벳새다 맹인은 상당히 특이하고 복잡한 과정을 통해 치료하십니다. 여기에는 특별한 메시지가 담겨 있습니다.

먼저 복음서의 치료 이야기들을 단순히 육체적 질병 치료에만 적용해서는 안 됩니다. 예수님의 치료는 실제 사건이었지만 그 핵심에는 만인에게 적용될 영적 메시지가 들어 있습니다. 마가복음은 귀먹은 자와 벳새다 맹인 치료 이야기를 서술해 가는 과정에서 이런 사실을 명확히 보여 줍니다. 벳새다 맹인 치료 이야기 직전에 예수님은 제자들을 향해 "너희가 능히 눈이 있어도 보지 못하며 귀가 있어도 듣지 못하느냐"(막 8:18)고 야단치십니다. 여기서 영적인 맹인과 귀먹은 자가 등장합니다. 이 말씀을 가운데 두고 그 앞에 '귀먹은 자 치료 이야기'(막 7:31-37)가 나오고 또 다음에 '벳새다 맹인 치료 이야기'(막 8:22-26)가 나온 것입니다. 이것은 예수님의 치료 이야기가 육체의 치료를 넘어선 영적인 차원의 메시지임을 보여 줍니다.

귀먹은 자 치료 (막 7:31-37)	영적인 맹인과 귀먹은 자를 야단치심 (막 8:18)	맹인 치료 (막 8:22-26)

· 귀먹고 말 더듬는 자 치료: 에바다 사건^(막 7:31-37)

꽤 긴 여행을 마치고 예수님이 갈릴리 호수로 돌아오셨을 때 사람들은 "귀먹고 말 더듬는 자를 데리고 예수께 나아와 안수하여 주시기를 간구"^(막 7:32)합니다. 예수님은 "그 사람을 따로 데리고 무리를 떠나사 손가락을 그의 양 귀에 넣고 침을 뱉어 그의 혀에 손을 대시며 하늘을 우러러 탄식"^(막 7:33-34)하십니다. 이 일련의 동작은 어느 정도 수긍되는 측면이 있습니다. 그는 귀가 막히고 혀가 굳은 사람입니다. 예수님이 귀에 손가락을 넣은 것은 그의 귀를 뚫으심이고, 혀에 손을 대신 것도 굳은 혀를 풀리게 하시는 것으로 볼 수 있습니다.

그런데 문제는 이 동작 후에 예수님이 "하늘을 우러러 탄식"^(막 7:34)하셨다는 점입니다. '탄식하다'는 복음서에서 이 본문에만 나오는 단어로, 가슴이 답답해서 내는 한숨이나 신음소리를 의미합니다. 주의할 것은 예수님의 탄식이 환자에 대한 연민에서 나온 것은 아니라는 사실입니다. 예수님은 환자가 아니라 하늘을 보며 탄식하셨습니다. '탄식'은 이때 외에 복음서에 더 이상 나오지 않지만, 바울 서신에는 세 번 등장합니다. 그런데 그 쓰임들이 기이하게도 거의 같습니다(롬 8:23; 고후 5:2,4). 모두 땅에 사는 인간이 하늘에서 오는 은혜를 바랄 때 하는 탄식입니다. 예를 들어 바울은 "참으로 우리가 여기 있어 탄식하며 하늘로부터 오는 우리 처소로 덧입기를 간절히 사모하노라"(고후 5:2)라고 합니다. 다시 말해, 이 탄식은 인간이 땅에서 영원한 천국을 소망하며 내는 신음소리인 것입니다.

예수님의 탄식도 같은 종류입니다. 예수님이 환자의 귀와 혀에 손을 대신 것은 단순히 치료를 상징하는 행위가 아닙니다. 그런 과정 없이도 예수님은 얼마든지 그를 고치실 수 있었습니다. 그럼에도 예수님이 독특한 행동을 하신 것은 나중에 이 이야기를 접하게 될 우리에게 복음의 의미를 깨닫게 하려 하신 것입니다. 그 의미는 이렇습니다. 귀먹고 말 더듬는 자는 죄인 된 인간의 실상을 보여 줍니다. 인간이 죄로 인해 받게 된 가장 큰 처벌은 하나님과의 단절입니다. 죄 때문에 인간은 무슨 수로도 하나님과 통할 수 없게 되었습니다(사 59:2).

그래서 예수님이 하늘에서 내려오신 것입니다. 예수님만이 이 단절된 관계를 이어 주실 수 있기 때문입니다. 인간은 예수님을 통해서만 하나님께 나아갈 수 있습니다. 그러한 진리가 바로 이 치료 사건에서 드러납니다. 환자의 막힌 귀는 하나님의 음성을 들을 수 없는 우리의 죄악 된 귀요, 환자의 굳은 혀는 아무리 아뢰어도 하나님께 닿지 못하는 우리의 죄악 된 혀를 상징합니다. 하지만 예수님이 이 쓸모없는 귀와 혀를 만져 주신 순간, 마침내 하나님과 인간이 통할 수 있는 가능성이 생겼습니다. 예수님의 손은 인류의 죄를 대신하여 십자가에 못 박히신 손이기 때문입니다.

그런데 예수님은 여기에서 멈추지 않으십니다. 인간의 막힌 귀와 혀를 만지신 예수님은 하늘을 우러러 탄식하셨습니다. 인간 스스로는 아무리 탄식해도 하늘의 응답을 얻지 못합니다. 이를 불쌍히 여기신 예수님은 인류를 대표해 하나님께 탄식하신 것입니다. 하늘과 통하기 원하는 인간의 간절한 염원을 대신 담아서 말입니다. 인간의 탄식은 하나님께 도달할 수 없으나 예수님의 탄식은 하나님께서 받으십니다. 그래서 하나님은 마침내 침묵을 깨고 인간에게 응답하십니다. 그 응답이 바로 '에바다'(ἐφφαθά)입니다.

에바다는 예수님 당시 유대인들이 쓰던 아람어입니다. 이 말은 예수님이 그때 그 자리에서 직접 하신 말씀을 그대로 옮겨 놓았을 확률이 매우 높습니다. 그렇다면 정말 귀한 언어입니다. 에바다의 뜻은 "열리라"(막 7:34)입니다. 예수님이 '에바다'를 외치신 순간 환자는 "귀가 열리고 혀가 맺힌 것이 곧 풀려 말이 분명하여"(막 7:35)졌습니다. 환자의 막힌 귀와 혀가 치료된 것입니다. 그러나 이 치료의 진정한 의미는 따로 있었습니다. 하늘과 땅 사이의 장벽이 사라지고 마침내 인간이 하나님과 소통할 수 있는 길이 열린 것입니다.

이 이야기에는 하나님이자 인간이신 예수님의 신비가 들어 있습니다. 예수님은 인간으로서 인류를 대표하여 하나님께 탄식하셨습니다. 하지만 곧이어 병자에게 "에바다"(막 7:34)라고 하실 때는 예수님이 그 탄식에 응답하시는 하나님 자신이셨습니다. 이처럼 에바다 사건은 인간이자 하나님이신 예수 그리스도의 손과 탄식을 통해서만 인간들이 다시 하나님과 관계를 회복할 수 있다는 복음의 진리를 담고 있습니다. 이 탄식은 예수님이 십자가에서 손과 발이 못 박히신 채 "나의 하나님, 나의 하나님 어찌하여 나를 버리셨나이까"(막 15:34)라고 외치신 것과도 연관이 있습니다. 인류를 대신하신 예수 그리스도의 탄식이 하늘에 올라가자 마침내 하나님과 인간 사이를 가로막은 "휘장이 위로부터 아래까지 찢어져"(막 15:38) 은혜의 길이 열린 것입니다.

▪ 벳새다 맹인 치료(막 8:22-26)

벳새다의 맹인 치료도 시작은 에바다 사건과 비슷합니다. "사람들이 맹인 한 사람을 데리고 예수께 나아와 손대시기를"(막 8:22) 구합니다. 그러자 예수님은 에바다 때와 비슷하게 맹인의 손을 붙잡으시고 마을 밖으로 데리고 나가 눈에 침을 뱉으시며 그에게 안수하시고 "무엇이 보이느냐"(막 8:23)라고 물으십니다. 맹인은 "사람들이 보이나이다 나무 같은 것들이 걸어가는 것을 보나이다"(막 8:24)라고 답합니다. 그리고 예수님이 그 눈에 다시 안수하시자 "그가 주목하여 보더니 나아서 모든 것을 밝히"(막 8:25) 보게 됩니다.

이 사건에서 이해하기 힘든 부분은, 예수님이 맹인을 한 번에 치료하지 못하신 것 같은 장면입니다. 첫 번째 안수를 통해 맹인의 시력은 어느 정도 회복되었지만 완전히 낫지는 않았습니다. 그래서 두 번째 안수를 시도하셨고 그제야 맹인은 온전히 나았습니다. 예수님은 왜 이런 과정을 보여 주셨을까요? 이 사건을 제대로 이해하려면 본문에 나오는 '보다'라는 말들을 원어로 꼼꼼히 살펴야 합니다. 먼저 다음 표를 한번 봅시다.

벳새다 맹인 치료 과정	'보다'의 의미
23절: 그에게 안수하시고 무엇이 보이느냐(블레포) 물으시니	(블레포, βλέπω)- 그냥 보다
24절: 쳐다보며(아나블레포) 이르되 사람들이 보이나이다 (블레포) 나무 같은 것들이 걸어가는 것을 보나이다(호라오) 하거늘	(아나블레포, ἀναβλέπω)- 위를 보다 (블레포, βλέπω)- 그냥 보다 (호라오, ὁράω)- 알다, 인식하다
25절: 이에 그 눈에 다시 안수하시매 그가 주목하여 보더니(디아블레포) 나아서 모든 것을 밝히 보는지라(엠블레포)	(디아블레포, διαβλέπω)- 꿰뚫어보다 (엠블레포, ἐμβλέπω)- 중심을 보다

이 이야기에는 '보다'가 총 6번 나오는데 기이하게도 5개가 각각 다른 단어입니다. 예수님이 맹인에게 처음 안수하시고 "무엇이 보이느냐" 물으셨을 때의 '보다'는 '블레포'로 가장 기본적인 단어입니다. 이때 맹인은 어딘가를 "쳐다보며" 대답합니다. '쳐다보다'는 '아나블레포'인데 '아나'는 위쪽 곧, 하늘 방향을 의미합니다. 즉, 이 말의 실제 뜻은 '위쪽을 보다'입니다. 조금 전 에바다 사건에서 예수님이 "하늘을 우러러 탄식하시며"(막 7:34)에 나온 '우러러'가 바로 '아나블레포'입니다. 이 단어는 복음서에서 맹인이 예수님을 만나 치료받고 보게 되었을 때마다 공통적으로 나오는 단어입니다(마 11:5; 20:34; 막 10:51, 52; 눅 7:22; 18:41-43; 요 9:11, 15, 18 등). 따라서 여기에는 단순히 맹인이 앞을 보게 되었다는 뜻을 넘어 진리를 보지 못하고 살다가 예수님과의 만남을 통해 하늘을 보게 되었다, 즉 믿음을 가지게 되었다는 의미가 녹아 있습니다.

이를 적용하면, 예수님의 첫 번째 안수를 통해 벳새다 맹인은 하늘을 보게 됩니다. 믿음의 눈을 뜨기 시작한 것입니다. 하지만 아직 온전하지는 못합니다. 하늘을 '아나블레포' 하게 되었지만 그의 눈은 아직 땅의 사람을 제대로 분간하지 못합니다. 그는 사람을 보고 "나무 같은 것들이 걸어가는 것을 보나이다"(막 8:24)라고 말합니다. 이때의 '보다'는 '호라오'로 '알다, 인식하다'라는 뜻입니다. 한마디로 그는 예수님의 안수를 통해 하늘을 보게 되었지만 땅에서는 여전히 나무와 사람을 제대로 인식하지 못하는 상태입니다.

나무는 인간에게 많은 것을 제공하는 자원입니다. 마가복음에는 '나무'라는 단어가 이 본문에만 나오지만, 복음서 전체를 통틀어서는 총 19번 등장하면서 대부분 인간에게 열매를 주는 과실수의 의미로 사용됩니다. 그러면 맹인이 사람을 과실수로 헷갈리는 상태를 이렇게 해석할 수 있습니다. 인간을 볼 때 뭔가 빼먹을 것이 있는 대상으로 본다는 것입니다. 다시 말해 사람을 섬김의 대상이 아니라 착취의 대상으로 본다는 뜻입니다.

예수님을 믿게 되었다고 해서 곧장 성결해지지는 않습니다. 예수님과의 첫 만남은 눈을 들어 하늘을 바라보게 하지만, 성도는 이후로도 계속 변화해야 합니다. 하나님을 바라보아도 여전히 자기 욕심과 탐욕에서 벗어나지 못할 수 있기 때문입니다. 본질을 보기보다 유익이 될 것부터 찾으려는 본성이 인간 안에 여전히 존재합니다. 따라서 우리는 예수님의 두 번째 안수를 받아야 합니다. 신앙은 주님과의 일회적 만남, 일회적 고백으로 완성되는 것이 결코 아닙니다. 예수님의 손길이 지속적으로 우리를 갈고닦아주심으로 날마다 온전해지는 것입니다.

두 번째 안수를 받자 그는 "주목하여 보더니"(막 8:25) 단계로 나아갑니다. 이때의 '보다'는 '디아블레포'인데 '디아'는 뚫어서 관통하는 것을 의미합니다. 즉 '꿰뚫어본다'는 뜻입니다. 예수님과 동행하며 변화될수록 성도는 사물과 사건의 본질을 꿰뚫게 됩니다. 탐욕의 허무한 본질을 보게 되고, 참된 가치가 물질이 아닌 영적인 데 있음을 보게 됩니다. 동시에 하나님이 만드신 인간의 소중함을 깨달아, 착취하는 사람에서 섬기는 자로 거듭납니다. 따라서 주님의 두 번째 안수를 경험한 성도는 도통한 경지로 나아갑니다. 이러한 경지를 우리는 바울에게서 봅니다. 그는 이렇게 고백합니다. "무엇이든지 내게 유익하던 것을 내가 그리스도를 위하여 다 해로 여길뿐더러 또한 모든 것을 해로 여김은 내 주 그리스도 예수를 아는 지식이 가장 고상하기 때문이라 내가 그를 위하여 모든 것을 잃어버리고 배설물로 여김은 그리스도를 얻고 그 안에서 발견되려 함이니"(빌 3:7-9). 예수님을 믿는다고 모두 암이 낫고 방언이 터지며 부자가 되는 것은 결코 아닙니다. 그런 사람도 있지만 그렇지 않은 사람이 훨씬 많습니다. 하지만 성숙한 성도는 이전에 너무 소중해서 꽉 붙들고 있던 것들이 배설물처럼 헛됨을 알고, 반대로 하찮아 보이고 무시하던 것들이 얼마나 소중한 보물인지를 보게 됩니다.

만물의 본질을 꿰뚫어보기 시작하면 마침내 "모든 것을 밝히 보는"(막 8:25) 경지에 도달합니다. 이때의 '보다'는 '엠블레포'로 본질과 중심을 환히 들여다보는 상태를 말합니다. '디아블레포'가 완성되면 '엠블레포' 단계에 이릅니다. 〈매트릭스〉라는 영화 마지막 장면을 보면 주인공이 어느 순간 자기를 괴롭히고 쫓아오는 요원들의 실체를 디지털 숫자 덩어리로 파악하게 됩니다. 그때부터 주인공은 적들의 공격을 눈 감고도 막아 냅니다. 바로 이 경지입니다. 세상 욕심과 욕망의 허망함을 꿰뚫어보고 영적인 차원의 귀중함을 볼 수 있는 경지, 그 참된 도를 깨우친 경지로 주님은 우리를 이끄십니다. 이를 상징해 보여 주는 것이 바로 벳새다 맹인에게 주신 두 번의 안수입니다.

이는 성도의 신앙이 점점 깊어지고 발전해 가는 과정입니다. 마가복음은 의미심장한 다섯 단어를 선별하여 예수님의 진리를 효과적으로 전달해 준 것입니다. 동시에 맹인 치료사건은 열두 제자의 무지함을 폭로하고 낮은 이들의 가치를 중시하는 마가복음의 특징을 또다시 보여 줍니다. 이 사건이 일어나기 직전에 예수님은 배를 타고 가시면서 제자들에게 "삼가 바리새인들의 누룩과 헤롯의 누룩을 주의하라"(막 8:15)고 가르치십니다. 그러자 제자들은 "이는 우리에게 떡이 없음이로다"(막 8:16)라고 수군거립니다. 예수님의 영적 가르침을 '배고픈데 왜 도시락을 챙겨 오지 않았느냐'는 야단으로 잘못 이해한 것입니다. 제자들은 영적인 눈과 귀가 막힌 상태였습니다. 그래서 예수님은 "너희가 눈이 있어도 보지 못하며 귀가 있어도 듣지 못하느냐"^(막 8:18)라고 야단치셨습니다.

이상의 장면들에서 우리는 다시 마가 공동체의 당시 분위기를 짐작해 볼 수 있습니다. 교만한 특권의식을 거부하고 서로 사랑하며 주님을 섬기던 마가 공동체는 다른 어떤 교회보다 많은 영적 체험과 자부심이 있었습니다. 특히 두 치료사건 모두 고통당하는 병자를 그의 이웃들이 예수님께 데려와 치료받게 하는데, 이런 점도 마가 공동체의 당시 분위기와 상통하는 점이었을 것입니다. 그래서 다른 복음서에는 나오지 않는 두 치료사건이 마가복음에는 실려 있는 것입니다.

막 10:1-52

중반기 사역

결혼의 비밀(막 10:1-12)

갈릴리 중심으로 활동하시던 예수님은 예루살렘으로 가시려고 유대지경과 요단강 건너편(막 10:1)으로 떠나십니다. 이때 바리새인들이 나타나 "사람이 아내를 버리는 것이 옳으니이까"(막 10:2)라고 묻습니다. 그들은 이 질문에 대한 답을 미리 가지고 있었습니다. "모세는 이혼증서를 써주어 버리기를 허락하였나이다"(막 10:4; 신 24:1 이하)라고 말입니다. 그러자 예수님은 모세가 "너희 마음이 완악함으로 말미암아 이 명령을 기록하였거니와"(막 10:5)라고 말씀하십니다. '완악함'은 '뭔가를 마음에 받아들이지 못하는 상태'(막 16:14)입니다. 즉, 예수님은 '너희가 뭔가를 마음에 못 받아들이기 때문에 모세가 이 명령을 기록했다'고 말씀하신 것입니다.

모세의 명령은 본래 "사람이 아내를 맞이하여 데려온 후에 그에게 수치되는 일이 있음을 발견하고 그를 기뻐하지 아니하면 이혼 증서를 써서…집에서 내보낼 것이요"(신 24:1)입니다. 이 규정은 엄밀히 말해서 남편이 아니라 아내를 위한 법입니다. 남편이 아내를 마음에 들어 하지 않을 경우 계속 함께 있으면 자칫 가정폭력 등이 일어날 수 있습니다. 오늘날에는 금방 이해되지 않는 부분이지만, 여자가 남자의 소유물처럼 여겨지던 고대사회에서는 다반사로 일어나는 일이었습니다. 즉, 이 명령은 모세가 당시 주도권을 잡고 있던 남편들에게 아내를 도저히 받아들일 수 없을 경우 해코지하지 말고 차라리 이혼하도록 이혼증서를 허용한 것입니다.

이를 예수님 말씀으로 다시 풀면, '남편들의 마음이 완악해질 때 아내를 괴롭히지 말라는 것이 모세가 이혼을 허락한 본래 이유였다'입니다. 이것은 이어지는 "그 (이혼한) 여자는 그의 집에서 나가서 다른 사람의 아내가 되려니와"(신 24:2)라는 규정에서 더욱 분명해집니다. 당시 랍비문서를 보면 남편이 이혼증서를 쓸 때 '이제 아내는 자유로워졌고 다른 사람과 결혼할 수 있다'는 말을 써야 한다고 나옵니다. 결국 모세의 규정은 완악한 남성들로부터 여성의 권익을 보호하기 위해서라는 것입니다.

하지만 유대인 남자들은 이 규정을 악용했습니다. 이혼증서를 가지고 원할 때마다 아내를 바꾸는 정욕의 도구로 삼았습니다. 구약이 말한 '수치스러운 일'을 확대해석해서 별것 아닌 일에도 트집을 잡고 아내와 이혼했습니다. 말씀에 담긴 뜻을 제대로 받아들이지 않고 왜곡시킨 또 다른 완악함입니다. 그러므로 예수님이 '너희의 완악함'이라고 하신 것은 두 가지를 지적하신 것입니다. 첫째는 남자들이 아내를 이해하고 포용하는 마음이 부족한 것이고, 둘째는 바리새인들이 새 여자를 얻기 위한 도구로 이를 악용한 것입니다. 둘 다 율법의 진정한 뜻에 어긋나 있습니다.

예수님은 말도 많고 탈도 많은 구약의 규례를 능가하는 결혼규정을 재천명하십니다. 바로 창조 때 하나님이 주신 규정입니다. 결혼은 인류의 존속을 위해 하나님께서 직접 만드신 제도입니다. 하나님의 창조 원리는 모든 것에 우선합니다. 그래서 마태복음에 "본래는 그렇지 아니하니라"(마 19:8)라는 말씀이 붙어 있는 것입니다. 예수님은 "창조 때로부터 사람을 남자와 여자로 지으셨으니 이러므로 사람이 그 부모를 떠나서 그 둘이 한 몸이 될지니라"(막 10:6)라고 하셨습니다.

그런데 우리말 번역은 오해의 소지가 큽니다. "사람을 남자와 여자로 지으셨으니"의 '사람'과, "사람이 그 부모를 떠나"의 '사람'은 원문상 완전히 다르기 때문입니다. 앞의 사람은 '그들'이고 뒤의 사람은 '한 남자'입니다. 이 구절을 제대로 번역하면 '창조 때부터 '그들'을 남자와 여자로 지으셨으니 이러므로 '한 남자'는 그 부모를 떠나 둘이 한 몸이 될지니라'입니다.

예수님의 말씀에는 세 가지 결혼 원칙이 들어 있습니다. 하지만 세 가지를 살펴보기 전에 우선 마음을 다잡아야 합니다. 언제나 그렇듯 원칙은 100퍼센트 지켜지지 않는 경우가 많습니다. 지금 이 시대는 이혼과 재혼이 매우 보편화되어 있습니다. 교회 안에도 예수님의 이 가르침이 껄끄럽고 불편한 분들이 있을 것입니다. 하지만 원칙은 원칙이기에 설 자리를 빼앗기면 안 됩니다. 이미 저지른 실수는 하나님과의 관계에서 또 다른 문제이며 주님이 새로운 해결책을 주실 것입니다. 우리는 다음 세대를 염려하는 데 마음을 모아야 합니다. 그러므로 예수님의 가르침이 혹 듣기 불편한 분들도 다음 세대를 생각하면서 마음을 가다듬으시면 좋겠습니다.

첫째, 결혼은 '한 남자'와 '한 여자'의 결합입니다. 하나님이 남자와 여자를 만드셨고 그 둘의 결합이 결혼입니다. 오늘날 자주 제기되는 동성 간의 결혼은 성경의 원칙과 어긋납니다. 교회는 동성애자들을 가련히 여기고 받아들여야 하지만, 동성애 자체를 찬성해서는 안 됩니다.

둘째, 결혼은 남자가 그 부모를 떠나는 것에서 출발합니다. 물론 완전한 결별을 의미하는 것은 아닙니다. 부모님께 효도하는 것은 십계명의 중대한 가르침이기도 합니다. 하지만 남녀가 결혼해서 이룬 관계는 부모의 축복과 도움은 받을 수 있지만 지배를 받아서는 안 됩니다. 부모의 지나친 개입으로 결혼 관계가 흔들리는 것은 창조 원리에 어긋납니다.

세 번째가 가장 중요합니다. 예수님은 "그 둘이 한 몸이 될지니라"(막 10:8)라고 하시면서 "이러한즉 이제 둘이 아니요 한 몸이니 그러므로 하나님이 짝지어 주신 것을 사람이 나누지 못할지니라"(막 10:8-9)라고 말씀하십니다. 이는 강력한 이혼금지 명령입니다. 예수님은 원칙적으로 이혼이 불가능하다고 말씀하십니다. 이 시대에 무척 껄끄러운 규정이지만 하나님의 원칙은 분명합니다. 성도는 언제나 기본 원칙을 기억해야 합니다. 물론 마태복음에는 한 가지 예외가 나옵니다. 예수님은 "음행한 이유 없이 아내를 버리면"(마 5:32)이라는 조건을 다십니다. 이혼 사유가 배우자의 외도일 경우에는 이혼이 허락될 수 있다는 말씀입니다. 그렇다면 신명기에 기록된 "수치되는 일"(신 24:1)은 배우자의 음행으로 귀착됩니다. 하지만 여기에도 '그를 기뻐하지 아니하면'이라는 단서가 붙습니다. 그런 일이 있더라도 배우자를 용서하는 노력을 기울이라는 뜻입니다. 근본적으로 하나님은 "이혼하는 것(을)…미워하"(말 2:16)십니다.

나아가 재혼 역시 주의해야 합니다. 예수님은 아내든 남편이든 "버리고 다른 데에 장가드는 자…다른 데로 시집가면 간음을 행함이니라"(막 10:11-12)라고 가르치셨습니다. 물론 음행이 원인이 된 이혼은 여기서도 제외될 것입니다(마 19:9). 오늘날 대부분의 사회 문제는 가정의 붕괴에서 시작됩니다. 이혼이 잦은 오늘날 교회가 다시 기억하고 새겨야 할 말씀입니다.

어린아이의 비밀 (막 10:13-16)

예수님은 "하나님의 나라를 어린아이와 같이 받들지 않는 자는 결단코 그곳에 들어가지 못하리라"(막 10:15)라고 경고하십니다. 이 경고가 무서운 까닭은 '결단코'라는 말이 붙어 있고 마태복음, 마가복음, 누가복음에도 거의 동일한 문장으로 등장하기 때문입니다(마 18:3; 눅 18:17). 이 말씀을 제외하면 '결단코'가 붙은 경고는 "너희 의가 서기관과 바리새인보다 더 낫지 못하면 결코 천국에 들어가지 못하리라"(마 5:20)뿐입니다. 이 산상수훈의 말씀은 복음의 진리와 직결된다는 것을 이미 살펴보았기에 충분히 이해할 수 있을 것입니다. 그러면 남은 경고는 '어린아이와 같이 하나님의 나라를 받들지 않는 것'입니다.

이 말씀은 정말 중요합니다. 5월 어린이 주일에만 한번 보고 넘어갈 말씀이 결코 아닙니다. 의미를 모르면 자칫 하나님 나라에 들어가지 못할 중대한 죄를 지을 수도 있기 때문입니다. 그러면 '어린아이와 같이 하나님 나라를 받드는 것'은 과연 무엇일까요? 흔히 어린아이들의 일반적 특성을 찾아 이 구절을 해석하기도 합니다. 어린아이처럼 순수하게, 정직하게 등등 말입니다. 하지만 그런 일반적인 적용은 무궁무진해서 귀에 걸면 귀걸이 코에 걸면 코걸이 꼴이 되고 맙니다. 해답은 마가복음 안에서 찾아야 합니다.

일단 이 이야기는 "사람들이 예수께서 만져 주심을 바라고 어린아이들을 데리고 오매 제자들이 꾸짖거늘"(막 10:13)로 시작합니다.

제자들은 어린이들을 무시하는 태도를 보이는데, 예수님은 이런 제자들을 보고 노하십니다(막 10:14). 열두 제자의 위상을 되도록 손상시키지 않으려는 흔적이 있는 마태복음과 누가복음은 같은 본문에서 예수님이 노하시는 장면을 뺍니다. 하지만 마가복음은 예수님이 노하셨다고 분명히 말합니다. 그 이유는 바로 앞장인 9장에서 발견됩니다.

제자들은 바로 전까지 "길에서 서로 누가 크냐 하고 쟁론"(막 9:34)했는데, 그때 예수님은 이렇게 가르치십니다. "어린아이 하나를 데려다가 그들 가운데 세우시고 안으시며…누구든지 내 이름으로 이런 어린아이 하나를 영접하면 곧 나를 영접함이요"(막 9:36-37). 그런데 이 가르침이 있은 지 얼마 되지 않아 제자들이 어린아이들을 무시하고 꾸짖은 것입니다. 그들은 예수님을 통해 이스라엘이 해방되면 자신이 높은 자리에 오르리라는 야망을 품고 있었습니다. 이는 잠시 후에 나오는 야고보와 요한의 청탁 장면(막 10:35-45)에서도 입증됩니다. 예수님은 이처럼 어리석고 교만한 제자들을 다시 교육하신 것입니다.

'어린아이와 같이 하나님의 나라를 받드는 것'은 겸손과 직결됩니다. 제자들이 '누가 크냐' 싸웠을 때 예수님은 "첫째가 되고자 하면 뭇 사람의 끝이 되며 뭇 사람을 섬기는 자가 되어야 하리라"(막 9:35)라고 가르치셨습니다. 실제로 당시 어린이들은 사람 수에 들지 못할 만큼 무시당하는 존재였습니다. 그런 어린아이들을 누군가 진심으로 영접한다면, 그는 그 아이보다 낮은 자리에 서는 것입니다. 예수님은 이 끝자리가 바로 천국에서 첫째가는 자리라고 하셨습니다. "누구든지 이 어린아이와 같이 자기를 낮추는 사람이 천국에서 큰 자니라"(마 18:4).

천국의 서열은 땅과 반대입니다. "이방인의 집권자들이…주관하고 그 고관들이 그들에게 권세를 부리는"(막 10:42) 것은 말 그대로 천국 바깥 이방인들의 문화입니다. 예수님은 제자들에게 "너희 중에는 그렇지 않을지니 너희 중에 누구든지 크고자 하는 자는 너희를 섬기는 자가 되고 너희 중에 누구든지 으뜸이 되고자 하는 자는 모든 사람의 종이 되어야 하리라"(막 10:43-44)라고 가르치십니다. 예수님 자신이 "섬김을 받으려 함이 아니라 도리어 섬기려 하고 자기 목숨을 많은 사람의 대속물"(막 10:45)로 주려고 이 땅에 오셨기 때문입니다. 이 귀한 진리를 잊어버리고 당시 열두 제자처럼 작은 자들을 무시하는 교만에 빠진 것은 아닌지 교회는 늘 두려워해야 합니다.

백 배의 복(막 10:29-30)

예수님은 제자들에게 약속하십니다. "나와 복음을 위하여 집이나 형제나 자매나 어머니나 아버지나 자식이나 전토를 버린 자는 현세에 있어 집과 형제와 자매와 어머니와 자식과 전토를 백 배나 받되 박해를 겸하여 받고 내세에 영생을 받지 못할 자가 없느니라"(막 10:29-30). 이 구절은 마태복음과 누가복음에는 "여러 배"(마

19:29; 눅 18:30)를 받는다는 다소 간략한 형태로 나오는 반면, 마가복음에는 "현세에 있어 집과 형제와 자매와 어머니와 자식과 전토를 백 배나"(막 10:30) 받는다는 구체적 형태로 나옵니다. 마가복음이 '백 배'라고 표현한 숫자를 마태복음과 누가복음이 '여러 배'로 바꾼 이유는 복의 양을 축소하려는 의도로 보입니다. 예수님의 길을 따른다고 해서 실제로 제자들이 수치상 백 배나 되는 복을 받을 확률은 적기 때문입니다. 복의 항목을 구체적으로 밝히지 않은 것 역시 기록자의 이런 심리를 보여 줍니다.

하지만 마가복음은 자신 있게 백 배라고 쓰고, 나아가 그 백 배의 항목들까지 조목조목 밝힙니다. 마가 공동체는 예수님이 말씀하신 백 배의 참된 의미를 알고 있었기 때문입니다. 이 복은 우리가 흔히 생각하는 물질의 백 배 축복이 아닙니다. 백 배의 형제, 백 배의 자매, 백 배의 어머니, 백 배의 자식은 물질적 기준으로는 불가능한 복입니다. 이는 성도가 교회의 일원이 되면서 누리는 복을 뜻합니다. 예수님의 길을 따르기 위해 자기 것을 포기하는 자가 얻을 최고의 복은 교회입니다. 성도는 주님 안에 한 가족 된 교회에서 형제, 자매, 어머니, 자식들을 백 배로 얻을 수 있습니다. 나아가 온 교회가 재물을 공동 소유함으로써 전토까지 백 배가 될 수 있습니다.

소외된 사람들이 모여 서로 나누고 오순도순 함께 살던 마가 공동체는 이러한 복의 의미를 잘 알았기에 예수님이 말씀하신 백 배의 복과 그 내용에서 은혜를 받은 것입니다. 마가 공동체가 당시 실제로 누린 복이기 때문입니다.

후반기 사역

두 렙돈 드린 과부(막 12:38-44)

예수님이 예루살렘 가까이 오셔서 나귀를 타고 입성하신 후 성
전 장사꾼들을 쫓으시고 종교 지도자들과 논쟁하시는 장면은 마
태복음의 기록과 상당히 비슷합니다. 하지만 이 일들이 일어난 후
예수님이 성전을 떠나시기 직전에 마가복음은 마태복음에 나오지
않는 장면 하나를 기록합니다. 가난한 과부가 성전 헌금함에 두
렙돈 곧 한 고드란트를 넣는 장면(막 12:42)입니다. 이 이야기는 누가
복음에도 기록되지만 마가복음이 더 자세히 묘사하고 있습니다.

먼저 당시 과부의 '두 렙돈 곧 한 고드란트'는 과연 얼마 정도의 가치였을까요? 고대와 현재의 경제상황이 다르고 이스라엘과 우리나라의 상황도 다르기에, 당시 통용되던 돈을 지금 우리 기준으로 정확히 환산하는 것은 불가능합니다. 하지만 복음서 전체를 다각도로 살펴보면 과부의 렙돈 두 개가 당시 특정 물품으로 대략 어느 정도 가치였는지는 파악해 볼 수 있습니다. 다음 두 구절을 살펴봅시다. "진실로 네게 이르노니 네가 한 푼이라도 남김이 없이 다 갚기 전에는 결코 거기서 나오지 못하리라"(마 5:26). "네게 이르노니 한 푼이라도 남김이 없이 갚지 아니하고서는 결코 거기서 나오지 못하리라 하시니라"(눅 12:59).

두 구절은 모두 '한 푼'에 대해 이야기합니다. 우리말 성경만 보아서는 같은 액수 같습니다. 하지만 원문을 보면 전혀 다릅니다. 마태복음의 '한 푼'을 원문 그대로 직역하면 '마지막 고드란트'(ἔσχατον κοδράντην)이고 누가복음의 '한 푼'은 '마지막 렙돈'(ἔσχατον λεπτὸν)입니다. 원문에 서로 다른 화폐 단위가 나오는데도 우리말 성경이 둘 다 '한 푼'이라고 번역한 것은 불필요한 오해를 줄이기 위해서입니다. 두 구절이 동일 상황의 말씀인데 화폐 단위가 다르게 사용된다면 혼란스러울 수 있기 때문입니다. 그래서 '적은 액수'라는 의미만 살려서 '한 푼'으로 번역한 것입니다.

하지만 예수님이 '마지막 고드란트'라고 하셨든 '마지막 렙돈'이라고 하셨든, 이것으로 심각하게 고민하거나 성경을 의심할 필요는 없습니다. 달라 보이는 두 표현은 예수님의 말씀을 공동체 성도들에게 보다 실감나게 전달하려는 마태와 누가의 고민에서 나온 것이기 때문입니다. 오늘날도 가난한 사람과 부자에게 친숙한 돈의 단위가 서로 다르듯, 마태와 누가의 독자들도 친숙한 화폐단위가 달랐습니다. 마태복음을 읽던 지역의 성도들에게는 최저 액수로 '고드란트'가, 누가복음을 읽던 공동체에는 '렙돈'이 더 익숙했던 것입니다.

고드란트에 '마지막'이라는 표현이 붙은 것은 일종의 거스름돈을 의미합니다. 그렇다면 당시 마태 공동체의 거스름돈 단위는 주로 '고드란트'였고 누가 공동체는 이보다 작은 '렙돈'이었을 것입니다. 오늘날도 주로 1,000원짜리가 거스름돈인 사람과 100원짜리가 거스름돈인 사람이 있듯이 말입니다. 결국 이 모두는 당시 복음서의 기록자들이 독자에게 예수님의 말씀을 조금이라도 더 잘 이해시키기 위해 노력한 증거입니다. 그들이 복음서를 쓴 목적은 공동체 성도들에게 진리를 더 잘 이해시켜 믿음이 자라나게 하는 것이었습니다. 법원의 속기사처럼 예수님의 말씀을 그대로 옮겨 보존하려는 목적이 아니었습니다. 그랬다면 궁극적으로 복음서가 네 권이나 필요하지도 않았을 것입니다. 마태와 누가는 예수님이 주신 메시지를 손상시키지 않으면서도 독자들이 가장 잘 이해할 표현들을 동원해서 개성 있게 각자의 복음서를 기록한 것입니다.

결국 렙돈과 고드란트는 서로 다른 화폐이지만 둘 다 당시의 거스름돈 수준의 적은 화폐 단위였음을 알 수 있습니다. 그런데 마가복음 본문은 이 두 화폐 사이의 관계를 알려 줍니다. '두 렙돈은 곧 한 고드란트'라고 말입니다. '고드란트'라는 말은 본래 사 분의 일(1/4)을 의미합니다. 그렇다면 무엇의 사 분의 일일까요? 당시 로마 화폐법에 따르면 고드란트는 '앗사리온'(ἀσσάριον)이라는 화폐의 사 분의 일이었습니다. 그런데 복음서에는 '앗사리온'이란 돈도 등장합니다. 다음 두 구절을 봅시다. "참새 두 마리가 한 앗사리온에 팔리지 않느냐 그러나 너희 아버지께서 허락하지 아니하시면 그 하나도 땅에 떨어지지 아니하리라"(마 10:29). "참새 다섯 마리가 두 앗사리온에 팔리는 것이 아니냐 그러나 하나님 앞에는 그 하나도 잊어버리시는 바 되지 아니하는도다"(눅 12:6).

여기서도 '한 앗사리온'과 '두 앗사리온'이라는 표현의 차이가 있습니다. 역시 독자들을 더 잘 이해시키려는 글쓴이의 노력이 들어간 것입니다. 참새 두 마리의 실제 가격은 마태복음의 표현대로 '한 앗사리온'입니다. 그런데 당시 시장에서 참새 네 마리를 사려고 '두 앗사리온'을 내면 한 마리를 덤으로 끼워 다섯 마리를 주었던 것입니다. 그만큼 참새는 흔한 먹거리였는데, 누가는 이처럼 참새가 흔한 것임을 강조하려고 두 앗사리온을 내면 한 마리 끼워 다섯 마리 준다는 위트를 첨가했습니다. 누가의 뛰어난 표현력입니다.

하지만 마태의 표현이든 누가의 표현이든, 예수님이 전하려 하신 핵심에는 변함이 없습니다. 이 구절들은 한마디로 당시 참새가 매우 흔하고 값싼 물품이었음을 보여 줍니다. 그런데 바로 여기에서 렙돈의 가치가 드러납니다.

한 앗사리온 = 참새 두 마리

두 렙돈 = 한 고드란트 = 1/4 앗사리온 = 참새 반 마리

'두 렙돈'은 '한 고드란트'이고 동시에 '사 분의 일 앗사리온'입니다. 한 앗사리온으로는 참새 두 마리를 살 수 있습니다. 그러면 '사 분의 일 앗사리온'으로는 참새 두 마리의 사 분의 일, 즉 참새 반 마리를 살 수 있습니다. 따라서 '한 고드란트', 즉 과부의 '렙돈 두 개'는 당시 참새 반 마리를 살 수 있는 돈이었습니다. 한때 우리나라도 참새구이를 판 적이 있는데, 아는 분은 아시겠지만 반 마리는 팔지도 않을뿐더러 사람이 먹기에 턱없이 부족합니다. 그런데 마가복음은 그 참새 반 마리 가격이 과부의 "모든 소유 곧 생활비 전부"(막 12:44)였다고 밝힙니다.

여기서부터 마가복음이 말하려는 핵심이 드러납니다. 사건의 표면만 보면 예수님이 과부의 정성 어린 헌금을 칭찬하신 것처럼 보입니다. 하지만 앞뒤 문맥을 살펴보면 핵심이 다른 데 있음을 알 수 있습니다. 과부가 헌금을 하고 있을 때 예수님은 곧바로 성전을 나가십니다. 그때 제자 중 하나가 예루살렘 성전의 웅장함을 칭찬하면서 "이 돌들이 어떠하며 이 건물들이 어떠하니이까"(막 13:1) 하며 감탄합니다. 그러자 예수님은 "이 큰 건물들을 보느냐 돌 하나도 돌 위에 남지 않고 다 무너뜨려지리라"(막 13:2)라고 말씀하

십니다. 이 말씀은 명백히 예수님의 분노이자 저주입니다. 예수님은 왜 성전을 향해 이런 무서운 말씀을 하셨을까요?

그 열쇠가 바로 과부의 헌금 사건입니다. "여러 부자"(막 12:41)는 넉넉하여 성전의 헌금함에 많은 돈을 넣었습니다. 하지만 그들과 같이 성전을 출입하는 과부는 참새 반 마리 값으로 하루를 살아야 했습니다. 그런데 그마저도 지금 하나님께 드리는 중입니다. 예수님은 이런 상황이 마음 아프셨던 것입니다. 따라서 이 본문은 성도들에게 생활비 전체를 드리라는 설교로 사용될 수 없습니다. 예수님은 헌금을 강요하신 것이 아니라 오히려 정반대의 이야기를 하고 계시기 때문입니다.

성전에 모인 사람들 중에 고통받고 소외된 자들이 있었습니다. 그들은 가난하지만 어디서도 도움과 보호를 받지 못했습니다. 그런데도 성전 건물은 화려하고 그 안에는 "긴 옷을 입고 다니는 것과 시장에서 문안받는 것과 회당의 높은 자리와 잔치의 윗자리를 원하는 서기관들"(막 12:38-39)이 기득권을 누리며 주인 행세를 했습니다. 본래 서기관들에게는 진짜로 해야 할 일이 있었습니다. 구약에서 하나님은 '고아와 과부를 돌보라'고 60번 가까이 반복하여 명령하셨습니다. 하지만 성경을 가르치는 서기관들은 과부의 고통과 힘겨운 삶에는 아무런 관심이 없었습니다. 오히려 그들에게 그릇된 헌신을 강요하여 과부의 가산을 삼키고 있었습니다.

과부가 드린 렙돈 두 개는 두말 할 것 없이 하나님 앞에 아름다운 헌금입니다. 하지만 과부는 자기의 빈약한 생활비 전부를 바쳐야 했고, 그 피눈물 나는 헌금으로 서기관들은 호의호식했습니다. 예수님은 서기관들을 향해 "그 받는 판결이 더욱 중하리라"(막 12:40)라고 말씀하시고, 그런 자들이 세력을 떨치는 성전을 보고 "돌 하나도 돌 위에 남지 않고 다 무너뜨려지리라"(막 13:2)라고 하신 것입니다.

지금 우리 곁에도 과부의 렙돈 두 개로 살아가는 사람이 많습니다. 동시에 옛날 예루살렘 성전처럼 거대하고 화려한 교회도 많습니다. 이제 교회는 말씀의 본뜻으로 돌아가 주님의 마음을 알고 참새 반 마리의 돈으로 눈물을 삼키는 사람들을 돌보아야 합니다. 교회 건물이나 조직은 낡고 어설퍼도 괜찮습니다. 그 속에 서로의 눈물을 닦아 주는 사랑이 있어야 합니다. 그렇지 못한 교회는 아무리 아름답고 훌륭한 외양을 자랑한다 해도 결국 무너져 없어질 것입니다. 마가복음의 성도들은 이러한 예수님의 가르침을 서로 나누면서 보듬고 섬기고 사랑하는 사람들이었습니다.

종말 예언에 나타난 이단의 정체(막 13:3-27)

성전 밖으로 나오신 예수님은 "감람산에서 성전을 마주 대하여 앉으셨을 때"(막 13:3) 종말에 대한 예언을 하십니다. 감람산에서 성전이 마주 보인다는 기록은 마가복음에만 나오는데, 이는 기록자가 예루살렘 지리에 익숙하다는 증거입니다. 이후로 이어진 예수님의 종말 예언은 마태복음에서 이미 살펴본 내용(마 24:3-51)과 상당히 유사합니다. 마가복음도 종말의 시작을 예루살렘 성전 파괴로 보고(막 13:7-8), 이후 거짓 그리스도의 유혹과 성도의 박해가 이어지다가 결국 "끝까지 견디는 자는 구원을 받으리라"(막 13:13)라고 선언합니다. 이 공식은 마태복음과 마찬가지로 다음 단락에서도 그대로 반복되어 '예루살렘의 멸망'(막 13:14-20) – '거짓 그리스도의 미혹과 환난'(막 13:21-23) – '인자의 재림'(막 13:24-27) 순으로 나옵니다.

세세한 내용은 마태복음에서 이미 언급했으므로 여기서는 중요한 사항 한 가지만 보충하겠습니다. '거짓 그리스도와 선지자들'에 대한 이야기입니다. 예루살렘의 성전 파괴로 종말이 시작되었고, 지금 우리는 '유혹과 박해기'를 살고 있습니다. 마태와 마가는 한목소리로 "거짓 그리스도들과 거짓 선지자들이 일어나서…할 수만 있으면 택하신 자들을 미혹하려 하리라"(막 13:22, 마 24:23도 참조)라는 경고를 전합니다. 이는 곧 '이단'에 대한 경고입니다. 기독교는 초기부터 수많은 이단의 공격을 받았습니다. 기독교가 참되고 귀중한 진리이기 때문입니다. 가짜 쓰레기, 가짜 걸레는 없지만 가짜 금, 가짜 다이아몬드가 존재하듯, 참진리인 기독교 주변에는 항상 거짓 이단이 존재합니다. 하지만 예수님의 경고를 잘 새기면 이단을 쉽게 분별하고 이들의 유혹을 물리칠 수 있습니다.

먼저 예수님은 이들이 "보라 그리스도가 여기 있다 보라 저기 있다"(막 13:21)라고 선전할 것이라고 말씀하셨습니다. 사이비 이단들은 자기들의 교주가 곧 하나님이자 예수 그리스도라고 말합니다. 이런 선전은 너무 뻔하기에 오히려 구분하기가 쉽습니다. 하지만 좀더 복잡하고 정체를 감춘 이단들도 있습니다. 이들은 어떤 특별한 존재가 이제껏 다른 사람들이 깨닫지 못한 특별한 말씀을 전해 준다고 주장합니다. 물론 그 존재가 예수님이나 하나님이라고 말하지는 않습니다. 하지만 한 가지 질문을 해보면 곧 정체가 드러납니다. '그 교주의 가르침 없이 성경말씀대로 예수님을 믿으면 되지 않느냐?'고 물어보면 됩니다. 이때 담백하게 '맞습니다. 말씀 따라 예수님만 믿으면 됩니다'라고 인정한다면 그들은 이단이 아닙니다.

하지만 고단수 이단들은 그렇게 말하지 않습니다. 그들은 기존 교회가 가르치는 말씀에 문제가 있으므로 자기들만의 특별한 가르침과 성경해석을 따라야 한다고 말합니다. 또한 이를 깨달은 교주의 가르침을 통해서만 그리스도를 만날 수 있다고 주장합니다. 곧 교주와 그의 교리만이 그리스도에게 이르는 길이라는 말로, 결국 그가 그리스도라는 주장과 다를 바 없습니다. 이런 자들은 말할 것 없이 이단입니다. 성경의 많은 본문은 다양한 견해와 해석이 가능합니다. 하지만 성경의 핵심은 그렇지 않습니다. '나를 위해 십자가 지신 예수님이 유일한 구원자'라는 기독교의 핵심, 이것은 특별한 사람이 성경을 천 번 읽고 사십일 금식을 해야만 겨우 얻을 수 있는 진리가 아닙니다. 성경을 읽기만 하면 명백히 드러나는 진리이고, 유치부 어린이들도 고사리 손으로 고백하는 진리입니다. 이 명확한 진리를 혼잡하게 하여 거짓 그리스도를 내세우는 자들이 바로 예수님이 경고하신 이단입니다.

예수님은 또 하나를 덧붙이십니다. "거짓 그리스도들과 거짓 선지자들이 일어나서 이적과 기사를 행하여…택하신 자들을 미혹하려 하리라"(막 13:22). 이 역시 오늘날 일어나는 이단 현상과 다르지 않습니다. 많은 이단이 자기만의 특별한 가르침뿐 아니라 신비한 이적과 기사를 내세웁니다. 희한한 이적이 일어나기 때문에 자기들만 참이요, 교회는 거짓이라고 합니다. 하지만 예수님의 말씀을 제대로 적용하면 오히려 이적과 기사를 지나치게 강조하는 자들에게 위험성이 있습니다.

미국의 스네이크 핸들링 처치라는 교단은 마가복음 16장 18절 말씀을 따라 매주 독사를 몸에 잔뜩 감고 최근까지 예배해 왔다고 합니다. 하지만 지금까지 상당수의 목사와 성도들이 예배 도중 뱀에 물려 죽었기에 테네시 주를 비롯한 미국 6개 주에서는 '예배 때 독사 사용 금지'라는 희한한 법조항까지 만들어 시행하고 있습니다.

물론 예수님도 기적을 행하셨습니다. 그러나 성경에 나오는 기적을 같은 식으로 해석해서는 안 됩니다. 예수님은 창조주 하나님과 동격이십니다. 예수님의 기적은 예수님이 곧 하나님 되심을 보여 주는 사건입니다. 하지만 그런 예수님조차도 바리새인들이 나와서 하늘로부터 오는 표적을 구할 때(막 8:11) "어찌하여 이 세대가 표적을 구하느냐"(막 8:12) 하고 꾸짖으셨습니다. 우리의 신앙은 표적을 쫓는 것이 아니라 우리를 위해 십자가를 지고 죽으신 예수님의 사랑에서 시작됩니다. 그 사랑이 모든 것의 모든 것입니다. 이 사랑의 복음만으로 충분한 것이 기독교입니다.

끝으로 이들과 내용은 같지만 모양이 다른 이단도 있습니다. 우리가 아는 대로 예수 그리스도는 진리이십니다(요 14:6). '그리스도가 여기 있다 저기 있다'라는 말은 곧 '진리가 여기 있다 저기 있다'는 뜻도 됩니다. 이 경우 오늘날의 뚜렷한 시대정신 하나가 새로운 이단으로 대두될 수 있습니다. 현 시대의 가장 중요한 가치관은 관용, 즉 '이해하고 받아들이자'입니다. 이 가치관은 일견 긍정적이고 기독교 정신과도 맞물립니다. 하지만 문제는 관용의 경계선이 계속 무너지고 있다는 것입니다. 세상에는 받아들이지 말아야 할 것도 분명히 있습니다. 그런데 오늘의 시대정신은 지속적으로 경계를 해체하다가 마침내 죄까지도 이해하고 받아들이자고 뮙니다.

이런 붕괴현상은 현재 기독교 내부까지 확산되고 있습니다. 예수님도 구원자이시지만 또 다른 구원의 가능성이 있다는 말을 은근슬쩍 끼워 넣습니다. 하지만 기독교는 예수님만이 구원자이심을 선포합니다. 이는 무엇도 흔들 수 없는 성경의 선언입니다. 수많은 오답이 얽힌 세상에 정확한 해답을 주신 분은 예수님뿐이기 때문입니다.

사역의 완성

몰약 탄 포도주를 거절하신 예수님(막 15:23)

골고다 언덕에서 처형당하실 때 예수님께 제공된 포도주 종류
가 세 가지라는 것은 이미 살펴보았습니다. 마태는 그중 "쓸개 탄
포도주"(마 27:34)와 "신 포도주"(마 27:48)만 언급했습니다. 이는 구약
성경이 예언한 "그들이 쓸개를 나의 음식물로 주며 목마를 때에
는 초를 마시게 하였사오니"(시 69:21)라는 말씀과 직결된다고도 했
습니다. 십자가의 포도주 이야기를 통해 극도의 치욕과 조롱을 당
하신 예수님을 강조하려 한 것입니다.

하지만 마가복음에는 마태의 '쓸개 탄 포도주' 대신 "몰약 탄 포도주"(막 15:23)가 나옵니다. 그 이유는 다음 구절과 연관이 있습니다. 예루살렘 입성 전에 예수님은 야고보와 요한의 벼슬청탁을 받으시고 "내가 마시는 잔…내가 받는 세례를 너희가 받을 수 있느냐"(막 10:38)라고 물으십니다. '잔'과 '세례'는 예수님이 앞으로 지실 십자가를 의미합니다. 마태복음에는 이 장면에서 잔만 등장하고 세례는 나오지 않습니다(마 20:20-23). 하지만 마가는 '내가 마시는 잔'과 동일선상에서 '내가 받는 세례'를 함께 기록했습니다. 문제는 예수님이 사역을 시작하실 무렵 요한에게 이미 세례를 받으셨다는 것입니다(막 1:9-11). 그런데도 예수님은 또다시 세례를 받아야 한다고 말씀하십니다. 그 이유가 무엇일까요?

이 의문은 앞서 살펴본 예수님의 세례의 의미를 되새겨 보아야 풀립니다. 예수님의 첫 세례(막 1:9-11, 1:1, 14 참조)는 하나님이 친히 계획하신 복음을 이루기 위해 십자가의 길을 가시려는 결단과 순종의 첫 걸음이었습니다. 따라서 첫 세례는 완성된 것이 아닙니다. 결단은 실행을 요구합니다. 첫 세례의 결단은 십자가에서 죽으실 때 비로소 완성됩니다. 그래서 예수님은 또다시 '내가 받는 세례'가 있다고 말씀하신 것입니다. 이 세례는 말 그대로 십자가 죽음입니다. 이 죽음이 첫 세례의 결단의 완수입니다. 둘은 직결되어 있기에 예수님은 곧 당하실 죽음을 다시 '세례'로 표현하신 것입니다.

그러면 예수님이 거절하신 몰약 탄 포도주의 의미도 드러납니다. 본래 몰약 탄 포도주는 강력한 마취제로, 극심한 죽음의 고통을 조금이나마 줄여 주기 위해 십자가에 달릴 사형수에게 주는 술이었습니다. 하지만 예수님은 몰약 포도주를 거절하십니다. 복음의 완성, 곧 십자가의 죽음을 온전한 정신으로 겪으시겠다는 각오입니다. 약 기운에 취한 상태가 아니라 요단강의 첫 세례 때 온전한 마음으로 결단하셨듯, 온전한 상태로 그 결단을 완수하려 하신 것입니다. 결국 마태복음의 '쓸개 탄 포도주'가 치욕과 조롱을 통해 영광 얻으신 예수님을 보여 준다면, 마가복음의 '몰약 탄 포도주'는 첫 세례의 결단을 온전히 이루고자 죽음을 기꺼이 받아들이고 복음을 온전히 완성하신 예수님을 강조한 것입니다.

오늘날 우리는 세례를 주로 죄 씻음의 차원에서 생각하고 기쁨의 축제로 인식하는 경향이 있습니다. 하지만 마가복음에 나오는 예수님의 두 번째 세례는 죄 용서가 예수님의 죽음을 통해 온 것임을 다시 깨닫게 해줍니다. 우리는 이 사실을 한시라도 잊으면 안 됩니다. 나를 위해 죽기로 결단하신 예수님이 그 결단을 한 점의 오차도 없이 이루시려고 마취용 포도주까지 거부하셨음을 기억해야 합니다. 그래야 비로소 우리의 신앙이 제 길을 찾습니다. 참된 성도는 죄 용서의 기쁨과 이를 통해 주어지는 축복에만 안주하지 않습니다. 그 기쁨을 주기 위해 예수님이 흘리신 눈물과 피의 의미를 날마다 새기며 삽니다.

마가복음의 종결 부분 논란 (막 16:1-8 / 막 16:9-20)

마가복음의 마지막 장에는 조금 이상한 부분이 있습니다. 16장 9절부터 20절까지 말씀에 괄호가 쳐진 것입니다. 성경을 꼼꼼히 보신 분들은 아마 다른 곳에서도 이런 표시를 보셨을 것입니다. 이런 부분에는 보통 아래에 각주가 달려서 '어떤 사본에는 9-20절까지가 없음' 식의 글이 적혀 있습니다.

지금 우리가 읽는 성경은 최초의 성경 원본을 번역한 것이 아닙니다. 마가가 손으로 직접 기록한 마가복음은 지금 없습니다. 하지만 다행히도 성경에는 수많은 필사본이 존재합니다. 이 사본들은 당연히 최초 원본에서 시작되었고 이후 사본에서 또 다른 사본이 나오면서 세상에 퍼져 나갔습니다. 지금 우리 손에 들린 성경은 이 사본들을 놓고 비교하면서 원래의 말씀을 추적 · 복원한 것입니다. 이를 '본문비평'이라고 하는데, 성경뿐 아니라 세상 모든 고전들도 이처럼 사본들을 복원한 것입니다. 고대에 쓰인 책들의 원본이 인류역사에 남아 있는 경우는 거의 없습니다. 게다가 고고학이 발전하면서 지금도 성경의 새로운 사본이 발견되고 있기 때문에, 말씀 복원 작업은 끝없이 계속되고 있습니다.

그런데 간혹 사본들이 서로 일치하지 않는 경우가 있습니다. 물론 이 말을 오해해서는 안 됩니다. 성경은 세상의 모든 고전 가운데 가장 많은 사본이 존재하고, 각 사본들 간의 오류가 다른 책들과 비교되지 않을 만큼 적어서 거의 무시해도 좋을 정도입니다.

하지만 그럼에도 인간이 오랜 세월 손으로 베껴 쓴 것이므로 서로 다른 부분이 조금씩 존재할 수밖에 없습니다. 마가복음의 경우, 여러 사본을 놓고 비교해 보면 어떤 사본에는 마가복음 16장 8절에서 끝나는데, 어떤 사본에는 16장 20절에서 끝납니다. 물론 20절까지 나오는 사본이 훨씬 많기는 하지만, 몇몇 신뢰할 만한 사본들 중에 8절에서 끝나는 것들이 있기 때문에 원본을 복원하던 학자들이 고민하게 된 것입니다. 그 고민의 결과가 바로 이 괄호입니다. 마가복음 원본에 이 부분이 없었다고 말하기도 어렵고, 그렇다고 확실히 있었다고 하기도 분명하지 않아 괄호 속에 남긴 것입니다.

하지만 혼란을 느낄 필요는 전혀 없습니다. 이는 우리가 최종적으로 가지고 있는 성경이 그만큼 철저한 연구와 검증을 거친 책임을 보여 줍니다. 비록 괄호 처리가 되어 있다 해도 최종적으로 성경에 그 구절들이 남게 된 것은 하나님의 말씀으로 신뢰하고 받아들일 만하기 때문입니다. 동일한 경우로, 어떤 사본에는 나오고 어떤 사본에는 나오지 않는다고 해도, 내용을 신뢰하기 힘든 경우에는 괄호처리 없이 빼고 '(없음)'이라고 표현합니다(마 17:21; 막 9:44; 눅 17:36 등 참조). 따라서 마가복음 16장을 읽을 때 1-20절을 전체로 보고 괄호 부분을 정독하는 것에는 아무 문제가 없습니다.

누가
복음

Luke

대표적 특징

누가복음은 참 잘 쓴 책입니다. 우리말 성경으로 읽어도 다른 복음서보다 문체나 표현, 이야기 전개 등이 뛰어남을 알 수 있습니다. 게다가 누가복음에는 다른 복음서에서 찾아볼 수 없는 사건이나 비유가 굉장히 많습니다. 세례요한과 예수님의 잉태와 출생, 마리아의 찬송, 예수님의 열두 살 소년 시절, 칠십 제자 파송, 선한 사마리아인 비유, 마르다와 마리아 방문, 곧 죽을 부자 비유, 드라크마와 탕자 비유, 옳지 않은 청지기 비유, 부자와 나사로 비유, 세리장 삭개오, 헤롯 법정, 엠마오로 가던 두 사람 이야기 등등 수많은 새로운 정보가 공개됩니다. 이 자체만으로도 누가복음은 너무나 중요하고 가치 있는 책입니다.

그런데 이 새로운 이야기는 주로 예수님이 갈릴리에서 예루살렘으로 가시는 중반기 사역(눅 9:51-19:27)에 집중됩니다. 마태복음과 마가복음이 갈릴리 중심의 전반기 사역을 강조하고 예루살렘 여행 부분을 간략히 처리한 데 비해 상당히 독특한 구성입니다. 이는 누가복음이 지역적 차별을 반대한다는 증거입니다. 마태복음과 마가복음에 없는 예수님의 사마리아 지역 경유 장면도 두 번이나 나옵니다. 이런 열린 자세는 다양한 소외계층에 대한 예수님의 각별함에서 더욱 두드러집니다. 여인들과 어린아이와 가난한 자뿐 아니라 세리와 창기와 온 동네 손가락질을 받는 죄인, 심지어 이방인들과 십자가의 행악자까지 예수님은 모두 받아주십니다. 나아가 다른 복음서가 부정적으로 그리고 있는 바리새인들까지 누가복음은 어느 정도 긍정적으로 묘사하고 있습니다.

이런 열린 자세는 다양한 비유에서도 드러납니다. 다른 복음서에는 나오지 않는 드라크마 비유나 탕자 비유 역시 소외된 자들을 주목하는 메시지입니다. "인자가 온 것은 잃어버린 자를 찾아 구원하려 함이니라"(눅 19:10)라는 예수님의 독특한 선언까지 나옵니다. 이는 누가복음이 열린 공동체를 지향하고 있었다는 증거입니다. 무엇보다 이런 특징은 문자에만 머물지 않습니다. 누가복음은 소외된 자들을 받아줄 뿐 아니라 그중에 도움이 필요한 자들을 적극적으로 구제하고 도와야 한다고 가르칩니다. 선한 사마리아인 비유나 옳지 않은 청지기 비유 등은 이웃을 위해 재물을 사용하는 것이 성도의 중요한 의무임을 강조합니다. 심지어 이런 구제 행위가 영생과 직결된 개념이라고까지 말합니다.

하지만 이처럼 열린 공동체를 지향하는 분위기에서도 누가복음은 지도자의 권위를 무시하지 않습니다. 이는 마가복음과 구별되는 특징인데, 마가복음의 평등 지향적인 분위기와 달리 누가복음은 열두 사도나 칠십인 제자 그리고 이들을 돕던 여인들의 이야기 등을 통해 공동체에 형성되어 있는 지도계층을 보여 주면서 지도자들의 권위를 세워 주려고 합니다. 그래서 마가복음에 자주 나타나는 베드로와 사도들의 부정적 모습이 누가복음에서는 상당히 완화됩니다. 누가 공동체가 존경할 만한 지도계층이 이끄는 교회였고 이들의 권위를 실추해서는 안 된다는 교회의 합의가 있었다는 증거입니다.

이외에도 누가복음은 성경의 권위와 능력을 소중히 여기고 기도의 중요성 역시 다른 복음서보다 강조합니다. 다른 복음서에서 찾아볼 수 없는 찬송들도 많이 등장합니다. 이를 통해 누가 공동체가 어느 정도 조직과 체계가 갖추어진 교회였음을 짐작할 수 있습니다. 끝으로 하나 덧붙이면, 누가복음과 사도행전은 전편과 후편에 해당합니다. 누가복음을 이해하는 데 사도행전의 내용이 많은 도움을 준다는 것을 기억하면 좋습니다. 이상의 특징들을 염두에 두고 읽어 나가면 예수님이 누가복음을 통해 주신 교훈들을 바르게 깨달을 수 있을 것입니다.

누가복음의 주요 특징

· 아름답고 훌륭한 문체와 표현

· 마태복음과 마가복음보다 풍부한 내용

· 예루살렘 여정 중에 나타나는 특별한 사건과 교훈들

· 모든 자를 받아들이는 열린 자세

· 재물로 이웃을 돕는 구제 강조

· 열두 사도의 권위를 세워 주는 분위기

· 기도와 찬양과 성경을 강조

글쓴이의 흔적

누가복음은 글쓴이의 머리글로 시작하는데, 여기에는 누가복음이 기록된 당시 정황이 담겨 있습니다. 먼저 글쓴이는 "데오빌로 각하"(눅 1:3)를 위해 이 복음서를 썼다고 밝힙니다. '각하'라는 존칭은 상당히 높은 관리에게 붙는 말로, 로마 총독을 호칭할 때 사용되기도 했습니다(행 24:3; 26:25). 아마 데오빌로는 누가에게 전도를 받고 예수님을 믿게 된 로마 고위 관직자인 것 같습니다. 누가는 "각하가 알고 있는 바를 더 확실하게 하려 함"(눅 1:4)이라고 말하는데, 이는 데오빌로가 예수님에 대한 교육을 이미 받았다는 증거입니다. 물론 신약성경에서 가장 분량이 긴 누가복음이 데오빌로 한 사람만을 위해 쓰였다고 보기는 힘듭니다. 어느 지역의 이방인 중심 신앙 공동체를 위해 쓰였고, 그 공동체의 대표가 데오빌로였을 가능성이 큽니다. 결국 누가복음이 유대인보다 이방인을 일차 독자로 여겼다는 증거입니다.

그런데 이 머리말은 또 하나의 중요한 사실을 드러냅니다. 누가는 "우리 중에 이루어진 사실에 대하여 처음부터 목격자와 말씀의 일꾼 된 자들이 전하여 준…내력"(눅 1:1-2)이 있었다고 말합니다. '우리 중에 이루어진 사실'은 인간 역사 속에 하나님의 아들 예수 그리스도가 찾아오신 사건입니다. 이 사건은 누군가 꾸며낸 이야기가 아니라 역사 속에 실제로 있었던 일이고 눈으로 직접 목격한 자들이 있었습니다. 예를 들어 베드로는 이 사건이 "교묘히 만든 이야기를 따른 것이 아니요 우리는 그의 크신 위엄을 친히 본 자라"(벧후 1:16)라고 고백합니다.

베드로 같은 목격자들이 말씀의 증인 되어 열심히 예수님 이야기를 외치던 때가 있었습니다. 이 시기를 '구전 전승기'라고 부릅니다. 하지만 세월이 지나면서 목격자들이 하나둘 천국으로 떠나자 마침내 예수님의 이야기를 글로 남길 필요가 생겼습니다. 즉 '구전 시대'가 끝나고 '저술 시대'가 시작된 것입니다. 이에 대해 누가는 "내력을 저술하려고 붓을 든 사람이 많은지라"(눅 1:2)라고 말한 것입니다. '내력'은 원어로 '이야기'란 뜻인데 한마디로 예수님의 이야기를 저술하려는 활동이 당시 꽤 활발했다는 뜻입니다. 바로 이 시기에 누가도 예수님의 이야기를 "차례대로 써(서 데오빌로에게) 보내는 것"(눅 1:3)이 필요하다는 사명감을 가지게 된 것입니다. 그래서 나온 것이 누가복음입니다.

간과하면 안 될 요소가 또 있습니다. 실제로 일어난 어떤 사건에 대해 책을 쓰려면 관련 자료를 수집하고 그 자료들의 진위를 검증하는 작업이 필수입니다. 이 작업을 제대로 하지 않으면 허황되고 앞뒤가 맞지 않는 책이 되고 맙니다. 그래서 당시 예수님의 이야기를 저술하려고 붓을 든 사람이 많았음에도(눅 1:2), 지금 우리가 온전히 신뢰할 수 있고 성령의 영감으로 쓰였다고 받아들인 복음서가 네 권뿐인 것입니다. 성령의 영감으로 기록되었다는 것은 신당에서 작두를 타고 신필로 휘갈겨 썼다는 의미가 아닙니다. 성령께서 저자의 인격과 신앙에 주도면밀한 이성과 논리와 분석력을 주셔서 매우 신중하게 쓰였음을 의미합니다. 그래서 누가는 산에서 철야하다가 이 글을 썼다고 하지 않고, "그 모든 일을 근원부터 자세히 미루어 살핀"(눅 1:3) 후에 집필했다고 말합니다.

'자세히 미루어 살핀다'는 말은 본래 '나란히 곁을 따라간다'는 뜻입니다. 누가는 예수님의 '모든 일'에 대한 자료를 모으고 분석해서 그 '근원부터' 꼼꼼히 짚고 검증하면서 누가복음을 완성시킨 것입니다. 다시 말해, 누가복음은 예수님 이야기의 결정체이자 절정이라 할 수 있습니다. 예수님의 삶과 다양한 교훈이 실제 역사를 바탕으로 논리적으로 전개될 뿐 아니라(눅 1:5; 2:1; 3:1 등 참조) 빼어난 문장력과 표현들로 가득합니다(예를 들면, 눅 15:11-32의 '탕자 비유'는 인류 역사상 최고의 단편소설로 꼽힘). 이는 당대의 석학이요, 역사가요, 문학가이자 신실한 신앙인이었던 누가에게 성령께서 큰 영감을 주심으로 이루게 하신 것입니다. 그래서 우리는 이 아름답고 귀한 예수님의 이야기를 인류의 보물로 소유하게 된 것입니다.

끝으로 누가는 복음서를 쓴 후에 사도행전도 집필합니다. 두 책은 동일한 기록자의 글로서 전편과 후편의 형태입니다. 사도행전을 시작할 때도 누가는 데오빌로를 위해 이 책을 썼다고 밝힙니다. 하지만 그 말투가 누가복음과는 사뭇 다릅니다. 전편에서 깍듯이 '각하'라고 호칭한 누가는 사도행전에 와서는 존칭을 빼고 '데오빌로여'라는 친근한 투로 말합니다. 이것은 누가복음을 통해 데오빌로의 신앙이 성숙했다는 증거입니다. 누가복음이 기록될 때만 해도 데오빌로에게는 여전히 '각하'의 호칭과 세상의 명예가 중요했습니다. 하지만 누가가 사도행전을 쓸 무렵 데오빌로는 세상 질서보다 믿음의 질서가 우선임을 깨닫고 생명의 복음을 가르치는 누가를 스승으로 인정한 것입니다.

눅 1:1-4:13

사역 이전

동정녀 탄생(눅 1:26-38)

예수님은 처녀 마리아의 몸에서 태어나셨습니다. 마태복음은
이를 구약 예언의 성취로서 "처녀가 잉태하여 아들을 낳을 것이
요"(마 1:23; 사 7:14)라고만 언급합니다. 하지만 학식이 깊었던 누가는
처녀에게 아기가 태어났다는 사실을 어떻게 다른 사람들에게 납
득시키고 믿게 할지 고민했습니다. 관련 자료들을 검토하며 씨름
하다가 누가는 마침내 큰 깨달음을 얻었습니다. 그는 다른 복음서
에는 나오지 않는 마리아와 가브리엘 천사의 대화를 실었습니다.

이 대화 속에 동정녀 탄생의 해답이 들어 있기 때문입니다.

천사는 마리아에게 "네가 잉태하여 아들을 낳으리니 그 이름을 예수라 하라"(눅 1:31)고 전합니다. 그러자 마리아는 "나는 남자를 알지 못하니 어찌 이 일이 있으리이까"(눅 1:34)라고 묻습니다. 이 질문은 마리아의 질문이자 글을 쓰는 누가 자신, 나아가 이 복음서를 읽는 모든 독자의 질문입니다. 대체 어떻게 남자 없이 아기를 낳을 수 있을까요? 천사는 "성령이 네게 임하시고 지극히 높으신 이의 능력이 너를 덮으시리니"(눅 1:35)라고 답합니다. '지극히 높으신 이의 능력'이라는 말이 이 질문의 열쇠입니다.

세상은 자연과 과학 법칙 안에서 돌아갑니다. 세상에 속한 인간은 이 법칙 안에서 모든 것을 생각하고 판단합니다. 이 법칙에 맞는 것만 참이라고 생각합니다. 하지만 이는 우물 안 개구리가 하늘을 동그란 원으로 생각하는 것과 같습니다. 우물 안에서 보는 것만이 전부가 아닙니다. 자연과 과학 법칙은 물질계를 운용하기 위해 하나님이 만드신 극히 작은 부분입니다. 하나님은 필요하실 때 얼마든지 다른 법칙을 적용하실 수 있습니다. 하나님의 아들이 땅에 내려오신 것 자체가 자연 법칙을 벗어난 일입니다. 예수님은 세상의 법칙을 초월하여 '지극히 높으신 이의 능력'으로 오신 것입니다. 이 능력이 성령을 통해 마리아에게 임하면 동정녀 잉태는 얼마든지 가능합니다.

물론 인간은 이 능력을 쉽게 받아들이지 않습니다. 땅의 법칙만 진실로 받아들이기 때문입니다. 하지만 말씀의 사닥다리를 타고 우물 꼭대기에 올라가 광대한 하늘을 보면 새로운 차원이 열립니다. '지극히 높으신 이'의 영역이 우물 입구에 가려진 동그란 하늘에 한정되지 않음을 깨닫습니다. 그분의 차원은 무궁무진하여 한계와 벽이 없습니다. 그래서 천사는 이렇게 말합니다. "대저 하나님의 모든 말씀은 능하지 못하심이 없느니라"(눅 1:37). 마리아는 비로소 천사의 말을 깨닫고 받아들여 "주의 여종이오니 말씀대로 내게 이루어지이다"(눅 1:38)라고 고백합니다.

이것은 또한 누가 자신의 깨달음이기도 합니다. 누가는 이 대화를 깊이 연구하면서 마리아와 동일한 깨달음에 이르렀습니다. 그래서 동정녀 탄생의 신비에 대한 해답을 자신 있게 기록하여 독자들에게 남겨 주었습니다. 누가가 즐겨 사용하는 표현에서도 이를 확인할 수 있습니다. 누가는 하나님을 '지극히 높으신 이'라고 표현하기를 좋아합니다. 이 표현은 신약성경에 총 9번 나오는데, 마가복음과 히브리서에 각각 한 번씩 나오고(막 5:7; 히 7:1) 나머지 7번은 누가가 사용합니다(눅 1:32, 35, 76; 6:35; 8:28; 행 7:48; 16:17, 비슷한 표현인 눅 2:14까지 합치면 8번). 누가는 동정녀 탄생을 연구하면서 인간의 학문과 이성의 경계를 초월해 계시는 '지극히 높으신 하나님'을 발견한 것입니다.

또 하나 짚고 넘어갈 것은, 하나님의 초월적 능력이 주어지는 것은 언뜻 신나고 황홀한 일 같지만 꼭 그렇지만은 않다는 것입니다. 이 놀라운 능력이 실제로 이루어지려면 누군가의 희생과 결단이 필요합니다. 마리아가 하나님의 요구를 받아들인 것은 정말 어려운 결정이었습니다. 당시 마리아는 약혼자 요셉이 있었습니다. 만약 마리아가 예수님을 잉태한 후 '이 아기는 성령으로 잉태했으니 그렇게 아십시오'라고 말했다면 요셉이 수긍해 주었을까요? 아마 그것은 인류 역사상 아기를 가졌던 수많은 처녀들의 변명 중 가장 황당한 변명이었을 것입니다. 게다가 결혼 전에 잉태하는 것은 당시 율법으로 돌에 맞아 죽을 일이었습니다.

마리아가 천사의 말을 받아들인 배경에는 엄청난 고충이 숨어 있었습니다. 하나님의 말씀에 순종하려면 목숨까지 걸어야 함을 마리아는 잘 알고 있었습니다. 이런 상황에서 그녀는 "주의 여종이오니 말씀대로 내게 이루어지이다"(눅 1:38)라고 고백한 것입니다. 마리아는 복음서들이 공통적으로 전하는 제자도의 모범을 보여 줍니다. "아무든지 나를 따라오려거든 자기를 부인하고 날마다 제 십자가를 지고 나를 따를 것이니라"(눅 9:13, 마 10:38; 16:24; 막 8:24; 눅 4:27 참조)라는 말씀에 기꺼이 순복한 것입니다.

마리아와 엘리사벳의 만남(눅 1:39-56)

누가복음은 다른 복음서에 나오지 않는 세례요한의 부모와 출생에 얽힌 사연을 소개합니다. 요한의 아버지 사가랴는 제사장이었지만 큰 권세를 가진 인물은 아니었던 것 같습니다. 당시 이스라엘에는 약 18,000명의 제사장이 있었는데 사가랴는 예루살렘이 아니라 유대의 외딴 산골 동네에 살고 있었고(눅 1:39), 그가 성소의 분향단에 들어갈 수 있었던 것도 제사장의 전례를 따라 제비를 뽑아 얻은 행운이었습니다(눅 1:9). 분향을 드리던 사가랴는 향단 우편에 선 주의 사자에게서(눅 1:11) 세례요한이 자신의 아들로 태어날 것을 전해들은 것입니다.

사가랴의 아내 엘리사벳도 아론의 자손(눅 1:5)으로 제사장 집안 출신이었습니다. 중요한 것은 엘리사벳과 마리아가 서로 친족이었다는 것입니다(눅 1:36). 이는 마리아도 본래 제사장 가문 출신일 가능성을 보여 주는 동시에 예수님과 세례요한이 서로 친척 형제 간임을 보여 줍니다. 어떤 사람은 세례요한이 예수님의 사촌 형이라고 말하기도 하는데, 그렇게 보기는 힘듭니다. 마리아와 엘리사벳을 자매간으로 보기에는 나이 차이가 너무 크기 때문입니다(눅 1:18). 하지만 그렇게 먼 친척은 아니었던 것 같습니다. 천사와의 대화 후 마리아가 엘리사벳에게 문안하고(눅 1:40), 석 달쯤 함께 있다가 집에 돌아온(눅 1:56) 사실은 두 사람이 상당히 가까운 사이였음을 보여 줍니다. 어쩌면 예수님은 어린 시절에 엘리사벳의 집에 놀러가 세례요한과 함께 뛰어논 적이 있으셨을지도 모릅니다.

마리아가 찾아왔을 때 엘리사벳은 성령의 충만함을 받아(눅 1:41) 매우 중요한 고백을 남깁니다. 첫째는 마리아를 "내 주의 어머니"(눅 1:43)라고 부른 것입니다. 엘리사벳이 '주'로 고백한 분은 마리아에게서 태어날 예수님입니다. 이 고백은 예수님이 인간의 혈육을 따라 오신 분이 아님을 보여 줍니다. 엘리사벳은 마리아를 통해 태어날 예수님이 곧 자신의 주인이신 하나님의 아들임을 깨달았습니다. 그래서 그녀는 마리아에게 "주께서 하신 말씀이 반드시 이루어지리라고 믿은 그 여자에게 복이 있도다"(눅 1:45)라고 말한 것입니다. 이 말은 엘리사벳이 처녀 마리아가 경험한 잉태의 신비를 알고 있었음을 보여 줍니다.

앞에서 보았듯, 마리아가 예수님의 잉태를 받아들인 것은 자신의 미래를 포기하고 하나님께 순종한 것입니다. 엘리사벳은 하나님께 순종하는 것이 결국 승리와 복임을 성령을 통해 마리아에게 확증시켜 줍니다. 여기서 마리아는 자신의 결단이 옳은 것이었음을 새삼 깨닫습니다. 그래서 엘리사벳의 말에 화답하여 "보라 이제 후로는 만세에 나를 복이 있다 일컬으리로다"(눅 1:48)라고 찬양한 것입니다.

성도는 세상과 구별된 가치관으로 사는 존재입니다. 세상은 물질의 이득이 있는 쪽을 계산하여 선택합니다. 고난과 십자가는 고려 대상에서 제외됩니다. 하지만 하나님의 사람들은 말씀이 우선입니다. 이 길은 어리석어 보이나 진정 복된 길입니다. 그 길을 가라고 명령하신 하나님이 전능하시기 때문입니다. 하나님은 말씀을 거부하는 "교만한 자들…권세 있는 자"(눅 1:51-52)들을 꺾으시고 말씀에 순종하는 "비천한 자…주리는 자"(눅 1:52-53)를 높여 주시는 분입니다. 순종하는 자들이 세상의 똑똑한 권세자들을 이길 것이라는 마리아의 찬양에는 누가복음의 뿌리 깊은 낮은 자 중심 사상이 담겨 있습니다.

세례요한의 성장과 사명(눅 3:1-14)

세례요한의 어린 시절은 누가복음에만 나옵니다. "아이가 자라
며 심령이 강하여지며 이스라엘에게 나타나는 날까지 빈 들에 있
으니라"(눅 1:80). '심령이 강해졌다'는 표현은 그의 마음에 남다른
결심이 있었음을 보여 줍니다. 그 정체는 요한의 아버지 사가랴
의 예언에서 드러납니다. 사가랴는 요한이 태어났을 때 "이 아이
여 네가 지극히 높으신 이의 선지자라 일컬음을 받고 주 앞에 앞
서 가서 그 길을 준비하여"(눅 1:76)라고 예언합니다. 사가랴는 제사
장이었습니다. 이스라엘의 제사장은 세습직이어서 제사장의 직계
아들은 대부분 제사장직을 물려받았습니다.

제사장 직분이 귀한 것은 말할 필요도 없습니다. 요한이 물려받
을 제사장직은 미래가 보장된 명예로운 자리였습니다. 하지만 요
한의 아버지 사가랴는 아들에게 다른 길을 가야 한다고 말합니다.
제사를 드리는 공직자의 길이 아닌 광야 선지자의 길, 즉 "주의 백
성에게 그 죄 사함으로 말미암는 구원을 알게"(눅 1:77) 하는 길거리
설교자의 길입니다. 사가랴가 이렇게 말한 것은 분향 단에서 만난
천사의 지시를 따른 것입니다. 천사는 세례요한이 태어나면 "이스
라엘 자손을 주 곧 그들의 하나님께로 많이 돌아오게"(눅 1:16) 할 것
이라 예고했습니다.

어린 요한은 상당히 혼란한 시기를 거쳤을 것입니다. 제사장인
아버지에게 광야 선지자의 길을 가야 한다는 말을 줄곧 들으며 자

랐기 때문입니다. '너는 커서 백성들에게 회개를 선포해야 한다'
는 말을 들을 때마다 그는 깊은 고민에 빠졌을 것입니다. 요한의
심령이 강해졌다는 것은 이런 혼란 속에서 마침내 보장된 미래를
버리고 선지자의 길을 가기로 결단했다는 뜻입니다. 세례요한도
마리아와 비슷합니다. 평탄한 길을 포기하고 미래가 불투명한 길
에 기꺼이 순종한 인물이기 때문입니다. 이후 요한은 주어진 길을
제대로 걷기 위해 어린 시절부터 빈 들에서 홀로 선지자 수업을
하기 시작했습니다. 따뜻한 집과 빵 대신 사막에서 메뚜기와 석청
을 먹으며 스스로를 갈고닦는 가운데 하나님의 부르심을 기다린
것입니다.

이러한 요한에게 마침내 극적인 순간이 찾아옵니다. 누가는 이
날을 구체적인 역사배경 속에서 다음과 같이 표현합니다. "디베
료 황제가 통치한 지 열다섯 해 곧 본디오 빌라도가 유대의 총독
으로, 헤롯이 갈릴리의 분봉 왕으로, 그 동생 빌립이 이두래와 드
라고닛 지방의 분봉 왕으로, 루사니아가 아빌레네의 분봉 왕으로,
안나스와 가야바가 대제사장으로 있을 때에 하나님의 말씀이 빈
들에서 사가랴의 아들 요한에게 임한지라"(눅 3:1-2).

이 말씀에는 당시 세상을 주도하던 정치 · 종교 지도자들이 등
장합니다. 일반 역사는 유명한 권력자들을 주인공으로 내세우기
좋아하지만 하나님은 그렇게 생각하지 않으십니다. 역사의 진짜
주인공은 뜻밖의 사각지대에서 나옵니다. 그가 바로 빈 들에서 스
스로를 갈고닦던 요한이었습니다. 하나님은 참된 힘의 근원인 말

씀을 화려한 궁전에 있는 로마 황제나 유대 임금들 혹은 웅장한 성전의 대제사장이 아니라 "빈 들에서 사가랴의 아들 요한에게"(눅 3:2) 주셨습니다.

구약시대에 많은 선지자가 회개를 외쳤지만 사실 그들의 사역은 큰 성공을 거두지 못했습니다. 완악한 죄인들은 선지자의 선포에 귀 기울이지 않았습니다. 하지만 세례요한에게 하나님의 말씀이 임한 후 "회개의 세례를 전파하니"(눅 3:3) 마침내 메마른 백성들의 심령이 녹아내리기 시작했습니다. 세례요한이 일으킨 부흥은 후에 예수님의 활동 기반이 되었고, 하나님의 아들을 맞이할 토양을 형성했습니다. 세례요한의 사역은 '주의 길을 준비하고 그의 오실 길을 곧게 하는 작업'(눅 3:4)이었습니다.

그렇다면 과연 요한에게 임한 말씀의 내용은 무엇일까요? 우리는 거대한 부흥을 일으키는 말씀이 신비한 이적과 기사에 바탕을 두리라 생각하기 쉽습니다. 하지만 놀랍게도 "요한은 아무 표적도 행하지 아니하였"(요 10:41)습니다. 그의 메시지는 사람들이 원하는 물질의 축복과 번영도 아니었습니다. 오히려 인간이 하나님의 뜻 안에서 어떻게 살아야 하는지에 대한 지극히 일상적이고 평범한 말씀이었습니다. 요한은 세례를 받으러 나아오는 무리에게 먼저 이렇게 외칩니다. "회개에 합당한 열매를 맺고 속으로 아브라함이 우리 조상이라 말하지 말라"(눅 3:8).

참된 회개는 뉘우치고 반성만 하는 것이 아닙니다. 회개에는 열매가 동반되어야 하는데, 이 열매는 자기 삶이 희생되고 드려질 때 얻을 수 있습니다. 희생과 드림은 자기가 모자라고 부족한 존재임을 인정할 때만 가능합니다. 그래야 비로소 그 부족함을 올바로 채우는 것이 중요하다고 깨닫기 때문입니다. 하지만 인간은 대부분 스스로 의롭다고 생각합니다. 비록 흠은 있지만 이러저러한 좋은 면도 있기에 나는 그래도 된다 생각하고 죄를 쉽게 포기하지 않습니다.

당시 유대인들은 자신들이 하나님께 선택된 아브라함의 자손이기에 무슨 짓을 해도 구원받을 것이라고 생각했습니다. 하지만 세례요한의 설교는 그릇된 자부심에 철퇴를 가합니다. "하나님이 능히 이 돌들로도 아브라함의 자손이 되게 하시리라"(눅 3:8). 진심으로 돌이키지 않고 스스로 선택받았음만 내세우는 자는 돌멩이만도 못한 존재입니다. 참된 자녀는 진실로 회개하고 그에 합당한 열매를 맺습니다. 열매가 없는데도 두려워하지 않고 택함받았음만 내세우는 자를 요한은 "독사의 자식들"(눅 3:7)이라 불렀습니다. 이들은 "장차 올 진노"(눅 3:7)를 결코 피할 수 없습니다.

세례요한의 외침은 오늘날 교회들이 선호하는 부드럽고 편안한 설교와는 너무나 다릅니다. 하지만 그의 거친 설교는 당시 사람들의 마음을 찢어 놓았습니다. 그래서 요한의 설교를 들은 무리들은 "그러면 우리가 무엇을 하리이까"(눅 3:10)라고 질문합니다. 이 질문은 참 중요합니다. 회개의 열매는 바로 이 질문에서 시작합니다. '내가 어때서, 나만큼만 하라고 해' 하는 식의 교만은 결코 이 질문에 도달하지 못합니다. 자신의 추함을 깨닫고 속죄의 은혜를 갈

구하는 자들만 이 질문을 할 수 있습니다. 그런데 이 질문에 요한은 놀랍도록 간단명료한 하나님의 말씀을 전합니다. "옷 두 벌 있는 자는 옷 없는 자에게 나눠 줄 것이요 먹을 것이 있는 자도 그렇게 할 것이니라"(눅 3:11).

이 말씀은 회개의 열매가 '이웃사랑'과 '나눔'에 있음을 깨우쳐 줍니다. 회개하지 않은 자에게는 나 자신이 가장 중요합니다. 하지만 회개한 자의 눈에는 이웃이 보입니다. 많이 가진 자들과 스스로를 비교하며 더 움켜쥐려 했지만, 회개한 후에는 나보다 힘든 상황에 처한 이웃을 보기 시작합니다. 이웃을 탈취가 아니라 섬김의 대상으로 보기 시작합니다. 그들에게 나눠 줄 옷과 음식이 내게 있는지를 먼저 생각합니다.

이런 정신은 세리와 군인들의 질문에서도 이어집니다. 요한은 세리들에게 "부과된 것 외에는 거두지 말라"(눅 3:13) 하고, 군인들에게는 "강탈하지 말며 거짓으로 고발하지 말고 받는 급료를 족한 줄로 알라"(눅 3:14) 가르칩니다. 당시 세리와 군인은 지탄을 받는 직업이었습니다. '세리'라는 호칭 자체가 욕설로 취급될 정도였습니다. 하지만 요한은 이들에게 그 더러운 직업을 집어치우고 수도원에 들어가라고 하지 않았습니다. 세리도, 군인도 사회에 필요한 직업입니다. 요한은 직업을 여전히 유지하면서 그 본래의 기능을 잘 수행하라고 말합니다. 일종의 청지기 정신입니다. 범죄가 아닌 이상 세상에서 우리에게 주어진 일들은 모두 하나님이 맡기신 사명입니다. 이 일을 하나님이 바라시는 대로 수행하는 것이 세상을 섬기는 일입니다.

따라서 참된 회개는 세상을 떠나는 것이 아니라 세상 속으로 들어가는 것입니다. 주어진 일상에서 아름다운 열매를 맺는 것이 진정한 회개의 열매입니다. 세례요한은 진정 위대한 스승이었습니다. 그가 광야에서 깨달은 하나님의 진리는 허황된 신비와 환상이 아니라 구체적인 생활 속의 진리였습니다. 성도는 세상을 회피하고 신앙의 신비로 도피해서는 안 됩니다. 오히려 삶 가운데서 만나는 이웃을 섬기고 세상을 변화시켜야 합니다. 이것이 바로 복음서가 말하는 '이웃을 네 자신과 같이 사랑하는 삶'입니다(마 19:19; 22:39; 막 12:32, 33; 눅 10:27). 누가복음은 세례요한을 통해 이를 명확히 지적하면서 복음을 믿는 자는 마땅히 이웃을 섬겨야 한다고 선포합니다.

예수님의 나이(눅 3:23)

예수님이 사역을 시작하신 나이는 보통 서른으로 봅니다. "예수께서 가르치심을 시작하실 때에 삼십 세쯤 되시니라"(눅 3:23)라는 기록에서 유추한 것입니다. 여기에 요한복음에 '세 번의 유월절'(요 2:13; 6:4; 11:55)이 나오는 것을 근거로 예수님이 30세부터 33세까지 3년간 공생애를 보내셨다고 합니다. 하지만 절대적으로 옳은 지식은 아닙니다. 누가복음이 '쯤'이라고 붙인 것은 당시 예수님의 나이가 정확히 30세가 아니었을 수 있음을 뜻합니다. 요한복음에는 "유대인들이 이르되 네가 아직 오십 세도 못 되었는데 아브라함을 보았느냐"(요 8:57)라고 따지는 장면도 나옵니다. 또한 다른 복음서가 한 번의 유월절만 다루는 것과 달리, 요한복음에 세 번의 유월절이 나오는 것은 예수님의 공생애 기간이 더 길 수도 있음을 보여 줍니다.

우리는 쓸데없는 일에 힘을 소모할 필요가 없습니다. 복음서는 예수님의 사건을 신문기사처럼 보도하기보다 그 사건을 통해 인간이 깨달아야 할 하늘의 교훈과 뜻에 집중합니다. 즉, 실험과정의 수치를 기록한 자료 묶음이 아니라 그 자료를 통해 도출된 교훈과 해석이 중심이라는 말입니다. 불분명한 것에 지나치게 집착하거나 이를 놓고 심하게 논쟁하는 것은 소모적이고 불필요합니다. 그러다가 자칫 진짜 중요한 교훈을 놓칠 수 있기 때문입니다. 지나치게 세밀한 부분의 논쟁은 이를 업으로 삼는 학자들에게 맡기고 핵심과 본론에 집중하는 것이 여러모로 현명합니다.

족보(눅 3:23-38)

마태복음과 마찬가지로 누가복음도 예수님의 족보를 소개합니다. 하지만 두 족보가 서로 달라서 혼란을 겪을 수 있습니다. 마태복음의 족보는 아브라함에서 예수님까지 거슬러 내려가면서 총 41명의 남자를 소개합니다. 하지만 누가복음의 족보에는 예수님부터 인류의 조상인 아담을 거쳐 하나님까지 거슬러 올라가면서 총 77명의 남자가 등장합니다. 심지어 마태복음 족보와 겹치는 부분인 '예수님에서 아브라함까지'도 16명이 더 많은 57명의 남자가 나옵니다. 이처럼 두 족보는 일치되는 부분도 있지만 상당 부분 일치하지 않습니다. 이 문제를 풀기 위해 여러 사람이 고민했습니다. 특히 예수님의 할아버지뻘이자 요셉의 아버지로 등장한 마태복음의 '야곱'(마 1:16)과 누가복음의 '헬리'(눅 3:23)의 불일치를 풀기 위해 노력했습니다.

혹자는 헬리가 요셉의 아버지가 아니라 장인이라고 말합니다. 헬리는 마리아의 아버지이고 누가복음의 족보는 사실상 마리아의 족보라는 것입니다. 또 어떤 이는 헬리와 야곱이 형제지간이었는데 형인 헬리가 결혼해서 자식을 낳지 못하고 죽자 당시 관습에 따라 동생인 야곱이 형수와 결혼해서 요셉을 낳았고, 이를 헬리의 아들로 입적시켰다고 합니다. 반대로 어떤 이는 야곱이 자식이 없어서 헬리의 아들 중 요셉을 자기 아들로 입양했다고도 해석합니다. 마태복음의 족보는 요셉의 법적 계보이고 누가복음의 족보는 실제 혈통상의 계보라는 말입니다.

이런 주장들은 제각기 일리가 있으나 정확한 근거를 찾기는 힘듭니다. 또한 이 부분 말고도 족보에는 불일치한 부분이 더 많이 존재합니다. 앞으로도 그럴듯한 이론들이 계속 나오겠지만 이 문제를 완벽하게 해결하는 것은 어려워 보입니다. 그런데 생각을 바꿔 보면, 그래서 더 흥미롭습니다. 불일치해 보이는 족보를 교회는 그동안 그대로 간직해 왔습니다. 2,000년 세월 동안 아무도 두 족보를 수정, 삭제 혹은 복사하여 붙여 넣으려고 시도하지 않았습니다. 이는 각 복음서가 전하려는 예수님을 각각의 특성에 따라 설명하는 데 두 족보가 그대로 필요하다는 뜻입니다.

미리 밝혔지만 복음서는 신문기사가 아니라 성도에게 믿음의 교훈을 전하는 책입니다. 두 족보의 세세한 차이 때문에 복음서의 신빙성을 거론하는 것은, 마치 고흐의 그림 속에 그려진 사물이 실제 모습과 다르기 때문에 가치 없는 작품이라고 말하는 것과 같습니다. 천재 화가의 의도를 모르는 무지입니다. 마태는 족보를 통해 일차적으로 "아브라함과 다윗의 자손 예수 그리스도"(마 1:1)를 부각시키려고 했습니다. 이 목적을 위해 의도적으로 '14대를 3번 반복하는 공식'(마 1:17)을 도입해 불필요한 군더더기는 빼고 그 틀을 유지한 것입니다. 이는 마태복음이 주로 유대인들을 의식한 기록이라는 증거이기도 합니다.

이에 비해 누가복음의 족보는 틀을 더 확장시킨 것입니다. 유대인들이 자랑하는 아브라함의 족보가 실은 특별할 것이 전혀 없는 인류의 족보 중 하나임을 보여 주려 했습니다. 그래서 마태복음과 달리 아브라함에서 끝나지 않고 그 위로 20명이나 되는 조상을 더 기록한 것입니다. 그들은 이미 유대인들만의 조상이 아닙니다. 그들 꼭대기에 인류의 조상인 '아담'(눅 3:38)이 등장한 것은 만인의 공통성을 강조한 것입니다. 이는 예수님이 아브라함의 자손(즉 유대인)만을 위해 오신 분이 아니라, 온 인류를 위해 오신 분임을 보여 줍니다. 물론 마태도 다섯 여인의 이름을 통해 이런 의도를 집어

넣긴 했지만, 유대인들을 대상으로 한 은밀한 시도였습니다. 하지만 누가는 세상을 향해 공개적으로 예수님이 온 인류의 메시아임을 거침없이 드러냅니다.

또한 누가는 '아담'에 이어 "그 위는 하나님"(눅 3:38)이라고 밝힙니다. 혹자는 이를 '예수님이 하나님의 아들 되심'(눅 3:22)을 강조하기 위한 것으로 보는데, 성급한 해석입니다. 복음서가 '예수님을 하나님의 아들'이라고 한 것은 예수님의 특별한 신성을 말한 것입니다. 따라서 이 개념을 누가의 족보에 적용할 수 없습니다. 그렇게 보면 예수님뿐 아니라 족보에 기록된 다른 사람들 전부 하나님의 아들로 적용되기 때문입니다. 따라서 누가복음의 족보는 '예수님의 신성'을 강조하기보다 하나님 안에서 온 인류가 평등함을 드러낸 것입니다. 결국, 예수님이 인류를 위해 오셨다는 의미를 다시 한 번 강조한 것입니다.

사실 이런 사상은 족보가 나오기 전부터 누가복음이 미리 강조한 바 있습니다. 누가복음의 머리말은 이 책이 이방인인 데오빌로를 위해 쓰였다고 밝힙니다. 또한 아기 예수님이 예루살렘에 올라가셨을 때 시므온은 "아기를 안고 하나님을 찬송하여…내 눈이 주의 구원을 보았사오니 이는 만민 앞에 예비하신 것이요 이방을 비추는 빛이요 주의 백성 이스라엘의 영광이니이다"(눅 2:28-32)라고 고백합니다. 하나님의 구원이 이스라엘뿐 아니라 이방인과 만민을 위한 것이라는 뜻입니다. 따라서 누가의 족보는 '만인 평등' 및 '만인을 위한 복음' 사상의 집약체입니다.

눅 4:14-9:50

전반기 사역

취임 설교와 나사렛 회당 사람들(눅 4:16-30)

예수님의 고향 방문 이야기는 마태복음과 마가복음에도 등장합니다(마 13:54-58; 막 6:1-6). 하지만 두 복음서가 이 사건을 예수님의 사역이 어느 정도 진행된 후의 일로 기록한 것과 달리, 누가복음은 사역 전반부에 위치시킵니다. 의도적인 배치입니다. 예수님이 고향 방문 때 하신 설교가 누가복음이 말하려는 예수님의 사명을 잘보여 주기 때문입니다. 나사렛 회당에서 예수님은 "선지자 이사야의 글"(눅 4:17)을 읽으셨습니다. "주의 성령이 내게 임하셨으니 이는 가난한 자에게 복음을 전하게 하시려고 내게 기름을 부으시고 나를 보내사 포로 된 자에게 자유를, 눈먼 자에게 다시 보게 함을 전파하며 눌린 자를 자유롭게 하고 주의 은혜의 해를 전파하게 하려 하심이라"(눅 4:18-19, 사 61:1-2 참조).

그리고 예수님은 "이 글이 오늘 너희 귀에 응하였느니라"(눅 4:21)라고 말씀하십니다. 이사야의 예언이 드디어 성취되었다는 말씀입니다. 이 장면을 흔히 예수님의 취임설교라고 부릅니다. 예수님이 이 땅에 오신 목적과 사명이 분명하게 나타나기 때문입니다. 예수님은 이 땅의 가난한 자, 포로 된 자, 눈먼 자, 눌린 자들을 치료하고 자유롭게 하기 위해 오셨습니다. 이제 "주의 은혜의 해"(눅 4:19)가 시작되었다는 뜻입니다. '은혜의 해'란 구약의 희년을 말하는 것으로 "일곱 안식년…곧 사십구 년"(레 25:8)이 지난 후 "오십년째 해를 거룩하게 하여 그 땅에 있는 모든 주민을 위하여 자유를 공포"(레 25:10)하고, 모든 포로나 억눌린 자들이 "각각 자기의 소유지로 돌아가며 각각 자기의 가족에게로 돌아"(레 25:10)가는 해입니다.

다른 복음서에 없는 이 취임설교에는 누가가 전하려는 예수님의 사상이 압축되어 있습니다. 예수님이 선언하신 희년과 약하고 소외된 자의 자유는 일차적으로 영적인 의미입니다. 모든 인간이 죄의 포로로서 "어둠과 죽음의 그늘에 앉은 자"(눅 1:79)가 되었지만 메시아가 오셔서 "죄 사함을 받게 하는 회개"(눅 24:47)를 전하심으로 마침내 이 땅에 구원이 시작된 것입니다. 하지만 한 가지 문제가 있습니다. 이 기쁜 소식을 받아들이지 않으려는 사람들입니다. 희년이 시작되었지만 가진 자와 교만한 자들은 이를 잘 인정하지 않습니다. 육신이 넉넉하기에 자신의 영적 빈곤을 모르고 스스로 건강한 의인으로 자부하기 때문입니다(눅 5:31-32).

하지만 실제로 빈곤하고 약하고 소외된 자들 중에는 복음에 귀기울이는 사람이 많습니다. 곤하고 지친 인생 속에서 자신의 한계를 깨닫고 구원자를 바라보게 되기 때문입니다. 예수님의 관심은 이런 자들에게 먼저 향하십니다. 그래서 누가복음의 예수님은 가난하고 병든 자들을 위해 일하시고, 소외된 아이와 여인들을 귀히여기시며, 사마리아 사람과 이방인도 차별하지 않으시고, 심지어세리와 죄인들까지 맞아주십니다. 다른 복음서에도 이와 흡사한사상이 있지만 누가복음이 독보적입니다. 심지어 예수님은 이 땅에 오신 목적을 "잃어버린 자를 찾아 구원하려 함이니라"(눅 19:10)라고 직접적으로 말씀하십니다. 누가복음에만 나오는 이 말씀은궁극적으로 예수님의 취임설교와 동일한 개념입니다.

예수님이 시작하신 구원의 역사는 제자들을 통해 세상 끝날까지 이어질 것입니다. 하지만 이 일은 그리 쉽지 않습니다. 예수님의 복음을 듣고 제자가 된 사람들도 대부분 약하고 소외된 자들이기 때문입니다. 이 약자들을 통해 구원의 사명을 성취하는 것은거의 불가능해 보입니다. 현실적으로 부자와 권력자들의 힘이 더강하기 때문입니다. 하지만 일을 시작하신 예수님께는 불가능을가능케 할 힘이 있으십니다. '하나님의 성령이 예수님께 임하셨기'(눅 4:18) 때문입니다. 성령의 힘을 강조하는 것 역시 누가복음의 중요한 특징입니다. 동정녀 탄생에서 보았듯이 성령이 전하시는 하나님의 능력은 불가능이 없습니다(눅 1:35, 37). 따라서 예수님이 시작하신 일은 결코 실패하지 않을 것입니다. 성령의 권능은 예수님께만 머물지 않고 주님을 따르는 자들에게도 임할 것입니다. 전심으로 하나님께 구하면 제자들은 성령을 받고 거룩한 사명을 이어 갈 수 있습니다(눅 11:13; 행 1:5, 8).

예수님은 이 일에 나사렛 사람들이 동참하기를 바라셨던 것 같습니다. 그래서 굳이 고향에 찾아와 취임설교를 하신 것입니다. 하지만 나사렛 사람들의 반응은 싸늘했습니다. 처음에는 예수님의 가르침에 감탄하고 놀랐습니다. 그들은 "다 그를 증언하고 그 입으로 나오는바 은혜로운 말을 놀랍게"(눅 4:22) 여겼습니다. 여기서 '증언하다'의 번역은 논란이 있는데, 실은 '칭찬하다'의 뜻이 강합니다(행 6:3; 10:22. 16:2 등). 하지만 그들은 곧이어 "이 사람이 요셉의 아들이 아니냐"(눅 4:22)라고 수군대기 시작합니다. 각 복음서마다 이 부분의 묘사가 조금씩 다른데, 마태복음에는 "이는 그 목수의 아들이 아니냐"(마 13:55)라고 나오고 마가복음에는 "이 사람이 마리아의 아들 목수가 아니냐"(막 6:3)라고 나옵니다. 아마 그날 회당에서는 이 세 가지 반응이 다 나왔을 것입니다.

아이러니하게도 그들은 예수님을 가장 잘 알았기에 예수님을 배척했습니다. 예수님의 출신 배경과 가족들에 대한 지식 때문에 메시아의 영광스러운 사명에 동참할 기회를 놓친 것입니다. 어쭙

잖은 지식 때문에 진실을 놓친 경우입니다. 세상에는 의미 없는 지식으로 진리를 놓치는 사람이 많습니다. 선입견이 엉뚱한 고집이 되어 기회를 잃는 것입니다. 마가복음에서 바리새인들이 그랬다면(막 3:1-6), 누가복음에서는 나사렛 사람들이 그랬습니다. 예수님은 출신 때문에 메시아를 받아들이지 않는 고향 사람들에게 '엘리야 시대의 많은 과부들과 사렙다의 과부 그리고 엘리사 시대의 많은 나병환자들과 나아만 장군 이야기'(눅 4:24-27)를 대비시켜 말씀하십니다. 사렙다 과부나 나아만 장군은 이방인인데도 오만과 편견을 꺾고 하나님 말씀에 순종하여 은총을 얻었습니다(왕상 17:8-16; 왕하 5:1-19 참조). 하지만 똑같이 은혜가 필요한 과부요, 나병환자인 나사렛 사람들은 쓸데없는 고집으로 주님을 거부했습니다.

그들은 예수님의 말씀이 자신들의 속내를 파헤치자 예수님을 "밖으로 쫓아내어 그 동네가 건설된 산 낭떠러지까지 끌고 가서 밀쳐 떨어뜨리고자"(눅 4:29) 했습니다. 이는 마가복음에서 잘못을 지적당한 "바리새인들이 나가서 곧 헤롯당과 함께 어떻게 하여 예수를 죽일까 의논하니라"(막 3:6)보다 더 험악한 행동입니다. 이는 회개가 얼마나 어려운 것인지를 보여 줍니다. 인간이 자기의 그릇됨을 뉘우치고 돌이키는 것은 쉬운 일이 아닙니다. 진정한 회개는 자신을 꺾고 버리는 용기입니다. 그래서 예수님은 "죄인 한 사람이 회개하면 하나님의 사자들 앞에 기쁨이 되느니라"(눅 15:10)라고 말씀하신 것입니다.

세상은 소유를 자랑합니다. 지식과 부와 명예가 있음이 자랑입니다. 따라서 남보다 더 소유하려고 늘 탐합니다. 하지만 예수님은 "삼가 모든 탐심을 물리치라 사람의 생명이 그 소유의 넉넉한데 있지 아니하니라"(눅 12:15)라고 말씀하십니다. 소유의 넉넉함이 오히려 자기를 높이고 교만하게 만들기 때문입니다. "무릇 자기를 높이는 자는 낮아지고 자기를 낮추는 자는 높아"(눅 14:11)질 것입니다. 나사렛 사람들은 엉뚱한 편견과 고집으로 메시아의 은혜와 제자 될 기회를 놓쳤습니다. "너희 중의 누구든지 자기의 모든 소유를 버리지 아니하면 능히 내 제자가 되지 못하리라"(눅 14:33)라고 하신 말씀 그대로입니다.

베드로와의 만남(눅 5:1-11)

예수님이 갈릴리 해변에서 제자를 부르시는 장면은 공관복음서에 모두 나옵니다. 마태복음과 마가복음은 간략히만 묘사하지만(마 4:18-22; 막 1:16-20), 누가복음에는 상당히 자세하게 나옵니다. 예수님은 먼저 "게네사렛 호수가에 서서 호수에 배 두 척이 있는 것"(눅 5:1-2)을 보십니다(성경의 게네사렛, 긴네렛, 디베랴 호수는 모두 갈릴리 호수를 의미함. 때로 바다라고도 불림. 마 4:18; 막 3:7 등). 이미 고기잡이가 끝난 후라서 "어부들은 배에서 나와서 그물을 씻는"(눅 5:2) 중이었습니다. 그런데 예수님은 이중 "한 배에 오르시니 그 배는 시몬"(눅 5:3), 즉 베드로의 배였습니다. 예수님은 배를 "육지에서 조금 떼기를 청하시고 앉으사 배에서 무리를"(눅 5:3) 가르치셨습니다.

여기까지는 별 무리가 없어 보입니다. 그런데 말씀을 마치신 예수님은 갑자기 시몬에게 "깊은 데로 가서 그물을 내려 고기를 잡으라"(눅 5:4) 명하십니다. 이때부터 보이지 않는 긴장이 시작됩니다. 사실 이것은 베드로가 따를 수 없는 명령입니다. 지금 우리야 '예수님이 하나님의 아들이시니까 당연히 명령에 따라야지'라고 생각하지만 당시 베드로는 그렇지 않았습니다. 예수님의 명령에는 곤란한 점이 많았습니다. 갈릴리 호수는 평균 수심이 25미터가 넘는 깊은 호수여서 물고기들이 주로 얕은 데 서식합니다. 또 낮에는 고기가 잘 잡히지 않습니다. 이것은 당시 갈릴리 어부들의 일반적인 지식이었습니다.

따라서 예수님의 명령은 베드로의 자존심을 건드릴 수 있는 말이었습니다. 어부도 아닌 목수 출신의 예수님이 어부의 전문 지식과 경험을 무시하고 명하신 것이기 때문입니다. 게다가 베드로는 "밤이 새도록 수고"(눅 5:5)하여 굉장히 피곤한 상태였고 배와 그물도 이미 거둔 상태였습니다. 이런 상황에서 예수님의 말씀은 베드로를 불편하게 했을 것입니다. 어쩌면 '예수님이 고기잡이에 대해 뭘 아시느냐'며 면박을 주고 싶었을지도 모릅니다.

하나님의 말씀은 인간에게 자주 이런 식으로 다가옵니다. 말씀을 진지하게 따르기에는 지식, 경험, 자존심 그리고 현재의 상황이 우리를 가로막곤 합니다. 그래서 매주 말씀을 들어도 그대로 따르려고 결단하기보다 심사위원처럼 평가만 하고 넘어가는 경향이 많습니다. 하지만 말씀 앞에 우리는 좋은 땅이 되어야 합니다.

누가복음은 "좋은 땅에 있다는 것은 착하고 좋은 마음으로 말씀을 듣고 지키어 인내로 결실하는 자"(눅 8:15)라고 합니다. 다행히 베드로는 이 모든 걸림돌에도 "말씀에 의지하여 내가 그물을 내리리이다"(눅 5:5)라고 순종했습니다. "그렇게 하니 고기를 잡은 것이 심히 많아 그물이 찢어지는"(눅 5:6) 체험도 하게 되었습니다.

하지만 진짜 문제는 지금부터입니다. 말씀에 순종하여 예수님의 능력을 알게 된 베드로는 갑자기 이런 행동을 보입니다. "예수의 무릎 아래에 엎드려 이르되 주여 나를 떠나소서 나는 죄인이로소이다 하니"(눅 5:8). 흔히 이 부분을 예수님의 신적 능력에 베드로가 놀라서 두려움을 느낀 것이라고 해석합니다. 하지만 뭔가 부족합니다. 고기를 많이 잡은 것과 자신이 죄인임을 깨닫는 것의 관계가 모호하기 때문입니다. 게다가 진심으로 자신의 죄를 깨달았다면 오히려 예수님께 매달리는 것이 자연스럽습니다. 하지만 베드로는 예수님께 '나를 떠나소서'라고 고백합니다.

이 문제는 요한복음을 통해 보강될 수 있습니다. 요한복음을 보면 베드로는 갈릴리 호수에서 예수님을 만나기 전 이미 예수님을 만난 적이 있습니다. 베드로의 동생 안드레는 요단강에서 세례요한을 따르는 제자였는데, 예수님을 만나자 재빨리 스승을 바꾸어 "예수를 따르"(요 1:37)게 됩니다. 그리고 "자기의 형제 시몬을 찾아 말하되 우리가 메시야를 만났다 하고…데리고 예수께로"(요 1:41-42) 왔습니다. 이때 예수님은 시몬에게 게바 곧 베드로라는 이름을 지어 주셨고, 그때부터 둘은 예수님을 따랐습니다. 하지만 마태복음,

마가복음, 누가복음에서 베드로와 안드레는 여전히 갈릴리 호숫가에서 고기를 잡고 있습니다. 이것은 어느 순간 두 형제가 예수님 따르기를 포기했다는 증거입니다.

요한복음의 기록을 더 참고해 보면, 공관복음서와 달리 예수님은 사역 초기에 예루살렘에서 성전의 장사꾼들을 내쫓으십니다. 이 살벌한 장면을 보고 베드로와 안드레는 예수님을 그만 따라야겠다고 생각한 것 같습니다. 아직 예수님을 따르는 무리가 별로 없었고 예수님이 기적도 많이 행하지 않으신 상태에서 너무 과격한 행동을 보이자 위협을 느낀 것입니다. 그렇다면 베드로의 고백이 이해가 갑니다. 예수님은 지금 미래가 두려워 고기잡이로 돌아가 버린 베드로와 안드레를 다시 찾아오셨고, 예수님을 다시 만난 베드로는 죄송해서 명령에 순종하여 그물을 내렸다가 큰 능력을 본 것입니다. 따라서 베드로의 '나는 죄인입니다'라는 고백은 예수님을 떠난 죄를 자각한 것이고 '나를 떠나소서'는 이미 한 번 주님을 떠난 자신이 제자로서 쓸모없는 자라는 자책의 고백입니다.

하지만 예수님은 자기 앞에 무릎 꿇은 사람을 버리지 않으십니다. 예수님은 시몬을 다시 사명의 길로 부르십니다. "무서워하지 말라 이제 후로는 네가 사람을 취하리라"(눅 5:10). 이것이 이 이야기의 핵심입니다. 혹자는 그물이 찢어지도록 많은 물고기를 잡은 것이 복이라고 설교하는데, 이야기의 핵심과 전혀 다릅니다. 말씀에 순종하여 능력을 맛본 사람이 얻을 복은 사명자의 영광입니다. 본문에는 베드로가 '그 물고기를 팔아서 부자가 되었다'는 말이 없습니다. 오히려 "그들이 배들을 육지에 대고 모든 것을 버려두고 예수를 따르니라"(눅 5:11)라고 나옵니다. 버림과 순종을 통해 예수님을 다시 따라간 베드로는 인류 역사의 빛나는 명예를 얻었습니다. 그 명예가 천국에서 더 크고 영원히 이어질 것임은 말할 필요가 없습니다.

기도로 열두 사도를 택하심(눅 6:12-16)

이후로 누가복음은 마태복음, 마가복음과 비슷한 줄거리로 진행됩니다. 예수님은 나병환자(눅 5:12-16)와 침상의 중풍병자(눅 5:17-26)를 고치시고, 레위라는 세리가 세관에 앉아 있는 것을 보시고 그를 제자로 부르십니다(눅 5:27-39). 이어 바리새인들과 안식일 논쟁을 하신 후(눅 6:1-11) 열두 사도를 세우시는 장면이 나옵니다(눅 6:12-16). 이때 예수님은 "기도하시러 산으로 가사 밤이 새도록 하나님께 기도하시고…열둘을 택하여 사도라 칭하"(눅 6:12-13)시는데 이 장면은 다른 복음서에는 나오지 않습니다.

기도를 강조하는 것 역시 누가복음의 중요한 특징입니다. 예수님은 "세례를 받으시고 기도하실 때에 하늘이 열리"(눅 3:21)는 체험을 하셨고, 자주 따로 "한적한 곳에서 기도"(눅 5:16, 9:18 참조)하셨으며, 변화산에도 "기도하시러"(눅 9:28) 올라가셨습니다. 또 제자들에게 직접 기도를 가르치셨고(눅 11:1-4) 다른 복음서에 없는 '간청하는 벗의 비유'(눅 11:5-13)와 '세리와 바리새인의 기도 비유'(눅 18:9-14)

도 들려주셨습니다. 이외에 베드로의 "믿음이 떨어지지 않기를 기도"(눅 22:32)하시는 등 누가복음은 기도를 진심으로 중시하고 있습니다.

예수님이 이토록 자주 기도하신 것은 단순히 우리도 기도를 많이 해야 한다는 뜻이 아닙니다. 주님의 기도는 진짜 기도가 무엇인지를 깨우쳐 줍니다. 만약 기도가 갖고 싶은 것을 얻는 수단이라면, 예수님이 그렇게 자주 기도하실 필요는 없었을 것입니다. 수많은 이적이 증명하듯, 예수님은 모든 것을 가질 권능을 이미 갖고 계시기 때문입니다. 하지만 예수님은 소원성취식 신앙을 마귀 앞에서 거부하셨습니다(눅 4:1-13). 예수님의 기도는 육신을 위한 것이 아닙니다. 말 그대로 하나님의 "이름이 거룩히 여김을 받으시오며 나라가 임하"(눅 11:2)기를 구한 것입니다. "내 원대로 마시옵고 아버지의 원대로 되기를 원하"(눅 22:42)면서 육체를 꺾고 영적 사명을 이룰 힘을 구하신 것입니다.

성도에게도 이런 기도가 매우 중요합니다. 믿는 이는 곧 예수님을 전하는 증인이기 때문입니다(눅 24:48). 증인은 예수님을 위해 "자기를 부인하고 날마다 제 십자가를 지고"(눅 9:23) 따라야 합니다. 이는 쉬운 일이 아닙니다. 세상에는 육체를 위해 주님을 부인하고 싶은 유혹의 순간이 너무 많기 때문입니다. 이때 유혹에 넘어가 예수님의 증인 되기를 "부끄러워하면 인자도 자기와 아버지와 거룩한 천사들의 영광으로 올 때에 그 사람을 부끄러워"(눅 9:26)하실 것이라 했습니다. 중요한 것은 유혹을 이기고 승리하는 것입니다. 아무리 갈등해도 넘어지면 소용없습니다. 이때 승리할 수 있는 힘이 주어지는 통로가 바로 기도입니다. 일생 기도의 본을 보이신 예수님은 모든 유혹을 이기시고 심지어 십자가 위에서까지 "아버지여 저들을 사하여 주옵소서"(눅 23:34)라고 기도하신 위대한 승리자이십니다.

평지설교와 백부장의 믿음(눅 6:20-7:10)

열두 사도를 뽑으신 예수님은 곧이어 마태복음의 산상수훈과 매우 흡사한 설교를 하십니다(눅 6:20-49). 한 가지 다른 점은 마태복음의 산상수훈이 산에서 행해진 반면(마 5:1), 이 설교는 "예수께서…평지에"(눅 6:17) 서서 행하셨다는 것입니다. 산과 평지는 뚜렷이 구별되기 때문에 이 문제를 두고 논쟁이 많습니다. 하지만 그럴 필요가 없습니다. 비슷한 내용을 담고 있는 이 설교들은 사실상 예수님의 가르침의 핵심을 모아 놓은 것입니다. 따라서 예수님이 산이든 평지든 어디에서나 설교하실 때 자주 반복하여 가르치신 내용으로 이해하면 됩니다.

다만 누가복음의 평지설교에는 산상수훈보다 좀더 강조된 부분이 있습니다. "너희 원수를 사랑하며 너희를 미워하는 자를 선대하며 너희를 저주하는 자를 위하여 축복하며 너희를 모욕하는 자를 위하여 기도하라"(눅 6:27-28)입니다. 물론 이와 비슷한 가르침이 마태복음에도 나옵니다(마 5:38-48). 하지만 누가복음의 내용이 더 구체적이고 강력합니다. 마태복음이 다소 소극적으로 "거절하지 말라"(마 5:42)는 수준에 머문다면, 누가복음의 평지설교는 아무것도 바라지 말고 자신의 것을 희생하고 '주라'(눅 6:30, 31, 38)고 하십니다. 당시 누가 공동체가 나눔을 중요한 덕목으로 생각했다는 증거입니다(행 2:44; 4:32 참조).

그래서 평지설교 후에 이어진 '백부장의 종을 치료하신 장면'에는 마태복음에 없는 설명이 많이 추가되어 있습니다. 누가는 이 종이 "백부장의 사랑하는 종"(눅 7:2)이라고 말하면서 "유대인의 장로 몇 사람이…예수께 나아와 간절히 구하여…그가 우리 민족을 사랑하고 또한 우리를 위하여 회당을 지었나이다"(눅 7:3-5)라고 고백하는 장면을 보여 줍니다. 백부장이 종을 '사랑한다'는 표현은 의역으로, 원래는 '존귀히 여기고 존경하다'입니다. 이 표현에서 우리는 백부장의 비범함을 봅니다. 당시 종은 주인에게 소모품과 같은 존재였습니다. 하지만 이 주인은 종을 한 인격체로 대우하며 존경했습니다. 그뿐 아니라 그는 주변의 유대인들까지 '사랑'했습니다. 그 사랑이 진실했기에 본래 로마의 백부장을 죽도록 증오하던 유대인들의 마음까지 녹일 정도였습니다.

이런 모습은 예수님이 평지설교에서 가르치신 내용의 실제 본보기입니다. 자기보다 못한 존재나 또는 원수 된 존재까지 귀히 여기고 사랑하는 모습이기 때문입니다. 나아가 백부장은 예수님께도 절대적인 겸손과 순종을 보입니다. 그래서 예수님은 백부장을 "이스라엘 중에서도 이만 한 믿음은 만나 보지 못하였노라"(눅

7:9)라고 칭찬하신 것입니다.

장터의 아이들 비유(눅 7:31-35)

마태복음과 누가복음에 동시에 나오는 '장터의 아이들 비유'는 많은 성도가 오해하는 비유입니다. 오해의 핵심은 장터의 아이들이 "우리가 너희를 향하여 피리를 불어도 너희가 춤추지 않고 우리가 곡하여도 너희가 울지 아니하였다"(눅 7:32)고 할 때 '우리'와 '너희'의 정체에 대한 것입니다. 일반적으로는 '우리'를 예수님과 교회로 보고 '너희'를 죄인 된 세상으로 봅니다. 예수님과 교회가 기쁨의 피리를 불고 슬픔의 눈물을 흘려도 완악한 세상이 꿈쩍하지 않기 때문에 예수님이 답답해하시는 심정을 담은 비유라고 생각합니다. 하지만 실은 정반대입니다.

예수님은 이 비유의 결론으로 "세례요한이 와서 떡도 먹지 아니하며 포도주도 마시지 아니하매 너희 말이 귀신이 들렸다 하더니 인자는 와서 먹고 마시매 너희 말이 보라 먹기를 탐하고 포도주를 즐기는 사람이요 세리와 죄인의 친구로다 하니"(눅 7:33-34)라고 말씀하십니다. 여기서 세례요한과 예수님을 비판한 존재는 "바리새인과 율법교사들"(눅 7:30)입니다. 이 비유는 이들 때문에 시작된 것입니다. 바리새인과 율법교사들은 이중적인 잣대를 가지고 세례요한과 예수님을 비판했습니다. 세례요한은 안 먹기 때문에 귀신 들렸다 하고 예수님은 잘 잡수시기에 먹기를 탐한다고 비난했습니다. 결국 이들에겐 정해진 원칙이 없습니다. 자기들 마음에 들지 않는 세례요한과 예수님을 무조건 비난하는 것이 최종 목표입니다.

바리새인들의 이중성을 폭로한 것이 바로 '피리 불고 곡을 하는 아이들'입니다. '여기서 내가 피리를 부니까 너희는 춤춰라. 내가 곡을 하니 너희는 울어라' 하는 아이들은 교회가 아니라 교회를 공격하는 자들입니다. 세례요한도 예수님도 뭔가를 요구하는 쪽이 아닙니다. 이래야 한다, 저래야 한다 요구하는 것은 바리새인인데, 이들의 모습은 장터에서 상대를 비난하는 아이들의 모습과 동일합니다. 비유에서 '비난당하는 아이들'은 현실에서 '비난당하는 세례요한과 예수님'을 상징합니다. 이때 비난하는 아이들의 기준은 바리새인들의 이중 잣대와 동일합니다. 아이들은 상대에게 춤을 추라 했다가 갑자기 또 울라고 요구합니다. 이런 극과 극의 황당한 요구는 바리새인들의 억지스러운 비난과 동일합니다.

무엇보다 예수님은 이 비유를 시작하시면서 "이 세대의 사람을 무엇으로 비유할까 무엇과 같은가"(눅 7:31)라고 말씀하십니다. '세대'라는 말은 마태복음과 누가복음에서 모두 부정적이고 악한 존재를 가리킵니다(눅 7:31; 9:41; 11:30-32, 50-51; 17:25; 마 12:39, 41-42, 45; 16:4; 17:17). 악한 세대는 예수님께 늘 표적을 구하는데(눅 11:29), "예수를 시험하여"(마 16:1) 넘어뜨리기 위해서입니다. 그러므로 그들은 원칙 없이 이중 잣대를 들이대며 맥락 없는 비판을 일삼습니다. 예수님은 이러한 바리새인들의 이중성을 장터에서 비판하는 아이들에 비유하신 것입니다.

결국 이 비유의 핵심은 진리를 반대하는 자들이 아무리 비난하고 떠들어도 교회가 그들에게 휘둘려서는 안 된다는 것입니다. 그들의 목표는 진리를 무너뜨리는 것이기에 교회가 그들의 말을 따른다고 해서 절대 감동하거나 칭찬하지 않습니다. 세상의 말에 교회가 동요하면 더 우스운 꼴이 날 수도 있습니다. 일생 주님을 좇아 산 바울은 자기의 삶을 이렇게 표현했습니다. "세상이 나를 대하여 십자가에 못 박히고 내가 또한 세상을 대하여 그러하니라"(갈 6:14). 이 고백은 믿음의 길을 가는 자들이 세상과 완전히 분리되었다는 선언입니다. 물론 교회는 복음을 전파하기 위해 세상과 대화하고 비슷한 문화를 공유할 수도 있습니다. 하지만 예수님의 유일성과 세속 욕망이라는 차원에서 성도와 세상은 서로 죽은 자, 곧 시체와 같은 관계입니다. 시체의 특징은 불러도 답이 없다는 것입니다. 무덤에 대고 칭찬을 하든 욕을 하든, 침묵만 흐릅니다.

이것이 바로 세상이 춤추라고 피리를 불어도, 울라고 곡을 해도 동요하지 않는 교회의 바른 자세입니다. 예수님은 이 비유를 통해 반석처럼 변하지 않는 성도의 의연한 자세를 가르치신 것입니다. 세상은 카멜레온처럼 변신하며 온갖 술책으로 예수님과 교회를 공격합니다. 하지만 하나님의 사람들은 천국을 꿈꾸며 천국의 가치관으로 삽니다. 땅에 속한 자들이 아무리 자기들의 방식을 강요해도 흔들리지 않고 굳건히 진리의 길을 걷는 것이 교회가 할 일입니다. 양적인 부흥은 진리 판단의 잣대가 될 수 없습니다. 교인수의 증감에 관계없이 올곧게 말씀의 길을 지키는 교회가 하나님의 칭찬을 들을 것입니다.

향유를 부은 여인(눅 7:36-50)

'향유를 부은 여인' 하면 대개 예수님이 십자가를 지시기 직전에 있었던 사건을 떠올립니다. 하지만 누가복음에 의하면 그보다 훨씬 전에 이미 향유를 부은 여인이 있었습니다. 그 여인은 "한 바리새인이 예수께 자기와 함께 잡수시기를 청하"(눅 7:36)였을 때 등장합니다. 짚고 넘어갈 것은 누가복음이 바리새인에 대해 다른 복음서와 조금 다른 입장을 보인다는 것입니다. 사복음서 모두 바리새인들을 부정적으로 그리지만, 그럼에도 누가복음은 꽤 너그러운 편입니다. 예수님이 바리새인들과 어울려 식사하시는 장면이 세 번이나 나오고(눅 7:36-50; 11:37-44; 14:1-4), 바리새인들이 예수님의 신변을 걱정하는 모습(눅 13:31)도 나옵니다. 이는 예수님이 자기를 배척하는 자들까지도 쉽게 포기하지 않으셨음을 보여 줍니다. 나아가 당시 누가 공동체가 함부로 사람을 배척하지 않고 모든 사람을 전도의 대상으로 받아들이려 했다는 증거이기도 합니다.

그런데 이 식사 자리에 갑자기 한 죄인인 여자가 등장합니다. 그녀가 어떤 죄를 지었는지는 명확히 알기 힘듭니다. 하지만 예수님을 초청한 바리새인이 "이 여자가…곧 죄인인 줄"(눅 7:39) 알고 있었던 것으로 보아, 그 동네 사람들 모두가 공인하던 죄인 같습니다. 보통은 이 여인을 창기로 보는데, 짐작일 뿐 정확한 사실은 아닙니다. 중요한 것은 바리새인과 죄인인 여자의 선명한 대조입니다. 바리새인은 율법의 정결함을 자부하던 사람으로, 부정한 여인과 절대 어울리지 않았습니다. 그래서 여인이 예수님의 "발 곁에 서서 울며 눈물로 그 발을 적시고 자기 머리털로 닦고 그 발에 입 맞추고 향유"(눅 7:38)를 붓는 모습을 보자 바리새인은 속으로 예수님을 비난했습니다.

그때 예수님은 기이한 질문을 던지십니다. 오백 데나리온 빚진 자와 오십 데나리온 빚진 자가 "갚을 것이 없으므로 둘 다 탕감"(눅 7:42)을 받았을 때 "둘 중에 누가 그(탕감해 준 자)를 더 사랑하겠느냐"(눅 7:42)라고 물으신 것입니다. 바리새인은 당연히 "많이 탕감함을 받은 자"(눅 7:43)라고 답했습니다. 여기서 '많이 탕감받은 자'는 죄인인 여인을 상징합니다. 그렇다면 여인과 대조되는, 적게 탕감받은 사람은 당연히 바리새인입니다. 그는 사실 예수님을 어느 정도 인정하고 있었습니다. 예수님을 식사에 초청하고 "이 사람이 만일 선지자라면"(눅 7:39)이라는 단서를 붙인 것이 이를 증명합니다.

하지만 그는 예수님을 메시아나 하나님의 아들로까지 생각하지는 않았습니다. 그래서 예수님을 식사 자리에 초청했으나 "입 맞추지 아니하였(고)…머리에 감람유도 붓지 아니하였"(눅 7:45-46)습니다. 단지 친분을 유지해서 손해 볼 것 없는 유력한 선생 정도로 생각한 것입니다. 오늘날 기독교인 중에도 이 수준에 머물러 있는 사람이 많습니다. 그들에게 예수님은 삶의 전부가 아니라 자신을 어느 정도 품위 있게 만들어 주는 장식일 뿐입니다. 이런 자세를 갖는 이유는 간단합니다. 예수님이 자기의 죄를 사해 주셨다는 의미가 얼마나 크고 놀라운지 모르기 때문입니다. 그래서 그들은 "사함을 받은 일이 적은 자"(눅 7:47)입니다. 이들은 당연히 주님을 "적게 사랑"(눅 7:47)합니다.

하지만 죄인인 여인은 달랐습니다. 그녀는 자신의 죄 사함에 대한 감격과 감사를 아낌없이 표현했습니다. 모든 자존심을 내려놓고 예수님의 발에 자기의 머리카락과 입술을 대고 전 재산에 해당하는 귀한 향유를 부었습니다. 마태복음과 마가복음에 나오는 향유 부은 여인의 헌신은 십자가를 지실 예수님의 장례를 위한 것(마 26:12; 14:8)이었지만, 누가복음의 향유 부음은 예수님의 죄 사함의 가치를 깨닫고 드린 여인의 감사였습니다. 따라서 그녀는 "많이 탕감함을 받은 자"(눅 7:43)입니다. 많이 탕감받았음을 깨달은 자는 더 많은 사랑을 바치려 합니다.

세상에는 굵직한 죄인과 자잘한 죄인이 모여 삽니다. 굵직한 죄인의 죄는 쉽게 드러나기에 지탄의 대상이 됩니다. 하지만 큰 죄든 작은 죄든 하나님 앞에서 죄는 죄일 뿐입니다. 큰 죄인도 작은 죄인도 예외 없이 심판받아 지옥에 갑니다. 그런데 자잘한 죄인이 의외로 교만할 때가 많습니다. 큰 죄를 짓지 않았기에 스스로 의롭다고 착각하는 것입니다. 나아가 큰 죄인들을 정죄하며 자기의 작은 죄들은 묻어 버립니다. 그래서 오히려 회개하기가 어렵습니다. 인간의 죄는 크든 작든 무서운 것입니다. 이 사실을 알아야 예수님을 올바로 영접할 수 있습니다. 예수님은 바리새인과 죄인 된 여인의 비교를 통해 이 진실을 보여 주신 것입니다.

여인은 예수님이 이전에 중풍병자를 고치시면서 "인자가 땅에서 죄를 사하는 권세가 있는 줄을 너희로 알게 하리라"(눅 5:24)라고 하신 말씀을 깊이 새겼을 것입니다. 또한 "내가 의인을 부르러 온 것이 아니요 죄인을 불러 회개시키러 왔노라"(눅 5:32) 하신 말씀도 굳게 믿었을 것입니다. 그래서 지금 예수님의 발아래 엎드린 것입니다. 예수님의 용서가 얼마나 큰 의미인지를 자신의 모든 것을 드려 보인 것입니다. 그러자 예수님은 "그의 많은 죄가 사하여졌도다 이는 그의 사랑함이 많음이라"(눅 7:47)라고 말씀하십니다.

여기서 우리는 갑작스런 반전을 봅니다. '죄 사함-감사함'이라는 순서가 '감사함-죄 사함'으로 뒤바뀐 것입니다. 많이 빚진 자는 많은 탕감을 받았기에 많이 감사합니다. 죄인인 여자도 많은 용서를 받았기에 많이 감사했습니다. 당연한 순서입니다. 그런데 여인의 감사를 보시면서 예수님은 다시 정식으로 죄 사함을 선포하십니다. 이는 한 사람이 정말 회개했는지의 여부가 그 죄 사함 받은 자의 감사를 통해 증명된다는 뜻입니다. 죄가 사해진 것이 얼마나 큰일인지 아는 자는 진실하고 깊은 감사를 드립니다. 이를 뒤집으면, 진실한 감사를 드리지 않는 자는 자기가 받은 죄 사함의 가치를 아직 모른다는 뜻입니다. 그 가치를 모르면 예수님을 진짜로 믿는 것이 아닙니다. '죄 사함에 얼마나 감사하는가', '그 은혜에 내 귀한 것을 얼마나 아낌없이 드릴 수 있는가'는 신앙의 진위를 알려 주는 척도입니다.

예수님을 섬긴 여인들(눅 8:1-3)

이후 예수님은 제자들과 함께 "각 성과 마을에 두루 다니시며 하나님의 나라를 선포하시며 그 복음을 전하"(눅 8:1)십니다. 예수님 곁에서 활동하던 열두 제자는 특별한 일꾼들입니다. 하지만 몇몇 눈에 띄는 인물들만 하나님 나라를 세우는 것은 아닙니다. 보이지 않는 곳에 감춰진 섬김이 있습니다. 소외된 자들에게 관심이 많은 누가복음은 감춰진 하나님 나라의 일꾼들로 '한 무리의 여인들'을 소개합니다. "막달라인이라 하는 마리아와 헤롯의 청지기 구사의 아내 요안나와 수산나와 다른 여러 여자"(눅 8:2-3)였습니다.

누가복음은 본래 여인들에게 관심이 많습니다. '나인성의 과부'(눅 7:11-17), '향유를 부은 여인'(눅 7:36-50), '예수님을 도운 여인들'(눅 8:1-3) 그리고 십자가를 지실 때 "그를 위하여 가슴을 치며 슬피 우는 여자의 큰 무리"(눅 23:27) 등은 다른 복음서에 나오지 않는 인물들입니다. 이 여인들은 주로 예수님 편에 서서 사역을 도왔습니다. 이 여인들이 누가복음에만 기록된 것은 당시 누가 공동체 안에도 보이지 않는 곳에서 열심히 섬기던 여인이 많았기 때문일 것입니다. 예수님 당시 주님을 섬기던 여인들의 이야기가 누가 공동체의 여인들에게 큰 위로를 줄 것이므로 누가가 이 사실들을 기록한 것입니다.

그런데 누가는 이 여인들을 "악귀를 쫓아내심과 병 고침을 받은 어떤 여자들"(눅 8:2)이라고 표현합니다. 따라서 이들은 '은혜를 아는 자'들입니다. 조금 전 우리는 향유를 부은 여인을 보았습니다. 그 여인도 주님의 은혜를 아는 자였습니다. 그리고 그 증거는 실질적인 섬김에서 드러났습니다. 자기의 가장 귀한 향유를 드렸기 때문입니다. 보통 이 여인을 뒤에 나오는 막달라 마리아로 보는 경향이 있지만, 증거는 없습니다. 동일인이든 아니든, 그녀와 막달라 마리아는 큰 은혜를 받고 그 은혜에 진심으로 감사한 인물이었습니다. 물론 시몬의 장모(눅 4:38-39)나 나인성의 과부(눅 7:11-17)도 당연히 이 그룹에 속해 있었을 것입니다.

누가는 이 여인들이 "자기들의 소유로 그들을 섬기더라"(눅 8:3)라고 말합니다. 여기서 말하는 '그들'이란 선교의 최전방에서 뛰던 예수님과 제자들을 가리킵니다. 간혹 우리는 하나님의 일을 지나치게 낭만적으로 생각할 때가 있습니다. 하나님 나라가 저절로 세워진다고 믿기도 합니다. 주일 예배에만 겨우 참석하면서 신앙을 근근이 지탱하는 사람들이 특히 그러합니다. 하지만 하나님 나라는 성도들의 땀과 눈물과 피로 조금씩 전진해 갑니다. 예수님의 활동 기간이 3년이라면 그 기간에 예수님과 제자들의 사역에 들어간 식비, 주거비, 활동비 등은 만만치 않았을 것입니다. 끼니마다 오병이어의 기적이 일어난 것이 아닙니다. 예수님과 제자들은 선교 활동을 위한 돈궤를 지참하고 있었습니다(요 12:6; 13:29). 여인들이 자기 소유로 섬겼다는 것은 그 궤가 비지 않도록 도우면서 하나님 나라를 함께 세워 간 위대한 사명자였다는 뜻입니다.

눅 9:51-19:27

중반기 사역

예루살렘으로 출발하심과 굳은 결심(눅 9:51)

누가복음의 전반기 사역 부분은 마태복음, 마가복음과 유사합니다. 특히 변화산 사건(눅 9:28-43), 고난예고(눅 9:44-45), 제자들의 누가 크냐 논쟁(눅 9:46-50) 이후 예수님이 예루살렘으로 떠나시는 장면(눅 9:51)까지 거의 동일한 순서입니다. 하지만 예루살렘 출발 장면부터 내용이 달라지기 시작합니다. 일단 이 출발 장면에 다른 복음서가 말하지 않는 예수님의 독특한 심리가 묘사되어 있습니다. 예수님은 "승천하실 기약이 차가매 예루살렘을 향하여 올라가

기로 굳게 결심"(눅 9:51)하십니다. '굳게 결심하셨다'를 원어로 직역하면 '얼굴(혹은 표정)을 견고히 하셨다'입니다.

예수님이 예루살렘에 가시는 이유는 십자가에서 "많은 고난을 받고…죽임을 당하"(눅 9:22)시기 위함입니다. 이 길은 예수님께도 공포와 갈등의 길입니다. 이 땅에 육체로 오셨고 "모든 일에 우리와 똑같이 시험을 받으신"(히 4:15) 분이기 때문입니다. 하지만 이 길에는 놀라운 승리가 약속되어 있었습니다. "제 삼 일에 살아나"(눅 9:22) 부활하고 "승천하실 기약"(눅 9:51)이 있었습니다. 예수님은 "그리스도가 이런 고난을 받고 자기 영광에 들어가야 할 것"(눅 24:26)을 잘 알고 계셨습니다. 그래서 마음을 굳히신 것입니다. 가고 싶지 않은 예루살렘을 오히려 견고한 표정으로 바라보신 것입니다. 그 길은 고난인 것 같지만 실은 영광의 길이기 때문입니다.

그런데 여기서 한 가지 의문이 떠오릅니다. 예수님이 십자가의 길을 결단하신 이유가 인간 대신 벌을 받고 죄 용서의 사랑을 베풀기 위함이라는 데 모든 것이 집중되어야 할 것 같은데, 뭔가 부족한 느낌이 들기 때문입니다. 물론 인간은 예수님의 십자가를 통해서만 구원을 얻습니다. 십자가에서 찢기신 예수님의 몸은 명백히 "너희를 위하여 주는"(눅 22:19) 것이요, 흘리신 피는 "너희를 위하여 붓는 것"(눅 22:20)입니다. 하지만 누가복음에는 생각보다 이 '대속'의 개념이 적습니다. 심지어 마태복음과 마가복음에 철자 하나 안 틀리고 똑같이 나오는 "인자가 온 것은…자기 목숨을 많은 사람의 대속물로 주려 함이니라"(마 20:28; 막 10:45)라는 대목도 나오지 않습니다.

엄밀히 말하면 마태복음과 마가복음 역시 우리 기대만큼 십자가의 '대속'과 이를 통한 '이신칭의' 사상을 말하는 데 조금 인색합니다. 대속과 이신칭의 사상은 오히려 바울서신에 집중되어 있습니다. 그래서 현대의 몇몇 학자들은 '복음서의 가르침과 바울의 가르침이 다르다' 혹은 '기독교는 바울이 만든 종교다' 말하기도 합니다. 하지만 누가복음을 비롯한 공관복음서에 대속과 이신칭의 개념이 희박한 것은 예수님이 이를 강조하지 않으셔서가 아니라 당시 성도들이 이미 너무 잘 알고 있었기 때문입니다. 공관복음서를 읽던 초대교회 사람들은 이미 기초반 수준을 뗀 성숙한 사람들이었습니다. 바울서신은 이제 막 신앙에 입문했거나 전도 대상자들을 상대로 믿음의 기초를 가르치려는 목적이 있었습니다. 하지만 이후에 기록된 복음서들은 기초를 이미 마친 성도들을 위한 것이었습니다. 누가복음을 전해받은 데오빌로 역시 이미 복음을 배워 잘 알고 있는(눅 1:4) 사람이었습니다.

성숙한 성도들은 '십자가의 값없는 은혜'만 배워서는 안 됩니다. 큰 은혜를 얻은 자신이 이제 주님의 뒤를 따라 십자가를 져야 함을 배움이 마땅합니다. 그래서 누가복음을 비롯한 공관복음서는 십자가의 대속의 은혜보다, 이 은혜를 이미 얻은 성도가 져야 할 '자기 십자가'(마 10:38; 16:24; 막 8:34; 눅 14:27)를 더 부각시킨 것입니다. 값없이 주신 십자가 은혜만 너무 반복하면 오히려 복음을 값싸게 인식할 확률이 높습니다. 그래서 히브리서에는 이런 말씀까지 나옵니다. "그러므로 우리가 그리스도의 도의 초보를 버리고 죽은 행실을 회개함과 하나님께 대한 신앙과 세례들과 안수와 죽은 자의 부활과 영원한 심판에 관한 교훈의 터를 다시 닦지 말고 완전한 데로 나아갈지니라"(히 6:1-2).

이처럼 공관복음서는 초보 수준을 넘어 성도가 기꺼이 십자가를 지는 경지까지 오르도록 성장시키려는 목적이 있습니다. 그래서 "무릇 내게 오는 자가 자기 부모와 처자와 형제와 자매와 더욱이 자기 목숨까지 미워하지 아니하면 능히 내 제자가 되지 못하고"(눅 14:26), "무릇 자기 목숨을 보전하고자 하는 자는 잃을 것이요 잃는 자는 살리리라"(눅 17:33) 같은 묵직한 말씀들이 강조된 것입니다. 십자가의 길을 통해서만 주님께 받은 은혜가 온전히 완성되기 때문입니다.

그러므로 누가복음은 예수님이 십자가에서 주실 구원의 은혜보다 그 십자가를 질 때 얻으실 영광을 더 부각시킵니다. 예수님의 십자가 길은 곧 부활과 승천의 길이고(눅 9:51), 그리스도는 이런 고난을 받아야 자기의 영광에 들어가게 될 것(눅 24:26)입니다. 동시에 십자가의 길을 따르는 자들에게도 약속이 주어집니다. "나의 모든 시험 중에 항상 나와 함께한 자들(은)…내 나라에 있어 내 상에서 먹고 마시며 또는 보좌에 앉아 이스라엘 열두 지파를 다스리게 하려 하노라"(눅 22:28-30, 마 19:28 참조).

복음서를 읽던 초대교회 성도들은 십자가를 통해 받는 구원의 은혜를 넘어 그 십자가의 고난에 동참해야 한다는 사실까지 잘 알고 있었습니다. 오늘날 우리도 마찬가지입니다. 십자가 없이는 영광이 없습니다. 하지만 내 앞에 놓인 십자가를 보며 우리는 자주 갈등합니다. 이 갈등은 당연한 것입니다. 예수님도 이 길에서 갈등하셨습니다. 하지만 장래의 영광을 보시며 갈등을 결단으로 바꾸셨고, 흔들리는 표정을 굳건히 하셨습니다. 참된 제자는 예수님의 결단을 배움이 마땅합니다. 갈등만으로는 아무것도 이룰 수 없습니다. 결단을 위한 과정으로 삼을 때 비로소 의미가 있습니다. 예수님은 예루살렘행을 앞두고 이런 마음의 결단을 우리에게 보여 주고 계신 것입니다.

십자가의 길, 고난의 길을 택하는 자는 복이 있습니다. 이 길을 통해 성도는 비로소 참된 영광을 얻게 됩니다. 이것이 온전한 복음입니다. 물론 바울서신도 신앙의 기초만 강조하지는 않습니다. 당연히 다음 단계도 등장합니다. 로마서에서 이신칭의의 복음을 가르치던 바울은 어느새 "우리가 그와 함께 영광을 받기 위하여 고난도 함께 받아야 할 것"(롬 8:17)이라고 말합니다. "현재의 고난은 장차 우리에게 나타날 영광과 비교할 수"(롬 8:18) 없기 때문입니다. 천국의 영광을 바라보는 성도는 십자가의 고난을 피하지 않습니다. 육체의 즐거움보다 진리를 위해 받는 "괴로움을 기뻐하고 그리스도의 남은 고난을 그의 몸 된 교회를 위하여 내 육체에 채우"(골 1:24)는 삶을 삽니다. 빛난 면류관 받기까지 험한 십자가를 달게 지고 죽도록 충성합니다. 십자가 없는 영광은 거짓이기 때문입니다.

예수님은 대속의 구원뿐 아니라 주님을 따르는 자가 받을 영광도 함께 보여 주시려고 십자가를 질 결단을 하셨습니다. 그리고 마침내 "예루살렘 가까이"(눅 19:11) 오셨을 때 "예루살렘을 향하여 앞서서"(눅 19:28) 가는 과감한 모습을 보이십니다. 예수님의 십자가는 사용하는 것이 아니라 사랑하는 것이요, 타고 가는 것이 아니라 지고 가는 것입니다.

예루살렘 여정 중 사건과 설교의 제목별 요약(눅 9:51-19:27)

누가복음은 예수님의 예루살렘 여행 과정에서 다른 복음서에는 없는 희귀한 내용을 많이 보여 줍니다. 누가복음만의 이 독특한 내용들을 '사건'과 '설교'로 구분하여 순서대로 요약하면 오른쪽 표와 같습니다.

여행 중 일어난 주요 사건

• 칠십 인 파송 및 귀환(눅 10:1-20)

다른 복음서와 달리 누가복음에는 예수님의 열두 사도 외에 칠십 인의 제자가 등장합니다. 당시 누가복음을 읽던 누가 공동체 안에 체계적인 지도자 그룹이 있었음을 암시합니다. 이렇게 볼 수 있는 이유는 누가가 다른 복음서에 나오지 않는 여러 계층의 제자 그룹을 굳이 구분해서 밝히고 있기 때문입니다. 아마도 누가는 현

예루살렘 여정	
사건	설교
칠십인 파송 및 귀환(눅 10:1-20)	
	선한 사마리아인 비유(눅 10:25-37)
마리아와 마르다 방문(눅 10:38-42)	
제자들에게 기도를 가르치심(눅 11:1-13)	
	간청하는 벗 비유(눅 11:5-13)
유산 분배 요청 받으심(눅 12:13-15)	
	곧 죽을 부자 비유(눅 12:16-21)
갈릴리인들의 죽음과 실로암 망대사건(눅 13:1-5)	
	열매 맺지 못하는 무화과나무 비유(눅 13:6-9)
18년 동안 꼬부라진 여인 치료(눅 13:10-17)	
헤롯의 위협과 여우(눅 13:31-33)	
수종병 든 자 치료(눅 14:1-6)	
	끝자리에 앉으라는 교훈(눅 14:7-11)
	갚을 것 없는 자를 초청하라는 교훈(눅 14:12-14)
	열 드라크마 비유(눅 15:8-10)
	탕자 비유(눅 15:11-32)
	옳지 않은 청지기 비유(눅 16:1-13)
	부자와 나사로 비유(눅 16:19-31)
	참된 종 비유(눅 17:5-10)
열 명의 나병환자 치료(눅 17:11-19)	
	과부와 재판장 비유(눅 18:1-8)
	바리새인과 세리의 기도 비유(눅 18:9-14)
세리장 삭개오와의 만남(눅 19:1-10)	
	열 므나 비유(눅 19:11-27)

재 교회의 지도자 그룹 시스템이 그냥 만들어진 것이 아니라 예수님 제자들의 그룹 시스템에 기원을 두었다는 것을 증명하고 보여주려 한 것 같습니다. 이런 차원에서 보면 누가 공동체가 당시 꽤 잘 정비된 조직을 가진 신앙 공동체였음을 짐작할 수 있습니다.

예수님은 칠십 인의 제자를 뽑아 "둘씩 앞서 보내시며"(눅 10:1) 예루살렘 여행의 척후병으로 삼으셨습니다. 이들을 보내시기 전에 예수님은 열두 제자에게 하셨던 '파송설교'(눅 9:3-5)와 비슷한 말씀을 전하십니다(눅 10:2-14). 그런데 이때는 색다른 말씀이 더해집니다. "추수할 것은 많되 일꾼이 적으니 그러므로 추수하는 주인에게 청하여 추수할 일꾼들을 보내 주소서 하라"(눅 10:2, 마 9:37-38 참조).

이 말씀은 자주 오해되는 말씀입니다. 흔히 교회가 자기들을 위해 일할 일꾼을 보내 달라고 주님께 요청하는 것이라고 생각합니다. 하지만 그렇지 않습니다. 우리말 성경에 '보내 주소서'라는 의역이 오해를 일으킨 것입니다. '보내 주소서'라고 하면 주님께 일꾼을 요청하는 느낌이 강합니다. 하지만 '보내 주소서'를 '보내소서'로 바꾸어야 더 정확합니다. 이 말씀을 원어로 직역하면 '그러므로 너희는 추수의 주인에게, 그가 그의 추수를 위하여 일꾼을 보내실 것(일꾼 파송)을 요청하라'입니다. 즉 '일꾼' 자체가 아니라 '일꾼의 파송'을 요청하라는 가르침입니다.

그런데 이때 '일꾼 파송'을 요청해야 할 '너희'는 다름 아닌 일꾼으로 뽑힌 제자들 자신입니다. 따라서 이 요구는 다른 일꾼을 보내달라는 말이 아니라 오히려 '일꾼 된 나 자신'을 빨리 파송해 달라고 주님께 요청하라는 것입니다. 다시 말해, 예수님이 하시려는 말씀은, 남이 보내서 억지로 가는 것이 아니라 스스로 파송을 요청하고 자발적으로 사명에 뛰어드는 일꾼이 되라는 뜻입니다. 마치 구약의 이사야가 "내가 여기 있나이다 나를 보내소서"(사 6:8)라고 한 것처럼 말입니다. 그래서 이 구절 다음에 예수님은 곧장 "갈지어다"(눅 10:3)라고 말씀하십니다. 연결해서 풀어보면, '너희가 그렇게 자발적으로 일꾼 파송을 요청하니 알았다, 너희는 이제 떠나라'의 뜻입니다.

이렇게 의욕적으로 떠난 칠십 인의 제자는 사역을 마치고 돌아와서 "주의 이름이면 귀신들도 우리에게 항복하더이다"(눅 10:17)라고 기쁘게 보고합니다. 예수님은 이 보고를 듣고 제자들에게 "원수의 모든 능력을 제어할 권능을 주었으니 너희를 해칠 자가 결코 없으리라"(눅 10:19) 말씀하십니다. 그런데 '해칠 자가 결코 없다'는 것은 앞으로 제자들이 육적으로 아무 손해나 손상을 입지 않을 것이란 말이 아닙니다. 오히려 반대입니다. 제자는 사명 중에 목숨을 잃을 수도 있습니다(눅 9:24; 17:33). 예수님은 악한 자들이 "내 이름으로 말미암아 너희에게 손을 대어 박해하며 회당과 옥에 넘겨주며"(눅 21:12) 괴롭히리라 예언하셨고 "심지어 부모와 형제와 친척과 벗이 너희를 넘겨주어 너희 중의 몇을 죽이게 하겠고 또 너희가 내 이름으로 말미암아 모든 사람에게 미움을 받을 것"(눅 21:16-17)이라고 예언하셨습니다. 그런데 이 예언 후에도 예수님은 "너희 머리털 하나도 상하지 아니하리라"(눅 21:18)라고 말씀하십니다.

여기서 우리는 예수님의 말씀이 육체에 대한 것이 아니라 영혼에 대한 것임을 깨닫습니다. 제자들이 '결코 해함을 당하지 않는다'는 것과 '머리털 하나도 상하지 아니하리라'는 것은 육체의 안녕이 아닙니다. 오히려 제자의 육체는 세상에서 박해와 미움을 당하고 심지어 죽기까지 할 것입니다. 하지만 이 모든 것을 인내하고 사명을 위해 참고 견디다가 죽는 자는 "너희의 인내로 너희 영혼을 얻으리라"(눅 21:19)라는 약속을 받게 됩니다. 예수님의 말씀은 바로 이 "영혼의 구원"(벧전 1:9)에 대한 말씀입니다.

인간에게는 삶과 죽음의 경계가 정말 중요합니다. '개똥밭을 굴러도 이승이 낫다'는 속담은 괜히 나온 게 아닙니다. 죽음 저편은 두렵고 막막합니다. 그러다 보니 삶에 집착하고 매달립니다. 살아 있을 때 받는 복이 진짜 복으로 느껴지지 죽은 후에 받는 복은 썩 실감나지 않습니다. 그래서 마귀의 가장 강력한 무기는 죽음입니다. 성경은 마귀를 "죽음의 세력을 잡은 자 곧 마귀"(히 2:14)라고 표현합니다. 마귀는 죽음의 두려움을 이용해 인간이 삶에 집착하도록 만듭니다. "죽기를 무서워하므로 한평생 매여 종노릇"(히 2:15)하도록 만듭니다. 하지만 속임수입니다. 죽음은 하나의 과정일 뿐 죽음 이편이나 저편이 실은 동일합니다. 죽으면 큰일 날 것 같지만 죽음 후에도 인간은 여전히 살아 존재합니다.

누가복음에는 이 사상이 다른 복음서보다 강합니다. 사두개인의 부활 논쟁에서 누가는 "하나님은 죽은 자의 하나님이 아니요 살아 있는 자의 하나님이시라 하나님에게는 모든 사람이 살았느니라"(눅 20:38)라고 밝힙니다. '하나님 앞에 모든 사람이 살아 있다'는 선언은 누가복음만의 독특한 기록입니다. 인간에게 그리도 중요한 삶과 죽음의 경계가 하나님 앞에서는 실상 아무 의미가 없습니다. 이 경지를 제대로 이해하면 성경 안에서 잘 이해되지 않는 사건들이 풀리기 시작합니다.

죽음을 피하려고 삶에 집착하는 것은 어리석습니다. 진짜 삶은 죽음 이후입니다. '현재'가 뱃속의 태아라면 '죽음'은 출산의 과정이요, '죽음 후'부터가 진짜 삶입니다. 그래서 예수님은 말씀하십니다. "내가 내 친구 너희에게 말하노니 몸을 죽이고 그 후에는 능히 더 못하는 자들을 두려워하지 말라"(눅 12:4). 이 말씀은 마태복음에도 나오지만(마 10:28) 누가복음은 '내가 내 친구 너희에게 말하노니'라는 말을 덧붙여 이것이 예수님의 특별한 가르침이자 주님의 친구 된 자들 외에는 받을 수 없는 것임을 강조합니다. 또한 마태복음에는 없는 '몸을 죽이고 그 후에는'이라는 표현을 통해 죽음 이후라는 '시점'을 명확히 표현하고 있습니다.

세상에서 마귀는 제자들의 육체를 위협하고 심지어 죽일 수도 있습니다. 하지만 죽음 이후에 펼쳐질 영원한 세계에서 마귀는 아무 능력을 발휘하지 못합니다. 영원의 세계에서 인간의 운명을 결정하실 분은 오직 하나님입니다. 하나님은 인간을 "죽인 후에 또한 지옥에 던져 넣는 권세"(눅 12:5)를 가지고 계십니다. 따라서 삶에 집착하여 죽음 이후를 대비하지 않는 자는 어리석습니다. 지혜로운 자는 죽음 후의 영원을 바라보며 심판하실 하나님을 두려워하고, 현재의 삶을 주님께 드립니다. 예수님은 "사람 앞에서 나를 시인하면 인자도 하나님의 사자들 앞에서 그를 시인할 것"(눅 12:8)이라고 약속하셨습니다. 모든 인간은 예수님이 변호해 주셔야만 지옥을 면할 수 있습니다. 현재의 삶은 죽음 후에 심판을 피할 기회로 사용해야 합니다. 이런 사람이 참으로 지혜로운 자입니다.

주님의 제자들은 "사람이 너희를 회당이나 위정자나 권세 있는 자 앞에 끌고"(눅 12:11)가도 두려워하지 않습니다. 기껏해야 그들은

"몸을 죽이고 그 후에는 능히 더 못하는 자들"(눅 12:4)이기 때문입니다. 예수님이 말씀하신 "뱀과 전갈을 밟으며 원수의 모든 능력을 제어할 권능"(눅 10:19)은 단지 귀신들이 항복하는 것만을 의미하지 않습니다. 원수의 가장 큰 능력은 죽음의 권세입니다. 진정한 제자는 이 권세를 넘어서서 죽음 후에 천국에 들어갈 자격을 가진 자입니다. 하늘 시민의 명단에 이미 이름이 기록된 자들입니다. 바로 이 사실이 제자들에게 가장 큰 기쁨입니다.

그러므로 제자들은 단지 "귀신들이…항복"(눅 10:20)하는 것을 기뻐하는 수준에 머무르면 안 됩니다. 사명을 감당하면서 귀신들의 항복을 받을 때도 있지만, 때로 악한 자들의 박해 속에 고난과 죽임을 당할 수도 있기 때문입니다. 그럼에도 그 고난과 죽임은 제자들을 해칠 수 없고 머리털 하나 상하게 하지 못할 것입니다. 죽은 후에 제자들이 얻을 진정한 복이 하늘에서 기다리기 때문입니다. 그래서 예수님은 "그러나 귀신들이 너희에게 항복하는 것으로 기뻐하지 말고 너희 이름이 하늘에 기록된 것으로 기뻐하라"(눅 10:20) 말씀하신 것입니다.

· 마리아와 마르다 방문(눅 10:38-42)

예수님은 여행 중에 마르다와 마리아 자매의 대접을 받으셨습니다. 두 여인은 요한복음에 나오는 '나사로의 동생들'(요 11:1-2)일 것입니다. 요한복음에는 이들이 예루살렘 근처에 있는 "베다니"(요 11:1)에 살았다고 나오는데, 누가복음의 기록상 지금 예수님이 계시는 마을이 남쪽 베다니일 가능성은 적으므로 혹자는 이 기록에 문제가 있다고 의문을 제기하기도 합니다. 하지만 우리는 이스라엘이 그리 큰 나라가 아님을 기억해야 합니다. 이야기 진행상 예수님이 갈릴리 지역에서 서서히 남쪽 예루살렘으로 내려가는 중이지만, 사실 이스라엘은 우리나라 강원도보다 작은 나라입니다. 누가복음은 예수님이 "각 성 각 마을로 다니사 가르치시며 예루살렘으로 여행하시더니"(눅 13:22)라고 기록하는데, 이 행로가 반드시 위에서 아래로 내려오는 일직선 코스일 필요는 없습니다. 베다니까지 내려갔다가 다시 올라오는 코스도 얼마든지 고려할 수 있습니다.

예수님을 영접한 마르다는 "준비하는 일이 많아 마음이 분주"(눅 10:40)했고 반면에 동생 마리아는 "주의 발치에 앉아 그의 말씀"(눅 10:39)을 들었습니다. '준비하는 일'은 식탁과 관련된 단어로, 음식 준비를 뜻합니다. 마르다는 예수님께 좋은 대접을 해드리고 싶었습니다. 하지만 혼자만 계속 일하자 결국 화가 나고 말았습니다. '마음이 분주하다'는 단어는 신약성경에서 이곳에만 나오는데, 문자적으로는 '사방에서 당겨지다'라는 뜻입니다. 즉, 하는 일이 너무 많아 마음이 조급한 상태를 말합니다. 결국 마르다는 "예수께 나아가 이르되 주여 내 동생이 나 혼자 일하게 두는 것을 생각하지 아니하시나이까 그를 명하사 나를 도와주라 하소서"(눅 10:40)라고 말합니다. 그러자 예수님은 "네가 많은 일로 염려하고 근심하나…한 가지만이라도 족하니라 마리아는 이 좋은 편을 택하였으니 빼앗기지 아니하리라"(눅 10:41-42)라고 답하십니다.

이 본문을 제대로 이해하려면 마르다가 예수님을 "주여"(눅 10:40)라고 부르는 장면에서 시작해야 합니다. 겉보기에 이 집의 주인은 마르다지만, 마르다의 주인은 예수님입니다. 따라서 이 집의 진짜 주인은 예수님입니다. 집을 교회에도 비길 수 있습니다. 예수님이 주인 되시고 그 주인께서 말씀을 전하고 계시기 때문입니다. 교회에서 이보다 중요한 일은 없습니다. 온 힘을 다해 주님의 말씀사역을 지키고 보존하는 곳이 교회입니다. 하지만 예수님을 주인으로 모신 마르다의 행동은 좀 이상합니다. 그녀는 말씀보다 음식 준비하는 것이 더 중요하다고 판단합니다. 그래서 예수님의 말씀을 떠나 다른 일들로 분주합니다.

물론 예수님을 섬기려는 선한 의도에서 시작된 일이었습니다. 하지만 진짜 잘 섬기려면 예수님이 기뻐하시는 일을 먼저 해야 합니다. 예수님은 성도들이 무엇보다 말씀을 귀히 여겨 기쁘게 듣고 따르기를 원하십니다. "내게 나아와 내 말을 듣고 행하는 자마다…주추를 반석 위에 놓은 사람과 같으니"(눅 6:47-48). 이것만 이루어지면 다른 것은 모두 부수적일 뿐입니다. 하지만 마르다의 생각은 달랐습니다. 그녀는 지금 예수님의 말씀보다 중요한 것이 있다고 판단하고 있습니다. 이때부터 주객이 전도되기 시작합니다. 예수님을 '주인님'으로 부르지만 주인의 마음보다 자기 판단이 우선된 것입니다.

이는 결국 주인이 예수님이 아니라 마르다 자신임을 보여 줍니다. 이런 자세는 신앙에서 문제를 일으킵니다. 본질이 아닌 것으로 본질을 파괴하기 때문입니다. 예수님은 지금 중요한 말씀 사역을 하고 계십니다. 하지만 마르다는 예수님의 사역 한복판을 부수고 들어옵니다. "나 혼자 일하게 두는 것을 생각하지 아니하시나이까"(눅 10:40)라는 말은 예수님의 말씀 사역을 쓸데없는 일로 만들어 버립니다. '나 혼자만 일한다'는 착각에서 교만이 싹텄습니다. 아무도 일을 강요하지 않았습니다. 그 일이 중요하다고 주장하는 것은 마르다 자신뿐입니다. 하지만 자기 기준이 중요했던 마르다는 마침내 예수님께 명령하기에 이릅니다. "그를 명하사 나를 도와주라 하소서"(눅 10:40). 결국 마르다에게 집주인은 예수님이 아니라 여전히 자신이었던 것입니다.

우리도 신앙생활을 할 때 마르다와 같은 착각에 빠질 때가 있습니다. 예수님을 주인으로 고백하면서도 실은 내가 주인이 되어 말씀을 판단하고 가로막고 내가 원하는 식으로 이래라 저래라 명령하는 것입니다. 교회가 운영되려면 여러 일이 필요합니다. 하지만 부수적인 것들이 본질을 넘어서지 않는지 늘 경계해야 합니다. 자기 판단과 생각이 예수님의 말씀과 그 말씀을 따르려는 순수한 사람들을 가로막거나 넘어뜨리지 않도록 늘 주의해야 합니다. 만약 껍질이 본질을 넘어서려 하면 모든 것을 버려두고 과감하게 본질로 돌아와야 합니다. 그렇지 않으면 교회는 진짜 중요한 '좋은 것'을 빼앗겨 버리고 말 것입니다.

· 갈릴리인들의 죽음과 실로암 망대사건(눅 13:1-5)

예수님 당시는 신문이나 언론 매체가 없어서 백성들이 큰 사건 사고 소식을 쉽게 접할 수 없었습니다. 하지만 누가복음은 당시 이스라엘 사람들에게 꽤 널리 알려진 두 사건을 전해 줍니다. 첫 번째는 "빌라도가 어떤 갈릴리 사람들의 피를 그들의 제물에 섞은 일"(눅 13:1)이고, 두 번째는 "실로암에서 망대가 무너져 치어 죽은 열여덟 사람"(눅 13:4) 사건입니다.

첫 번째 사건은 성전 제사와 관련됩니다. 어떤 갈릴리 사람들이 "그들의 제물"(눅 13:1)을 성전에 드리러 가다가 무슨 이유인지 당시 총독이던 빌라도에게 체포되어 사형을 당했습니다. 사람들은 이를 '그들의 피가 그들의 제물에 섞였다'는 말로 표현했습니다. 기록에 따르면 빌라도는 상당히 잔인한 인물이었고, 그의 치세 동안 수많은 사람이 사형을 당했다고 합니다. 따라서 이 사건은 당시 그리 큰일이 아닐 수도 있습니다. 그럼에도 이 사건이 유명했던 것은 필시 이들이 '제물을 드리다가 죽은 것' 때문일 것입니다. 성전에 제물을 드리는 일은 선한 행위이므로 하나님이 이들을 보호해 주셔야 마땅할 것 같은 느낌이 듭니다. 하지만 그들은 하나님의 가호를 받지 못하고 허무하게 죽었습니다. 그래서 사람들은 "이 갈릴리 사람들이 이같이 해 받으므로 다른 모든 갈릴리 사람보다 죄가 더 있는"(눅 13:2) 것이라고 생각한 것입니다.

두 번째 실로암 망대 사건도 이와 비슷한 시기에 일어난 것으로 보입니다. 빌라도 시대 기록을 보면 예루살렘 성내에 실로암 연못의 물을 원활히 공급하려고 수로를 건설하는 공사가 있었습니다. 아마 이 공사 중에 망대가 무너지는 사고로 열여덟 명이 한꺼번에 죽은 것 같습니다. 그리고 그들은 공사와 관계없이 근처를 지나는 행인들이었던 것으로 보입니다. 사람들은 이 황당하고 갑작스런 죽음을 놓고 이런저런 해석을 하다가 결국 "열여덟 사람이 예루살렘에 거한 다른 모든 사람보다 죄가 더 있는"(눅 13:4) 것으로 결론을 내린 것입니다.

예수님은 사람들의 이런 생각을 가차 없이 깨뜨리십니다. 예수님은 "너희도 만일 회개하지 아니하면 다 이와 같이 망하리라"(눅 13:3, 5)라고 선언하십니다. 이 말씀은 모든 인간이 예외 없이 죄인이라는 기독교의 기본 진리를 일깨워 줍니다. 불행을 당한 사람만 죄가 있는 것이 아니라 모든 인간은 본래 다 죽을 죄인입니다. 오늘날도 누군가 불행을 겪는 것을 보고 '뭔가 죄가 있나 보다' 하고 쉽게 말하는 사람들이 있습니다. 하지만 죄와 불행이 정비례한다면 세상에 살아남을 사람은 아무도 없습니다. 죗값은 반드시 이 땅에서만 치러지는 것이 아닙니다. 이 땅에서의 죽음은 통과의례일 뿐입니다. 인간은 죽어도 죽지 않습니다. 죽은 뒤에 심판을 받고 지옥에 던져지는 것이 진짜 죽음이요, 멸망입니다.

모든 사람은 죄인이므로 지옥의 죽음을 맞이해야 합니다. 어느 누가 낫고 못하고가 없습니다. 도토리 키 재기일 뿐입니다. 그래서 예수님이 이 땅에 오신 것입니다. 예수님은 모든 인간에게 "내가…죄인을 불러 회개시키러 왔노라"(눅 5:32)라고 선언하셨습니다.

누구든지 진정으로 회개하면 진짜 죽음과 멸망인 지옥의 처벌을 면할 수 있습니다. 하지만 회개치 않는 자는 누구도 지옥의 죽음을 피할 수 없습니다. "모든 사람이 죄를 지었으므로 사망이 모든 사람에게 이르렀"(롬 5:12)기 때문입니다. 이것이 "너희도 만일 회개하지 아니하면 다 이와 같이 망하리라"(눅 13:3, 5)라는 말씀의 의미입니다.

• 열 명의 나병환자 치료(눅 17:11-19)

나병은 무서운 병입니다. 다행히 지금은 치료약이 발견되었지만 옛날에는 대책 없이 얼굴과 몸이 망가지고 마을에서 쫓겨나 숨어 살아야만 했습니다. 예수님은 예루살렘 여행 중에 사마리아와 갈릴리 사이로 지나가다가 한 마을에 들어가셨는데, 그곳에서 나병환자 열 명을 만나셨습니다. 그들은 멀리 서서 "예수 선생님이여 우리를 불쌍히 여기소서"(눅 17:13)라고 외쳤습니다. '예수 선생님이여'라는 호칭은 성경에서 이 본문에만 등장하는 독특한 표현입니다. 특히 '선생님'(에피스타테스, ἐπιστάτης)이라고 번역된 단어는 누가복음에만 나오는데, 예수님을 부르는 용도로만 7번 사용되었습니다. 이 말은 말씀을 가르치는 선생을 의미하지 않습니다. 우리말 성경은 '선생님'으로 2번(눅 5:5; 17:13), '주여'로 5번(눅 8:24*2, 45; 9:33, 49) 번역했습니다. 하지만 본래 이 단어의 뜻은 중요한 일을 처리하는 높은 직책의 관리자나 감독을 의미합니다.

따라서 '예수 선생님'이란 호칭은 '예수님이 모든 것을 관리, 감독하실 능력자'라는 고백입니다. 이 속에는 예수님이 당시 불치병인 나병도 고치실 수 있다는 믿음이 담겨 있습니다. 그래서 예수님은 그들의 믿음을 인정하시고 "가서 제사장들에게 너희 몸을 보이라"(눅 17:14)라는 약속을 주신 것입니다. 물론 곧장 치료받은 것은 아니었습니다. 그들은 "가다가"(눅 17:14) 깨끗함을 받았습니다. 그들이 제사장에게 발걸음을 옮기기 시작한 것 역시 남다른 믿음입니다. 비록 바로 낫지 않았어도 약속을 믿고 지시하신 곳으로 나아간 것이기 때문입니다.

예수님의 능력을 믿고 그 약속을 의지했기에 그들은 '깨끗함'을 얻었습니다. 하지만 사건의 핵심은 여기 있지 않습니다. 주님의 능력을 믿고 의지해서 은혜를 맛보았다고 무조건 참된 신앙인이라 할 수 없다는 것이 진짜 핵심입니다. 예수님의 초월적 능력을 믿고 간구하는 자는 많습니다. 힘들고 곤란한 상황이 닥치면 많은 사람이 주님께 나아와 능력을 구합니다. 심지어 이슬람 신자들도 예수님을 큰 능력 가진 하나님의 선지자로 인정하고, 힌두교 신자 중에도 여러 신 가운데 예수님을 함께 모시는 자들이 있습니다. 하지만 예수님을 유일한 구세주로 영접하여 일생 섬기고 동행하지는 않습니다. 주님의 능력을 인정하는 것과 올바로 믿는 것이 무조건 일치하는 것은 아닙니다.

그러므로 열 명의 나병환자 치료 사건은 신앙인의 참다운 자세를 일깨워 줍니다. 누구라도 이 나병환자들처럼 입장이 절박해지면 능력을 찾을 가능성이 큽니다. 지푸라기라도 잡는 심정이기에 그 능력이 나를 유익하게만 해준다면 힘써 믿고 의지합니다. 하지만 그렇다고 이것을 참 믿음의 증거로 결론지으면 안 됩니다. 믿음의 궁극적 목표가 육체의 유익이기 때문입니다. 열 명의 나병환자는 제사장에게 가는 도중 깨끗함을 얻었습니다. 그때 사마리아 출신의 나병환자는 "자기가 나은 것을 보고 큰 소리로 하나님께 영광을 돌리며 돌아와 예수의 발아래에 엎드리어 감사"(눅 17:15-16)를 드렸습니다. 다른 아홉 사람도 '자기가 나은 것'을 똑같이 깨달았습니다. 하지만 병이 나은 후 그들이 걸어간 방향은 사마리아 사람과 달랐습니다. 목적이 이루어졌기에 주인을 잊어버린 것입니다. 이전에 주인으로 고백했지만, 그들에게 예수님은 자기 소원을 이루기 위한 도구였습니다. 너무 절박해서 간절히 필요로 했지만 문제가 해결되자 어느새 뒷전이 되었습니다. 이는 일종의 배신입니다. 예수님 덕에 나음을 입었으면 은혜를 베푸신 분께 감사함이 마땅합니다. 하지만 그 평범하고 정상적인 생각을 할 줄 안 사람은 사마리아 나병환자 한 명뿐이었습니다. 예수님은 이 사실을 섭섭해 하셨습니다. 그래서 "열 사람이 다 깨끗함을 받지 아니하였느냐 그 아홉은 어디 있느냐"(눅 17:17)라고 말씀하신 것입니다.

교회에는 주님의 능력을 간구하고 이를 맛보려는 사람들로 가득합니다. 하지만 이것이 교회에 모인 주된 목적이라면 크게 잘못된 믿음입니다. 예수님을 형통과 풍요의 도구로 사용하려 하면 안 됩니다. 모든 성도는 이미 주님께 어마어마한 은혜를 입었습니다. 십자가의 은혜로 지옥의 덫에서 놓임받았기 때문입니다. 진실로 이 복음을 믿는 자는 감사와 감격으로 주님의 발아래 엎드림이 마땅합니다. 하지만 세상에는 물에서 건짐 받고도 보따리를 요구하는 신앙이 너무 많습니다. 입술로만 예수님을 주인으로 부를 뿐, 여전히 내가 주인인 상태이기 때문입니다.

참믿음은 감사가 기초이자 기반입니다. 신앙생활은 거래가 아닙니다. 기도도, 찬송도, 헌금도, 봉사도 모두 주님이 주신 은혜에 감사하여 드리는 것입니다. "감사로 제사를 드리는 자가 나(하나님)를 영화롭게"(시 50:23) 합니다. 예수님을 주인으로 부르는 사람은 많지만 진실한 감사와 감격으로 섬기는 이는 적습니다. 오늘 말씀을 적용해 보면 십 분의 일밖에 되지 않습니다. 열 명의 나병환자 이야기는 우리에게 참된 믿음이 곧 감사여야 함을 일깨워 줍니다.

끝으로 이 참된 감사의 모델이 당시 사람들에게 무시당하던 사마리아 사람임을 주목해야 합니다. 주님께 인정받는 성도는 의외의 인물일 가능성이 높습니다. 누가복음은 이방인과 창기와 세리가 진심으로 회개하며 감사드리는 장면을 자주 보여 줍니다. 바리새인처럼 그럴 듯한 사람들이 오히려 감사하지 않습니다. "스스로 옳다 하는 자들"(눅 16:15)이기 때문입니다. 하지만 사마리아 나병환자나 앞에서 본 '향유를 부은 여인'(눅 7:36-50) 그리고 조금 뒤에 나오는 '세리장 삭개오'(눅 19:1-10)는 주님께 진실한 감사를 드린 사람들입니다. 그들은 죄인이기에 오히려 받은 은혜의 크기를 알았습니다. 물론 큰 은혜를 받기 위해 큰 죄인이 되라는 말은 결코 아닙니다(롬 5:20; 6:1-2). 주님의 은혜는 모두에게 똑같이 크고 놀랍습니다. 다만 자기의 낮고 천함을 깨닫고 인정하는 만큼 그 은혜의 크기를 제대로 느끼게 된다는 말입니다.

여행 중 베푸신 주요 설교

·선한 사마리아인 비유(눅 10:25-37)

칠십 제자가 파송에서 돌아온 후 "어떤 율법교사가 일어나 예수를 시험하여…선생님 내가 무엇을 하여야 영생을 얻으리이까"(눅 10:25)라고 질문했습니다. 이때의 '선생님'은 열 명의 나병환자가 부른 '선생님'과 달리 '말씀을 가르치는 사람'을 뜻합니다. 동시에 '시험하다'는 말은 상대를 테스트했다는 뜻입니다. 다시 말해, 율법이 전공인 이 사람은 예수님의 성경 실력을 테스트해 보려고 질문을 던진 것입니다. 예수님은 그에게 역으로 질문하십니다. "율법에 무엇이라 기록되었으며 네가 어떻게 읽느냐"(눅 10:26). 그러자 그는 "주 너의 하나님을 사랑하고 또한 네 이웃을 네 자신같이 사랑하라 하였나이다"(눅 10:27)라고 답합니다.

하나님을 사랑하고 이웃을 사랑하라는 명령은 율법의 요약이자 십자가의 핵심입니다. 예수님은 위아래로 하나님과 인간의 사랑을 회복하시고 좌우로 사람과 사람의 사랑을 회복해 주셨습니다. 십자가의 수직과 수평 막대기는 이 진리를 상징합니다. 율법교사는 이미 답을 알면서 질문을 던졌습니다. 그래서 예수님은 "네 대답이 옳도다 이를 행하라 그러면 살리라"(눅 10:28)라고 명료하게 대답하십니다. 결국 율법교사는 신이 나서 정답을 말했다가 자신의 순수하지 못한 의도를 들켜 버린 것입니다. 하지만 그는 끝까지 "자기를 옳게 보이려고"(눅 10:29) 또다시 질문을 던집니다. "그러면 내 이웃이 누구니이까"(눅 10:29). 이 질문에 대한 답이 바로 '선한 사마리아인 비유'입니다.

비유로 들어가기 전에 율법교사를 굳이 부각시킨 것은 한 가지 교훈을 얻기 위함입니다. 하나님의 진리는 난해하거나 복잡하지 않습니다. 중요한 것은 그 진리를 행하는 것입니다. 그런데 우리는 이론과 말장난에 더 집중하는 경우가 많습니다. 율법교사는 이미 진리를 잘 알므로 힘써 행하면 됩니다. 하지만 지식을 무기 삼아 남을 넘어뜨리려 합니다. 음흉한 마음을 들켰는데도 끝까지 자기가 옳다고 말꼬리 잡기를 시도합니다. 외식하는 자들에게 예수님이 가장 하고 싶으셨던 말씀이 바로 "네 대답이 옳도다 이를 행하라"(눅 10:28)입니다. 본문 전체의 최종 결론 역시 "가서 너도 이와 같이 하라"(눅 10:37)입니다. 깨달은 진리는 스스로 힘써 행하면 될 뿐, 남을 얽어매는 도구로 사용해서는 안 됩니다.

이제 선한 사마리아인의 비유로 들어가 봅시다. 앞에서 말한 대로 이 비유는 '내 이웃이 누굽니까'에 대한 답변입니다. 따라서 비유의 결론을 단지 '선한 사마리아 사람처럼 네 이웃을 사랑하라'고만 마무리하면 안 됩니다. 이 비유는 '누가 나의 이웃인가'에 대한 대답으로, 예수님은 결국 '너의 도움이 필요한 자는 누구나 다 너의 이웃이다'라고 답하신 것입니다. "어떤 사람이…강도를 만나매 강도들이 그 옷을 벗기고 때려 거의 죽은 것을 버리고"(눅 10:30) 갔습니다. 이 사람은 갑작스런 불행과 곤경에 처했습니다. 도움이 절대적으로 필요한 순간입니다. 세상에서 늘 행복하기만 한 사람은 없습니다. 불행은 누구에게나 예고 없이 찾아옵니다. '강도 만난 자'는 이를 상징합니다.

그런데 이때 '제사장'과 '레위인'이 나타납니다. 이들은 강도 만난 자의 희망과 기회입니다. 우리도 누군가에게 이처럼 희망과 기회가 될 수 있습니다. 누군가에게 내가 꼭 필요한 순간이 있습니다. 그런데 이는 오히려 나 자신에게 좋은 기회입니다. 남을 돕고 구제하는 것은 결국 내게 큰 유익이기 때문입니다. 예수님은 "너희 소유를 팔아 구제하여…하늘에 둔바 다함이 없는 보물"(눅 12:33, 눅 11:41 참조)을 만들라고 하셨습니다. '구제'란 누군가를 불쌍히 여겨 '자비를 베푸는 것'이고 '다함이 없는'이란 '실패가 없이 확실한' 의 뜻입니다. 따라서 도움이 필요한 사람을 만난 순간은 나 자신이 확실한 보물을 얻을 기회입니다.

우리말에 '적선한다'는 말은 '선을 쌓는다'는 뜻입니다. 하늘에 선을 쌓으면 쌓는 자가 복을 받게 됩니다. 하지만 제사장과 레위인은 모두 "그를 보고 피하여"(눅 10:31, 32) 지나가 버립니다. 그들에게는 하늘의 보물보다 땅의 안전이 더 중요했습니다. 자기도 그 사람처럼 강도를 만날지 모른다는 위기를 느꼈을 것입니다. 혹자는 그들이 제사장과 레위인이므로 시체와 접촉하면 부정해지기 때문에 피했을 것이라고 말합니다. 일리가 있습니다. 그렇다면 그들은 이기적일 뿐 아니라 위선자이기도 합니다. 종교를 핑계 삼아 "생명을 구하는 것"(눅 6:9, 눅 13:15-16 참조)을 거부했기 때문입니다. 예수님이 굳이 제사장과 레위인이라고 말씀하신 데는 이런 종교인의 위선을 꼬집으려는 의도도 있으셨을 것입니다.

하지만 세 번째로 나타난 "어떤 사마리아 사람은…그를 보고 불쌍히 여겨 가까이"(눅 10:33-34) 다가갔습니다. 불행을 겪은 사람을 불쌍히 여기는 것은 인간의 당연한 심성입니다. 제사장과 레위인도 그를 보고 분명 불쌍한 마음이 들었을 것입니다. 그럼에도 "그를 보고 피하여 지나"(눅 10:31, 32)갔지만, 사마리아 사람은 그에게 "가까이 가서…돌보아"(눅 10:34) 주었습니다. '나의 이웃이 누구냐'를 판단할 때 우선되는 기준은 '다가가는 것'입니다. 사마리아 사람은 강도 만난 자에게 다가감으로써 그의 이웃이 되었습니다. '이웃'이란 단어 자체가 '가까이 있는 사람'을 뜻합니다. 예수님은 불쌍한 자에게 가까이 다가가는 자가 이웃이라고 가르치십니다. 제사장과 레위인처럼 피해 버리면 바로 옆집에 사는 사람과도 진정한 이웃 관계가 형성되지 않습니다.

불쌍한 자에게 다가가면 그의 불행을 더 구체적으로 보게 됩니다. 그래서 어떻게 그를 도와야 할지 알게 됩니다. 강도 만난 자에게 다가간 사마리아인은 "기름과 포도주를 그 상처에 붓고 싸매고 자기 짐승에 태워 주막으로 데리고 가서 돌보아"(눅 10:34) 주었습니다. 자기 소유와 시간을 힘닿는 만큼 아낌없이 이웃을 위해 희생한 것입니다. 참된 구제에는 희생이 따릅니다. 수고하지 않고 손해 봄 없이 타인을 섬길 수 없습니다. 하지만 사마리아인의 사랑은 여기서 끝나지 않습니다. 그는 "주막 주인에게 데나리온 둘을 내어 주며…이 사람을 돌보아 주라 비용이 더 들면 내가 돌아올 때에 갚으리라"(눅 10:35)라고 부탁까지 합니다. 그의 사랑이 일회성이 아니라 지속적인 것임을 보여 줍니다.

사마리아 사람은 강도 만난 자의 참된 이웃이 되었습니다(눅 10:36-37). 여기서부터 중요합니다. 하나님은 "네 이웃을 네 자신같이 사랑하라"(눅 10:27) 명령하셨습니다. 그런데 예수님은 선한 사마리아인 비유를 통해 '이웃'이란 개념이 굉장히 폭넓은 것임을 가르치십니다. 누구에게라도 다가가 불쌍히 여기고 사랑을 베풀면 그와 나는 이웃이 됩니다. 하지만 자기 유익을 챙기며 남의 불행을 피해 다니면 애초에 이웃 자체를 가질 수 없습니다. 따라서 이런 사람은 하나님의 '이웃 사랑'의 명령을 순종은커녕 시작도 할 수 없습니다. 그에게는 아예 이웃이 없기 때문입니다.

이 질문을 던진 자는 '율법교사'였습니다. 이 명칭은 복음서에 총 7번 나오는데 그중 6번이 누가복음에 나옵니다(눅 7:30; 10:25; 11:45, 46, 52; 14:3, 나머지 한 번은 마 22:35). 그런데 누가복음은 이들의 중요한 특징을 보여 줍니다. 먼저 그들은 하나님이 보내신 세례요한을 거부한 자들이었습니다(눅 7:30). 자기들 마음에 들지 않았기 때문에 "그의 세례를 받지 아니함으로…하나님의 뜻을 저버"(눅 7:30)렸습니다. 이는 율법교사들이 구미에 따라 사람을 가리는 자들임을 보여 줍니다. 특히 세례요한 설교의 핵심은 불쌍한 사람을 도와야 한다는 것이었습니다(눅 3:11). 따라서 이들이 세례요한을 거부한 것은 곧 불쌍한 자에게 자비를 베풀고 구제하는 일에 반대한 것과 다름 없습니다.

또한 그들은 "지기 어려운 짐을 사람에게 지우고 너희는 한 손가락도 이 짐에 대지 않는"(눅 11:46) 자들이었고, 천국에 "들어가고자 하는 자도 막았"(눅 11:52, 마 23:13 참조)다고 나옵니다. 율법교사들은 타인을 돕기는커녕 사람들에게 짐을 지워 괴롭히기를 좋아했습니다. 이러한 특징들을 고려하면 율법교사들도 강도당한 자를 만났을 경우 틀림없이 제사장이나 레위인처럼 피했을 것입니다. 그렇다면 이 율법교사는 지금 예수님의 비유를 통해 무서운 대답을 들은 것입니다. '내 이웃이 누굽니까'라는 질문에 예수님은 '네게는 섬길 이웃조차 없다'라고 하신 것이기 때문입니다. 도움이 필요한 사람을 만나면 그가 누구라도 자비를 베풀어야 그의 이웃이 됩니다. 하지만 율법교사는 이 일을 거부할 것이기에 애초에 이웃 자체가 없습니다. 따라서 '이웃 사랑'의 율법을 지킬 수도 없고 나아가 이를 통해 영생을 얻을 가능성은 더더욱 없습니다.

'이웃 사랑'은 곧 '이웃되기'를 뜻합니다. 내 도움이 필요한 자라면 누구라도 가서 이웃을 삼아야 합니다. 서로 알지 못하던 사마리아 사람과 강도 만난 자가 사랑을 통해 서로 이웃이 되었듯, 힘겨운 인생에서 신음하는 모든 사람이 나의 이웃이 될 수 있습니다. 심지어 원수도 이웃으로 삼아야 합니다. 예수님은 "원수를 사랑하고 선대하며 아무것도 바라지 말고 꾸어 주라"(눅 6:35)고 말씀하셨습니다. 결국 이 비유는 온 세상이 사랑 안에서 이웃될 수 있음을 보여 줍니다. '내 이웃이 누구냐'며 사람을 가리는 율법교사 같은 자들에게 예수님은 지상 모든 사람이 다 이웃이 될 수 있고, 그들의 불행을 위해 희생하고 섬기면 참된 영생의 복이 있는 이웃 사랑을 실천하는 것이라고 가르치신 것입니다.

이쯤에서 우리는 선한 사마리아인 비유가 교회를 향한 것임을 감지하게 됩니다. 예수님의 교회는 폐쇄적인 유대교와 달리 온 세상을 향해 열려 있습니다. 인종이나 성별, 지위 고하를 막론하고 누구든지 모여 서로 이웃되고 사랑하는 곳이 교회입니다. 예수님은 앞으로 세워질 교회가 이런 열린 사랑의 공동체가 되기를 소망하셨습니다. 다른 복음서에 나오지 않는 선한 사마리아인의 비유를 읽고 배우던 누가 공동체는 평등과 섬김의 정신이 투철한 교회였습니다.

사마리아 사람이 강도 만난 사람을 보았을 때 느낀 '불쌍히 여기다'란 단어는 성경에 11번 더 나오는데, 모두 예수님(혹은 하나님)이 인간을 보고 느끼신 감정입니다(눅 7:13; 15:20, 이외에 마 9:36; 14:14; 15:32; 막 18:27; 20:34 등). 인간을 불쌍히 여겨 십자가를 지신 예수님의 은혜로 모인 누가 공동체는 선한 사마리아인처럼 고통받는 사람들을 불쌍히 여기고, 심지어 원수까지 용납하고 받아들이면서 이 땅에 하나님 나라를 확장시켜 갔습니다. 오늘날 우리 교회와 성도들이 어떤 모습이어야 하는지 보여 주는 모범입니다. 예수님이 "가서 너도 이와 같이 하라"(눅 10:37) 명령하신 것은 우리도 사람을 가리지 말고 누구든 불쌍히 여겨 섬기고 이웃이 되어 사랑하라는 말씀입니다.

· **간청하는 벗 비유**(눅 11:5-13)

앞에서도 살폈지만, 누가복음은 기도를 강조합니다. 예수님은 '열두 제자 선택'(눅 6:12-16), '별세 통보를 받으신 변화산'(눅 9:28-36, 특히 28, 29), '최후의 만찬'(눅 22:17, 19), '곧 배신할 베드로의 믿음'(눅 22:32), '체포 직전의 감람산'(눅 22:39-46) 등에서 간절히 기도하는 모습을 여러 차례 보여 주셨습니다. 중요한 결정을 내려야 할 순간이나 감당하기 힘든 일을 앞둔 상태에서 성도가 기도해야 함을 몸소 가르치신 장면입니다. 힘든 일을 앞두면 인간은 자기 안전과 평안부터 챙기게 됩니다. 예수님은 이럴 때 자기를 꺾고 하나님의 뜻과 하나님 나라를 이룰 힘을 구하라고 가르치신 것입니다. 즉 "내 원대로 마시옵고 아버지의 원대로 되기를 원하나이다"(눅 22:42)가 기도의 핵심입니다.

이러한 기도는 누가복음에서 지속적으로 강조됩니다. "너희를 모욕하는 자를 위하여 기도하라"(눅 6:28)나 "이 모든 일을 능히 피하고 인자 앞에 서도록 항상 기도하며 깨어 있으라"(눅 21:36) 또는 "유혹에 빠지지 않게 기도하라"(눅 22:40)나 "시험에 들지 않게 일어나 기도하라"(눅 22:46)는 모두 인간의 육적 소원과 관련이 없습니다. 오히려 육체의 소망을 꺾고 하나님의 뜻을 따를 힘을 구하라는 명령입니다. 그래서 예수님은 제자들이 기도를 가르쳐 달라고 했을 때(눅 11:1) 첫머리에 "아버지여 이름이 거룩히 여김을 받으시오며 나라가 임하시오며"(눅 11:2)라고 하시고 마지막에는 "우리를 시험에 들게 하지 마시옵소서"(눅 11:4)라고 가르치신 것입니다. 하나님의 이름과 그의 나라가 이루어지기를 소망하고 이를 방해하는 모든 시험에서 승리할 힘을 구하라고 하신 것입니다.

참된 기도는 결국 '성령 충만'과 직결됩니다. 누가복음과 사도행전은 신약의 다른 책보다 성령을 강조합니다. 예수님은 "성령의 충만함을 입어"(눅 4:1) 마귀의 시험을 이기셨고 메시아의 사명 역시 "주의 성령이 내게 임하셨으니"(눅 4:18)로 시작되었습니다. 제자들이 박해받을 때는 "마땅히 할 말을 성령이 곧 그때에 너희에게 가르치시리라"(눅 12:12)라고 말씀하셨습니다. 이처럼 성령은 하나님 나라를 위해 일하는 성도에게 힘과 능력을 주시는 분입니다. 기도와 성령은 불가분의 관계입니다. 하나님 나라를 위한 간구가 기도라면, 하나님 나라를 세울 힘을 주시는 분은 곧 성령입니다.

그러므로 기도와 성령 충만은 직결될 수밖에 없습니다. 예수님이 제자들에게 기도를 가르치신 후(눅 11:1-4), 곧이어 간청하는 벗의 비유를 들려주신 것이 이를 명확히 보여 줍니다. 어떤 사람이 자기 벗에게 "밤중에…떡 세 덩이를 내게 꾸어 달라"(눅 11:5) 간청했습니다. 벗이 여행 중에 왔으나 먹일 것이 없었기 때문입니다(눅 11:6). 이스라엘은 낮 시간대가 매우 뜨거워 주로 해가 진 후에 여행을 했습니다. 그런데 "문이 이미 닫혔고…침실에 누웠으니"(눅 11:7)라는 말씀으로 보아 때는 꽤 늦은 밤임을 보여 줍니다. 이 늦은 밤에 여행객이 찾아온 것은 그 사정이 무척 딱했다는 증거입니다. 여행 중에 너무 지치고 배가 고파, 염치없지만 예고도 없이 친구 집을 불쑥 찾아온 것입니다.

이 비유에서 떡을 구하는 간청은 선한 의도에서 나온 것입니다. 자기를 위한 것이 아니라 불쌍한 친구를 굶길 수 없어서 염치불구 하고 다른 친구에게 떡 세 덩이를 간청한 것이기 때문입니다. 이 비유는 남을 도우려는 선한 간청은 반드시 이루어진다는 약속을 담고 있습니다. 이웃을 섬기기 위해 간절히 구하면 하나님께서는 "그 간청함을 인하여 일어나 그 요구대로"(눅 11:8) 들어주실 것입니다. 그러므로 이 비유는 간절히 청하기만 하면 무엇이든 이루어진다는 의미를 넘어, 그 간구가 이웃을 위한 목적이어야 함을 가르쳐 줍니다.

이는 앞서 예수님이 가르치신 "나라가 임하시오며"(눅 11:2)와 잘 상응합니다. 누가복음에서 예수님이 가르치신 하나님 나라는 가난한 자의 것이자(눅 6:20) 어린아이의 것이며(눅 18:16) 유대인과 이방인의 차별이 없는 나라입니다(눅 13:29). 하나님 나라는 멀리 있지 않고 이미 "너희 안에 있느니라"(눅 17:21)라고 예수님은 말씀하셨습니다. 누가 공동체는 이 가르침을 마음 깊이 새기고 차별 없이 서로 돕고 사랑하는 사회를 꿈꾸었습니다. 그래서 그들은 예수님의 선한 사마리아인 비유를 귀하게 여겼고 "믿는 사람이 다 함께 있어 모든 물건을 서로 통용하고 또 재산과 소유를 팔아 각 사람의 필요를 따라 나눠"(행 2:44-45, 행 4:32 참조) 주던 초대 예루살렘 교회를 이상적 모델로 삼았던 것입니다.

하지만 이런 나라를 꿈꾸며 살아가는 것은 쉽지 않습니다. 자기 속에 일어나는 욕망과 시험, 나아가 외부의 박해가 끝없이 방해하기 때문입니다. 이 일을 지속적으로 해나가려면 성령의 도우심이 필요합니다. 성도는 하나님께 성령을 보내 달라고 기도할 수밖에 없습니다. 그러므로 예수님이 이 비유에 이어 "구하라 그러면 너희에게 주실 것이요 찾으라 그러면 찾아낼 것이요 문을 두드리라 그러면 너희에게 열릴 것이니"(눅 11:9)고 하신 말씀은 다름 아닌 '성령'을 구하고 찾으라는 뜻입니다. 이는 비유의 결론이 "하물며 너희 하늘 아버지께서 구하는 자에게 성령을 주시지 않겠느냐"(눅 11:13)로 마무리되는 데서 명확해집니다.

마태복음에서는 이 구절이 "너희 아버지께서 구하는 자에게 좋은 것으로 주시지 않겠느냐"(마 7:11)라고 나옵니다. 그런데 '좋은 것'이라고만 하면 오해의 소지가 있습니다. 육체에 이로운 것을 먼저 떠올릴 수 있기 때문입니다. 하지만 '좋은 것'은 궁극적으로 내가 아닌 하나님 나라를 위해 좋은 것으로, '성령'을 의미합니다. 하나님 나라를 방해하는 욕망과 시험과 박해를 성령이 이기게 해 주시기 때문입니다. "하나님의 나라를 위하여 집이나 아내나 형제나 부모나 자녀를 버린 자는 현세에 여러 배를 받고 내세에 영생을 받지 못할 자가 없느니라"(눅 18:29-30)라고 예수님은 약속하셨습니다.

· 곧 죽을 부자 비유(눅 12:16-21)

잠시 후 예수님께 어떤 사람이 찾아와서 "선생님 내 형을 명하여 유산을 나와 나누게 하소서"(눅 12:13)라고 부탁했습니다. 이때의 '선생님'은 가르치는 자 곧 랍비를 의미합니다. 과거 이스라엘은 유산 소송이 있을 때 랍비에게 중재를 부탁했습니다. 하지만 예수님은 그에게 "이 사람아 누가 나를 너희의 재판장이나 물건 나누는 자로 세웠느냐"(눅 12:14)라고 반문하십니다. 이 사람은 예수님을 유능한 랍비 정도로 여겼습니다. 그래서 예수님께 의뢰하면 유산 소송에서 이길 것으로 생각한 것입니다. 하지만 예수님의 답변은 그가 번지수를 잘못 찾았음을 보여 줍니다.

직전에 예수님은 중요한 가르침을 주셨습니다. "몸을 죽이고 그 후에는 능히 더 못하는 자들을 두려워하지 말라…죽인 후에 또한 지옥에 던져 넣는 권세 있는 그를 두려워하라"(눅 12:4-5). 이때 지옥에 던져지는 기준은 놀랍게도 "사람 앞에서 나(예수님)를 시인"(눅 12:8)하는 것입니다. 즉 세상에서 예수님을 시인하면 구원을 얻고 부인하면 지옥에 던져진다는 말입니다. 이는 결국 예수님이 하나님과 똑같은 권한을 갖고 계시다는 뜻입니다. 하나님의 심판 기준이 예수님을 시인하느냐 부인하느냐에 달려 있기 때문입니다.

하지만 이 사람은 죽음 이후에 대한 말씀을 들으면서도 머리에는 땅의 걱정으로 가득했습니다. '형에게 유산이 더 돌아가면 어떡하나' 하는 걱정이었습니다. 예수님은 이를 '탐심'으로 규정하시면서 "삼가 모든 탐심을 물리치라 사람의 생명이 그 소유의 넉

넉한 데 있지 아니하니라"(눅 12:15)라고 말씀하십니다. 여기서 우리
는 예수님이 이 땅에 오신 이유가 인간의 육을 풍요롭게 하려는
것이 아니라 내세에 '참생명'을 얻게 하시기 위함임을 다시 돌아
볼 수 있습니다. 예수님은 우리 육신보다 영혼의 생명에 우선적
관심이 있으시다는 것입니다. 이를 명확히 가르치신 비유가 바로
'곧 죽을 부자의 비유'입니다.

한 부자가 있었습니다(눅 12:16). 그는 "곡식 쌓아 둘 곳이 없으니
어찌할까"(눅 12:17) 고민할 정도로 큰 부자였습니다. 인간적으로 참
행복한 고민입니다. 부자는 "곳간을 헐고 더 크게 짓고…내가 내
영혼에게 이르되 영혼아 여러 해 쓸 물건을 많이 쌓아 두었으니
평안히 쉬고 먹고 마시고 즐거워하자"(눅 12:18-19) 하며 기뻐합니다.
하지만 부자는 두 가지를 착각하고 있습니다.

첫째는, 영혼이 자기의 것이라고 생각한 것입니다. '영혼'이라는
단어는 본래 '목숨'이란 뜻입니다. "너희 목숨을 위하여 무엇을 먹
을까…염려하지 말라"(눅 12:22, 눅 14:26; 17:33 참조)에 나오는 '목숨'과 같
은 단어입니다. 그는 목숨이 자기 것이고 스스로 지킬 수 있다고
생각합니다. 하지만 모든 인간의 목숨은 하나님께 달려 있습니다.

둘째는, 시간이 자기 것이라고 생각한 것입니다. '여러 해 쓸 물
건을 많이 쌓아 두었다'는 말을 원어로 직역하면 '많은 좋은 것들
이 많은 해(年)를 위해 놓여졌다'입니다. 그는 자기에게 주어진 세
월을 오래오래 즐길 수 있다고 생각했습니다. 하지만 목숨의 주인
이신 하나님은 또한 시간의 주인이시기도 합니다. 그래서 하나님은

이 부자를 "어리석은 자여"(눅 12:20)라고 부르신 것입니다. 목숨과 세월의 주인이신 하나님께서 오늘 밤에 그의 영혼을 도로 찾으실 것이기 때문입니다(눅 12:20). 그러므로 지혜로운 자는 땅에서 자기 목숨과 시간을 주님을 위해 사용합니다(눅 9:24; 14:26). 예수님은 "인내로 너희 영혼(목숨)을 얻으리라"(눅 21:19) 약속하셨습니다.

그러므로 세월을 허비하지 말고 늘 깨어 있어야 합니다. "장차 올 이 모든 일을 능히 피하고 인자 앞에 서도록 항상 기도하며 깨어"(눅 21:36) 있어야 합니다. "주인이 와서 깨어 있는 것을 보면 그 종들은 복"(눅 12:37)이 있을 것이기 때문입니다. 결국 이 비유는 우리에게 주어진 목숨과 시간이 너무나 소중한 기회임을 가르쳐 줍니다. 목숨과 시간은 내 육체와 재물을 위해 사용할 것이 아닙니다. 이 모두는 장차 있을 하나님의 심판에 대비할 최후의 기회입니다. 가련한 인생들에게 이 기회를 주시려고 예수님이 종말과 심판 사이의 틈새에 황급히 찾아오신 것입니다. 이 시간을 썩어질 땅의 욕망을 위해 사용하는 자는 진실로 어리석은 자입니다.

끝으로 이 비유에는 중요한 가르침이 하나 더 있습니다. 예수님은 부자가 "자기를 위하여 재물을 쌓아"(눅 12:21) 두었다고 말씀하십니다. 이는 목숨과 시간이 자기 것이 아니듯 재물 역시 인간의 소유가 아님을 깨우쳐 줍니다. 나의 재물은 나만을 위해 쓰라고 주신 것이 아닙니다. 여기서 누가복음의 중요한 사상이 다시 반복됩니다. 세례요한이 "옷 두 벌 있는 자는 옷 없는 자에게 나눠 줄 것이요 먹을 것이 있는 자도 그렇게 할 것이니라"(눅 3:11)라고 설교한 것처럼, 선한 사마리아인이 자기 소유를 희생하여 강도 만난 자의 이웃이 된 것처럼, 우리는 "지혜 있고 진실한 청지기가 되어 주인에게 그 집 종들을 맡아 때를 따라 양식을 나누어 줄 자"(눅 12:42)가 되어야 합니다. 그래서 이 비유는 잠시 후 "다만 너희는 그의 나라를 구하라…너희 소유를 팔아 구제하여 낡아지지 아니하는 배낭을 만들라"(눅 12:31-33)는 명령으로 이어진 것입니다.

• 잃어버린 세 가지 비유: 양과 드라크마와 탕자(눅 15:1-32)

예수님은 잃어버린 세 가지에 대한 비유를 말씀하십니다. '백 마리 중 한 마리 양'과 '열개 중 한 드라크마'와 '가족 중 탕자 아들' 이야기입니다. 이 비유들은 워낙 유명해서 세세한 설명이 필요 없을 정도입니다. 여기서는 이 비유들이 오늘날 교회의 구체적 상황에 어떻게 적용될 수 있는지 집중해서 살펴보겠습니다. 일단 세 가지 비유의 결론은 모두 같습니다. 잃어버린 양과 드라크마와 둘째 아들을 되찾는 것이 엄청나게 귀하고 기쁜 일이라는 것입니다. 그럼에도 흡사한 이야기가 세 번이나 반복된 것에는 분명한 이유가 있습니다.

각 비유를 살펴보면 핵심은 같지만 정황이 조금씩 다릅니다. 먼저 잃어버린 양 비유는 '목자의 책임'에 초점이 있습니다. 백 마리의 양을 돌보는 목자는 그중의 하나를 잃어버렸습니다(눅 15:3). 본래 목자는 양을 잃어버리면 안 됩니다. 목자의 책임은 양을 지키는 것입니다. 이 직책을 소홀히 해서 양을 잃어버리면 목자에게 책임이 있습니다. 오늘날 많은 성도가 목회자에게 실망하거나 목양의 소홀함 때문에 교회를 떠납니다. 물론 일차적 책임은 떠난 사람에게 있습니다. 예수님도 비유의 결론에서 잃어버린 한 마리 양을 "죄인 한 사람"(눅 15:7)이라고 하십니다. 이런저런 시험이 온다고 쉽게 믿음을(혹은 교회를) 떠나면 본인의 잘못이 가장 큽니다.

하지만 이 일이 목회자의 직무 소홀로 일어났을 경우, 그 문제를 회복시킬 책임은 목회자에게 있습니다. 그래서 비유 속 목자는 "아흔아홉 마리를 들에 두고 그 잃은 것을 찾아내기까지 찾아"(눅 15:4)다닌 것입니다. 다른 양들을 들판에 그냥 둔 것은 이런 사태가 발생했을 때 목회자의 모든 활동이 잃은 자에게 초점 맞춰져야 함을 뜻합니다. 목자는 '찾도록 찾는 노력'으로 그동안의 소홀함을 메워야 합니다. 결국 이 비유는 한 공동체에서 지도자로 인해 이탈자가 생겼을 경우 어떻게 문제를 해결해야 하는지 깨우쳐 줍니다.

드라크마 비유도 비슷하지만, 잃어버린 주체가 "어떤 여자"(눅 15:8)로 나옵니다. 당시 이스라엘 문화에 적용해 보면 이 여인을 교회의 핵심 지도자로 보기는 힘듭니다. '열'이 한 묶음인 것으로 보아 소규모 그룹의 리더 정도로 생각할 수 있을 것입니다. 무엇보다 한 드라크마는 여전히 집 안에 있습니다. 이는 잃어버린 자가 교회 공동체를 완전히 떠났다기보다 교회 안에 있지만 사람들의 관심 밖에 있는 상태로 볼 수 있습니다. 이 경우에도 공동체에 잘 녹아들지 않는 것은 일차적으로 본인에게 잘못이 있습니다. 그래서 이 비유의 결론도 "죄인 한 사람"(눅 15:10)에 대한 이야기로 맺어집니다.

그렇지만 소그룹 리더에게도 잘못이 있습니다. 다만 목자의 직무 소홀보다는 일상적인 실수에 가까워 보입니다. 열 드라크마를 보통 한 줄로 연결된 머리 장식으로 보는데, 이 경우 여인이 일부러 하나를 뺀 것은 아니기 때문입니다. 교회 생활을 하다 보면 리더나 주변인들의 말과 행동으로 상처 입는 사람들이 있습니다. 그럴 때 소그룹 지도자가 어떻게 해야 하는지 이 비유는 보여 줍니다. 여인은 "등불을 켜고 집을 쓸며 찾아내기까지 부지런히"(눅 15:8) 찾습니다. '등불을 켜고 쓸었다'는 것은 자기나 혹은 자기 그룹 안에 상처 줄 만한 요소가 있는지 찾아서 제거하는 행위입니다. 또 '부지런히'(에피멜로스, ἐπιμελῶς)라는 단어는 성경에서 이곳에만 나오는데 '깊은 생각과 관심을 기울이는 행동'을 뜻합니다. 따라서 드라크마 비유는 어떤 실수로 마음이 떠난 자가 있을 때, 그가 속한 그룹의 리더가 더욱 특별한 관심으로 문제를 해결하여 전체가 다시 하나되게 해야 할 것을 가르칩니다.

세 번째 탕자 비유는 앞의 두 비유와 조금 다릅니다. 양과 드라크마 비유는 교회 생활에 필연적으로 발생하는 "작은 자 중의 하나를 실족하게"(눅 17:2) 하는 일과 관련됩니다. 예수님은 "실족하게 하는 것이 없을 수는 없으나"(눅 17:1)라는 단서를 붙이셨습니다. 하지만 탕자의 비유에서 둘째 아들은 누구의 잘못도 없이 스스로 집을 나간 사람입니다. 아버지도, 형도 탕자의 가출에 책임이 없습니다. 오히려 그는 집안에서 많은 유산을 물려받아 큰 이득을 얻은 자입니다. 그럼에도 "먼 나라에 가 거기서 허랑방탕하여 그 재산을 낭비"(눅 15:13)한 죄인입니다. 그의 죄는 앞의 두 비유에 나온 "죄인 한 사람"(눅 15:7, 10)의 잘못보다 훨씬 큽니다. 따라서 이야기 속에 중대한 차이점이 발견됩니다. 앞선 두 비유와 달리 이 비유에서는 누구도 탕자를 찾아 나서지 않습니다. 다만 아버지는 그가 돌아오기만을 안타깝게 기다립니다(눅 15:20).

그러므로 탕자의 비유는 교회에 큰 상처를 주고 세속의 욕망을 찾아 자기 발로 믿음을 떠난 자에 대한 이야기입니다. 아버지나 형은 탕자의 어리석은 계획을 듣고 처음부터 막았을 것입니다. 하지만 둘째 아들은 경고를 받아들이지 않았고 끝내 가족을 떠났습니다. 이를 마태복음에 적용하면 "두세 증인(과)…교회의 말"(마 18:16-17)을 듣지 않은 것입니다. 이 경우 예수님은 그를 "이방인과 세리와 같이 여기라"(마 18:17)고 말씀하셨습니다. 이는 완강히 거부하는 자에게 교회가 더 이상 힘 빼지 말고 하나님께 그의 앞날을 맡기라는 뜻입니다. 스스로 떠난 자는 스스로 깨달아야만 돌아오기 때문입니다.

다만 공동체는 그가 회개하고 돌아오면 언제든 그를 받아들여야 합니다. 아버지가 탕자를 측은히 여겨 달려가 목을 안고 입을 맞춘 것처럼(눅 15:20) 그를 기쁘게 받아들이고, 제일 좋은 옷을 내어다가 입히고 손에 가락지를 끼우고 발에 신을 신긴 것처럼(눅 15:22) 그를 존중해야 합니다. 물론 이것이 부당하다고 생각하는 공동체원도 분명히 있을 것입니다. 비유에서는 탕자의 형이 그런 모습을 보입니다. 하지만 마음을 풀고 돌아온 자를 받아들여 함께 "즐거워하고 기뻐하는 것이 마땅"(눅 15:32)합니다. 그래서 예수님은 조금 뒤에 "네 형제가 죄를 범하거든 경고하고 회개하거든 용서하라"(눅 17:3)고 가르치신 것입니다.

물론 이렇게 돌아온 사람은 또 사고를 치고 나갈 확률이 높습니다. 그래도 교회는 그가 돌아오면 또 받아들여야 합니다. "하루에 일곱 번이라도 네게 죄를 짓고 일곱 번 네게 돌아와 내가 회개하노라 하거든 너는 용서하라"(눅 17:4)고 예수님은 재차 명령하십니다. 누가복음이 다른 복음서에 나오지 않는 탕자 비유를 비중 있게 실은 것은, 당시 누가 공동체에 꼭 필요한 말씀이었기 때문입니다. 사람을 차별하지 않고 이웃이 되어 주던 누가 공동체에는 별의별 사람들이 들락거리며 많은 문제를 일으켰을 것입니다. 그럼에도 그들은 교회의 근본 자세를 바꾸지 않고 누구라도 용서하는 열린 공동체로 살아갔습니다. 예수님이 그리하라고 명령하셨기 때문입니다.

· 옳지 않은 청지기 비유(눅 16:1-13)

옳지 않은 청지기 비유 역시 누가복음에만 나옵니다. 이 비유는 이해하기 힘든 부분이 많습니다. 청지기는 주인의 소유를 낭비하고(눅 16:1) 주인에게 빚진 자들의 빚을 자기 마음대로 탕감해 줍니다(눅 16:5-7). 청지기의 본분을 잊은 나쁜 행동처럼 보입니다. 그런데 주인은 "이 옳지 않은 청지기가 일을 지혜 있게 하였으므로 칭찬"(눅 16:8)합니다. 여기에서 문제가 시작됩니다. 청지기가 '옳지 않은 일'을 한 것이 왜 지혜롭냐는 것입니다.

이를 두고 수많은 해석이 쏟아져 나왔습니다. 대표적인 것들을 보면, 청지기는 빚진 자의 이자 부분만 탕감해 주었는데, 이 행동이 율법을 따라 본래 이자를 받으면 안 되는 주인의 명예를 회복시켜 준 것이기에 칭찬을 들었다고 합니다. 또 어떤 이는 청지기가 탕감해 준 부분은 본래 자기가 받을 몫이었는데 이를 탕감해 줌으로써 주인에게 손해를 끼치지 않고도 자기 미래를 대비했기에 칭찬을 들었다고 해석합니다. 각각의 해석이 나름대로 일리는 있습니다. 하지만 이 비유를 온전히 이해할 수 있는 열쇠는 다른 곳에 있습니다. 예수님은 비유를 하신 후에 이렇게 말씀하셨습니다. "이 세대의 아들들이 자기 시대에 있어서는 빛의 아들들보다 더 지혜로움이니라"(눅 16:8).

이 말씀은 청지기의 행동이 선한가, 악한가가 비유의 핵심이 아님을 보여 줍니다. 청지기는 '이 세대의 아들들'을 대표합니다. 이 세대의 아들들은 악한 자들을 가리키며(눅 7:31; 9:41; 11:29, 50; 17:25 등), 당연히 예수님의 자녀인 '빛의 아들들'과 반대되는 개념입니다(눅 2:32). 따라서 비유 속의 청지기는 세상에 속한 사람이고 그 행동 자체가 하늘의 기준으로 볼 때 무조건 의로운 것은 아닙니다. 그래서 예수님은 "자기 시대에 있어서는"(눅 16:8)이라는 조건을 다신 것입니다. 결국 청지기는 말 그대로 "옳지 않은 청지기"(눅 16:8)일 뿐입니다.

비유에 나온 청지기의 행동을 모두 긍정적으로 받아들일 필요는 없습니다. 예수님은 다만 이 악한 청지기의 행동 중 특정 부분만큼은 제자들도 배워야 하다고 말씀하신 것입니다. 비록 악하지만 그 속에 존재하는 긍정적인 부분을 배우라고 가르치신 것입니다. 이는 예수님이 누가복음에서 종종 사용하신 방법입니다. 예를 들면 "항상 기도하고 낙심하지 말아야 할 것을 비유로 말씀"(눅 18:1)하실 때, 기도를 받는 대상으로 "한 재판장"(눅 18:2)을, 기도하는 자를 "한 과부"(눅 18:3)로 설정하셨습니다. 그런데 이 재판장은 "하나님을 두려워하지 않고 사람을 무시하는"(눅 18:2) 악인입니다. 그래서 예수님은 애초에 이 재판장을 "불의한 재판장"(눅 18:6)이라고 칭하셨습니다. 옳지 않은 청지기의 '옳지 않은'과 이 '불의한'은 같은 단어입니다. 하지만 예수님은 악한 재판장에게서 하나님과 닮은 일부분을 뽑아내어 제자들에게 가르치신 것입니다(눅 11:13도 참조).

옳지 않은 청지기 비유를 읽을 때도 제자 된 입장에서 받아들일 수 있는 긍정적인 부분만 선별해서 적용하면 됩니다. 예수님은 청지기가 "빛의 아들들보다 더 지혜"(눅 16:8) 있다고 말씀하십니다. 대체 어떤 부분이 그런 걸까요? 먼저, 미래를 대비하려는 자세입니다. 그는 주인의 최후통첩을 받고 모든 것을 잃을 위기에 처했습니다. 쫓겨나면 들어갈 집도 없습니다(눅 16:4). 이런 상황에서 아무것도 하지 않고 가만히 있는 것은 어리석습니다. 참담한 미래가 불 보듯 뻔하기 때문입니다. 청지기의 미래는 모든 인간의 운명을 상징합니다. 인생은 짧고 허무합니다. '곧 죽을 부자 비유'(눅 12:16-

21)에서 보았듯, 땅에서의 목숨과 시간은 실상 나의 것이 아닙니다. 진짜 주인이신 하나님이 언제 거두실지 모릅니다. 그런데도 현실에만 집착하는 것은 어리석습니다. 현재의 삶은 미래의 심판을 대비하기 위해 사용해야 합니다.

무엇보다 청지기는 주인에게 악한 일을 저질렀으므로 땅을 파고 빌어먹을 운명(눅 16:3)과 쉴 집이 없는 운명(눅 16:4)에 놓여 있었습니다. 이 역시 하나님께 죄를 짓고 끝내 지옥의 심판을 겪어야 할 인간의 운명을 상징합니다. 곧이어 나오는 '부자와 나사로 비유'(눅 16:19-31)에서 부자는 "음부에서 고통 중에…불꽃 가운데서 괴로워"(눅 16:23-24)하며 손가락 끝의 물 한 방울을 구걸합니다. 곧 닥칠 가련한 운명의 심각성을 깨닫고 이를 피하기 위해 계획을 세우는 자가 지혜롭습니다. 청지기에게 배울 만한 태도는 바로 미래를 염려하고 대비하는 자세입니다.

청지기는 운명을 극복하려고 아직 자신에게 남아 있는 재물의 권한을 '빚진 자'들을 위해 사용했습니다. 그가 탕감해 준 것이 빚의 이자이든 자기가 받을 몫이든 중요하지 않습니다. 핵심은 그가 아직 가지고 있는 재물의 권한을 주변 빚진 자들을 돕는 데 사용했다는 것입니다. 이는 지금까지 반복된 누가복음의 '구제 사상'과 직결됩니다. '선한 사마리아인의 비유'(눅 10:25-37)뿐 아니라 누가복음 곳곳에서 예수님은 자기 소유를 이웃을 돕고 구제하는 일에 사용해야 한다고 가르치십니다. 문제는 이 구제 행위가 단순한 선행의 차원이 아니라 인간이 정결함에 이르는 길이자(눅 11:41), 하늘의 영원한 보물을 쌓는 방법이며(눅 12:33), 나아가 영생을 얻는 것(눅 10:25,28)이라는 사실입니다.

이처럼 중요한 구제 행위가 이 불의한 청지기의 행동에 녹아 있습니다. 청지기는 재물에 대한 마지막 권한으로 주위의 빚진 자들을 도왔습니다. 이는 선한 사마리아인의 비유와 상통합니다. 혹자는 빚진 자의 '기름 백 말'(약 2,100리터, 눅 16:6)과 '밀 백 석'(약 39,000리터, 눅 16:7)은 상당한 양이기에, 이들이 가난하지도 않고 도움도 필요 없었을 것이라고 말하기도 합니다. 하지만 반대로 생각해 볼 수도 있습니다. 이런 엄청난 빚은 오히려 그들을 완전히 몰락하게 만들 거대한 폭탄일 수도 있습니다. 무엇보다 이들은 청지기가 가장 쉽게 만나 도울 수 있는 '이웃'이었습니다. 선한 사마리아인이 여행 도중에 강도당한 자를 만나자 곧 그를 섬긴 것처럼 말입니다.

결국 예수님은 이 비유를 통해 미래의 심판을 대비하고 이를 위해 자기 재물을 주변의 가난한 이웃을 위해 써야 한다고 가르치신 것입니다. 그래서 예수님은 비유의 결론을 이렇게 내리십니다. "불의의 재물로 친구를 사귀라 그리하면 그 재물이 없어질 때에 그들이 너희를 영주할 처소로 영접하리라"(눅 16:9).

재물에는 두 가지 속성이 있습니다. 악하고 더러운 일에 사용될 가능성이 있으므로 '불의한 재물'입니다. 동시에 끝내 나의 소유가 되지 못할 것이므로 '없어질 재물'입니다. 예수님은 이러한 재물이 있을 때 '친구를 사귀는 일'에 쓰라고 가르치셨습니다. 친구를 사귀는 것은 곧 선한 사마리아인이 자기 소유를 드려 강도당한 자의 이웃이 되어 준 것과 같은 개념입니다.

자기 재물을 이웃을 섬기는 데 사용하면 결국 그 도움을 받은 친구들이 "영주할 처소로 영접"(눅 16:9)할 것입니다. 영주할 처소는 영원한 천국을 상징합니다. 이 말씀 역시 선한 사마리아인의 비유처럼 이웃 사랑이 영생과 직결됨을 보여 줍니다. 따라서 영생 얻을 성도는 자신에게 맡겨진 재물로 이 땅의 이웃을 돕는 일에 힘써야 합니다. 이 일에 충성하는 자가 천국에서 '참된 것'(눅 16:11)과 '나의 것'(눅 16:12)을 얻게 될 것입니다. 재물에 집착하고 매달리는 것은 어리석은 일입니다. 하나님과 재물을 겸하여 섬길 수 없기 때문입니다(눅 16:13).

끝으로 예수님은 옳지 않은 청지기가 "일을 지혜 있게 하였으므로…지혜로움이니라"(눅 16:8)라고 말씀하십니다. 두 번에 걸쳐 등장한 '지혜롭다'는 누가복음 본문에서 한 번 더 등장합니다. "주께서 이르시되 지혜 있고 진실한 청지기가 되어 주인에게 그 집종들을 맡아 때를 따라 양식을 나누어 줄 자가 누구냐"(눅 12:42)입니다. 결국 예수님은 불의한 청지기의 지혜에 빗대어 제자들에게 '때를 따라 양식을 이웃에게 나누어 주는' 참 청지기의 지혜를 가르치신 것입니다.

· **참된 종 비유**(눅 17:5-10)

주인에게 "밭을 갈거나 양을 치거나 하는 종"(눅 17:7)이 있었습니다. 종은 주인을 위해 하루 종일 밭에서 일하다가 돌아왔습니다.

무척 피곤하고 배고픈 상태였을 것입니다. 하지만 집에 돌아왔을 때 주인은 그를 보고 수고했다며 식탁에 "곧 와 앉아서 먹으라"(눅 17:7)고 하지 않습니다. 오히려 방금 일터에서 돌아온 종에게 "내 먹을 것을 준비하고 띠를 띠고 내가 먹고 마시는 동안에 수종 들고 너는 그 후에 먹고 마시라"(눅 17:8)고 말합니다. 종의 기분은 어땠을까요? 지금 우리 입장에서는 주인의 행동이 불만스러울 수 있습니다. 주인이라고 이렇게 사람을 무시해도 되느냐는 생각이 듭니다. 게다가 주인의 요구는 부당하기까지 합니다. 그 종은 요리나 식탁 시중 담당이 아니라 '밭을 갈거나 양을 치는' 자였습니다. 하지만 예수님은 주인의 태도가 당연한 것이라고 가르치십니다. 만약 종이 불만을 느낀다면 오히려 이상한 일이라고 말씀하십니다.

우리는 예수님을 주님으로 모신 자들입니다. '주님'은 글자 그대로 '주인님'입니다. 예수님이 주인이시면 우리는 그의 종입니다. 신약성경의 '종'은 '둘로스'(δοῦλος)인데 이 말은 '묶다'라는 뜻의 '데오'(δέω)에서 왔습니다. 종은 본래 주인에게 묶인 자로, 사실상 소유물입니다. 주인은 명령하고 종은 순종할 뿐입니다. 이를 잘 나타낸 표현이 백부장 이야기에 나옵니다. "내 종더러 이것을 하라 하면 하나이다"(눅 7:8). 종은 명령에 순종할 뿐 권리가 없습니다. 성경이 말하는 종은 이처럼 철저한 노예 상태를 의미합니다. 명령에 따르지 않으면 채찍질당하고 쓸모없다고 판단되면 주인이 죽여도 어쩔 수 없는 존재가 바로 그 시대의 종입니다.

우리는 만인이 평등한 시대를 살고 있으므로 성경이 말하는 주인과 종의 관계를 잘 이해하지 못합니다. 그래서 이상한 일이 자주 벌어집니다. 어떤 사람은 자기가 그리스도의 종이므로 남들이 자기 말에 순종해야 한다고 윽박지릅니다. 하지만 그가 진짜 종이라면 주인이신 그리스도의 명령에 어떻게 먼저 잘 순종할까 고민함이 정상입니다. 그런데 언제부턴가 종이 벼슬처럼 되어 버렸습니다. 또 어떤 이는 예수님을 주인이라 하면서 오히려 자기가 주인에게 명령합니다. 겉으로는 손을 모으고 무릎을 꿇지만 입술로는 '주님은 나한테 이렇게 저렇게 하셔야 한다'고 명령합니다. 성경이 말하는 진짜 주인과 종의 관계를 이해하지 못하기에 일어나는 일입니다.

예수님은 단언하십니다. "명한 대로 하였다고 종에게 감사하겠느냐"(눅 17:9). 오늘날 그릇된 태도로 주인을 섬기는 모든 성도에게 예수님이 진심으로 하고 싶으신 말씀입니다. 신앙생활을 하다 보면 억울한 일을 겪을 때가 있습니다. 주님을 위해, 교회를 위해 헌신과 봉사를 했는데도 아무 보상이나 칭찬이 돌아오지 않습니다. 그래서 교회마다 마음이 상하여 뻐딱한 자들이 있습니다. 종의 교만입니다. 우리는 예수님의 종으로, 주인의 명령에 순종해야 하는 존재입니다. 순종을 통해 보상을 기대하는 것 자체가 그릇된 자세입니다. 주님은 주인이시고 종은 노예일 뿐이기 때문입니다. 예수님은 제자들에게 명령하십니다. "이와 같이 너희도 명령받은 것을 다 행한 후에 이르기를 우리는 무익한 종이라 우리가 하여야 할 일을 한 것뿐이라 할지니라"(눅 17:10).

'무익한 종'이란 표현은 마태복음의 '달란트 비유'에 한 번 더 등장합니다. 이때의 종은 주인의 진노를 사서 "바깥 어두운 데로 내쫓"(마 25:30)길 존재입니다. 주인의 명을 거역한 진짜 '무익한 종'입니다. 하지만 누가복음에 나오는 종은 주인의 명령을 '다 행한' 종입니다. 그런데 예수님은 이 종 역시 본래는 똑같이 '무익한 종'일 뿐임을 가르치십니다. 종은 주인의 소유이기 때문입니다. 명령에 모두 순종해도 주인이 소유물에게 감사할 필요는 없습니다. 종이 명령을 이행하든 안 하든 그의 운명은 오직 주인의 자비에 달려 있습니다.

이 비유는 "사도들이 주께 여짜오되 우리에게 믿음을 더하소서"(눅 17:5)라는 요청을 받고 예수님이 가르치신 말씀입니다. 결국 참되고 깊은 신앙은 주인을 향한 겸손이라는 것을 가르치신 것입니다. 하나님은 만인의 주인이시고, 모든 인간은 하나님의 종이자 소유물입니다. 더 적나라하게 말하면 모든 인간은 이미 폐기처분이 확정되었던 존재들입니다. 그런데 십자가 사랑으로 은혜를 입어 다시 주인의 종이 되었습니다. 이 사실을 망각하고 다시 교만해지면 그때는 정말 쓸모없는 종이 되고 맙니다. 능력과 재능이 출중해서 아무리 위대한 일을 이루어도, 주인 앞에 겸손하지 않으면 폐기처분될 수밖에 없습니다.

· 바리새인과 세리의 기도 비유(눅 18:9-14)

누가복음에는 세리라는 직업이 총 10번 등장합니다(마태복음 8번, 마가복음 3번, 요한복음 없음). 세리는 당시 사회에서 지탄받는 직업이었습니다. 로마 식민지 상태에서 동포들의 등골을 빼먹는 악당으로 여겼기 때문입니다. 그래서 세리라는 단어는 '죄인' 혹은 '창녀'와 동급으로 사용되곤 했습니다(눅 5:30; 마 21:31).

그런데 누가복음은 세리를 상당히 긍정적으로 묘사합니다. 마태복음에는 세리가 간혹 부정적으로 나오지만(마 5:46; 18:17 등), 누가복음에는 그런 묘사가 없습니다. 그렇다고 세리라는 직업 자체가 아름답게 그려지는 것은 아닙니다. 다만 과거에 죄인이었다가 회개하고 새롭게 된 인물의 대표로 세리가 자주 등장합니다. 누가가 이런 예수님의 가르침을 다른 복음서보다 많이 실은 것은 주변에 회개하고 거듭난 세리들이 많았기 때문으로 추측할 수 있습니다.

지금 우리가 보고 있는 '바리새인과 세리의 비유'는 이어지는 '세리장 삭개오'(눅 19:1-10) 이야기와 함께 세리가 주인공으로 등장하는 누가복음만의 독특한 비유입니다. 비유 속의 세리는 인간이 어떻게 해야 하나님께 의롭다 하심을 받을 수 있는지(눅 18:14)를 복음의 근본에서 정확히 보여 줍니다. 두 사람이 기도하러 성전에 올라갔는데, 하나는 바리새인이고 하나는 세리였습니다(눅 18:10). 그런데 바리새인에게 이상한 점이 발견됩니다. 그는 "서서 따로 기도"(눅 18:11)하고 있습니다. 자신을 남과 구별하면서도 눈에 잘 띄려는 위치 선정입니다. 바리새인은 기도하면서 자기와 남을 끝없이 비교합니다. 그는 "다른 사람들 곧 토색, 불의, 간음을 하는 자들과…이 세리와도 같지 아니함"(눅 18:11)을 감사합니다. 남과 비교하여 스스로 의롭다고 생각합니다.

오늘날도 스스로를 꽤 선한 사람이라고 자부하는 사람이 많습니다. 자부심은 대부분 남과의 비교에서 나옵니다. 물론 세상에는 손가락질당할 만큼 큰 악인이 있습니다. 뉴스와 언론에는 날마다 이런 자들이 나옵니다. 그러다 보니 비교적 선량한 내가 상대적으로 의롭게 느껴집니다. 하지만 이는 인간끼리의 판단입니다. 하나님이 사람을 판단하시는 기준은 다릅니다. 하나님의 심판은 상대평가가 아니라 절대평가입니다. 인간은 어떤 식으로든 하나님께 의롭다는 판정을 받을 수 없습니다. 하나님께 인정받으려면 모든 면에서 완벽해야 합니다. 하나님이 완벽하시기 때문입니다. 마태복음의 산상수훈에서도 보았듯, 인간은 어떤 노력으로도 죄를 완전히 벗어날 수 없습니다. 하나님이 보실 때 모든 인간은 죄가 크든 작든 똑같은 죄인입니다. 그런데도 바리새인은 자기가 다른 사람들과 "같지 아니함"(눅 18:11)을 자랑합니다. 하나님의 완전한 거룩을 인간 수준으로 끌어내리는 교만입니다.

또한 바리새인은 "나는 이레에 두 번씩 금식하고 또 소득의 십일조를 드리나이다"(눅 18:12)라고 자랑합니다. 금식과 십일조는 애초에 하나님께 드리는 것입니다. 하나님께 드렸으니 받으신 하나님이 제일 잘 아십니다. 그런데도 굳이 이를 드러내는 것은 금식과 십일조가 애초에 하나님께 드린 것이 아님을 제 입으로 밝히는 것입니다. 실상 그는 하나님이 아니라 인간에게 금식과 십일조를 바친 것입니다. "은밀한 중에 보시는"(마 6:4, 6, 18) 하나님보다 사람의 칭찬에 더 목마르기 때문입니다. 그는 지금 기도를 하는 것이 아닙니다. 기도는 하나님께 드리는 것이지만, 그는 자기 기도가 하나님보다 주변 사람들에게 더 잘 전달되기를 바랍니다. 하나님이 아니라 사람의 칭찬이라는 우상을 섬기고 있다는 증거입니다.

하지만 세리는 바리새인과 다릅니다. 그는 "멀리 서서 감히 눈을 들어 하늘을 쳐다보지도 못하고 다만 가슴을 치며"(눅 18:13) 기도합니다. 바리새인과 달리 자신을 감히 드러내지도 못합니다. 그의 기도는 "하나님이여 불쌍히 여기소서 나는 죄인이로소이다"(눅 18:13)입니다. 처절한 간구입니다. 죄 때문에 처벌받아야 할 운명을 철저히 깨달은 자의 두려움으로 가득합니다. 하나님이 불쌍히 여기시지 않으면 어떤 방법으로도 구원받지 못함을 깨달은 간절함입니다. '불쌍히 여기소서'(ἱλάσκομαι)라는 말은 '속량하다'(히 2:17)로 번역되어 신약성경에 한 번 더 등장합니다. 즉 '불쌍히 여기소서'는 '용서해 주옵소서'라는 뜻입니다. 하나님의 용서가 없으면 망할 수밖에 없는 존재임을 세리는 너무나 잘 알았던 것입니다.

바리새인은 "자기를 의롭다고 믿고 다른 사람을 멸시하는 자"(눅 18:9)였지만, 세리는 자신이 처벌받아 죽을 죄인임을 깨닫고 하나님의 긍휼을 구했습니다. 그리하여 결국 "저 바리새인이 아니고 이 사람이 의롭다 하심을 받고 그의 집으로"(눅 18:14) 돌아갑니다. "자기를 높이는 자는 낮아지고 자기를 낮추는 자는 높아"(눅 18:14)지는 것이 복음의 신비입니다. 예수님이 이 비유를 전하실 당시 상황을 생각해 보면 재미있습니다. 예수님이 바리새인의 기도를 흉내 내실 때 아마 백성들은 포복절도했을 것입니다(막 12:37 참조). 하지만 세리의 처절한 기도 내용을 들려주실 때는 가슴 깊은 찔림과 깨달음으로 숙연해졌을 것입니다. 물론 모두가 그런 것은 아니었을 겁니다. 주변에서 이 비유를 함께 듣던 바리새인들은 '끙' 하며 이를 갈았겠지요.

예수님의 비유는 여기서 끝나지만, 세리를 실제 인물로 친다면 그의 삶에는 큰 변화가 있었을 것입니다. 참된 회개는 열매로 이어지기 때문입니다. 회개의 열매가 맺혀야 온전한 구원이 이루어집니다. 잠시 뒤에 나오는 '세리장 삭개오'(눅 19:1-10) 이야기는 이 비유의 속편에 해당합니다. 회개의 참된 열매가 나옵니다. 삭개오는 자기를 찾아오신 예수님을 "즐거워하며 영접"(눅 19:6)한 후 그간의 삶을 뉘우치며 "주여 보시옵소서 내 소유의 절반을 가난한 자들에게 주겠사오며 만일 누구의 것을 속여 빼앗은 일이 있으면 네 갑절이나 갚겠나이다"(눅 19:8)라고 고백합니다. 그러자 예수님은 "오늘 구원이 이 집에 이르렀"(눅 19:9)다고 말씀해 주십니다.

눅 19:28-22:38

후반기 사역

예루살렘 멸망(눅 19:11-44)

예수님은 마침내 목적지인 예루살렘에 당도하셨습니다. 다른 복음서보다 풍성한 사연을 기록해 온 누가복음은 이제 예수님이 예루살렘 가까이 오셨고(눅 19:11) '므나 비유'를 마치신 후(눅 19:12-27) 예루살렘을 향해 앞서서 가시는 장면(눅 19:28)을 보여 줍니다. 그 후 예수님이 성전의 장사꾼들을 쫓아내시고 성전에서 가르치시는 장면, 마지막 만찬을 하신 후 감람산에서 체포되시는 장면, 재판받으신 후에 십자가에 달리시는 장면은 마태복음과 마가복음의 순서와 거의 비슷합니다.

그럼에도 두 가지 차이점이 누가복음의 특징을 드러냅니다. 먼저 로마군에 의해 예루살렘이 정복당하는 장면을 누가는 다른 복음서보다 훨씬 자세하게 묘사합니다. 예수님은 예루살렘 성을 보고 우시며 "날이 이를지라 네 원수들이 토둔을 쌓고 너를 둘러 사면으로 가두고 또 너와 및 그 가운데 있는 네 자식들을 땅에 메어치며 돌 하나도 돌 위에 남기지 아니하리니"(눅 19:43-44)라고 말씀하십니다. 또 "예루살렘이 군대들에게 에워싸이는 것을 보거든"(눅 21:20)이라는 기록도 나옵니다. 이 구절들은 당시 유대 전쟁 상황을 기록한 역사책의 증언과 매우 흡사합니다. 이는 누가가 AD 70년에 있었던 로마의 예루살렘 정복을 실제로 목격했거나 그 후에 기록된 전쟁에 관한 역사 내용을 참고했다는 증거입니다. 따라서 누가복음은 최소한 AD 70년 이후에 쓰였음이 분명합니다.

또한 누가복음은 예수님의 '열매 없는 무화과나무 저주'(마 21:18-22; 막 11:12-14)를 싣지 않았습니다. 대신 마태복음과 마가복음에 나오지 않는 "이날은 온 지구상에 거하는 모든 사람에게 임하리라"(눅 21:35)라는 구절을 실었습니다. '지구상'이란 말은 본래 '온 땅'을 의미합니다. 마태복음과 마가복음에서 '온 땅'은 주로 유대 지역에 한정되지만(마 9:26, 31; 막 15:33 등), 누가에게 이 개념은 유대와 이방 모든 지역을 포함합니다(눅 4:25; 행 17:26 등). 누가 공동체의 구성원과 그들의 선교 대상이 훨씬 다양하고 포괄적이며 세계적이었음을 보여 줍니다. 그래서 이스라엘을 상징하는 느낌이 강한 '무화과나무 저주'는 빼고 오히려 이 구절을 넣어 강조한 것입니다.

성찬식과 새 언약(눅 22:14-20)

누가가 묘사하는 최후의 만찬 장면에는 특별한 개념이 등장합니다. 마태복음과 마가복음의 만찬 장면은 내용이 거의 같습니다. 예수님이 제자들에게 떡을 주시며 "받아서 먹으라 이것은 내 몸이니라"(마 26:26, 막 14:22 참조) 말씀하셨고, 잔을 주시며 "이것은 죄 사함을 얻게 하려고 많은 사람을 위하여 흘리는 바 나의 피 곧 언약의 피니라"(마 26:28, 막 14:24 참조)라고 하십니다. 하지만 누가복음에는 두 복음서에 없는 색다른 표현 두 가지가 나오는데, "새 언약"(눅 22:20)과 "너희가 이를 행하여 나를 기념하라"(눅 22:19)입니다.

'언약의 피'라고 말한 마태나 마가와 달리 누가는 '새 언약'이라는 독특한 표현을 씁니다. '언약'(디아세케, διαθήκη)은 본래 법적인 용어로 '약속'(promise)보다는 '계약'(testament)의 의미가 강합니다. 따라서 '새 언약'은 말 그대로 '신약'(New Testament)을 뜻합니다. 이 표현은 예수님이 제자들과 새로운 공식 계약을 체결하신 분위기를 드러냅니다. 특히 누가는 마태와 마가의 '언약의 피'와 달리, 예수님이 주신 '잔'이 곧 '새 언약'이라고 말합니다. '잔'은 '피'보다 더 실제적이고 구체적인 표상입니다.

이는 '너희가 이를 행하여 나를 기념하라'는 명령에서 분명해집니다. 예수님의 명령은 이 잔을 마시는 것이 단순한 식사 행위가 아니라 앞으로도 지속될 기념행사라는 뜻입니다. 마지막 만찬을 앞으로 교회가 지켜야 할 성찬예식으로 공포하신 것입니다. 누가복음에 이 기록이 특별히 남은 것은 당시 누가 공동체가 이미 성찬예식을 하고 있었다는 증거입니다. 그 흔적은 뒤에 '엠마오 마을로 가던 두 사람'(눅 24:13-35) 이야기에도 나타납니다. 부활하신 예수님은 두 사람을 찾아와 "음식 잡수실 때에 떡을 가지사 축사하시고 떼어"(눅 24:30) 그들에게 주십니다. 그러자 두 사람은 "눈이 밝아져 그인 줄 알아보"(눅 24:31)게 됩니다. 이 역시 성찬을 통해 성도들이 부활의 주님을 더 깊이 깨닫게 될 것이라는 메시지를 담고 있습니다.

복음서에서 '새 언약'이라는 표현은 이곳에만 나옵니다. 하지만 바울이 쓴 고린도전·후서와 히브리서에는 여러 번 등장합니다(고전 11:25; 고후 3:6; 히 8:8; 9:15; 12:24 등). 특히 고린도전서에는 바울이 '주의 만찬'에 대해 가르치면서 이렇게 말합니다. "주 예수께서 잡히시던 밤에 떡을 가지사 축사하시고 떼어 이르시되 이것은 너희를 위하는 내 몸이니 이것을 행하여 나를 기념하라 하시고 식후에 또한 그와 같이 잔을 가지시고 이르시되 이 잔은 내 피로 세운 새 언약이니 이것을 행하여 마실 때마다 나를 기념하라"(고전 11:23-25).

고린도전서는 누가복음보다 먼저 기록된 책입니다. '이것을 행하여 나를 기념하라'나 '식후에'라는 표현 그리고 '이 잔이 곧 새 언약'이라는 표현은 누가복음과 거의 비슷합니다. 누가는 바울의 고린도전서를 참고해서 이 부분을 썼거나 바울이 참고한 동일한 자료에서 이 부분을 인용했을 것입니다. 당시 누가가 바울과 깊이 연관된 사람이었을 가능성을 보여 줍니다. 예수님의 피로 주신 "새 언약"(눅 22:20)은 우리를 "새로운 피조물"(고전 11:25)이 되게 하여 "새 사람"(엡 2:15; 4:24)으로서 "새 계명"(요 13:34; 요일 2:7)을 지키며 살다가 "새 하늘과 새 땅"(벧후 3:13; 계 21:1)으로 들어가게 할 놀라운 약속입니다.

'칼' 두 자루와 '족하도다'(눅 22:35-38)

후반기 사역에서 누가복음에만 나오는 또 다른 장면은 예수님이 체포되시기 전 제자들에게 "이제는…검 없는 자는 겉옷을 팔아 살지어다"(눅 22:36)라고 말씀하시는 장면입니다. 이때 제자들은 "주여 보소서 여기 검 둘이 있나이다"(눅 22:38)라고 했고, 이 말을 들으신 예수님은 "족하다"(눅 22:38)라고 하셨습니다. 이 대화는 마치 예수님이 제자들에게 칼을 들고 저항하라고 부추기시는 것으로 보여 난해한 구절로 꼽힙니다. 하지만 글 전체 분위기를 염두에 두고 읽으면 이해에 도움이 됩니다. 이 대화가 있기 직전에 세가지 중요한 사건이 있었습니다. 그 사건들을 먼저 고려하고 예수님이 하신 말씀을 읽으면 난해해 보이는 구절의 의미가 풀립니다.

· 가룟 유다가 예수님을 팔 것(눅 22:1-23)
· 제자들이 누가 크냐를 놓고 다시 논쟁(눅 22:24-30)

· 베드로가 예수님을 부인할 것(눅 22:31-34)

이 세 가지 일이 있은 후에 예수님은 '검을 사라'고 하셨습니다. 척 봐도 이 사건들에는 한 가지 공통점이 있습니다. 제자들은 곧 십자가에 못 박히실 예수님께 위로와 용기는 되어 드리지 못할망정, 스승의 가슴에 대못을 박고 있습니다. 가룟 유다는 예수님을 팔 것이고, 베드로는 세 번 부인할 것이며, 제자들은 그 와중에 '누가 크냐' 하는 다툼(눅 22:24)만 벌입니다.

이런 상황에서 예수님은 제자들에게 "내가 너희를 전대와 배낭과 신발도 없이 보내었을 때에 부족한 것이 있더냐"(눅 22:35)라고 물으십니다. 제자들이 "없었나이다"(눅 22:35)라고 답하자 예수님은 "이제는 전대 있는 자는 가질 것이요 배낭도 그리하고 검 없는 자는 겉옷을 팔아 살지어다"(눅 22:36)라고 하십니다. 곱씹어 보면 이 말씀은 예수님의 실제 명령이 아니라 일종의 반어법으로 야단치신 말씀임을 알 수 있습니다. 예수님은 지금 제자들에게 이렇게 말씀하고 계신 것입니다. '이놈들아, 내가 전에 전대와 주머니와 신도 없이 보냈을 때 부족한 것이 있었더냐. 그런데 아직도 이렇게 알지 못하느냐. 그럴 거면 차라리 (돈 때문에 배신할 가룟 유다를 생각하시면서) 돈을 챙겨 넣을 전대를 장만하고, (무서워서 배신할 베드로를 생각하시면서) 배낭을 메고 도망쳐 버리고, (매일같이 다투는 제자들을 생각하시면서) 그렇게 싸우려거든 차라리 칼을 사서 강도처럼 꾸미고 다녀라.'

예수님이 이런 투로 말씀하셨다는 증거가 곧이어 나옵니다. "기록된 바 그는 불법자의 동류로 여김을 받았다 한 말이 내게 이루어져야 하리니 내게 관한 일이 이루어져 감이니라"(눅 22:37). '불법자'는 법을 무시하는 자들입니다. 제자들이 검을 가지면 불법자와 같게 됩니다. 따라서 예수님이 불법자와 같은 부류로 여겨질 것이라는 말씀은, 그토록 열심히 가르치셨건만 불법자처럼 행동하는 제자들을 안타까워하신 것입니다. 예수님은 '아, 이 예언의 말씀이 정말로 내게 이루어져 가는구나' 하고 탄식하신 것입니다.

예수님은 체포되실 때 자기를 잡으러 온 사람들에게 "너희가 강도를 잡는 것같이 검과 몽치를 들고 나왔느냐"(눅 22:52)라고 말씀하십니다. 놀랍게도 그때 예수님 곁에 있던 제자들은 행색이 강도 무리와 비슷했습니다. 그중 하나는 아예 칼을 빼어 휘둘러서 대제사장의 종의 오른쪽 귀를 잘랐습니다(눅 22:50). 하지만 당시 제자들은 예수님이 하시는 말씀을 깨닫지 못하고 오히려 뿌듯한 표정으로 "주여 보소서 여기 검 둘이 있나이다"(눅 22:38)라고 말합니다. 가슴 아픈 동문서답입니다. 예수님은 쓸쓸한 마음으로 "(그만하면 바보짓도) 족하다"(눅 22:38) 답하셨습니다.

사역의 완성

십자가에 달린 두 행악자(눅 23:39-43)

누가는 예수님의 십자가 사건에서 다른 복음서에는 없는 귀한 사건을 전해 주고 있습니다. 예수님과 함께 십자가에 달린 "또 다른 두 행악자"(눅 23:32)에 대한 이야기입니다. 물론 다른 복음서에도 두 사형수가 등장합니다. 하지만 "함께 십자가에 못 박힌 강도들도 이와 같이 욕하더라"(마 27:44, 막 15:27 참조)라고만 기록합니다. 마태와 마가는 십자가에서 먼 거리에 있어서 예수님과 강도들의 대화까지는 자세히 들을 수 없었던 목격자들의 증언을 참고한 것 같습니다. 하지만 누가복음은 십자가 근접한 곳에서 이들의 실제 대화를 상세히 들은 사람의 증언을 따른 것입니다.

마태복음과 마가복음은 이들을 '강도'(마 27:38; 막 15:27)라 했고 요한복음은 '다른 두 사람'(요 19:18)이라고 했습니다. 강도의 정체에 대해 많은 해석이 있습니다. 혹자는 이들이 이스라엘의 독립 운동가였을 것이라고 말합니다. 이들과 함께 사형당할 뻔한 바라바가 "민란과 살인으로 말미암아 옥에 갇힌 자"(눅 23:19, 막 15:7)였기 때문입니다. 로마 식민치하 당시 이스라엘에는 독립 운동가가 많았습니다. 특히 시카리우스라는 과격한 단체는 독립을 위해 민란을 일으키고 살인도 서슴지 않았습니다. 민란과 살인이라는 죄목이 붙은 바라바는 아마도 이 시카리우스의 일원이었던 것 같습니다.

그런데 요한복음은 바라바도 '강도'(요 18:40)라고 부릅니다. 그래서 나머지 두 강도도 바라바처럼 시카리우스였을 것으로 추측하는 것입니다. 하지만 이 견해는 합당치 않습니다. 구원 얻은 강도가 "우리는 우리가 행한 일에 상당한 보응을 받는 것"(눅 23:41)이라고 고백했기 때문입니다. 그들이 독립 운동가였다면 자신들이 의롭게 죽는다고 생각했을 것이기에 이런 고백은 하지 않았을 것입니다. 이들은 실제로 나쁜 죄를 저지른 범죄자였을 가능성이 큽니다. 그래서 누가는 이들에게 일부러 '행악자'(카쿠르고스, κακοῦργος)라는 단어를 붙인 것입니다. 말 그대로 '나쁜 짓을 한 자'입니다.

두 행악자는 예수님과 함께 십자가에 못 박혔습니다. 누가는 "예수를 십자가에 못 박고 두 행악자도 그렇게 하니 하나는 우편에, 하나는 좌편에 있더라"(눅 23:33, 요 19:18 참조)라고 묘사합니다. '좌편과 우편'이라는 말 때문에 흔히 우편 강도가 구원받았다고 생각하기 쉽지만, 사실 정확한 위치는 아무도 모를뿐더러 중요한 문제도 아닙니다. 중요한 것은 그 행악자가 '왜 구원을 얻었나'입니다. 당시 행악자 중 하나는 "비방하여 이르되 네가 그리스도가 아니냐 너와 우리를 구원하라"(눅 23:39)고 했습니다. 십자가 처형은 너무 고통스럽기에 그의 목소리는 아마도 크고 거칠었을 것입니다. 그러다 보니 십자가 가까이 있던 군중 가운데 누군가가 이 대화를 들었을 것이고, 그의 진술이 "모든 일을 근원부터 자세히 미루어 살핀"(눅 1:3) 누가에게 이르러 기록된 것입니다.

이때 행악자가 남긴 '비방하였다'(블라스페메오, βλασφημέω)는 예수님이 체포되신 후 "지키는 사람들이 예수를 희롱하고 때리며…많은 말로 욕하더라"(눅 22:63-65)라는 기록에 나오는 '욕하더라'와 같은 단어입니다. 이 행악자는 지금 예수님을 박해하는 자들과 같은 짓을 하고 있는 것입니다. 그러나 다른 행악자는 동료에게 "네가 동일한 정죄를 받고서도 하나님을 두려워하지 아니하느냐"(눅 23:40)며 꾸짖었습니다. '동일한 정죄'라는 말은 그들이 받는 십자가 형벌이 자기 죄에 합당하다는 고백입니다. 하지만 첫 번째 행악자는 합당한 처벌을 받으면서도 예수님을 비방하고 자기를 "구원하라"(눅 23:39)며 조롱했습니다. 죄를 인정하지 않는 뻔뻔함입니다. 죄인의 뻔뻔함은 곧 "하나님을 두려워하지 아니"(눅 23:40)하는 것입니다. 이러한 죄인은 세상의 판결로 죽음을 당한 후에도 하늘의 심판을 받아야 합니다.

하지만 다른 행악자는 자기가 받은 판결과 이로 인해 당하는 고통이 "우리가 행한 일에 상당한 보응을 받는 것이니 이에 당연하거니와"(눅 23:41)라고 말합니다. 자기 죄를 깊이 깨닫고 하나님을 두려워하는 자세입니다. '바리새인과 세리의 비유'에서도 보았지만 이런 마음가짐이 곧 구원의 시작입니다. 두 번째 행악자는 "이 사람(예수님)이 행한 것은 옳지 않은 것이 없느니라"(눅 23:41)라고도 말합니다. 이 고백은 예수님이 그저 억울한 상태로 십자가에 달리셨다는 정도의 의미가 아닙니다. 예수님의 존재 자체와 모든 행위가 하나도 빠짐없이 의롭다고 고백하는 것입니다. 이 고백은 곧 예수님이 흠 없고 거룩하신 하나님의 아들이라는 고백입니다. 완전하게 의로우신 분만이 죄인을 용서할 수 있습니다. 그는 하나님의 아들뿐입니다.

예수님과 동시대를 살았던 두 번째 행악자는 체포되기 전까지 예수님의 소문을 여러 번 들었을 것입니다. 혹은 감옥에서 '의인이 아니라 죄인을 부르러 오신' 예수님의 이야기를 누군가에게 전해 들었을 수도 있습니다. 그런데 십자가에 달려 고통스러운 순간 곁에서 갑자기 충격적인 말씀이 들려옵니다. 함께 십자가에 달린 예수님이 핍박하는 무리를 보시면서 "아버지 저들을 사하여 주옵소서 자기들이 하는 것을 알지 못함이니이다"(눅 23:34)라고 용서를 선포하신 것입니다.

누가복음에만 나오는 이 귀한 용서의 선언을 그는 누구보다 가까이에서, 선명하게 들었습니다. 그리고 그것이 자기에게 주어진 마지막 기회임을 깨달았습니다. 하나님을 '아버지'라고 부르는 예수님은 하나님의 아들이 분명했습니다. 그런데 하나님의 아들이 지금 모든 사람을, 심지어 자기를 박해하는 자들까지도 용서하고 계십니다. 그는 간절히 "예수여 당신의 나라에 임하실 때에 나를 기억하소서"(눅 23:42)라고 부탁합니다. 하나님의 아들이신 예수님이 가시는 나라는 이 세상에 속한 것이 아니라(요 18:36) 죽음 후에 이를 천국임을 알았기 때문입니다.

당시 예수님의 십자가에는 "유대인의 왕"(눅 23:38)이라는 패가 붙어 있었습니다. 예수님을 조롱하려고 붙인 패입니다. 하지만 그는 예수님이 진짜 왕이라는 확신이 있었습니다. 천국의 임금이신 예수님이 허락만 하시면 자기도 용서받고 함께 그 나라에 들어갈 수 있을지 모른다는 소망을 품었습니다. 고통의 숨을 몰아쉬며 죽어 가던 그는 소망을 부여잡고 예수님을 의지했습니다. 그러자 예수님은 "내가 진실로 네게 이르노니 오늘 네가 나와 함께 낙원에 있으리라"(눅 23:43) 약속하십니다.

결국 이 행악자는 십자가의 공로로 천국에 들어간 성도들 중에 제1호로 천국시민이 되는 영광을 얻었습니다. 이는 그 어떤 죄인도 온전히 회개하고 주님을 의지하면 용서받고 하나님 나라 백성이 될 수 있다는 복음의 핵심을 명확히 보여 줍니다.

부활의 첫 목격자(눅 24:34)

십자가에 달리신 예수님은 "안식 후 첫날 새벽에"(눅 24:1) 다시 부활하십니다. 사복음서는 모두 같은 날 새벽에 여인들이 찾아와 빈 무덤을 보았다고 증언합니다. 특히 마태복음, 마가복음, 요한복음은 빈 무덤을 본 여인들(특히 막달라 마리아)이 예수님을 직접 만났다고 증언합니다(마 28:9; 막 16:9; 요 20:18). 그런데 부활이 사실임을 강조하기에 여인들을 내세우는 것은 불리합니다. 당시 문화가 여자들의 증언을 중요하게 받아들이지 않았기 때문입니다. 여인들은 법정에서 증인으로 채택되지도 못했습니다. 예수님의 부활을 꾸미려 했다면 복음서의 기록자들은 참 어리석은 것입니다. 신뢰받지못할 여인들을 부활의 첫 증인으로 내세우고 있기 때문입니다. 이런 관점에서 여인들이 부활의 목격자로 기록된 것은 오히려 예수님의 부활이 실제임을 역설합니다.

그런데 신기하게도 누가복음에는 이 부분이 빠져 있습니다. 다른 복음서와 달리 누가복음에 기록된 여인들은 빈 무덤만 확인했을 뿐 예수님을 직접 만났다는 기록이 없습니다. "주께서 과연 살아나시고 시몬에게 보이셨다"(눅 24:34)라는 기록만 있습니다. 부활의 첫 목격자가 마치 시몬 베드로인 것처럼 말하는 것입니다. 다른 복음서보다 여인의 역할을 더 강조해 온 누가복음의 분위기를 고려하면, 조금 심각한 문제입니다. 하지만 당시 누가 공동체 내부의 분위기를 고려해 보면 문제가 해결됩니다. 모든 글은 독자들

마태복음

마가복음

누가복음

요한복음

이 오해할 만한 요소를 최대한 줄이고 전체적인 분위기에 맞춰 내용을 전하려는 의도가 있습니다.

이미 살펴본 대로 누가복음은 여인들의 긍정적인 모습을 많이 보여 줍니다. 하지만 여인들이 전면에 나서서 활동하지는 않습니다. 주로 뒤에서 예수님과 제자들을 돕는 역할을 합니다. 누가는 "예수께서…복음을 전하실새 열두 제자가 함께하였고 또한…여러 여자가 함께하여 자기들의 소유로 그들을 섬기더라"(눅 8:1-3)라고 말합니다. 이 속에는 일종의 분리가 나타납니다. 열두 제자는 예수님과 함께 전면에서 활동하지만, 여인들은 그들 뒤에서 지원하는 보급부대 역할을 합니다. 나아가 누가복음은 열두 제자와 보급부대 사이에 칠십 인의 제자 그룹도 있었다고 밝힙니다.

누가가 예수님을 섬기는 자들을 이렇게 구분한 것은 당시 누가 공동체에 이와 흡사한 역할 구조가 있었기 때문입니다. 앞서 말했지만, 누가복음에는 베드로와 열한 사도의 권위를 되도록 세워 주려는 분위기가 많습니다. 베드로를 비롯한 열한 제자를 부정적으로 보는 경향이 강한 마가복음과는 상당히 다른 분위기입니다. 당시 어떤 특권층이 마가 공동체를 어지럽힌 경험이 있기 때문인 것 같습니다. 하지만 누가 공동체의 지도자들은 달랐습니다. 능력 있고 좋은 지도자들이 공동체를 훌륭히 이끌어 갔기에 마가복음의 분위기를 따를 필요가 없었습니다. 그래서 마가복음과 달리 베드로와 사도들의 위상에 신경을 쓴 것입니다. 예수님의 열두 사도는 현재의 누가 공동체 지도자들을 연상시킬 것이므로, 이들이 복음서 안에서 지나치게 부정적으로 나오면 읽는 성도들에게 득 될 것이 없고 오해의 여지만 남습니다. 그래서 누가는 마가복음의 좀 모자라 보이는 열두 제자의 모습을 최대한 보완한 것입니다.

예를 들어 누가복음에는 예수님이 밤새도록 기도하시고(눅 6:12) 열두 제자를 신중히 뽑으시는 장면이 나옵니다. 그리고 특별히 그들을 '사도'라 칭하시는 장면(눅 6:13)도 나옵니다. 나중에 칠십 제자를 뽑으신 것도 열두 사도의 특별함을 높이는 효과를 가집니다(눅 10:11). 무엇보다 마태복음이나 마가복음과 달리 누가복음에는 베드로의 신앙고백 후에 예수님이 "사탄아 내 뒤로 물러가라"(마 16:23; 막 8:33)고 야단치시는 장면이 없습니다(눅 9:18-22). 심지어 예수님이 베드로의 부인을 예고하시는 장면에서도 "내가 너를 위하여 네 믿음이 떨어지지 않기를 기도하였노니 너는 돌이킨 후에 네 형제를 굳게 하라"(눅 22:32)는 말씀도 덧붙습니다. 야고보와 요한이 예수님께 벼슬청탁을 하는 장면도 누가복음에는 나오지 않습니다(마 20:20; 막 10:35). 이는 당시 누가복음을 읽던 교회들이 지도자의 역할을 중시했고, 나아가 그 지도자들이 과거 열두 사도의 권위를 어떤 식으로든 계승한 사람들이었음을 짐작하게 합니다.

누가복음의 속편인 사도행전에는 사도의 역할이 "예수께서 부활하심을 증언할 사람"(행 1:22)이라고 밝힙니다. 그들의 주된 사명이 증언이었다면, 열두 사도에게 부활의 목격자라는 권위는 매우 중요합니다. 그래서 누가는 부활하신 예수님을 처음 만난 목격자가 여인임을 굳이 밝히지 않은 것입니다. 진실을 왜곡하려 한 것이 아니라, 불필요한 논란의 여지를 없애고 부활의 증인으로 활동한 열두 사도의 권위가 약화되지 않도록 침묵으로 배려한 것입니다. 심지어 누군가 나서서 부활의 첫 목격자는 여인들이 아니냐고 반박할 경우까지 대비해서 이런 구절도 사도행전에 실어 놓았습니다. 베드로의 설교 중에 "하나님이 사흘 만에 다시 살리사 나타내시되 모든 백성에게 하신 것이 아니요 오직 미리 택하신 증인 곧 죽은 자 가운데서 부활하신 후 그를 모시고 음식을 먹은 우리에게 하신 것이라"(행 10:40-41). 누가가 부활의 증인된 사도들의 위상이 타격을 입지 않도록 세심하게 신경 쓴 흔적입니다.

그런데 한 가지 문제가 남습니다. 과연 시몬 베드로는 부활의 날에 예수님을 따로 만난 적이 있었는가 하는 것입니다. 물론 그날 저녁, 열한 제자와 그들과 함께한 자들이 모여 있을 때 예수님이 오신 장면이 나옵니다(눅 24:36; 막 16:14). 문제는 이 만남 전에 베드로가 따로 예수님을 만났다고 누가가 기록한 것입니다. 다른 복음서 어디에도 그런 기록은 나오지 않습니다.

하지만 우리는 바울이 남긴 기록에서 하나의 단서를 얻을 수 있습니다. 바울은 예수님이 "성경대로 사흘 만에 다시 살아나사 게바에게 보이시고 후에 열두 제자에게와 그 후에 오백여 형제에게 일시에 보이셨나니"(고전 15:4-6)라고 말합니다. 바울의 증언에 따르면 게바 곧 베드로는 다른 제자보다 먼저 예수님을 만났습니다. 이는 누가의 기록과 부합됩니다. 특히 바울은 이 정보를 "내가 받은 것"(고전 15:3)이라고 밝히는데, 베드로가 다른 제자보다 예수님을 먼저 만났다는 것이 당시에 꽤 보편적인 사실이었음을 보여 줍니다. 물론 그렇다고 해서 베드로가 여인들보다 예수님을 먼저 만난 것은 분명히 아닙니다.

다른 복음서가 이 사실을 기록하지 않은 것은 부활의 목격자로서 베드로의 특별성을 일부러 강조할 필요가 없었기 때문입니다. 예수님과 처음으로 만난 여인들에 대해 이미 언급했기에 베드로는 나중에 다른 제자들과 함께 만난 것으로 처리해도 큰 문제가 없었습니다. 하지만 사도들의 위상을 중시했던 누가는 부활 목격에서 예수님과 여인들의 만남 이야기는 빼고 시몬과의 만남만 언급했습니다. 이로써 베드로의 권위가 더 부각되고, 누가 공동체 전체 분위기와도 더 어울렸기 때문입니다.

각각의 복음서는 오해의 여지가 있는 상황들을 세심히 고려하여 자신의 공동체가 더욱 순조롭게 믿음의 유익을 얻도록 깊이 생각하면서 기록된 책입니다. 그래서 진정으로 가치 있는 '교회의 책'입니다.

엠마오로 가던 두 사람(눅 24:13-35)

지금까지 부활의 첫 목격자에 대해 논했지만, 사실 누가복음이 다루는 부활 이야기의 핵심은 다른 데 있습니다. 누가가 가장 강조해서 말하고 싶어 한 부활의 증인은 무덤을 찾은 여인도, 베드로도 아닌 '엠마오로 가던 두 사람'이었습니다. 두 사람에 대한 이야기는 마가복음에도 나오지만 매우 간략히 소개됩니다(막 16:12-13).
그러나 누가복음은 이 사건을 처음부터 끝까지, 길고 상세하게 전
해 줍니다. 이제 곧 "떠나 하늘로 올려"(눅 24:51)지실 예수님이 교회
에 남겨 주실 큰 비밀이 이 사건 속에 있기 때문입니다.

예수님이 부활하신 주일에 "그들 중 둘이 예루살렘에서 이십오
리 되는 엠마오라 하는 마을"(눅 24:13)로 가고 있었습니다. '이십오
리'는 약 11.4킬로미터로 어른 걸음으로 넉넉히 3~4시간 정도 걸
리는 거리입니다. 엠마오에 도달했을 때 "때가 저물어 가고 날이
이미 기울었"(눅 24:29)다는 기록을 보면, 예루살렘에서 대략 오후
1~2시에 출발했을 것입니다. 엠마오에 도착한 그들은 동행한 주
님께 "우리와 함께 유하사이다"(눅 24:29)라고 강권합니다. 유할 집
이 엠마오에 있는 것으로 보아, 그들은 본래 엠마오 출신인 것 같
습니다. 그런데 누가복음은 이 둘을 '그들 중 두 사람'이라고 묘사
합니다. '그들'은 열두 제자가 아닙니다. 두 사람이 다시 예루살렘
에 돌아갔을 때 이미 "열한 제자 및 그들과 함께한 자들"(눅 24:33)
이 있었기 때문입니다.

다행히 누가복음은 그 두 사람 중에 한 명의 이름이 "글로바"(눅
24:18)라고 알려 줍니다. 이 이름은 요한복음에도 나오는데, 예수님
의 십자가 아래에 "글로바의 아내 마리아"(요 19:25)가 있었다고 기
록합니다. 그렇다면 둘은 글로바와 그의 아내 마리아였을 확률이
높습니다. 둘이 함께 엠마오로 돌아갔고, 주님께 자기들과 함께
유하자고 권유한 것은 그들이 부부였을 가능성이 크기 때문입니

다. 예수님이 십자가를 지실 때 이 부부는 예루살렘에 함께 있었고 특히 아내인 마리아는 십자가 아래까지 쫓아갔습니다. 즉, 평소 이들은 주님과 친분이 돈독한 제자들이었을 것입니다. 그래서 예수님도 부활 후에 이 부부를 친히 찾아가신 것입니다.

그렇다면 글로바 부부는 왜 다시 고향으로 돌아가고 있었을까요? 왜 이것이 문제가 되느냐 하면 본문에 조금 심각한 내용이 나오기 때문입니다. 그들은 예루살렘을 떠나기 전에 부활 소식을 이미 들었습니다. 글로바는 "우리 중에 어떤 여자들이 우리로 놀라게 하였으니 이는 그들이 새벽에 무덤에 갔다가 그의 시체는 보지 못하고 와서 그가 살아나셨다 하는 천사들의 나타남을 보았다 함이라"(눅 24:22-23)라고 말합니다. 다시 말해, 이 부부는 부활절 아침에 예수님이 부활하셨다는 소식을 이미 들었습니다. 그래서 집으로 돌아가기를 잠시 망설였을 것입니다. 하지만 끝내 고향으로 향한 것은 이 소식을 진심으로 믿지는 않았다는 증거입니다.

그들은 예수님이 돌아가신 과정을 보면서 희망을 놓아 버린 것 같습니다. 아내 마리아가 십자가 밑에서 예수님의 비참한 죽음을 생생히 목격했기에 더욱 그랬을 것입니다. 여기서 우리는 이들의 신앙이 애초부터 문제가 있었음을 알 수 있습니다. 그들은 자기들이 믿고 따른 예수님을 오해하고 있었습니다." 우리는 이 사람이 이스라엘을 속량할 자라고 바랐노라"(눅 24:21). 이 고백은 얼핏 보기에 문제가 없어 보입니다. 예수님은 분명히 우리를 속량하러 오신 분이 맞습니다. 하지만 그들은 '속량하다'(뤼트로, λυτρόω)의 참 의미를 몰랐습니다. 이 말은 본래 '몸값을 지불하고 자유롭게 풀어 준다'는 뜻입니다. 지금 우리는 이 말의 뜻을 너무 잘 압니다. 죄와 사망의 노예가 된 인간을 예수님이 자기 피로 다시 사서 구원해 주신다는 의미입니다. 하지만 당시 사람들은 다르게 생각했습니다. 로마의 통치 아래 신음하던 이스라엘을 정치적·경제적으로 해방시켜 준다는 뜻으로 이해했습니다. 그래서 글로바 부부는 예수님이 돌아가시자 모든 희망을 놓아 버린 것입니다. 그들이 생각하는 '속량'은 육신의 삶을 위한 것이었기 때문입니다.

오늘날도 이 부부처럼 속량의 개념을 착각하는 사람들이 교회에 있습니다. 이들은 물질적인 속량을 구원의 핵심이라고 여깁니다. 썩어질 육신의 형통이 하나님의 속량이라고 믿고 추구합니다. 겉으로는 아니라고 해도 내면의 깊은 소원이 결국 육에 있는 사람도 많습니다. 하지만 예수님의 속량은 십자가를 통한 내세의 구원입니다. 예수님이 우리를 위해 죽으셔야 인간의 죄가 속량받기 때문에 십자가 없이는 속량이 불가능합니다. 그래서 예수님은 십자가를 보고 실패했다고 슬퍼하는 이들을 야단치신 것입니다. "미련하고 선지자들이 말한 모든 것을 마음에 더디 믿는 자들이여 그리스도가 이런 고난을 받고 자기의 영광에 들어가야 할 것이 아니냐"(눅 24:25-26).

예수님의 십자가는 속량을 완성하시기 위한 필수 과정입니다. 십자가가 없으면 영광도 없다는 것을 예수님은 전부터 누누이 가르쳐 주셨습니다(눅 9:22-24; 17:33). 하지만 사람들은 십자가를 보고 오히려 믿음을 버렸습니다. 십자가가 실패이자 끝이라고 생각했기에, 글로바 부부 또한 부활하신 예수님을 보고도 "눈이 가리어져서 그인 줄 알아보지 못하"(눅 24:16)였던 것입니다. 십자가의 의미를 알지 못했던 그들은 당연히 부활도 믿지 않았습니다. 그래서 예수님이 부활하셔서 자신들 곁에 찾아오실 줄은 꿈에도 상상하지 못했습니다. 동행하는 분이 예수님일 것이라고 애초부터 생각하지 못했습니다. 이처럼 눈이 가려진 상태는 십자가와 부활에 대한 무지와 직결됩니다. 참된 구원을 알지 못하기에 영적 맹인의 상태일 수밖에 없는 것입니다.

하지만 다행히도 이들의 감겼던 눈은 새롭게 떠집니다. 엠마오에 도착하고 나서 그들은 "눈이 밝아져 그인 줄 알아보"(눅 24:31)게 됩니다. 이 변화는 어디에서 온 것일까요? 엠마오 사건의 핵심이 바로 여기에 있습니다. 육신에 속한 자들이 앞으로 어떻게 십자가와 부활의 영적 의미를 깨닫고 진정한 구원을 얻을 수 있는지 예수님은 이 두 사람을 통해 가르쳐 주고 계신 것입니다. 글로바 부부의 눈을 뜨게 한 것은 바로 '성경'이었습니다. 예수님은 깨닫지 못하는 두 사람에게 다시 성경을 가르치셨습니다. "이에 모세와 모든 선지자의 글로 시작하여 모든 성경에 쓴 바 자기에 관한 것을 자세히 설명하시니라"(눅 24:27).

인간의 눈이 열려 부활의 주님을 보게 하는 데 성경말씀이 가장 중요한 역할을 한다는 가르침이 담겨 있습니다. 요한복음에서 예수님이 "너희가 성경에서 영생을 얻는 줄 생각하고 성경을 연구하거니와 이 성경이 곧 내게 대하여 증언하는 것이니라"(요 5:39)라고 말씀하신 것과 상통합니다. 혹자는 이때의 성경은 구약이지 않느냐고 물을 것입니다. 그렇지 않습니다. 예수님이 말씀하신 성경은 최종적으로 구약과 신약을 합친 것입니다. 예수님의 말씀에서 "모든 성경에 쓴 바"(눅 24:27)는 구약이지만 이를 통해 "자기에 관한 것을 자세히 설명"(눅 24:27)하신 내용은 곧 신약이기 때문입니다. 결국 예수님이 말씀하신 '성경+자세한 설명'은 오늘날 우리가 가진 66권의 신구약 성경 전체를 이르신 것입니다.

인류 역사에 수많은 사람이 성경말씀을 통해 예수님을 만났고, 하늘나라의 구원을 얻었으며, 지금도 얻고 있습니다. 베드로는 성도들을 보고 "예수를 너희가 보지 못하였으나 사랑하는도다"(벧전 1:8)라며 신기해합니다. 이 놀라운 역사는 바로 성경말씀에서 온 것입니다. 오늘날 기독교 주변에는 잘 지어진 예배당과 그럴듯한 직제와 조직들이 즐비합니다. 하지만 그 모든 것을 갖추어도 성경말씀이 없으면 기독교가 아닙니다. 아무것도 없어도 성경말씀을 중심에 두고 순종하는 공동체가 있다면 그것이 참 교회요, 기독교입니다. 성경은 부활하신 예수님이 교회에 주신 보물이자 기독교의 바탕입니다. 지금도 성령께서는 성경말씀을 통해 능력을 나타내시고 인간을 변화시키고 계십니다.

엠마오 부부의 눈을 뜨게 한 것은 바로 이 성경의 위력입니다. 부부는 "길에서 우리에게 말씀하시고 우리에게 성경을 풀어주실 때에 우리 속에서 마음이 뜨겁지 아니하더냐"(눅 24:32)라고 고백합니다. 그리고 "곧 그때로 일어나 예루살렘에 돌아"(눅 24:33)가서 부활의 증인이 됩니다. 다른 제자들도 마찬가지입니다. 다시 나타나신 예수님은 제자들의 "마음을 열어 성경을 깨닫게 하시고"(눅 24:45) 그들에게 증인이 되라 하셨습니다. 성경을 중시하는 것은 누가복음의 중요한 사상입니다. 예수님은 부자와 나사로 비유에서 "모세와 선지자들에게 듣지 아니하면 비록 죽은 자 가운데서 살아나는 자가 있을지라도 권함을 받지 아니하리라"(눅 16:31)라고 말씀하셨습니다. 이때 '모세와 선지자들'은 당연히 성경말씀을 가리킵니다.

성경을 통한 글로바 부부와 제자들의 회심은 그때부터 지금까지 긴 교회 역사에서 지속적으로 반복되고 있습니다. 예수님이 십자가에서 죽으시고 부활하셨음을 우리는 성경말씀을 통해 생생하게, 마치 부활의 주님을 실제로 목격한 것처럼 믿게 됩니다. 닫힌 영의 눈이 뜨이는 능력을 주님이 성경말씀에 담아 두셨기 때문입니다. 우리가 찬송하는 '날 사랑하심 날 사랑하심 날 사랑하심 성경에 쓰였네'라는 가사 그대로입니다.

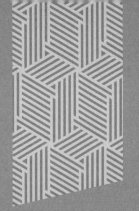

요한
복음

John

대표적 특징

요한복음은 공관복음서와 많이 다릅니다. 일단 공관복음서에 나오지 않는 색다른 예수님의 말씀과 행적이 풍부합니다. 이는 매우 유익하고 감사한 일입니다. 공관복음서에 대한 보충이 여러모로 가능하기 때문입니다. 예를 들면 베드로와 다른 제자들이 공관복음서에서 모든 것을 버리고 즉시 예수님을 쫓아가는 장면은 상당히 돌발적인데, 이것이 왜 가능했는지 요한복음을 보면 이해할 수 있습니다. 또 예수님의 사역 기간이 3년이고 예루살렘을 3번 방문하신 일이나 '니고데모'와 '수가 성 여인' 등과의 만남, 마지막 만찬 때 행하신 '세족식'이나 '고별설교' 혹은 '고별기도' 등도 요한복음에만 나오는 내용입니다.

그렇다고 요한복음이 공관복음서의 보충자료 역할만 하는 것은 아닙니다. 오히려 훨씬 독자적이고 심오한 개념을 풍성하게 담고 있습니다. 그중 가장 두드러지는 것은 예수님이 창조주 하나님이시라는 선언입니다. 공관복음서에서는 쉽게 찾기 힘든 이 개념이 요한복음 서막 첫 부분(요 1:1-3)에 분명히 선언되고, 마지막 부분인 도마의 고백(요 20:28)에서 마무리됩니다. 하지만 하나님이신 예수님은 또한 굉장히 인간적이고 약하신 모습을 자주 보이십니다. 유대인들의 위협을 피해 도망 다니기도 하시고(요 4:1-3; 7:1; 8:59; 10:40), 근심하는 모습도 자주 보이시며(요 11:33; 12:37; 13:21), 눈물도 흘리십니다(요 11:35). 요한복음이 완전한 하나님이자 완전한 인간이신 예수님을 동시에 그리고 있다는 증거입니다.

또한 요한복음에는 영적인 내용으로 가득합니다. '영적'이란 의미는 예수님의 말씀이나 행적이 그 표층과 심층의 뜻을 달리한다는 뜻입니다. 예를 들어 "거듭나지 아니하면"(요 3:3)이나 "영원히 목마르지 아니하리니"(요 4:14) 같은 말은 표면과 속뜻이 서로 다릅니다. 그러다 보니 사람들은 동문서답하기 일쑤입니다. 거듭나는 것을 두 번째 모태에 들어가는 것(요 3:3)으로, '목마른 것'을 육체의 목마름으로 오해합니다. 이런 특징은 요한복음의 일곱 가지 표적에도 잘 나타납니다. 예수님이 수많은 기적을 행하셨지만, 요한복음은 그중 일곱 가지만 선별해서 기록합니다. 이를 정리하면 다음과 같습니다.

· 물로 포도주를 만드심(요 2:1-12)

· 왕의 신하의 아들 치료(요 4:43-54)

· 38년 된 병자 치료(요 5:1-15)

· 오병이어의 기적(요 6:1-15)

· 물 위를 걸으심(요 6:16-21)

· 날 때부터 맹인 된 자 치료(요 9:1-41)

· 죽은 나사로를 살리심(요 11:1-44)

요한복음은 이 기적들을 주로 '표적'이라 칭하는데, 일종의 신호, 즉 사인(sign)이란 뜻입니다. 따라서 각각의 표적도 표면이 아닌 심층에 진짜 뜻을 품고 있습니다. 예를 들어 오병이어 기적의 경우 사람들은 당연히 "떡을 먹고 배부른"(요 6:26) 사건이라고 생각합니다. 하지만 예수님이 기적을 행하신 진짜 목적은 '인자의 살과 피'(요 6:53)에 대한 가르침이었습니다.

이처럼 예수님의 가르침과 행하심이 '영적'이기 때문에 사람들은 이를 제대로 이해하지 못하고 떠나 버리거나 미워하거나 심지어 박해하고 죽이려 합니다. 그럼에도 예수님을 따르는 자들은 여전히 존재합니다. 예수님은 이런 자들에게 집중하시며, "하나님께 속한 자는 하나님의 말씀을 듣"(요 8:47)기 때문에 이런 자들을 "사랑하시되 끝까지 사랑"(요 13:1)하십니다. 하지만 주님의 말씀을 거부하는 자들은 "너희 아비 마귀에게서 났"(요 8:44)기 때문에 호되게 야단을 맞습니다.

나아가 요한복음은 예수님을 믿는다는 사람도 엄격히 구별합니다. 진짜 믿는 자가 되려면 큰 용기가 필요합니다. "그의 행하시는 표적을 보고 그의 이름을 믿었"(요 2:23)던 자들이나 "관리 중에도 그를 믿는 자가 많되…드러나게 말하지 못하"(요 12:42)는 자들은 결국 "사람의 영광을 하나님의 영광보다 더 사랑"(요 12:43)하는 자들로 드러납니다. 육체의 평안을 내려놓고 믿음의 환난을 택할 줄 아는 자들이 진정한 신앙인입니다(요 16:33).

또한 요한복음에는 쉽게 이해되지 않는 모호한 표현이 많습니다. 하나님이신 예수님이 땅에서 "육신이 되어 우리 가운데"(요 1:14) 거하시는 자체가 신비한 일이기 때문입니다. 본래 신과 인간은 완전히 다른 차원으로, 동일한 개념이 될 수 없습니다. 하지만 예수님은 이 둘이 합일된 상태이시기에 표현과 묘사가 난해해질 수밖에 없습니다. 따라서 "나를 본 자는 아비지를 보았거늘"(요 14:9)이라든지 "내가 아버지 안에 너희가 내 안에 내가 너희 안에 있는 것"(요 14:20) 등의 말씀은 꼼꼼히 정독해야 의미를 제대로 파악할 수 있습니다. 게다가 요한복음에는 예수님이 스스로를 비유로 설명하신 내용이 많습니다. "생명의 떡"(요 6:35), "세상의 빛"(요 8:12), "문"(요 10:9), "선한 목자"(요 10:11), "부활이요 생명"(요 11:25), "길이요 진리요 생명"(요 14:6), "포도나무"(요 15:5) 등입니다. 이런 표현들 역시 심층에 의미가 숨어 있으므로 전후를 잘 살펴 꼼꼼히 읽어야 올바른 의미를 알 수 있습니다.

한마디로 요한복음은 상당히 깊고 심오한 책입니다. 요한복음을 통해 우리는 공관복음서에서 발견할 수 없는 성삼위 하나님의 비밀이나 인간의 본성, 나아가 성도의 진정한 지위와 정체성 등을 깨닫게 됩니다. 그래서 지금 이 세상에 살지만 하나님의 자녀로서 진리와 영생을 누리는 신비한 자유를 얻게 됩니다. 이 신비한 자유는 "세상이 주는 것과 같지 아니"(요 14:27)하고 오직 주님만이 주시는 참된 평강입니다. 이 평강을 소유한 자는 "무릇 살아서 나를 믿는 자는 영원히 죽지 아니하리니"(요 11:26)라는 놀라운 경지에 이르러, 육을 초월한 신의 자녀로 살게 됩니다.

이외에도 요한복음에 많은 특징이 있지만, 지금까지 언급한 것을 요약하면 다음과 같습니다.

요한복음의 주요 특징

· 공관복음서의 빈 부분을 보강해 주는 역할

· 창조주 하나님이자 완전한 인간이신 예수님을 드러냄

· 신과 인간의 합일을 표현하는 신비한 내용들

· 표층과 심층의 의미가 다른 영적 표현들과 일곱 가지 표적

· 적당히 믿는 것은 참된 믿음이 아님을 강조

글쓴이의 흔적

요한복음 마지막 부분에는 "이 일들을 증언하고 이 일들을 기록한 제자가 이 사람이라 우리는 그의 증언이 참된 줄 아노라"(요 21:24)라는 말씀이 나옵니다. 이 말씀에 따르면 요한복음의 기록자는 '이 사람'이란 존재이며 그는 본문 안에서 "예수께서 사랑하시는 그 제자"(요 21:20)로 드러납니다. 흔히 '애제자'로 불리는 이 사람은 정확한 이름은 한 번도 나오지 않지만 일반적으로 예수님의 열두 제자 중 하나인 사도 요한으로 봅니다. 그런데 문제는 오늘날 상당수 학자들이 이를 받아들이지 않는다는 것입니다. 그래서 엉뚱한 사람이 저자로 거론되곤 합니다. 혹자는 나사로라 하고, 어떤 이는 마가 요한이라 하며, 심지어는 그저 이상적인 제자상을 보여 주기 위해 설정한 가상 인물이라고도 합니다. 여하튼 애제자가 열두 제자 중 하나가 아니라는 것이 대세 의견입니다.

그래서 이 부분을 짚고 넘어가려 합니다. 요한복음에서 애제자가 공식적으로 처음 등장하는 곳은 마지막 만찬 자리입니다. 이때 그는 "예수의 제자 중 하나 곧 그가 사랑하시는 자"(요 13:23)로 표현됩니다. 요한복음에서 예수님의 '제자 중 하나'라는 표현은 이곳 말고 4번 더 나옵니다. 그들의 정체는 "제자 중 하나 곧…안드레"(요 6:8), "제자 중 하나…가룟 유다"(요 12:4), "제자 중 하나…베드로"(요 18:17, 25)입니다. 이들은 모두 예수님의 열두 제자에 속했고, 특히 가룟 유다는 "열둘 중의 하나"(요 6:71)라는 표현으로도 등장합니다. 따라서 똑같이 '제자 중 하나'로 표현된 애제자만 유독 '열두 제자'가 아니라고 보는 것은 적합하지 않습니다.

무엇보다 요한복음 6장을 보면, 오병이어의 기적이 있은 후 예수님의 설교를 듣고 "그의 제자 중에서 많은 사람이 떠나가"(요 6:66)는 장면이 나옵니다. 그런데도 열두 제자가 여전히 곁을 지키자 예수님은 "내가 너희 열둘을 택하지 아니하였느냐"(요 6:70)라며 칭찬하십니다. 이는 열두 제자가 예수님의 특별한 택하심을 입었고 누구보다 주님과 가까운 존재임을 보여 줍니다. 이 특별한 열둘의 택하심에 '예수의 사랑하시는 제자'만 끼지 못했다고 보는 것도 적절하지 않습니다. 요한복음의 애제자는 누구보다 특별히 택함받은 모습을 보여 주기 때문입니다.

게다가 예수님은 '택하다'라는 말을 이후로 3번 더 사용하시는데, 모두 마지막 만찬에 모인 자들을 향해 쓰십니다. 예수님은 그들에게 "내가 택한 자들"(요 13:18) 혹은 "내가 너희를 택하여 세웠나니"(요 15:16)라고 말씀하십니다. 이들은 6장에서 특별히 선택되었다고 선언된 열두 제자임이 분명합니다. 그런데 그 자리에는 애제자가 누구보다 예수님 가까이에서, 심지어 "예수의 품에 의지하여"(요 13:23) 누운 상태로 있었습니다(당시 유대인들의 식사는 바닥에 몸을 반쯤 눕히는 자세라 가까이서 음식을 먹으면 자연스럽게 이러한 모습이 연출됨). 그럼에도 열두 제자가 받은 특별한 택하심이 애제자에게만 주어지지 않았다고 보는 것 역시 문제가 있습니다.

애제자가 열두 제자 중 하나가 맞다면, 그는 사도 요한일 확률이 무척 높습니다. 이는 부활하신 예수님이 세 번째 나타나신 장면에서 확인할 수 있습니다. 그 자리에는 "시몬 베드로와 디두모라 하는 도마와 갈릴리 가나 사람 나다나엘과 세베대의 아들들과 또 다른 제자 둘이 함께"(요 21:2) 있었습니다. 이 일곱 중에는 애제자도 포함되어 있습니다. 그 역시 무리에 섞여 배에 함께 올랐기 때문입니다(요 21:7). 이중 이름이 밝혀진 세 사람을 제외하면 애제자는 '세베대의 아들들' 중 하나이거나 '또 다른 제자 두 사람' 중 하나입니다. 두 그룹 중에서 애제자가 '또 다른 제자 두 사람'에 속할 확률은 희박합니다. 요한복음이 마무리되는 시점부터 애제자는 글쓴이로서 자기 정체를 독자들에게 의도적으로 남기려 하기 때문입니다(요 19:36; 21:7, 20-24). 심지어 당시 독자들은 이 애제자가 누군지 이미 잘 알고 있었습니다(요 21:23). 즉 애제자가 자기 정체를 끝까지 감출 필요가 없었다는 뜻입니다. 그럼에도 그는 자기 이름을 끝내 기록하지 않았습니다.

이런 상황을 적용한다면 애제자는 '다른 제자 두 사람'이란 표현보다 '세베대의 아들들'이라는 표현 속에 존재할 가능성이 높습니다. 구체적인 이름을 감추고도 자기가 누군지 알릴 수 있는 가장 좋은 방법이기 때문입니다. '세베대의 아들들'이란 표현이 요한복음에서 이곳에만 등장한다는 사실도 이를 뒷받침합니다. 세베대의 아들들은 당연히 열두 제자에 속한 야고보와 요한입니다(마 10:2; 막 3:17; 눅 5:10 등). 야고보는 제자들 중에 가장 먼저 순교했습니다(행 12:1-2). 하지만 애제자는 굉장히 오래 살았습니다(요 21:19). 그렇다면 요한복음의 글쓴이인 애제자는 교회의 전승이 말하는 대로 사도 요한일 것입니다.

그럼 이제 애제자의 구체적인 모습을 한번 살펴봅시다. 요한복음에는 애제자를 일컫는 '예수께서 사랑하시는 제자'라는 형태의 표현이 총 다섯 번 나옵니다. 각각의 본문을 통해 그 특징을 살펴보면 다음과 같습니다.

· 마지막 만찬에서 "예수의 품에 의지하여 누웠"(요 13:23)다가 베드로의 "머릿짓"(요 13:24)을 받고 예수님께 배신자의 정체를 물었던 제자

· 예수님이 십자가에 달리신 바로 그 자리 "곁에 서 있"(요 19:26)었고 예수님의 어머니 마리아를 주님의 유언에 따라 "그때부터 자기 집에 모시"(요 19:27)기 시작한 제자, 나아가 주님의 옆구리가 창에 찔려 피와 물이 나오는 것을 직접 보고 증언한 자(요 19:35)

· 예수님이 부활하신 새벽에 막달라 마리아에게서 무덤이 비었다는 소식을 듣고

"베드로보다 더 빨리 달려가서 먼저 무덤에 이르"(요 20:4)렀던 자

- 이후 베드로와 다른 제자들이 물고기를 잡으러 갈릴리 호수로 나갔을 때 예수님을 가장 먼저 알아보고 베드로에게 말해 준 제자(요 21:7)

- 베드로가 자신의 죽음 예고를 받은 후 "이 사람은 어떻게 되겠사옵나이까"(요 21:21)라고 물었을 때 예수님이 "내가 올 때까지 그를 머물게 하고자 할지라도 네게 무슨 상관이냐"(요 21:22)라고 하신 제자

이상의 장면들은 애제자와 예수님이 친밀한 사이였음을 보여 줍니다. 최후의 만찬 때 품에 안으실 만큼 거리감이 없었고, 십자가에서 돌아가실 때 육신의 어머니 마리아를 맡기실 만큼 가까웠으며, 베드로와 단짝이었고 어떤 면에서 베드로보다 주님을 더 적극적으로 따랐던 자입니다. 게다가 초대교회 사람들에게 "그 제자는 죽지 아니하겠다"(요 21:23)는 오해를 받을 만큼 상당히 오래 생존했던 것 같습니다. 이상을 종합해 보면 요한복음을 쓴 애제자는 예수님의 계승자로서 다른 제자들보다 훨씬 오래 생존하여 교회를 지키면서 초대교회의 기초를 닦은 사람입니다. 이 역시 교회의 전승이 전해 주는 사도 요한의 모습과 직결됩니다.

요 1:1-2:12

사역 초기의 7일

서막에 등장하신 '말씀': 로고스(요 1:1-4)

요한복음은 "태초에 말씀이 계시니라"(요 1:1)로 시작합니다. '말
씀'은 헬라어 '로고스'(λόγος)를 번역한 말입니다. 그런데 로고스의
정체를 두고 의견이 분분합니다. 주로 고대 철학과 연관시켜 플라
톤이나 스토아학파 혹은 헤라클레이토스나 필로 등의 이름을 언
급하기도 합니다. 물론 이런 식의 연구들이 의미 없지는 않지만
복음서를 정독하는 우리는 좀더 냉정해질 필요가 있습니다. 성경
과 세상 철학을 너무 가볍게 연관 지으면 자칫 늪에 빠질 수도 있

습니다. 세상에는 온갖 말과 사상이 가득합니다. 현대에는 이런 정보들을 찾아낼 능력 또한 크게 발전했습니다. 하지만 그만큼 어떤 식으로든 연관성을 찾아내서 끼워 맞출 수 있다는 위험도 있습니다. 따라서 말씀을 해석할 때는 일차적으로 성경의 테두리 안에서 살펴보는 것이 좋습니다.

요한복음 1장 1절의 로고스는 다음과 같은 특징이 있습니다. 로고스는 "태초에…하나님과 함께 계셨"(요 1:1)고 하나님의 천지창조에도 동참하셨습니다. 요한복음은 "만물이 그로 말미암아 지은 바 되었으니 지은 것이 하나도 그가 없이 된 것이 없느니라"(요 1:3)라고 말합니다. 로고스가 창조주 하나님과 동일한 분이라는 뜻입니다. 그런데 로고스와 상당히 비슷한 존재가 구약성경에도 나옵니다. 잠언 8장에 나오는 '지혜'라는 존재입니다. 히브리어로 '호크마'(ㅁㄱㅁ)인 지혜는 놀랍게도 로고스처럼 살아 있는 인격입니다. 호크마는 "나 지혜는 명철로 주소를 삼으며 지식과 근신을 찾아 얻나니"(잠 8:12)라고 하고 "나를 사랑하는 자들이 나의 사랑을 입으며 나를 간절히 찾는 자가 나를 만날 것이니라"(잠 8:17)라고 말합니다. 이 구절은 많은 성도가 좋아해서 자주 인용되기도 하는데, 실은 여기에 '나'는 여호와 하나님이 아니라 지혜입니다.

그런데 이 살아 있는 지혜는 "여호와께서 그 조화의 시작 곧 태초에 일하시기 전에 나를 가지셨으며 만세 전부터, 태초부터, 땅이 생기기 전부터 내가 세움을 받았"(잠 8:22-23)다고 말합니다. 이는 요한복음이 말하는 '태초부터 하나님과 함께 계셨던 로고스'

와 같은 개념입니다. 나아가 호크마는 하나님이 천지를 창조하실 때 "내가…창조자가 되어 날마다 그의 기뻐하신 바가 되었으며"(잠 8:30)라고 말합니다. 이 역시 '만물이 로고스로 말미암아 지은 바 되었다'는 요한복음의 증언과 같습니다. 그런데 호크마는 "대저 나를 얻는 자는 생명을 얻고 여호와께 은총을 얻을 것임이니라"(잠 8:35)라고도 말합니다. 요한복음 역시 로고스에 대해 "그 안에 생명 이 있었으니"(요 1:4)라고 말하고, 로고스이신 예수님이 "세상에 생 명을 주는"(요 6:33) 존재요, "내가 온 것은 양으로 생명을 얻게"(요 10:10) 하기 위함이라고 밝힙니다. 심지어 호크마는 "그러나 나를 잃는 자는 자기의 영혼을 해하는 자라 나를 미워하는 자는 사망을 사랑하느니라"(잠 8:36)라고 말하는데, 이 역시 "인자의 피를 마시지 아니하면 너희 속에 생명이 없느니라"(요 6:53)라는 요한복음의 선 언과 상통합니다.

잠언이 말하는 호크마는 오늘날 교회에 많이 알려지지 않은 구 약의 메시아 예언입니다. 호크마는 요한복음 서막의 로고스와 동 일한 분이고 궁극적으로 예수 그리스도이십니다. 요한이 잠언의 예언을 기반으로 요한복음의 서막을 기록한 것은 분명합니다. 그 렇다면 한 가지 의문이 듭니다. 왜 굳이 지혜(호크마)를 말씀(로고스)으 로 바꾸었을까요? 여기에는 몇 가지 이유가 있습니다.

구약의 호크마는 여성 명사입니다. 신약시대의 헬라어로 바꾸 면 '소피아'(σοφία)인데 이 역시 여성 명사입니다. 즉, 지혜라고 하 면 여성적 이미지가 강했습니다. 심지어 당시 사람들에게는 믿음의 대상이었던 지혜의 신 역시 아테나라는 여신이었습니다. 하지만 요한복음이 소개하려는 메시아 예수 그리스도는 하나님의 '아들'이시고 실제로도 남성으로 이 땅에 오셨습니다(마 1:21, 눅 1:31). 그래서 요한은 혼란을 없애기 위해 호크마를 소피아로 번역하지 않고 로고스로 소개한 것입니다. 이때 로고스는 남성 명사입니다.

더 중요한 이유가 있습니다. 흔히 '영지주의'라고 불리는 당시 초대 기독교 이단들은 소피아 개념을 즐겨 사용했습니다. 이들 중에는 소피아를 신적 존재로 숭배하는 집단도 있었습니다. 그래서 요한복음은 의도적으로 소피아를 피한 것입니다. 이는 신약성경 전체에 총 51번이나 나오는 소피아가 요한복음과 (같은 저자가 기록한) 요한 1·2·3서에 단 한 번도 나오지 않는 데서도 확인할 수 있습니다(마태복음 3번, 마가복음 1번, 누가복음 6번). 아마도 당시 요한 공동체는 소피아를 숭상하던 어떤 영지주의 이단과 대립관계에 있었던 것 같습니다. 그래서 요한은 구약의 호크마를 소피아가 아니라 로고스로 표현한 것입니다. 당시 철학 사상에서 근본적인 세상의 원리를 로고스로 명명하는 경향이 있었기 때문입니다.

서막에 나오는 말씀, 즉 로고스는 이런 배경을 가지고 있습니다. 그러나 중요한 것은 영지주의도 고대 철학도 아닙니다. 로고스는 예수님이 창조주 하나님이자 인간에게 생명을 주시는 분이라는 요한복음의 핵심 주장이 근거 없지 않음을 보여 줍니다. 즉, 로고스이신 예수님이 구약에 이미 예언된 분이라는 사실이 중요한 핵심입니다. 이처럼 요한복음은 공관복음서가 언급하지 않는 독특한 잠언의 메시아 예언의 성취자로서 로고스 예수님을 창조주 하나님과 동격으로 소개하면서 문을 엽니다.

육체가 되신 하나님(요 1:1)

요한복음이 서막(요 1:1-18)에서 예수님을 로고스로 소개하지만 이 개념을 지나치게 확대시키는 것은 위험합니다. 요한복음을 제외하면 다른 신약성경에서 로고스라는 단어가 특별한 개념으로 등장하는 경우는 거의 없습니다. 심지어 요한복음도 서막을 벗어나면 로고스가 더 이상 특별한 개념으로 나타나지 않습니다. 신약 전체에 로고스는 총 330번 나오는데, 말 그대로 '말'이라는 뜻입니다. 성경의 주인공이 예수님이므로 특별한 말, 즉 하나님 혹은 예수님의 말씀이나 구약성경 본문을 가리키는 경우는 종종 있습니다. 하지만 이때도 그저 '말'을 가리킬 뿐, 그 자체가 특별한 인격체는 아닙니다.

심지어 로고스는 부정적인 의미로도 거리낌 없이 사용됩니다. 예를 들어 공관복음서에서 '예수님을 거역하는 말'(마 12:32; 눅 1:20)이나 '주변 사람들의 부정적인 말'(막 5:36), '헤롯의 건방진 말'(눅 23:9)이나 '부활을 속이려는 군인들의 말'(마 28:15)을 표현하는 데도 로고스가 쓰입니다. 요한복음에서도 예수님을 박해하는 자들이 '빌라도를 부추기는 말'(요 19:12)로 로고스를 사용합니다. 따라서 서막 부분을 제외하고는 로고스라는 단어를 만날 때 큰 의미를 부여할 필요가 없습니다. 요한이 서막에서 로고스를 사용한 것도 이 단어를 통해 뭔가 신비한 이론을 만들려고 한 것이 아닙니다. 요한이 말하고자 한 핵심은 예수님이 하나님이시라는 것입니다(요 1:1). 이 주장의 성경적 근거를 잠언 8장의 호크마에서 찾았고, 이를 인용하는 과정에서 소피아보다 오해의 소지가 적은 로고스를 선별하여 사용한 것입니다.

예수님이 하나님이시라는 주장을 하기 위해 요한은 또 다른 시도도 합니다. 요한복음의 시작을 창세기 시작과 맞춘 것입니다. 요한복음의 "태초에 말씀이…"(요 1:1)는 창세기의 "태초에 하나님이…"(창 1:1)와 같은 형태입니다. 당시에 널리 읽힌 구약성경 헬라어 번역본인 칠십인 역에는 창세기 1장 1절이 요한복음 1장 1절과 같이 "엔 아르케"(Ἐν ἀρχῇ)로 시작합니다. 이는 요한복음이 예수님을 창세기의 창조주와 동일한 분으로 묘사하려 했다는 증거입니다. 따라서 예수님이 오셨을 때 그 땅과 거기 사는 사람들은 곧 "자기 땅…자기 백성"(요 1:11)이 되는 것입니다.

'예수님=하나님' 사상은 요한복음의 중요한 특징입니다. 예수님은 "나와 아버지는 하나이니라"(요 10:30) 선언하시고 도마는 부활하신 예수님께 "나의 하나님이시니이다"(요 20:28)라고 고백합니다. 당시 유대인들은 예수님이 "자칭 하나님이라"(요 10:33) 하셨기에 비판했습니다. 이런 사상은 공관복음서와 구별됩니다. 마태복음, 마가복음, 누가복음에는 예수님이 곧 하나님이시라는 직접적인 언급을 발견하기 힘듭니다. 굳이 찾자면 예수님을 '임마누엘'로 묘사하고 "이를 번역한즉 하나님이 우리와 함께 계시다 함이라"(마 1:23)라는 구절인데, 이 역시 요한복음만큼 직접적이지는 않습니다. 공관복음서는 '하나님의 아들'과 '그리스도'에 더 집중합니다. 하지만 요한복음에는 예수님이 곧 하나님이시라는 표현이 명확하게 등장합니다.

이제부터가 중요합니다. 이런 선언이 요한복음에 나오기는 하지만, 그럼에도 마구 남발되지는 않습니다. 분명히 예수님은 하나님이시지만 '하나님의 아들'로 더 많이 등장하십니다(요 1:34; 5:25; 10:36; 20:31 등, 총 28번). 무엇보다 예수님 자신도 하나님보다 더 아래에 있다고 자주 말씀하십니다(요 5:19, 30). 그럼에도 요한복음의 '하나님의 아들'은 다른 복음서의 '하나님의 아들'과는 다른 면이 있습니다. '아들' 개념은 점점 지위가 격상되면서 결국 하나님과 동등한 분으로 발전해 갑니다. 서막에서 하나님으로 선언되신 예수님은 땅에 오셔서 곧바로 창조주 하나님으로 활동하신 것이 아니라, 시간이 지나면서 서서히 하나님의 자리로 올라가십니다.

그 이유는 예수님이 육신을 입고 땅에 오셨기 때문입니다. 예수님을 하나님과 동등한 로고스로 소개한 요한복음은 잠시 후 "말씀이 육신이 되어 우리 가운데 거하시매"(요 1:14)라고 합니다. 흔히 '성육신'이라고 부르는 사건을 통해 오신 예수님은 땅에서 하늘의 영광을 한 번에 소유하지는 못하십니다. 육체를 입으셨기 때문입니다. 그래서 요한복음은 '영광'이라는 단어를 특별하게 사용합니다. "예수께서 아직 영광을 받지 않으셨으므로 성령이 아직 그들에게 계시지 아니하시더라"(요 7:39). 이 말씀은 땅에서 영광을 완전히 얻지 못한 예수님의 상태를 보여 줍니다. 이 영광을 수여하실 분은 하나님입니다. 그래서 예수님은 "내게 영광을 돌리시는 이는 내 아버지시니 곧 너희가 너희 하나님이라 칭하는 그이시라"(요 8:54)라고 말씀하십니다.

예수님은 십자가를 지기 위해 예루살렘에 입성하신 후 "인자가 영광을 얻을 때가 왔도다"(요 12:23)라고 말씀하십니다. 십자가에서 죽으시고 부활하셔야 온전한 영광을 회복하실 수 있다는 말씀입니다. 제자들은 예수님의 예루살렘 입성이 구약의 성취인 것을 당시에는 몰랐다가 "예수께서 영광을 얻으신 후에야 이것이 예수께 대하여 기록된 것"(요 12:16)을 알았다고 합니다. 이 표현은 예수님이 성전의 장사꾼들을 쫓아내신 후 "죽은 자 가운데서 살아나신 후에야 제자들이 이 말씀하신 것을 기억하고 성경과 예수께서 하신 말씀을 믿었더라"(요 2:22)와 연결됩니다. 따라서 '영광을 얻으신 후'는 곧 '죽은 자 가운데서 살아나신 후'와 같은 뜻입니다. 그래서 예수님은 "인자가 영광을 얻을 때가 왔도다"(요 12:23)라고 하신 후 "한 알의 밀이 땅에 떨어져…죽으면 많은 열매를 맺느니라… 내가 이를 위하여 이때에 왔나이다"(요 12:24-27)라고 하신 것입니다. 그리고 부활하시자 영광을 얻기 전까지 허락되지 않았던 성령을 마침내 제자들에게 수여하십니다(요 20:22).

예수님이 하나님이시라는 요한복음의 사상은 삼위일체와도 관련이 있습니다. 삼위일체로서 성자 예수님은 성부 하나님과 동등하십니다. 하지만 성자가 곧 성부 하나님 자신은 아닙니다. 두 분은 동일하지만 동시에 다른 분입니다. 요한복음 1장 1절은 이를 잘 나타냅니다. "태초에 말씀이 계시니라…이 말씀은 곧 하나님이시니라." 이 구절만 보면 말씀과 하나님은 하나처럼 보입니다. 하지만 두 분은 동시에 분리되어 있습니다. "이 말씀이 하나님과 함께 계셨으니"라는 표현이 이를 나타냅니다.

그렇다면 이 상태는 과연 무엇일까요? 인간의 언어와 논리로 '하나이면서 분리된 상태'를 명확히 설명하기는 어렵습니다. 하지만 요한복음은 이 신비한 진리를 직접 목격하고 체험한 자가 쓴 것입니다. 저자인 요한은 육신이 되어 이 땅에 내려오신 예수님과 함께 살았고 예수님의 신적 본성을 깨달았습니다. 그리고 "우리가 그의 영광을 보니 아버지의 독생자의 영광이요 은혜와 진리가 충만하더라"(요 1:14)라고 고백했습니다. 이후로 그는 인간이신 예수님이 곧 창조주 하나님이시라는 신비한 개념을 서술하기 시작한 것입니다.

그래서 요한복음 곳곳에는 상충되는 개념들과 모호한 표현들이 등장합니다. 요한복음이 난해하다는 것은 바로 이 때문입니다. 하지만 뒤집어 보면, 불확실한 인간의 말과 논리로 하늘의 신비를 설명하는 과정에서 불가피하게 나타나는 현상이기도 합니다. 그래서 요한복음은 신비하고 가치 있는 책입니다. 인간의 언어가 닿기 힘든 영역을 기어이 설명하고 있기 때문입니다.

세례요한(요 1:19-34)

공관복음서와 마찬가지로 요한복음 역시 세례요한을 비중 있게 다룹니다. 하지만 다른 복음서와 분위기가 사뭇 다릅니다. 세례요한을 이사야서에 나오는 "광야에서 외치는 자의 소리"(요 1:23)라고 소개한 것은 사복음서가 동일합니다(마 3:3; 막 1:3; 눅 3:4). 또 예수님의 "신발 끈을 풀기도 감당하지 못하겠노라"(요 1:27)라는 세례요한의 고백 장면도 비슷합니다(마 3:11; 막 1:7; 눅 3:16). 하지만 요한복음에는 다른 복음서에 없는 세례요한의 고백이 나오는데, "나는 그리스도가 아니라"(요 1:20; 3:28)입니다. 물론 누가복음에 "모든 사람들이 요한을 혹 그리스도신가 심중에 생각하니"(눅 3:15)라는 구절이 있지만, 이때 세례요한은 굳이 '나는 그리스도가 아니라'고 대답하지 않습니다.

하지만 요한복음의 세례요한은 두 번이나 '나는 그리스도가 아니라'고 밝힙니다. 그리고 예수님을 지목하여 '하나님의 아들'이라 증언합니다. 다른 복음서는 하늘에서 내려온 '성령'과 '음성'만이 예수님을 하나님의 아들로 증거합니다. 하지만 세례요한은 자기 입으로 직접 "예수께서 자기에게 나아오심을 보고…보라 세상죄를 지고 가는 하나님의 어린양이로다"(요 1:29)라고 선포합니다. 하늘에서 내려오신 성령을 직접 목격한 것도 다름 아닌 세례요한이었습니다. "성령이 내려서…머무는 것을…내가 보고 그가 하나님의 아들이심을 증언하였노라"(요 1:33-34). 무엇보다 그는 자기 제자들에게 이 사실을 특별히 강조합니다. "자기 제자 중 두 사람과 함께 섰다가 예수께서 거니심을 보고 말하되 보라 하나님의 어린 양이로다"(요 1:35-36). 심지어 세례요한은 자기 제자들에게 "나는 그 리스도가 아니요 그의 앞에 보내심을 받은 자라고 한 것을 증언할 자는 너희니라"(요 3:28)라고 당부하기까지 합니다.

이런 장면들은 세례요한이 아니라 예수님이 그리스도이심을 요 한복음이 매우 강조하고 있다는 증거입니다. 다른 복음서에 잘 나 타나지 않는 이 분위기는 한 가지 추측을 낳습니다. 당시 요한복 음을 읽던 사람들 가까이에 '세례요한이 그리스도'라고 주장하는 집단이 있었을 가능성입니다. 이 분위기는 다른 곳에서도 발견됩 니다. 서막에 보면 "하나님께로부터 보내심을 받은 사람이 있으니 그의 이름은 요한이라 그가 증언하러 왔으니 곧 빛에 대하여 증 언"(요 1:6-7)했다고 나옵니다. 그런데 잠시 후 "그는 이 빛이 아니요 이 빛에 대하여 증언하러 온 자라"(요 1:8)는 강조가 이어집니다. 동 시에 "참빛 곧 세상에 와서 각 사람에게 비추는 빛이 있었나니"(요 1:9)라면서 그 빛이 다름 아닌 "예수 그리스도"(요 1:17)라고 말합니 다. 이 구절들 역시 누군가 예수님이 아니라 '세례요한이 참빛'이 라고 주장했던 분위기를 연상시킵니다.

그래서인지 요한복음에는 세례요한의 위상을 격하시키는 발 언이 많이 발견됩니다. "요한은 아무 표적도 행하지 아니하였으 나"(요 10:41)라는 구절은 세례요한과 많은 표적을 행하신 예수님이 감히 비교될 수 없다는 뜻을 내포합니다. 심지어 예수님은 "요한은 켜서 비추이는 등불이라 너희가 한때 그 빛에 즐거이 있기를 원하였거니와 내게는 요한의 증거보다 더 큰 증거가 있으니 아버지께서 내게 주사"(요 5:35-36)라고 말씀하십니다. 이 말씀은 당시 세례요한의 영향력이 상당히 컸음을 역설적으로 보여 줍니다. 사람들이 '등불'인 요한을 '참빛'으로 착각했을 만큼 말입니다. 하지만 이처럼 위대한 요한의 사명은 결국 예수님을 증언하는 뒷받침이었습니다. 예수님은 요한의 증언도 자기에게는 불필요하다고 말씀하십니다. 요한보다 더 큰 아버지 하나님의 증거가 있기 때문입니다. 예수님은 하나님의 인정으로 "누구의 증언도 받으실 필요가 없"(요 2:25)는 독보적 존재이셨습니다.

이런 의도적인 묘사들은 예수님 당시뿐 아니라 승천하신 후 50~60년이 지나서 예수님을 그리스도로 모시던 요한 공동체 주변에 '세례요한이 그리스도'라고 주장하는 이들이 있었음을 보여 줍니다. 이들의 영향력은 상당히 커서 요한 공동체 성도들의 신앙을 위협할 정도였습니다. 그래서 요한복음은 세례요한이 그리스도가 아님을 거듭 강조하는 것입니다. 요한 숭배자들이 세례요한을 예수님보다 높이 생각한 중요한 근거는 예수님이 요한에게 세례를 받으셨기 때문입니다. 그러다 보니 요한복음은 다른 복음서에 등장하는 '예수님의 세례 장면'(마 3:13; 막 1:9; 눅 3:21)을 넣지 않습니다. 당시 요한 공동체와 대립관계에 있던 세례요한 숭배자들을 의식했기 때문으로 보입니다.

지금 상식으로는 잘 이해되지 않는 세례요한 숭배는 실제 역사에서 일어난 일입니다. 먼저 성경에서 그 흔적이 발견됩니다. "언변이 좋고 성경에 능통한 자"(행 18:24)로서 초대교회의 위대한 변론가로 활동했던 아볼로는 사역 초반에 에베소에서 "예수에 관한 것을 자세히 말하며 가르"(행 18:25)쳤습니다. 하지만 그는 "요한의 세례만 알 따름"(행 18:25)이었다고 성경은 증언합니다. 그 후 바울이 에베소에 갔을 때 만난 이들 역시 "성령이 계심도 듣지 못하였노라"(행 19:2) 말하면서 "요한의 세례"(행 19:3)만 받았다고 이야기합니다. 그래서 바울은 이들에게 "주 예수의 이름으로 세례"(행 19:5)를 다시 줍니다. 이 모두는 초대교회 당시 예수님과 세례요한의 위상이 뒤섞여 혼란스러웠던 상황을 보여 줍니다.

세례요한 숭배는 심지어 오늘날까지 이어지고 있습니다. 현재약 60,000명 정도의 신도가 있는 '만다교'라는 종교가 있습니다. 유대교와 영지주의가 혼합된 만다교는 세례요한의 제자들에 의해 만들어졌다고 전해집니다. 이들은 세례요한을 하나님의 가장 위대한 사자로 믿고 흐르는 물에서 받는 세례예식을 매우 소중히 여깁니다. 물론 그들도 예수님을 알고는 있습니다. 하지만 황당하게도 예수님을 거짓 선지자로 여깁니다. 그들이 보는 만다교 경전에는 '예수님이 요한의 세례를 받고 요한의 지혜를 통해 지혜로워졌음에도 거짓으로 요한의 말을 왜곡하고 요한의 세례를 변형시켰다'고 나옵니다.

이러한 사실들은 요한복음이 세례요한의 위상을 격하시키고 예수님과 비교 불가한 자로 기록하려 한 까닭을 밝혀 줍니다. 그만 큰 당시 세례요한 신봉자들이 요한 공동체에 나쁜 영향을 끼치고 있었던 것입니다. 씁쓸하지만 한편으로 큰 교훈을 얻습니다. 진리를 보지 못하고 사람을 바라볼 때 인간은 오류에 빠집니다. 세례요한의 가르침보다 세례요한이라는 인물에 집착했던 그의 제자들은 결국 요한이 그토록 힘주어 '참빛'이라고 증거한 예수님을 보지 못하고 아집에 갇혀 자기 종교를 만든 것입니다. 마치 예수님보다 예수님을 낳은 마리아에 집중하는 사람들이 있는 것처럼 말입니다. 아마 이 현실이 가장 가슴 아플 사람들은 천국에 있는 세례요한과 마리아일 것입니다.

예수님의 첫 다섯 제자(요 1:35-51)

세례요한의 증거 이후 이틀 동안 예수님께는 다섯 명의 제자가 생깁니다. 본래 세례요한의 제자였던 안드레와 이름 모를 한 사람, 안드레가 데려온 그의 형 시몬 베드로, 빌립과 나다나엘입니다. 나다나엘은 요한복음에만 나오는 이름인데, 전승으로는 공관복음서에 나오는 바돌로매와 동일 인물인 것으로 추정합니다. 예수님과 다섯 제자가 만난 이야기는 공관복음서에는 나오지 않는데, 이에 대해서는 누가복음에서 이미 살펴보았습니다. 하나만 짚고 넘어가자면 당시 예수님의 제자들은 우리가 흔히 생각하는 평범한 사람들이 아니었다는 것입니다. 우리는 예수님의 제자들이 갈릴리의 가난한 어부들이었다는 말을 자주 듣는데, 요한복음은 이것이 오해임을 알게 해줍니다. 그들은 당시 깨어 있는 청년들이었습니다. 어부로 알려진 베드로의 동생 안드레(와 또 한 사람)는 세례요한의 제자이자 최측근이었습니다(요 1:35). 시몬 베드로, 빌립, 나다나엘 역시 세례요한의 활동 현장 가까이 있었고 무엇보다 그들에게는 한 가지 공통 주제가 있었습니다. 안드레는 "우리가 메시야를 만났다"(요 1:41)고 하면서 형인 시몬을 데려왔고 빌립 역시 "모세가 율법에 기록하였고 여러 선지자가 기록한 그이를 우리가 만났"(요 1:45)다면서 나다나엘을 데리고 왔습니다. 그들이 간절하게 메시아를 찾고 있었음을 보여 줍니다.

특히 예수님은 나다나엘을 보시고 "참으로 이스라엘 사람이라 그 속에 간사한 것이 없도다"(요 1:47)라고 하신 후 그가 "무화과나무 아래에 있을 때에 보았노라"(요 1:48) 말씀하십니다. 유대인들의 기록에 따르면 무화과나무는 신실한 자들이 몸을 감추고 홀로 성경 공부를 하며 기도하던 장소였습니다. 나다나엘은 평소 말씀을 깊이 묵상하며 기도했을 것이고, 그것을 은밀히 했기에 예수님이 하신 말씀을 듣자 "당신은 하나님의 아들이시요 당신은 이스라엘의 임금이로소이다"(요 1:49)라고 고백한 것입니다. 하나님께 드린 은밀한 기도를 아신다는 것은 그 기도를 받으신 분이 곧 하나님이신 예수님이라는 뜻이기 때문입니다.

당시 예수님의 제자들은 메시아를 갈망하며 깨어 있는 자들이었습니다. 그들은 로마 치하의 암울한 시대를 살면서 예언된 메시아가 오시기를 소망하고 있었습니다. 그래서 "모든 사람들이 요한을 혹 그리스도신가 심중에 생각"(눅 3:15)할 때 그들은 직접 요단 강가로 세례요한을 찾아왔고 안드레와 또 한 사람은 아예 그의 측근이 되었습니다. 심지어 누가는 열두 제자 중에 "셀롯이라는 시몬"(눅 6:15, 행 1:13 참조)도 있었다고 소개합니다. '셀롯'이란 당시 이스라엘 독립운동 단체인 '젤롯당'(열심당)을 가리킵니다.

이상의 사실은 예수님의 제자들이 평범한 어부들이 아니었다는 증거입니다. 제자들 대부분은 조국을 걱정하며 이스라엘의 회복을 갈망하는 똑똑한 젊은이들이었습니다(세리 마태는 제외). 물론 이 갈망은 세속적 차원에 머물러 있었고, 개인의 출세욕도 섞여 있었습니다. 하지만 참 메시아 예수 그리스도를 만나 복음을 깨달은 이 야심찬 청년들은 천국의 사도로 바뀌었고, 마침내 하나님 나라의 영광을 얻게 된 것입니다. 오늘날 수많은 거리에 이들의 이름을 이어받은 피터, 앤드류, 제임스, 존, 필립, 토마스, 매튜 등이 걸어 다니고 있는 것이 그 증거입니다.

참고로 하나만 더 말씀드리면, 예수님 당시에는 냉장 기술이 없어서 생선이 상당히 비싼 음식이었고, 특히 갈릴리 호수에서 잡힌 생선은 로마인들에게 인기가 높았다고 합니다. 따라서 현대 고고학에서는 당시 어부들이 가난한 계층이 아니라고 보는 견해가 많습니다. 이 사실은 성경에서도 확인되는데, 예수님이 중풍병자를 치료하신 집은 정황상 베드로와 안드레의 것이 분명합니다. 이 집은 옥상 지붕에 올라가 침상을 내릴 정도로 규모 있는 기와집이었습니다(막 2:1-4; 눅 5:17-19, 눅 1:29-34 참조). 또 다른 어부 출신인 야고보와 요한도 품꾼들을 부리며 배를 운용하는 선주의 아들(막 1:20)이었다는 기록이 있습니다.

물이 포도주로 변한 첫 표적(요 2:1-12)

다섯 제자를 얻으신 예수님은 "사흘째 되던 날 갈릴리 가나에 혼례가 있어"(요 2:1) 초청을 받으십니다. '사흘째'는 세례요한이 "나는 그리스도가 아니라"(요 1:20)고 고백한 지 7일째 되는 날입니다. 성경에 언급되지 않은 5일과 6일째는 예수님과 제자들이 갈릴리로 이동하신 기간일 것입니다(요 1:43). 혼례에 참석하신 예수님은 "첫 표적을 갈릴리 가나에서 행하여 그의 영광을 나타내"(요 2:11)십니다. 물로 포도주를 만드신 사건입니다.

이 사건은 생각보다 과정이 복잡합니다. '잔칫집에 포도주가 떨어짐-마리아가 예수님께 알림(요 1:3)-예수님의 거절(요 2:4)-마리아가 하인들에게 순종을 명함(요 2:5)-예수님이 하인들을 명령하심(요 2:7-8)-하인들의 순종(요 2:7-8)-물로 된 포도주의 탄생(요 2:9)-연회장의 시음과 감탄(요 2:9-10)' 순으로 이어집니다. 각각의 상황을 모두 완벽하게 해석하려면 걸림돌이 많습니다. 마리아가 왜 포도주 떨어진 것을 예수님께 알렸는지, 예수님은 왜 처음에 이를 거절하셨는지, 그런데도 마리아는 왜 하인들에게 순종을 명했는지, 예수님은 왜 마음을 돌이켜 다시 기적을 행하셨는지 등 알쏭달쏭한 부분이 많습니다. 그래서 첫 표적에 대한 해석은 무척 다양합니다.

그러다 보니 안타깝게도 진짜 핵심을 망각하기도 합니다. 심지어 기적을 행하신 예수님보다 마리아를 주인공처럼 취급하는 경우도 있습니다. 하지만 성경을 해석할 때 모호한 부분은 잠시 제쳐 두고 핵심부터 살필 필요가 있습니다. 그래야 성경이 말하려는 참된 메시지를 이해할 수 있습니다.

이 기적의 가장 중요한 핵심은 '물이 포도주로 변했다'는 것입니다. 여기서부터 표적의 의미를 밝혀 나가야 합니다. 이 변화의 의미를 알려면 물이 최초에 어디 담겨 있었는지가 중요합니다. 요한복음은 "거기에 유대인의 정결 예식을 따라 두세 통 드는 돌 항아리 여섯이 놓였는지라"(요 2:6)라고 기록합니다. '정결 예식'이란 말 그대로 '씻는 것'을 의미합니다. 당시 유대인들은 음식 먹기 전에 손을 씻어야 했는데, 위생 차원을 넘어 엄격한 율법이었습니다. 이미 살펴본 대로 공관복음서에는 먹기 전에 반드시 손을 씻어야 한다고 강조하는 바리새인들이 나옵니다(마 15:1-2; 막 7:1-5). 요한복음에도 세례요한의 제자들과 바리새인들이 "정결 예식에 대하여"(요 3:25) 논쟁하는 장면이 나옵니다.

'정결 예식을 따라 놓인 여섯 항아리'는 잔칫집에 모인 사람들이 율법을 매우 중시하던 자들임을 보여 줍니다. '두세 통'에서 '통'은 당시 단위로 약 39리터입니다. 따라서 두세 통 담는 항아리는 대략 100리터 안팎의 물이 들어가는 꽤 큰 용기였습니다. 심지어 항아리는 돌로 만들었습니다. 이런 거대한 돌 항아리를 여섯 개나 구비하고 있었는지 아니면 잔치를 위해 빌려 왔는지는 불분명하지만, 이렇게 많은 용기가 필요했던 것은 그만큼 혼인 잔치의 참석자들이 율법의 정결 예식을 중시했다는 증거입니다. 게다가 예수님이 "항아리에 물을 채우라"(요 2:7, 본래는 '항아리들'로 복수임)라고 하신 것은 그 항아리들이 거의 비어 있었음을 의미합니다. 따라서 우리는 잔치에 참여한 사람 대부분이 정결 예식을 따라 항아리의 물을 다 소진할 만큼 열심히 손을 씻었다는 것을 짐작할 수 있습니다.

이 잔치는 애초에 율법을 중시하는 자들의 모임이었습니다. 가나 사건의 계기가 된 "포도주가 떨어진지라"(요 2:3)의 의미는 이 깨달음에서 밝혀집니다. 한마디로 율법을 중시하던 자들의 시대가 이제 끝났다는 것입니다. 사람들에게 흥과 기쁨을 주는 잔치에서 포도주는 매우 중요합니다. 포도주가 떨어지면 잔치는 끝납니다. 율법을 중시하는 자들의 잔치에도 포도주가 다 떨어졌습니다. 잔치는 끝났고, 마침내 율법시대도 막을 내린 것입니다.

그런데 예수님은 이 항아리에 다시 물을 채우라고 명하십니다. 이때 예수님이 채우신 물은 율법 준수를 위한 세척용 물이 아닙니다. 예수님은 아귀까지 채운 물로 씻으라 하지 않고 "이제는 떠서 연회장에게 갖다 주라"(요 2:8) 명하십니다. 씻는 물이 마시는 물로 용도가 바뀐 것입니다. 씻는 물은 율법의 명령입니다. 하지만 다시 채워져 마실 수 있게 된 물은 예수님의 명령입니다. 율법은 효력이 다했습니다. 그 물에 다시 손을 씻어도 포도주는 공급되지 않습니다. 하지만 예수님이 채우신 물은 포도주로 변해 잔치에 다시 생명을 불어넣었습니다. 무엇보다 그 포도주는 이전 것보다 훨씬 "좋은 포도주"(요 2:10)였습니다. 예수님이 주신 물은 포도주가 되어, 파국을 맞은 잔치를 다시 살아나게 했습니다. 이는 예수님이 과거의 율법에서 결코 얻을 수 없는 새 생명을 사람들에게 공급하신다는 뜻입니다. 새로운 잔치는 예전 잔치와 근본적으로 다릅니다.

가나혼인잔치 본문은 구약의 종말 예언과 병행을 이룬다는 의견도 있습니다. "만군의 여호와께서 이 산에서 만민을 위하여⋯포도주로 연회를 베푸시리니⋯모든 민족의 얼굴을 가린 가리개와 열방 위에 덮인 덮개를 제하시며 사망을 영원히 멸하실 것이라"(사 25:6-8). 예수님의 첫 기적은 바로 이 구약에 예언된 종말 잔치가 마침내 시작되었음을 의미합니다. 유대인의 율법으로는 생명을 얻을 수 없지만 예수님이 포도주를 공급하신 잔치를 기점으로 사망의 권세는 사라지고 참 생명의 시대가 도래한 것입니다.

요한복음에는 '유대인'이라는 말이 유달리 많이 등장합니다. 마태복음에 5번, 마가복음에 7번, 누가복음에 5번 나오는 데 비해 요한복음에는 자그마치 70번이나 나옵니다. 유대인들은 대부분 예수님과 적대적 관계였습니다(요 2:18; 5:16; 6:41; 7:1; 8:52 외 다수). 공관복음서에는 바리새인과 대제사장들이 예수님을 죽이려고 하지만(마 26:59; 막 3:6), 요한복음에는 이들을 뭉뚱그려 "유대인들이 이로 말미암아 더욱 예수를 죽이고자 하니"(요 5:18)라고 기록합니다. 한마디로 요한복음은 일부를 제외하면(요 4:22) 대부분의 유대인에게 부정적입니다. 그런데 유대인들은 스스로를 "모세의 제자"(요 9:28)로 자부합니다. 이들은 "하나님이 모세에게는 말씀하신 줄을 우리가 알거니와 이 사람(예수님)은 어디서 왔는지 알지 못하노라"(요 9:29)라고 합니다.

유대인들에게 모세는 중요한 존재입니다. 그들이 소중히 여기는 율법을 전해 주었기 때문입니다. 물론 예수님도 모세를 무시하지 않으시지만, "모세를 믿었더라면 또 나를 믿었으리니 이는 그가 내게 대하여 기록하였음이라"(요 5:46)라고 말씀하십니다. 모세는 궁극적으로 예수님을 증거한 사람입니다(요 1:45; 3:14). 모세와 그가 전한 율법의 궁극적인 기능이자 가치는 예수님을 전하는 것이기에, 예수님은 모세보다 훨씬 크신 분입니다. 서막에 보면 "율법은 모세로 말미암아 주어진 것이요 은혜와 진리는 예수 그리스도로 말미암아 온 것이라"(요 1:17)라고 나옵니다. 예수님은 인간에게 은혜와 진리를 주십니다. 이는 율법보다 훨씬 크고 아름다운 것입니다. 예수님은 "진리를 알지니 진리가 너희를 자유롭게 하리라"(요 8:32)라고 하십니다. 예수님의 진리가 인간에게 자유와 생명을 공급하신다는 뜻입니다(요 14:6).

예수님의 첫 표적인 가나의 기적은 새 시대의 도래와 새 생명의 시작을 알렸습니다. 예수님이 주시는 물은 평범한 물이 아니라, 만인에게 생명을 공급하는 생명수입니다. 이 물을 마시는 자는 새 시대, 새 생명의 주인공이 됩니다. 요한복음은 이 사실을 거듭 반복합니다. 예수님은 사마리아 여인에게 "내가 주는 물을 마시는 자는 영원히 목마르지 아니하리니 내가 주는 물은 그 속에서 영생하도록 솟아나는 샘물이 되리라"(요 4:14) 말씀하십니다. 또 "누구든지 목마르거든 내게로 와서 마시라 나를 믿는 자는 성경에 이름괴 같이 그 배에서 생수의 강이 흘러나오리라"(요 7:37-38) 말씀하십니다.

죽음이 지배하는 이 세상은 언젠가 끝날 허무한 잔치와 같습니다. 무엇으로도 파국의 운명을 막을 수 없습니다. 그런데 이 멸망의 자리에 예수님이 찾아오셔서 새 생명을 불어넣으셨습니다. 예수님이 주시는 물을 마시면 영원한 생명을 얻게 됩니다. 가나혼인 잔치에서 물이 포도주로 변한 첫 표적은 예수님의 새 생명의 시대가 인류 역사에 시작되었음을 보여 줍니다.

요 2:13-4:54

첫 번째 예루살렘 방문

니고데모와 '성령으로 난 사람'(요 3:1-21)

갈릴리 가나에서 행하신 첫 표적을 보고 제자들은 예수님을 믿었습니다(요 2:11). 그 후 첫 유월절이 다가오자 예수님은 예루살렘으로 올라가십니다(요 2:13). 공관복음서와 달리 예수님은 이 첫 번째 방문에서 성전의 장사꾼들을 쫓아내십니다. 유대인들은 "이런 일을 행하니 무슨 표적을 우리에게 보이겠느냐"(요 2:18)라고 따집니다. 그때 예수님은 "너희가 이 성전을 헐라 내가 사흘 동안에 일으키리라"(요 2:19) 답하십니다. 예수님이 새롭게 일으키실 성전은

"성전 된 자기 육체를 가리켜 말씀하신 것"(요 2:21)이었습니다. 이 선언은 유대인들의 성전 제사가 종결되었음을 뜻합니다. "장사하는 집"(요 2:16)으로 타락한 성전 대신 인간을 위해 죽으시고 부활하신 예수님이 진짜 성전이 되신 것입니다. 따라서 이제는 부활하신 예수님을 믿고 섬기는 자가 진정한 예배자입니다.

이 사건 후 "많은 사람이 그의 행하시는 표적을 보고 그의 이름을 믿었"(요 2:23)습니다. 그런데 곧 이상한 증언이 이어집니다. 사람들이 주님을 믿었음에도 "예수는 그의 몸을 그들에게 의탁하지 아니하셨으니 이는 친히 모든 사람을 아심이요…사람의 속에 있는 것을 아셨음이니라"(요 2:24-25)라는 기록이 나옵니다. '의탁하다'(πιστεύω)는 사람들이 예수님의 이름을 '믿었다'(πιστεύω)와 같은 단어입니다. 즉, 사람들은 예수님의 이름을 믿었지만 예수님은 사람들을 믿지 않으셨다는 뜻입니다. 여기서부터 요한복음의 또 다른 사상이 드러납니다. 믿는 자라고 해서 다 참된 성도가 아니라는 것입니다.

첫 표적을 보고 예수님을 믿은 제자들도 주님을 아직 온전히 이해하지는 못한 상태였습니다(요 2:22). 심지어 예수님은 "믿은 유대인들"(요 8:31)에게도 "너희는 너희 아비 마귀에게서 났으니"(요 8:44)라고 호되게 야단치십니다. 마음으로 혹은 입술로만 예수님을 인정하는 것은 온전한 믿음이 아닙니다. 예수님은 "너희가 내 말에 거하면 참으로 내 제자"(요 8:31)가 된다고 말씀하셨습니다. 말씀에 거한다는 것은 말씀을 따라 살면서 당하는 손해와 박해를 감수한다는 것입니다. 그래서 예수님을 믿어도 "바리새인들 때문에 드러나게 말하지 못"(요 12:42)한 자들은 결론적으로 "사람의 영광을 하나님의 영광보다 더 사랑"(요 12:43)한 자들이라는 평가를 받습니다.

이 사상은 마태복음과 유사합니다. 마태복음의 '행함 강조'와 요한복음의 '말씀에 거함'은 비슷한 개념입니다. 둘 다 주님의 말씀과 이를 따르는 것이 최우선 기준입니다. 신비한 이적 현상에 의지하는 것은 결코 바른 믿음이 아닙니다. 마태복음의 '주여 주여 하는 자'나 요한복음의 '예수의 이름만 믿은 이들'은 모두 '권능'(마 7:22)과 '표적'(요 2:23)에 매달립니다. 하지만 진정한 신앙은 보다 깊은 차원입니다. 이를 요한복음 특유의 신비한 언어로 설명한 본문이 바로 예수님과 니고데모의 대화입니다.

밤에 예수님을 찾아와 대화를 청한 니고데모는 바리새인이자 유대인의 지도자였습니다(요 3:1). 예수님도 니고데모를 "이스라엘의 선생"(요 3:10)이라 부르십니다. 니고데모는 "하나님이 함께하시지 아니하시면 당신이 행하시는 이 표적을 아무도 할 수 없음이니이다"(요 3:2)라고 합니다. 이 말은 니고데모가 예수님의 신기한 기적을 보고 찾아왔음을 보여 줍니다. 예수님은 "사람이 거듭나지 아니하면 하나님의 나라를 볼 수 없느니라"(요 3:3)라고 말씀하시지만 영적으로 미숙했던 니고데모는 예수님의 말씀을 이해하지 못합니다. 니고데모는 다시 "사람이…두 번째 모태에 들어갔다가 날 수 있사옵나이까"(요 2:4)라고 질문합니다. 그의 생각이 육체 안에 머물러 있다는 증거입니다. 이 상태로는 초월적이고 영적인 가르침을 받아들일 수 없습니다. 그래서 예수님은 "사람이 물과 성령으로 나지 아니하면 하나님의 나라에 들어갈 수 없느니라"(요 3:5)라고 설명해 주십니다. 드디어 '성령으로 난 사람'이 등장합니다. 사람은 거듭나야 하나님 나라에 들어갈 수 있고, 거듭난 사람은 곧 '성령으로 난 사람'이라는 뜻입니다(함께 언급된 '물'은 주님의 '말씀' 혹은 '성령에 대한 강조'로 볼 수 있음. 요 7:38-39 참조).

그렇다면 과연 성령으로 난 사람은 어떤 사람일까요? 예수님은 중요한 말씀을 이어 가십니다. "바람이 임의로 불매 네가 그 소리는 들어도 어디서 와서 어디로 가는지 알지 못하나니 성령으로 난 사람도 다 그러하니라"(요 3:8). 이 구절은 유명하지만 제대로 이해하는 사람은 드뭅니다. 이 말씀을 올바로 깨달으려면 몇 가지를 알아야 합니다. 먼저 '바람'과 '성령'이 헬라어로 같은 단어임을 알아야 합니다. '바람이 임의로 분다'는 표현은 성령의 특성을 은유한 것입니다. '임의로'란 '자기가 원하는 대로'라는 뜻입니다. 따라서 예수님은 '성령이 바람처럼 자기 뜻대로 자유롭게 이동하신다'고 말씀하신 것입니다. 이 이동 경로는 오직 성령의 마음에 달려 있을 뿐 누구도 간섭할 수 없다는 것입니다.

그런데 예수님은 계속해서 '네가 그 소리는 들어도 어디서 와서 어디로 가는지 알지 못한다'고 말씀하십니다. 여기서 '네가'는 니고데모입니다. 니고데모는 성령이 어디에서 와서 어디로 가는지 알지 못합니다. 예수님은 니고데모의 영적 미숙함을 꼬집으신 것입니다. 그는 예수님의 표적을 보고 찾아왔지만 그 표적의 참의미를 알지 못했습니다. 성령의 소리만 들을 뿐 이동 경로는 알지 못했습니다. 그에게 성령은 뜻 모를 바람일 뿐입니다.

이제부터가 중요합니다. 우리말 성경은 니고데모가 '알지 못하나니'라고 해놓고 갑자기 '성령으로 난 사람도 다 그러하니라'로 곧장 번역합니다. 여기가 바로 오해의 근원지입니다. 이 번역대로 읽으면 마치 '니고데모가 성령의 이동하심을 알지 못하는 것'처럼 '성령으로 난 사람도 그와 같이 이동경로를 알지 못한다'는 말처럼 들립니다. 말이 안 됩니다. 니고데모는 '성령으로 난 자'가 아닙니다. 그는 성령의 오고 가심에 대해 전혀 모릅니다. 그런데 '성령으로 난 자'도 니고데모처럼 성령의 오고 가심을 모른다고 하면 논리 자체가 모순됩니다. 이 구절의 뜻을 제대로 알려면 우리말 성경의 "성령으로 난 사람도 다 그러하니라"(요 3:8)를 바로 번역해야 합니다. 일단 '성령으로 난 사람도'에서 '도'가 빠져야 합니다. 원문은 그냥 '성령으로 난 사람은'입니다. 또한 '다 그러하니라'보다 '다 그와 같은 상태이다'가 더 적절한 표현입니다. 이를 종합하면 '성령으로 난 사람은 다 그와 같은 상태이다'입니다.

하지만 아직 가장 중요한 것이 남아 있습니다. 우리말 성경의 문제는 "알지 못하나니 성령으로 난 사람도 다 그러하니라"(요 3:8)라고 이 모두를 한 문장으로 붙여 쓴 것입니다. 큰 실수입니다. '하나니'라는 표현이 앞 문장을 뒤까지 연결시켜 버리기 때문입니다. 하지만 이 부분이 원문에서는 분리되어 있습니다. 한 문장이 아니라 두 문장입니다. 헬라어 성경에는 둘 사이에 세미콜론(;)에 해당하는 기호가 있습니다. 그래서 영어성경 대부분은 이 구절을 두 문장으로 번역합니다(NIV, NRSV, KJV 등 다수, 물론 영어성경들이 뜻까지 모두 제대로 번역한 것은 아님). 이 구절을 원래대로 풀어 쓰면 '너는 '성령의 소리를 들어도 그분이 오고 가는 방향을 알지 못한다; 성령으로 난 사람은 다 그와 같은 상태이다'입니다. 이때 두 문장 사이에 있는 세미콜론(;)은 접속사가 빠져 있으므로 적당한 접속사를 넣어서 읽으라는 표시입니다. 이 구절에서는 문장 사이에 '하지만'을 넣으면 참된 의미가 드러납니다. 즉 '너는 성령의 소리만 들을 뿐 그분이 어디서 와서 어디로 가는지 알지 못한다. 하지만 성령으로 난 사람은 다 그와 같은 상태이다'입니다.

그렇다면 성령으로 난 사람이 '그와 같은 상태'란 무슨 뜻일까요? 두말할 필요 없이 '성령의 움직이심과 동일한 상태'라는 뜻입니다. 다시 말해 '성령으로 난 사람'은 '성령의 특성'을 똑같이 소유한 자라는 말입니다. '성령으로 난 자'는 어리석은 니고데모와 달리 '성령의 특성'을 지닙니다. 이때 성령의 특성은 '원하는 곳에서 와서 원하는 곳으로 가는 것'입니다. 이 방향성을 니고데모는 알지 못했지만 '성령으로 난 사람'은 압니다.

요한복음에서 예수님이 명확하게 가르치신 성령님의 특성은 성령을 잘못 이해해서 말도 많고 탈도 많은 오늘날 교회가 반드시 숙지해야 할 내용입니다. 요한복음에 나오는 성령에 대한 대표 구절들은 다음과 같습니다.

- 성령 그가 너희에게 모든 것을 가르치고 내가 너희에게 말한 모든 것을 생각나게 하리라(요 14:26).

- 진리의 성령이 오실 때에 그가 나를 증언하실 것이요(요 15:26).

- 진리의 성령이 오시면 그가 너희를 모든 진리 가운데로 인도하시리니 그가 스스로 말하지 않고 오직 들은 것을 말하며…그가 내 영광을 나타내리니 내 것을 가지고 너희에게 알리시겠음이라(요 16:13-14).

이 말씀들은 성령님이 어떤 분명한 테두리 안에서만 활동하심을 보여 줍니다. 이때의 테두리는 한계나 무능함이 아니라 성령님의 사역의 시작과 끝, 즉 그 범위가 명확히 정해져 있다는 뜻입니다. 한마디로 성령님의 사역은 시작도 예수님, 끝도 예수님이십니다. 그런데 예수님은 다른 곳에 또 중요한 말씀을 남기셨습니다. "이는 그를 믿는 자들이 받을 성령을 가리켜 말씀하신 것이라 예수께서 아직 영광을 받지 않으셨으므로 성령이 아직 그들에게 계시지 아니하시더라"(요 7:39). 성령님은 삼위일체 하나님이시고 당연히 어디에나 존재하십니다. 그런데 예수님은 왜 성령이 아직 제자들과 함께 계시지 않다고 하셨을까요?

말씀대로 보면 그 이유는 '예수께서 아직 영광을 받지 않으셨으므로'입니다. 이 영광은 앞서 살펴본 대로 예수님이 십자가에서 죽으시고 부활하신 후에야 온전히 주어집니다. 따라서 성령님의 공식적인 활동은 예수님의 십자가 사역이 완성되어야 비로소 가능해집니다. 예수님의 모든 가르침과 활동을 사람들에게 전파하고 깨닫게 하시는 분이 성령님이기 때문입니다. 한마디로 성령님은 예수님의 증인이십니다. 따라서 "어디서 와서 어디로 가는지"(요 3:8)의 의미는 성령이 '예수님에게서 와서 예수님에게로 기신다'는 말입니다. 곧 주님의 '사역의 시작부터 십자가와 부활까지'입니다. 성령님은 오직 이 행로로만 움직이십니다.

그런데 이 땅에는 성령으로 난 자들이 있습니다. 그들은 '성령으로 난 자'이자 '성령님의 자녀들'로서 성령님이 가시는 방향대로 '다 그러하게' 움직입니다. 이들은 결국 예수님의 길을 갑니다. 성령님이 보여 주시는 길이 바로 그 길이기 때문입니다. 이 길의 목표는 십자가와 부활입니다. 성령으로 난 자는 십자가를 향해 나아갑니다. 어떤 두려움과 박해도 이 길을 막을 수 없습니다. 십자가 다음에 부활의 영광이 있기 때문입니다. 거듭남의 신비입니다. 거듭남은 곧 성령으로 태어남이요, 성령으로 태어남은 곧 성령의 길을 따름입니다. 그리고 성령의 길은 곧 십자가의 길이요, 십자가의 길은 곧 하나님 나라로 들어가는 길입니다. 예수님께 '거듭남'의 진리를 들은 니고데모는 이후 서서히 변화하여 마침내 성령으로 난 자가 됩니다.

사마리아 여인과의 만남(요 4:1-42)

첫 유월절 기간을 예루살렘과 유대지방에서 보내신 후 예수님은 "유대를 떠나사 다시 갈릴리로 가실새 사마리아를 통과"(요 4:3-4)

하셔야 했습니다. 예수님은 "야곱의 우물"(요 4:6)이 있는 사마리아의 수가라는 동네에 이르시자 "피곤하여 우물 곁에 그대로 앉으"(요 4:6)셨습니다. 시간은 "여섯 시쯤"(요 4:6)되었는데 지금 시간으로 정오경입니다. 제자들이 먹을 것을 사러 동네에 들어가고(요 4:8) 예수님만 우물가에 계실 때 갑자기 "사마리아 여자 한 사람이 물을 길으러"(요 4:7) 옵니다. 그러자 예수님은 여인에게 "물을 좀 달라"(요 4:7)며 말을 거십니다. 이때부터 예수님과 사마리아 여인의 긴 대화가 시작됩니다. 이 대화에는 두 가지 핵심이 있는데, 첫 번째는 '사마리아 여인의 변화'이고 두 번째는 '예배에 대한 가르침'입니다. 둘 다 중요한 주제이므로 하나씩 알아보겠습니다.

▪ 사마리아 여인의 변화(요 4:1-42)

사마리아인은 복잡한 이스라엘 역사 속에서 혼혈로 태어난 유대인들입니다. 정통 유대인들은 이들을 부정하게 여겨 접촉하지 않았습니다. 하지만 유대인이 사마리아인과 상종하지 않는 상황(요 4:9)에서도 예수님은 거리낌 없이 사마리아 여인에게 말을 거십니다. 너무 예상 밖이어서 여인과 이를 본 제자들은 깜짝 놀랍니다(요 4:9, 27). 우리는 어떤 사람도 차별하지 않으시는 예수님을 만납니다. 누가복음에서도 강조되었지만 인류의 구원자이신 예수님은 모든 사람을 구원하러 오셨습니다. 구원에는 누구도 "차별이 있을 수 없"(골 3:11, 롬 3:22; 10:12 참조)습니다.

사마리아 여인과 예수님의 대화는 '동문서답'이 특징입니다. 예수님과 여인의 말은 서로 엇갈립니다. 같은 단어를 사용하지만 인식의 차원이 다르기 때문입니다. 예수님은 여인에게 "네가 만일 하나님의 선물과 또 네게 물 좀 달라 하는 이가 누구인 줄 알았더라면 네가 그에게 구하였을 것이요 그가 생수를 네게 주었으리라"(요 4:10)라고 말씀하십니다. 사마리아 여인은 이 말씀을 이해하지 못합니다. 여인이 깨닫지 못한 핵심 용어는 '생수'입니다. 예수님이 주려 하신 생수는 그냥 물이 아니라 '생명의 물'이자 궁극적으로 하나님 나라의 '영생'입니다.

하지만 여인은 그 의미를 알지 못합니다. 처음에는 생수를 자기 앞에 놓인 우물물로 알아듣습니다. 그래서 예수님께 "물 길을 그릇도 없고 이 우물은 깊은데 어디서 당신이 그 생수를 얻겠사옵나이까"(요 4:11)라고 반문합니다. 하지만 이 말을 하면서 스스로도 뭔가를 눈치챕니다. 예수님의 생수가 단지 우물물을 의미하는 게 아닐지도 모른다고 느낀 것입니다. 그래서 다시 예수님께 "우리 조상 야곱이…여기서 자기와 자기 아들들과 짐승이 다 마셨는데 당신이 야곱보다 더 크니이까"(요 4:12)라고 묻습니다. 이 말은 '당신이 주시는 물이 야곱의 우물물보다 더 가치 있느냐'는 질문입니다.

사마리아 여인에게 중요한 것은 지금 자기가 뜨러 온 우물물입니다. 그녀는 아마 지금껏 이 물을 마시며 살았을 것입니다. 이 물은 육신을 살려 준 고마운 물이기에 그녀에게 생명수였습니다. 하지만 예수님을 만나 또 다른 생수가 존재함을 알게 되었습니다. 그러자 의문이 생겼습니다. 과연 이제까지 의지해 온 우물물과 이 분이 주시겠다는 생수 중 어느 것이 더 가치 있을까 하는 것입니다. 그때 예수님은 이렇게 말씀하십니다. "이 물을 마시는 자마다 다시 목마르려니와 내가 주는 물을 마시는 자는 영원히 목마르지 아니하리니 내가 주는 물은 그 속에서 영생하도록 솟아나는 샘물이 되리라"(요 4:13-14).

여기서 두 '물'의 상반된 특성이 나타납니다. 여인이 뜨러 온 우물물은 육체를 위한 것이지만, 끝내 육체를 채우지 못합니다. 곧 또 목말라지기 때문입니다. 한편 '예수님이 주시는 물'은 영원히 목마르지 않게 하는 물입니다. 이때의 목마름은 육체가 아니라 영혼의 생명과 관련 있습니다. 영원히 목마르지 않음은 곧 영생을 의미합니다. 하지만 여인은 이를 깨닫지 못하고 '영원히 목마르지 않음'을 단지 육체의 목이 마르지 않는 것으로만 알아듣습니다. 그래서 "그런 물을 내게 주사 목마르지도 않고 또 여기 물 길으러 오지도 않게 하옵소서"(요 4:15)라고 말합니다. 여인의 생각은 온통 육체의 삶에 매어 있습니다. 결국 이 여인은 육체를 위해 사는 인간의 대표입니다.

예수님은 여인에게 "가서 네 남편을 불러오라"(요 4:16) 하십니다. 여인이 "나는 남편이 없나이다"(요 4:17)라고 답하자 예수님은 "너에게 남편 다섯이 있었고 지금 있는 자도 네 남편이 아니니 네 말이 참되도다"(요 4:18)라고 말씀하십니다. 여인의 과거와 현재가 고스란히 드러납니다. 그녀의 과거는 육신을 채우기 위한 몸부림이었습니다. 혹자는 이 여인이 다섯 번 결혼한 것을 이기적인 남편들에게 버림받은 불행한 인생으로 해석합니다. 그럴 수도 있습니다. 이혼을 다섯 번이나 한 여인이 어떻게 평탄하고 행복했다 하겠습니까?

하지만 말씀의 핵심은 그게 아닙니다. 지금까지의 대화에서 드러나듯, 이야기의 중심은 여인이 육신의 목마름을 채우려고 끝없이 몸부림쳤다는 것입니다. 무슨 이유에서든 여인에게는 늘 남편이 필요했습니다. 그래서 다섯 번이나 이혼했지만 지금 또 다른 남자와 동거하고 있습니다. 예수님이 여인에게 하신 말씀은 이제까지 말씀하신 '목마름'이 단순한 육체의 갈증이 아님을 드러내신 것입니다. 여인이 추구하던 세상의 물은 육체의 상징입니다. 이 물은 끝내 만족을 주지 못하고 죽음에 이르게 합니다. 하지만 예수님의 생수는 다릅니다. 밑 빠진 독 같은 육신이 아니라 인간의 본질과 영혼을 만족시켜, 죽을 인생을 영원한 생명으로 변화시키기 때문입니다.

이처럼 예수님은 대화를 통해 사마리아 여인을 육의 차원에서 영의 차원으로 이끄십니다. 여인은 마침내 무엇이 헛되고 무엇이 참된 것인지를 깨닫습니다. 육을 추구하는 사람에서 영적인 사람으로 거듭난 것입니다. 사마리아 여인 이야기와 니고데모 이야기는 상통합니다. 둘 다 육신에 묶인 자가 예수님의 말씀을 통해 눈이 열려 영의 세계를 보는 이야기입니다. 한 가지 다른 것이 있다면, 니고데모와 달리 사마리아 여인은 즉각적으로 삶의 변화를 보인 것입니다. 여인은 예수님이 "메시야 곧 그리스도"(요 4:25)임을 깨닫자 "물동이를 버려두고 동네로 들어가서 사람들에게"(요 4:28) 곧장 예수님을 전합니다. 여인이 버린 물동이는 육의 욕망을 채우기 위한 소중한 도구였습니다. 심지어 처음에는 그 도구가 없는 예수님을 무시하기도 했습니다(요 4:11). 하지만 가르침을 받은 후 여인은 미련 없이 물동이를 버려두고 전도자로 변합니다. 그리고 마침내 "그 동네 중에 많은 사마리아인이 예수를 믿는"(요 4:39) 역사가 일어납니다.

사마리아 여인의 이야기는 진정한 구원이 무엇인지 가르쳐 줍니다. 예수님의 구원은 육신이 아니라 하나님 나라의 영생을 위한 것입니다. 모든 사람은 채우지 못할 자기 육신과 씨름하다 결국 멸망할 존재입니다. 그리스도는 영생의 말씀을 주셔서 인간으로 하여금 육을 넘어 천국의 영생을 얻게 하시는 분입니다. 그래서 여인을 통해 말씀을 접한 사마리아 사람들은 "우리가 친히 듣고 그가 참으로 세상의 구주신 줄 앎이라"(요 4:42)라고 고백합니다. '구주'는 '구원자'(소테르, σωτήρ)를 뜻합니다. 예수님이 세상에 펼치신 구원은 하나님 나라의 생명입니다.

사마리아 여인 이야기는 또한 진정한 '영성'이 무엇인지 가르쳐 줍니다. 현대 영성은 크게 왜곡되어 있습니다. 신비한 체험과 이적을 체험하고 이를 통해 육신이 강해지고 부유해지는 것을 영성이라 합니다. 하지만 참 영성은 육신의 부질없음과 이를 채우려는 삶이 허망함을 깨닫는 데서 출발합니다. 영혼을 생명의 말씀으로 채우기 위해 모든 것을 버릴 수 있는 능력이 참된 영성입니다. '물동이를 버린' 사마리아 여인은 예수님과 만남을 통해 참된 영성을 깨우치고 변화한 성도의 대표입니다.

· 영과 진리로 드리는 예배 (요 4:19-24)

사마리아 여인 이야기에는 또 다른 중요한 주제가 나옵니다. 사마리아인들은 유대인의 배척을 받으면서 자신들만의 독특한 신학을 세웠습니다. 그들은 예루살렘이 아닌 세겜에 있는 '그리심 산'(신 11:29)을 진정한 예배 장소라고 믿었습니다. 그들이 가진 모세 오경의 변형판인 사마리아 오경에는 그리심 산에서 제사를 드려야 한다는 규정이 있었습니다. 그래서 여인은 "우리 조상들은 이 산에서 예배하였는데 당신들의 말은 예배할 곳이 예루살렘에 있다 하더이다"(요 4:20)라고 합니다. 이때 예수님은 놀라운 가르침을 주십니다. "이 산에서도 말고 예루살렘에서도 말고 너희가 아버지께 예배할 때가 이르리라"(요 4:21). 예수님은 예배의 핵심이 '장소'가 아니라 '때'라고 말씀하십니다. '때'는 "영과 진리로 예배할 때"(요 4:23)입니다. 진정한 예배는 영과 진리로 예배할 때만 가능하다는 말씀입니다.

그렇다면 '영과 진리로'(원문에는 '영과 진리 안에서', ἐν πνεύματι καὶ ἀληθείᾳ) 드리는 예배는 과연 무엇일까요? 이를 두고 의견이 분분합니다. 특히 '영'이 무엇이냐를 가지고 많은 논란이 있습니다. 주로 세 가지 견해가 있는데, 첫째는 '성령'을 의미한다, 둘째는 성령으로 거듭난 자의 '영혼'을 의미한다, 세 번째는 '신령함'을 의미한다는 견해입니다. 이중 하나를 결정하기는 어렵습니다. 그럼에도 '영과 진리로'에 담긴 의미는 요한복음에서 유추해 낼 수 있습니다. 위의 세 의견이 모두 긴밀하게 통하고 있기 때문입니다. 일단 '성령'과 '거듭난 자의 영혼'은 불가분의 관계입니다. 니고데모 이야기에서 보았듯, 사람은 오직 성령으로만 거듭날 수 있습니다. 예수님 말씀대로 "영으로 난 것은 영"(요 3:6)입니다. 앞의 '영'은 성령이고 뒤의 '영'은 성령으로 거듭난 자입니다. 둘은 떼려야 뗄 수 없는 관계입니다.

따라서 '성령으로' 드리는 예배는 곧 '성령으로 거듭난 영혼'이 드리는 예배와 같은 개념입니다. 예배는 인간이 드리는 것이기에 '성령으로 거듭난 자'의 예배가 곧 성령으로, 성령 안에서, 성령을 통해 드리는 예배입니다. 성령으로 거듭나지 않은 자의 예배는 결코 성령으로 드리는 예배가 될 수 없습니다. 예수님은 이 두 개념을 포함하셔서 '영으로 드리는 예배'를 말씀하신 것입니다. 그렇다면 세 번째 의견도 자연스럽게 수용됩니다. '성령으로 거듭난 자'가 '성령으로' 드리는 예배는 하나님이 기뻐하실 만한 '신령한' 예배이기 때문입니다.

하지만 아직 문제가 다 해결된 것은 아닙니다. 그렇다면 '성령으로' 혹은 '성령으로 거듭난 영혼으로' 드리는 예배의 구체적 모습은 무엇일까요? 해답은 니고데모 이야기에서 이미 밝혀졌습니다. 요한복음이 밝히는 성령은 예수님을 증거하는 분입니다. 성령으로 난 자는 오직 예수님의 길을 걷습니다. 그러므로 영으로 드

리는 예배, 즉 성령으로 난 자가 성령 안에서 드리는 예배는 중심
과 방향이 오직 예수님께만 있는 예배입니다. 여기에 '진리'가 더
해지면 뜻이 더 명확해집니다. 요한복음에서 말하는 진리 역시 예
수님과 직결됩니다. 예수님 안에 진리가 충만하고(요 1:14), 예수님은
진리를 말씀하시며(요 8:45-46), 예수님 자신이 곧 진리이십니다(요
14:6). 따라서 '진리로 드리는' 예배 역시 예수님이 중심되신 예배입
니다.

예루살렘 성전의 제사도, 그리심 산의 제사도 더 이상 진정한
예배가 아닙니다. 참 예배는 예수님을 증거하시는 성령을 통해 예
수님의 말씀으로 거듭난 성도들이 예수님께만 집중해서 드리는
예배입니다. 유대인이나 사마리아인의 '장소 중심' 제사는 종결되
었습니다. "곧 이때라"(요 4:23)는 선언은 새로운 예배가 이미 시작
했다는 뜻입니다. 이제부터 하나님은 "자기에게 이렇게 예배하는
자들을 찾으"(요 4:23)십니다. 예수님만이 "곧 길이요 진리요 생명이
니 나로 말미암지 않고는 아버지께로 올 자가 없"(요 14:6)기 때문입
니다.

왕의 신하의 아들 치료(요 4:43-54)

사마리아에서 말씀을 전하신 예수님은 이틀을 더 머무신 후에(요
4:43), 갈릴리로 가셔서 "두 번째 표적"(요 4:54)을 행하십니다. 이 표
적도 첫 번째와 마찬가지로 가나에서 일어나는데, 왕의 신하의 죽

어 가는 아들을 고치신 것입니다. 그런데 예수님은 이 기적을 행하시기 전에 "너희는 표적과 기사를 보지 못하면 도무지 믿지 아니하리라"(요 4:48)라고 말씀하십니다. 니고데모 이야기에서 보았듯, 참 믿음은 표적을 보고 믿는 것이 아니라 말씀 안에 거하는 것입니다(요 8:31). 말씀은 보는 것이 아니라 듣는 것입니다. 표적을 보기보다 말씀을 듣고 믿는 자가 진실로 귀합니다. 그래서 주님은 도마에게 "너는 나를 본 고로 믿느냐 보지 못하고 믿는 자들은 복되도다"(요 20:29) 하신 것입니다.

결국 왕의 신하는 주님께 합당한 성도임을 스스로 증명합니다. "예수께서 이르시되 가라 네 아들이 살아 있다 하시니 그 사람이 예수께서 하신 말씀을 믿고 가더니"(요 4:50). 그는 기적을 보기 전에 말씀부터 믿은 사람이었습니다. 이런 차원에서 보면 오늘날의 신앙인들은 예수님 당시 사람들보다 복된 자들입니다. 예수님을 생생히 보았던 그들에 비해 지금 우리는 말씀만 부여잡고 있습니다. 그럼에도 거뜬히 주님을 바라보며 따르는 것은 들음에서 난 믿음이 참으로 복되며, 들음을 통해 지금도 성령님이 강력하게 역사하신다는 증거입니다.

두 번째 예루살렘 방문

베데스다의 38년 된 병자 치료(요 5:1-47)

왕의 신하의 아들을 고치신 후 예수님은 유대인의 명절이 되어 다시 예루살렘에 올라가십니다(요 5:1). 이 명절이 정확히 언제인지는 알 수 없지만, 성전의 장사꾼들을 내쫓으신 첫 번째 유월절이 아닌 것은 분명합니다. 이 익명의 명절을 기해 두 번째로 예루살렘을 방문하신 예수님은 베데스다 연못으로 가십니다. "예루살렘에 있는 양문 곁에 히브리말로 베데스다라 하는 못이 있는데 거기 행각 다섯"(요 5:2)이 있었습니다. 베데스다 연못은 오랫동안 발견되지 않아서 진짜가 아니라는 주장이 많았지만 1888년에 고고학자들에 의해 다섯 기둥을 가진 연못이 발굴되었습니다. 몇몇 학자는 요한복음의 역사성이 떨어진다는 주장을 자주 했는데, 베데스다 연못의 발굴로 요한복음이 매우 실제적인 역사 배경을 가진 기록임을 입증했습니다.

당시 베데스다 연못에는 신비한 이야기가 전해 오고 있었습니다. "천사가 가끔 못에 내려와 물을 움직이게 하는데 움직인 후에 먼저 들어가는 자는 어떤 병에 걸렸든지 낫게"(요 5:4) 된다는 것이었습니다. 이 구절은 우리말 성경에 괄호로 처리되어 있는데 다른 사본들 중에 이 구절이 없는 책도 발견되었기 때문입니다. 그래서 혹자는 후대에 삽입된 것이라 말하기도 합니다. 하지만 괄호가 아닌 본문에 이 연못가에 "많은 병자…들이 누워"(요 5:3) 있었다고 나오는 것과 병자가 "물이 움직일 때에 나를 못에 넣어 주는 사람"(요 5:7)이 있기를 간절히 원했다는 것은 괄호 속의 내용이 당시 베데스다 연못에 얽혀 있던 진짜 이야기임을 입증해 줍니다. 실제로 고고학 발굴팀은 이 연못 근처에서 천사가 물을 젓는 형상이 그려진 벽화도 발견했습니다.

베데스다란 '은혜의 집'이란 뜻입니다. 예수님이 오셔서 38년 된 병자를 고치셨으니 은혜가 임한 곳임은 분명합니다. 하지만 예수님이 오시기 전에도 이곳이 은혜로운 장소였다고 보기는 힘듭니다. 베데스다 연못은 물이 움직일 때 가장 먼저 들어가는 자가 치료를 받았습니다. 하지만 정작 물이 움직이면 끔찍한 일이 벌어집니다. 연못에는 수많은 환자가 대기하고 있습니다. 이들은 서로를 보며 연민을 느꼈을 것입니다. 긴 세월 함께했으니 친해진 사이도 있을 것입니다. 하지만 연못 물이 움직이면 모두가 삽시간에 비정한 적으로 바뀝니다. 38년 된 환자는 예수님께 "물이 움직일 때에…내가 가는 동안에 다른 사람이 먼저 내려가나이다"(요 5:7)라고 한탄합니다. 몸이 불편한 환자들이 서로 먼저 들어가려고 다투는 모습은 거의 아수라장이었을 것입니다.

여기서 의문이 생깁니다. 이것이 과연 하나님의 은혜일까 하는 것입니다. 하나님은 베데스다 연못에 중환자들을 모아 놓고 심심하면 한번씩 물을 휘저어 가련한 인생들의 아귀다툼을 즐기는 분일까요? 이건 말이 안 됩니다. 그러고 보면 연못물을 움직이는 천사도 수상합니다. 이 천사가 하나님의 명령에 따라 움직인다는 말이 없습니다. 단독으로 내려와 물을 움직입니다. 성경은 "사탄도 자기를 광명의 천사로 가장하나니"(고후 11:14)라고 말합니다. 어쩌면 베데스다는 인생을 농락하며 삶에 집착하게 만드는 마귀의 놀이터인지도 모릅니다. "죽음의 세력을 잡은 자 곧 마귀"(히 2:14)가 "죽기를 무서워하므로 한평생 매여 종노릇하는 모든 자들"(히 2:15)을 농락하는 장소라는 말입니다. 이는 궁극적으로 베데스다가 진정한 은혜의 집이 아님을 보여 줍니다. 베데스다는 남보다 좀더 잘 살아 보겠다고 아귀다툼하는 세상을 상징합니다.

바로 여기에 "서른여덟 해 된 병자"(요 5:5)가 있습니다. 그는 인생을 사탄에게 사로잡혀 살아가는 가련한 사람들을 대표합니다.

인간의 가장 큰 불행은 자신이 사탄의 덫에 매여 있는지조차 모르는 것입니다. 비정한 세상에 살지만 그곳이 은혜의 집인 줄 알고 필사적으로 매달립니다. 예수님은 이런 각박한 세상에 미련을 두고 살아가다가 끝내 생명을 얻지 못하고 죽을 인생들을 위해 오셨습니다. 특히 예수님은 환자의 병을 고치신 후 그에게 "다시는 죄를 범하지 말라"(요 5:14)고 하십니다. 이 말씀은 인간들이 왜 베데스다 같은 세상에서 가련한 삶을 살고 있는지 보여 줍니다. 세상 모든 불행의 근원은 죄입니다. 예수님은 "죄를 범하는 자마다 죄의 종이라"(요 8:34) 말씀하셨고 죄인은 그 "죄 가운데서 죽으리라"(요 8:24) 선언하셨습니다.

하지만 하나님은 이런 죄인들을 불쌍히 여기고 사랑하셨습니다. 예수님은 니고데모에게 "하나님이 세상을 이처럼 사랑하사 독생자를 주셨으니 이는 그를 믿는 자마다 멸망하지 않고 영생을 얻게 하려 하심이라"(요 3:16) 말씀하셨습니다. 하나님이 보내신 예수님은 "세상 죄를 지고 가는 하나님의 어린양"(요 1:29)입니다. 누구든 회개하고 주님께 죄 짐을 맡기면 하늘의 영생을 얻습니다. 그래서 베데스다의 치료 후에 곧바로 '생명'에 대한 예수님의 설교가 이어진 것입니다.

예수님이 38년 된 병자를 고치신 날은 안식일이었는데(요 5:9), 이 때문에 "유대인들이 예수를 박해하게"(요 5:16) 되었고 나아가 "예수를 죽이고자"(요 5:18) 했습니다. 이런 분위기에서 예수님은 설교를 시작하십니다. "아버지께서 죽은 자들을 일으켜 살리심같이 아들도 자기가 원하는 자들을 살리느니라 아버지께서 아무도 심판하지 아니하시고 심판을 다 아들에게 맡기셨으니"(요 5:21-22). 본래 인간은 하나님의 심판을 받아야 합니다. 하지만 하나님은 인간에게 구원을 베푸시려고 예수님을 보내셨습니다. 이 사실은 예수님이 이미 니고데모에게 알려 주신 것입니다. 예수님은 "하나님이 그 아들을 세상에 보내신 것은 세상을 심판하려 하심이 아니요 그로 말미암아 세상이 구원을 받게 하려 하심"(요 3:17)이라고 말씀하셨습니다.

그런데 베데스다 사건 후 예수님은 다시 "내 말을 듣고 또 나 보내신 이를 믿는 자는 영생을 얻었고 심판에 이르지 아니하나니 사망에서 생명으로 옮겼느니라"(요 5:24)라고 말씀하십니다. 영생은 심판과 맞물립니다. 당연한 일입니다. 인간은 심판을 면해야 영생에 이를 수 있습니다. 그런데 하나님께서는 독생자 예수님에게 "심판하는 권한"(요 5:27)을 주셨습니다. 심판을 아들에게 맡기신 것입니다(요 5:22). "무덤 속에 있는 자가 다 그의 음성을 들을 때"(요 5:28)가 옵니다. 그때 "선한 일을 행한 자는 생명의 부활로, 악한 일을 행한 자는 심판의 부활"(요 5:29)로 나오게 됩니다. 육체의 죽음은 삶의 종결이 아닙니다. 선인도 악인도 모두 죽지만 다시 부활할 것입니다. 예수님의 음성으로 모든 육체가 다시 살아나 주님 앞에 서야 합니다. 그때 선인은 생명의 부활로 영생을 얻고, 악인은 심판의 부활로 멸망하게 됩니다.

예수님은 어둠의 땅에 내려오신 "세상의 빛"(요 8:12; 11:9)이십니다. 하지만 "빛이 어둠에 비치되 어둠이 깨닫지 못하"(요 1:5)였습니다. "사람들이 자기 행위가 악하므로 빛보다 어둠을 더 사랑"(요 3:19)했기 때문입니다. 이들이 악인입니다. 예수님은 "악을 행하는 자마다 빛을 미워하여 빛으로 오지 아니하나니"(요 3:20)라고 말씀하셨습니다. '악을 행하는 자'(파울라 프라손, φαῦλα πράσσων)는 곧 심판의 부활로 주님 앞에 서게 될 "악한 일을 행한 자"(파울라 프라손테스, φαῦλα πράξαντες, 요 5:29)입니다. 원어 상으로 둘은 단수와 복수의 차이가 있을 뿐 정확히 같은 표현입니다.

　마침내 선인과 악인의 명확한 기준이 선언됩니다. 영생의 부활을 얻을 선인은 "내 말을 듣고 또 나 보내신 이를 믿는 자"(요 5:24)입니다. 하지만 "말씀이 너희 속에 거하지 아니"(요 5:38)하는 자는 끝내 멸망당할 악인입니다. 생명의 빛을 보고도 나아오지 않았기 때문입니다. 심지어 그들은 하나님의 말씀을 모르는 자들이 아닙니다. 그들은 모세의 율법을 자랑하고 "성경에서 영생을 얻는 줄 생각하고 성경을 연구"(요 5:39)합니다. 하지만 그 "성경이 곧 내게(예수님에) 대하여 증언하는 것"(요 5:39)임을 깨닫지 못하고 "영생을 얻기 위하여 내게(예수님에게) 오기를 원하지 아니"(요 5:40)합니다. 따라서 그들은 결국 그들이 "바라는 자 모세"(요 5:45)에게 고발당할 것입니다. 모세가 증거한 예수님을 믿지 않았기 때문입니다. 그들은 '악한 일을 행하는 자'로 판명되어 마침내 "심판의 부활"(요 5:29)에 이를 것입니다.

오병이어의 기적(요 6:1-71)

오병이어의 기적은 사복음서에 모두 등장합니다. 십자가와 부활 사건을 제외하고 사복음서에 모두 나오는 기적은 오병이어가 유일합니다. 그만큼 오병이어 사건은 중요합니다. 하지만 그만큼 오해를 많이 받는 사건도 드뭅니다. 흔히 강단에서는 이 본문을 물질적 축복과 연관 지어 설교하곤 합니다. 그러나 오병이어의 진짜 의미는 정반대입니다. 이를 정확하게 밝혀 준 책이 요한복음입니다. 요한복음에는 공관복음서에 없는 오병이어 다음 날의 사건을 소개하는데, 이때 예수님이 오병이어의 참 의미를 설명해 주십니다. 따라서 오병이어를 설교할 때는, 공관복음서의 본문이라 할지라도 요한복음 본문을 꼭 짚어 보아야 합니다.

오병이어 사건에 대한 배경 묘사는 요한복음과 공관복음서가 비슷합니다. 배를 타고 "갈릴리 바다 건너편으로"(요 6:1) 가신 예수님을 "큰 무리가 따르"(요 6:2)는 장면은 마태복음과 마가복음에도 나옵니다(마 14:13-14; 막 6:32-34). 누가복음은 사람들이 모인 장소가 벳새다라고 밝힙니다(눅 9:10). 그곳에 잔디가 많았고 모인 자의 수가 오천 명쯤 되었으며 열두 바구니가 남았다는 기록도 동일합니다(요 6:10, 13; 마 14:19-20; 막 6:39-44). 다만 무리의 식사를 걱정하는 대목에서 공관복음서가 '제자들'이라고만 말한 부분을 요한복음은 빌립과 안드레였다고 자세히 밝힙니다.

빌립은 "각 사람으로 조금씩 받게 할지라도 이백 데나리온의 떡이 부족하리이다"(요 6:7) 하고, 안드레는 "한 아이가 있어 보리떡 다섯 개와 물고기 두 마리를 가지고 있나이다"(요 6:9)라고 말합니다. 그래서 흔히 안드레를 더 모범적이고 적극적인 신앙인으로 보기도 합니다. 하지만 안드레 역시 "그러나 그것이 이 많은 사람에게 얼마나 되겠사옵나이까"(요 6:9)라고 말한 기록이 있기에, 두 제자 사이에 큰 믿음의 차이가 있다고 보기는 힘듭니다. 다만 요한복음이 '떡과 물고기'가 본래 '한 아이'의 것이었다고 밝힌 부분은 짚고 넘어갈 필요가 있습니다. 기적의 씨앗이 된 떡과 물고기가 이름 모를 아이의 작은 드림에서 시작되었음을 강조한 것이기 때문입니다.

요한복음은 공관복음서와 달리 어린이에게 관심을 거의 보이지 않습니다. 따라서 이 말씀은 어린이 자체보다 '작은 드림'에 강조점이 있습니다. 아이는 자기가 드린 것에서 이런 큰 기적이 일어나리라고 전혀 예상하지 못했을 것입니다. 그럼에도 작은 것이지만 아낌없이 드리려 한 마음은 무척 아름답습니다. 요한복음이 창조주로 소개하는 예수님은 무에서도 얼마든지 기적을 이루실 수 있습니다. 그런데 아이의 작은 드림을 기꺼이 사용하신 것은 예수님께 드리는 우리의 작은 드림과 헌신이 언제라도 거대한 기적의 씨앗이 될 수 있음을 나타냅니다.

하지만 이 역시 오병이어 사건의 핵심은 아닙니다. 앞서 말했지만 오병이어는 기적 자체보다 그다음 날 있었던 예수님의 설교 장면에서 참된 의미가 발견됩니다. 오병이어 기적이 일어나자 일대에 난리가 납니다. 발 없는 말이 천리를 간다고 오천 명이 배불리 먹었다는 소문은 밤사이 갈릴리 호수 전역을 뒤덮습니다. 그래서 이튿날, 무리는 열심히 예수님을 찾기 시작합니다. 그들은 전날 오병이어가 일어난 현장으로 몰려갔지만 예수님과 제자들이 없음을 보고 배를 타고 다시 예수님을 찾으러 갑니다(요 6:22-24). 가버나움에서 마침내 예수님을 만나자 그들은 "랍비여 언제 여기 오셨나이까"(요 6:25)라며 반가워합니다. 매일 끼니를 걱정해야 하는 가난한 이들에게 오병이어의 기적은 얼마나 큰 복음이었겠습니까? 예수님을 찾는 무리의 열정은 어쩌면 너무나 당연해 보입니다.

그러나 예수님은 의외의 반응을 보이십니다. 예수님은 찾아온 무리들에게 싸늘한 태도로 "너희가 나를 찾는 것은 표적을 본 까닭이 아니요 떡을 먹고 배부른 까닭이로다"(요 6:26)라고 말씀하십니다. 이 말씀은 오병이어의 기적이 '떡을 먹고 배부른 것'과 아무 상관이 없다는 뜻입니다. 그리고 예수님은 표적에 담긴 뜻을 설명하기 시작하십니다. "썩을 양식을 위하여 일하지 말고 영생하도록 있는 양식을 위하여 하라"(요 6:27). '썩을 양식'과 '영생하도록 있는 양식'은 대조를 이룹니다. 썩을 양식은 위장을 채워 육신을 배부르게 하는 세상 양식입니다. 하지만 오병이어는 썩을 양식과 다릅니다. 여기서 다시 요한복음 특유의 '영적인' 의미가 되살아납니다.

육체를 위한 양식은 말 그대로 썩을 양식입니다. 잠깐 배부르게 되어도 금세 다시 배가 고픕니다. 육신의 위장은 그 무엇으로도 완전히 채우지 못합니다. 세상의 모든 음식은 그저 인간을 '썩게 하는 양식'입니다. 사람은 살기 위해 먹고 이를 위해 평생을 바치지만 아무리 먹어도 끝내 죽습니다. 심지어 예수님은 이스라엘이 모세와 함께 광야에서 먹은 만나조차 썩을 양식이었다고 말씀하십니다. "너희(이스라엘) 조상들은 광야에서 만나를 먹었어도 죽었거니와"(요 6:49). 예수님은 새로운 양식, 즉 "영생하도록 있는 양식"(요 6:27)을 말씀하십니다. 인간을 영원히 살게 해주는 이 양식은 참 '생명의 양식'입니다. 사람은 썩게 하는 양식이 아니라 생명의 양식을 위해 일해야 합니다.

예수님은 "내 아버지께서 너희에게 하늘로부터 참떡을 주시나니 하나님의 떡은 하늘에서 내려 세상에 생명을 주는 것"(요 6:32-33)이라고 말씀하십니다. 이 말을 들은 사람들은 "주여 이 떡을 항상 우리에게 주소서"(요 6:34)라고 부탁합니다. 여기서 오병이어의 기적은 다시 사마리아 여인 이야기와 맞물립니다. 사마리아 여인도 "내가 주는 물을 마시는 자는 영원히 목마르지 아니하리니"(요 4:14)라는 예수님 말씀에 "주여 그런 물을 내게 주사 목마르지도 않고 또 여기 물 길으러 오지도 않게 하옵소서"(요 4:15)라고 부탁합니다. 또한 니고데모 이야기와도 맞물립니다. '영원히 목마르지 않음'이나 '영원히 배고프지 않음'은 결국 인간이 "하나님의 나라에 들어갈"(요 3:5) 것에 대한 이야기이기 때문입니다. 예수님은 니고데모에게 "사람이 물과 성령으로 (거듭)나"(요 3:5)야만 하나님 나라에 들어갈 수 있다고 하셨고, 사마리아 여인에게는 "내가 주는 물"(요 4:14)을 마셔야 한다고 하셨으며, 지금 이 무리에게는 "하나님의 떡"(요 6:33)을 먹어야 한다고 가르치시는 것입니다.

셋은 같은 개념입니다. 인간이 성령으로 거듭나는 것은 곧 생명수를 마시는 것이요, 생명의 양식을 먹는 것입니다. 성령은 오직 예수님을 증거하시므로 성령으로 거듭난 자는 예수님의 길을 가는 사람입니다. 생명수 역시 예수님의 말씀이므로 이 물을 마시는 자는 예수님의 말씀을 듣고 따르는 자입니다. 생명의 양식 역시 예수님을 의미합니다. 주님은 오병이어 무리들에게 "나는 생명의 떡이니 내게 오는 자는 결코 주리지 아니할 터이요 나를 믿는 자는 영원히 목마르지 아니하리라"(요 6:35)라고 말씀하십니다. 이 생명의 떡은 바로 십자가에서 인간을 위해 아낌없이 내어 주신 예수님의 살과 피입니다. 그래서 예수님은 "내가 줄 떡은 곧 세상의 생명을 위한 내 살이니라…인자의 살을 먹지 아니하고 인자의 피를 마시지 아니하면 너희 속에 생명이 없느니라"(요 6:51-53)라고 말씀하십니다.

하지만 곧이어 예수님이 "내 살은 참된 양식이요 내 피는 참된 음료로다"(요 6:55)라고 하시자 사람들은 의아해합니다. 여기서 세 사건은 각자 다른 결론을 보여 줍니다. 니고데모는, 나중에 살펴보겠지만, 점진적 변화를 통해 거듭남에 이릅니다. 사마리아 여인은 즉각적인 변화를 통해 곧바로 진리의 전도자가 됩니다. 하지만 오병이어 무리들은 이 말씀을 이해하지 못하고 대부분 예수님을 떠납니다.

요한복음은 "유대인들이 서로 다투어 이르되 이 사람이 어찌 능히 자기 살을 우리에게 주어 먹게 하겠느냐"(요 6:52)라고 하는 장면을 보도합니다. 또한 "제자 중 여럿이 듣고…이 말씀은 어렵도다 누가 들을 수 있느냐"(요 6:60)라며 수군대는 장면도 보여 줍니다. 결국 "그때부터 그의 제자 중에서 많은 사람이 떠나가고 다시 그와 함께 다니지 아니"(요 6:66)하게 된 장면도 나옵니다. 이는 생명의 말씀 앞에서 사람들의 반응이 갈릴 수 있음을 나타냅니다. 공관복음서에서 말씀하신 '씨 뿌리는 비유'처럼 말입니다.

결론적으로 오병이어의 기적은 인간의 육체를 배불리는 것과 아무 상관이 없습니다. 오히려 십자가에 못 박히실 예수님의 살과 피를 통해 인간에게 영생을 주시겠다는 약속을 드러냅니다. 이 영적 의미를 깨닫는 자가 복이 있습니다. 진실로 이를 깨닫고 육신이 아니라 "영생하도록 있는 양식을 위하여"(요 6:27) 일하는 자가 복됩니다. 교회는 오병이어를 통해 순수한 영적 복음으로 돌아가야 합니다. 예수님은 사건 말미에 "살리는 것은 영이니 육은 무익하니라 내가 너희에게 이른 말은 영이요 생명이니라"(요 6:63)라고 말씀하십니다. 오병이어의 껍데기에만 매달리는 태도는 결국 "제자"(요 6:60, 66)의 이름은 있지만 주님을 배반하고 떠난 자들과 다를 바가 없습니다.

세 번째 예루살렘 방문

초막절에 예루살렘에 가심(요 7:1-53)

예수님은 초막절을 맞아 세 번째로 예루살렘을 방문하십니다. 세 번째 방문은 다음 해 유월절까지 이어져, 이 기간에 예수님은 마침내 십자가를 지십니다. 초막절은 유대인 달력으로 7월 15일 (양력으로 9~10월경)부터 일주일인데, 일종의 추수감사절입니다. 초막절이 다가오자 예수님의 형제들은 "당신이 행하는 일을 제자들도 보게 여기를 떠나 유대로 가소서"(요 7:3)라고 말합니다. "스스로 나타나기를 구하면서 묻혀서 일하는 사람이 없나니…자신을 세상에 나타내소서"(요 7:4)라는 말입니다. 하지만 예수님은 "내 때가 아직 차지 못하였으니 나는 이 명절에 아직 올라가지 아니하노라"(요 7:8)라고 말씀하시며 갈릴리에 머무르십니다. 그러고 나서 "그 형제들이 명절에 올라간 후에 자기도 올라가시되 나타내지 않고 은밀히"(요 7:10) 가십니다.

혹자는 예수님의 말과 행동이 왜 다른지 물을 것입니다. 우리는 형제들의 권유가 애초에 불순했음을 알아야 합니다. 그들이 예루살렘행을 권한 이유는 예수님께 "자신을 세상에 나타"(요 7:4)내서 유명해지라는 뜻입니다. 공관복음서에서 사탄이 주님을 "성전 꼭대기에 세우고…뛰어내리라"(마 4:5; 눅 4:9)고 유혹한 것과 같은 맥락입니다. 예수님이 예루살렘에 올라가지 않겠다고 하신 것은 이와 동일한 유혹을 거절하신 것입니다. 요한복음은 "그 형제들까지도 예수를 믿지 아니"(요 7:5)했다고 말합니다. 그들이 믿지 않은 것은 예수님의 능력이 아닙니다. 그들은 갈릴리에서 이미 주님의 표적들을 충분히 보고 들었습니다. 그래서 그 능력을 예루살렘에서도 펼쳐 사람들의 인기를 얻으라고 재촉한 것입니다.

예수님을 믿는다는 것은 기적적인 능력을 믿는 것이 아닙니다. 믿는 것은 십자가와 직결됩니다. 예수님은 세상의 비위를 맞추고 사람들의 인기를 얻으려고 오시지 않았습니다. 오히려 세상의 미움을 받아 십자가에 죽으러 오셨습니다. 그래서 예수님은 "세상이 너희를 미워하지 아니하되 나를 미워하나니 이는 내가 세상의 일들을 악하다고 증언함이라"(요 7:7) 하십니다. 예수님이 세상을 악하다 정죄하신 이유는 간단합니다. 세상이 그 말씀을 듣고 죄를 깨달아 빛으로 나아오게 하기 위함입니다. 그래야만 예수님이 그들의 죄를 담당해 주실 수 있기 때문입니다.

오늘날 많은 사람이 "바른 교훈을 받지 아니하며 귀가 가려워서 자기의 사욕을 따를 스승을 많이 두고 또 그 귀를 진리에서 돌이켜 허탄한 이야기를 따르"(딤후 4:3-4)고 있습니다. 그러다 보니 사람들은 죄를 죄라 하지 않고, 결함이나 실수 혹은 일종의 질환 같은 현대적 용어로 표현하기를 좋아합니다. 하지만 예수님은 '악한 것은 악하다'고 단순 명쾌하게 말씀하십니다. 인간이 자기 죄를 인정하기 원하셨던 것입니다. 모든 자의 속내를 아시는 주님께는 어떤 핑계나 변명도 소용없습니다. 자기 죄를 인정하고 숙여 굴복하는 것이 은혜를 얻는 길입니다.

하지만 그때나 지금이나 세상은 예수님의 말씀을 쉽사리 받아들이지 않습니다. 초막절 당시 예루살렘에는 "예수에 대하여 무리 중에서 수군거림이 많아 어떤 사람은 좋은 사람이라 하며 어떤 사람은 아니라 무리를 미혹한다"(요 7:12) 했습니다. 그런 자들 앞에서 예수님은 "누구든지 목마르거든 내게로 와서 마시라"(요 7:37) 하셨습니다. 세상 죄와 욕망은 인간의 영혼을 채울 수 없습니다. 니고데모의 지위와 명예도, 사마리아 여인의 다섯 번의 결혼도, 심지어 베데스다 연못의 38년 된 병자의 못에 뛰어들려는 몸부림도 결국 실패와 멸망으로 끝납니다. 인생의 갈증은 예수님을 통해서만 해결될 수 있습니다. 예수님은 스스로 죄를 인정하고 자기에게 나아오라고 초청하십니다.

하지만 마귀가 지배하는 세상은 예수님의 초청을 거부하고, 나아가 예수님의 복음이 퍼져 나가는 것을 막으려 합니다. 당시 초막절에 예수님에 대해 무리가 수군거리는 것이 바리새인들에게 전해지자, 그들은 예수님을 잡으려고 아랫사람들을 보냅니다(요 7:32). 다행히 "때가 아직 이르지 아니하였"(요 7:30)으므로 예수님은 그 초막절에 체포되지 않으십니다. 체포조로 파송된 자들이 예수님께 감동했기 때문입니다(요 7:46). 하지만 이후에 예수님을 향한 위협은 더욱더 심각해집니다.

음행 중에 잡힌 여인(요 8:1-11)

초막절 마지막 날이 지나고 감람산에 가신 예수님은 "아침에 다시 성전으로 들어"(요 8:2)오셔서 백성들을 가르치십니다. 그러자 "서기관들과 바리새인들이 음행 중에 잡힌 여자를 끌고 와서 가운데 세우고"(요 8:3) 예수님께 질문합니다. "모세는 율법에 이러한 여자를 돌로 치라 명하였거니와 선생은 어떻게 말하겠나이까"(요 8:5). 그들의 질문은 예수님을 진퇴양난에 빠뜨리려는 것이었습니다. 만약 '돌로 치라' 하면 "하나님이 그 아들을 세상에 보내신 것은 세상을 심판하려 하심이 아니요 그로 말미암아 세상이 구원을 받게 하려 하심이라"(요 3:17)라는 가르침이 거짓이 되고 맙니다. 하지만 그녀를 '용서하라' 하면 모세의 율법을 어겼다고 또한 공격할 것입니다. 말 그대로 예수님을 "고발할 조건을 얻고자"(요 8:6) 한 것입니다.

이 고발은 근본부터 잘못되었습니다. 간음한 여자가 현장에서 잡혔다면 함께 못된 짓을 한 남자도 체포되었어야 합니다. 모세의 법에는 "그 동침한 남자와 그 여자를 둘 다 죽여 이스라엘 중에 악을 제할지니라"(신 22:22, 레 20:10 참조)라고 나옵니다. 그런데 지금 이 자리에는 여인만 있습니다. 법이 불공평하게 적용되고 있는 것입니다. 예수님은 이런 부분을 지적하실 수도 있었습니다. 하지만 예수님의 반응은 다릅니다. 아무 말씀 없이 "몸을 굽히사 손가락으로 땅에 쓰시"(요 8:6)기 시작합니다. 이 모습은 성경에서 예수님이 유일하게 글을 남기시는 장면입니다. 물론 금방 지워졌을 것이기에 그 글의 내용이 무엇인지는 알 수 없습니다. 하지만 구태여 알 필요도 없습니다. 예수님이 땅에 글을 쓰신 행동에는 더 중요한 목적이 있기 때문입니다.

그 자리에는 "어른으로 시작하여 젊은이까지"(요 8:9) 많은 사람이 있었습니다. 간음은 이스라엘 사람들이 증오하는 범죄입니다. 당시 군중들은 엄청나게 흥분해 있었습니다. 현장에서 잡은 범죄자를 두고 율법이 허락한 심판의 권세를 가진 무리는 돌멩이를 던지라는 신호만 기다렸습니다. 바리새인들은 곁에서 이런 분위기를 더욱 부추겼을 것입니다. 이런 상황에서는 어떤 말도 사람들의 귀에 잘 안 들어갑니다. 그래서 예수님은 일단 엎드려 글을 쓰심으로 군중의 흥분을 가라앉히신 것입니다. 감정이 앞선 상태, 특히 그 감정에 나름의 정의로움이 들어간 상태에서는 누구의 말도 들리지 않고 포악해집니다.

예수님은 "사람의 속에 있는 것을 아셨"(요 2:25)습니다. 그래서 시선을 자기에게 집중시켜 군중의 흥분을 가라앉히신 것입니다. 오늘날 교회도 예수님의 지혜를 배워야 합니다. 광분한 세상보다 더 흥분하면 진리 전파에 실패합니다. 목소리를 높이고 싸우기 전에 먼저 세상의 이목을 집중시킬 만한 행동을 조용히 보여 줘야 합니다. 올곧게 외길 가는 모습에 세상이 감탄하면 비로소 교회가 전하는 말씀이 힘을 발휘하게 됩니다. 모두가 목을 세우고 흥분해도 홀로 고요히 몸을 굽히신 예수님처럼 말입니다. 주님이 보이신 웅변 전의 침묵을 배워야 합니다. 결정적 한마디를 던지신 뒤에도 예수님은 "다시 몸을 굽혀 손가락으로 땅에"(요 8:8) 쓰셨습니다.

군중의 흥분이 가라앉고 모두가 집중했을 때 예수님은 일어나서 한마디를 던지십니다. "너희 중에 죄 없는 자가 먼저 돌로 치라"(요 8:7). 이 말씀은 광분한 사람들의 마음 깊은 곳을 찔렀습니다. "이 말씀을 듣고 양심에 가책을 느껴 어른으로 시작하여 젊은이까지 하나씩 하나씩"(요 8:9) 자리를 떴습니다. 그리고 예수와 여인만 남았습니다. 인생을 오래 산 어른들은 젊은이들보다 먼저 자신의 죄인 됨을 깨닫고 자리를 뜬 것 같습니다. 참된 연륜은 나이를 내세워 유세를 떠는 것이 아니라 자기의 부족함을 더 깊이 알아가는 것입니다.

예수님은 여인에게 "나도 너를 정죄하지 아니하노니 가서 다시는 죄를 범하지 말라"(요 8:11)고 하십니다. 이 말씀에는 세 가지 복음의 핵심이 들어 있습니다. 첫 번째는, 모든 사람이 죄인이라는 사실입니다. 우리는 자기가 짓지 않은 죄를 남이 지었을 때 너무 쉽게 정의의 사도가 됩니다. 하지만 나 역시 동일한 죄인임을 항상 염두에 두어야 합니다. 두 번째는, 오직 예수님만이 심판자이심을 보여 줍니다. 모두가 떠나자 결국 예수님과 여인만 남았습니다. 심판자로 자처하던 사람들이 물러난 자리에 주님만 남으신 것은 예수님만이 유일한 심판자라는 뜻입니다. 그 자리에서 여인을 돌로 칠 수 있는 자격이 있는 분은 오직 예수님뿐이었지만, 예수님은 여인을 심판하지 않으셨습니다. 이것이 세 번째 복음의 핵심입니다. 예수님이 세상에 오신 것은 심판이 아니라 용서를 베푸시기 위함입니다. 그러므로 "마지막 날에…심판하리라"(요 12:48)라는 주님의 예고가 실현되기 전에, 이 용서를 속히 받아들여야 합니다. 마가복음에서 보았듯, 인간의 삶은 하나님이 주신 틈새 시간 속의 긴박한 기회입니다. 이 시간을 예수님께 바치는 자가 지혜롭습니다.

끝으로 우리는 음행한 여인의 이야기를 면죄부처럼 사용해서는 안 됩니다. 간혹 이 사건을 거론하면서 인간은 죄에 대해 아무 말도 해선 안 된다고 주장하는 이들도 있습니다. 이 이야기는 그런 뜻이 아닙니다. 하나님의 법에 어긋나는 죄를 지적하는 것은 인간적 정죄가 아니라 하나님의 말씀을 따르는 것입니다. 예수님도 이 여인이 죄 없다 하지 않으셨고 사람들의 정죄 자체가 잘못되었다고 하지 않으셨습니다. 다만 정죄를 받자마자 곧바로 심판받는 것을 막으신 것입니다. 죄인에게는 회개의 기회가 필요합니다. 앞으로 이 여인은 자기의 죄 때문에 감당해야 할 냉정한 현실을 대면할 것입니다. 삶의 현장으로 돌아가 자기로 인해 상처입고 피해당한 사람들에게 철저한 용서를 구하고 그에 합당한 대가를 치러야 합니다.

그래서 예수님은 여인에게 가서 "다시는 죄를 범하지 말라"(요 8:11)고 하신 것입니다. 은혜이자 경고의 말씀입니다. 이 사건 후에 이어진 설교에서 예수님은 "너희가 만일 내가 그인 줄 믿지 아니하면 너희 죄 가운데서 죽으리라"(요 8:24) 하셨고 "죄를 범하는 자마다 죄의 종이라 종은 영원히 집에 거하지 못하되"(요 8:34-35)라고 가르치셨습니다. 용서를 빙자해 죄를 반복하는 것은 궁극적으로 회개치 않는 것이요, 주님의 용서를 거부하는 것입니다. 이런 자에게는 용서의 효력이 지속될 수 없습니다.

자기를 믿은 유대인들과의 대화(요 8:12-59)

음행 중에 잡힌 여인 사건 후 예수님은 "나는 세상의 빛이니 나를 따르는 자는 어둠에 다니지 아니하고 생명의 빛을 얻으리라"(요 8:12)라고 선언하십니다. 그러자 바리새인들은 "네가 너를 위하여 증언하니 네 증언은 참되지 아니하도다"(요 8:13)라며 반박합니다. 이때 예수님은 "내가 나를 위하여 증언하여도 내 증언이 참되"(요 8:14)다 말씀하시는데, "내가 혼자 있는 것이 아니요 나를 보내신

이가 나와 함께 계심"(요 8:16) 때문이라고 하십니다. 여기서 예수님의 신성이 다시 드러납니다. 예수님은 본래 "위에서 났으며…이 세상에 속하지 아니"(요 8:23)하신 분입니다. 서막에서 밝힌 대로 태초부터 하나님과 함께 계셨던 창조주이십니다. 따라서 땅에 계시지만 여전히 하나님과 함께 계십니다. 그래서 "나를 보내신 이가 나와 함께하시도다"(요 8:29)라고 말씀하신 것입니다.

요한복음은 "이 말씀을 하시매 많은 사람이 믿더라"(요 8:30)라고 밝힙니다. 하지만 이 믿음은 온전한 믿음이 아니었습니다. 그들은 처음에는 믿었지만 "예수께서 자기를 믿은 유대인들에게"(요 8:31) 설교하시자 결국 돌을 들어 치려 했기 때문입니다(요 8:59). 요한복음이 말하는 참 믿음은 예수님의 신성을 받아들이는 것입니다. 예수님이 하나님이심을 믿고 따르는 것입니다. 하지만 그들의 믿음은 그 차원까지 이르지 못했습니다. 그들은 "진리를 알지니 진리가 너희를 자유롭게 하리라"(요 8:32)라는 예수님의 말씀에 "우리가 아브라함의 자손이라 남의 종이 된 적이 없거늘 어찌하여 우리가 자유롭게 되리라 하느냐"(요 8:33) 하고 따집니다.

이들의 대답은 엉뚱합니다. 자신들은 아브라함의 자손이므로 예수님의 진리와 이를 통한 자유가 필요 없다는 것입니다. 이는 그릇된 선민사상에서 나온 것입니다. 유대인들이 아브라함의 자손임을 자랑한 것은 자신들이 곧 하나님의 자녀라는 자부심입니다. 아브라함이 하나님의 자녀이므로 그 자손인 유대인 또한 무조건 하나님께 구원받을 것으로 믿었습니다. 그들은 "우리 아버지는 아브라함이라"(요 8:39) 말한 후에 곧이어 "우리가 음란한 데서 나지 아니하였고 아버지는 한 분뿐이시니 곧 하나님이시로다"(요 8:41)라고 고백합니다. 예수님만 하나님을 아버지라고 부르셨다고 생각하기 쉬운데, 이는 오해입니다. 유대인들도 하나님을 아버지로 호칭하며 모셨습니다(신 32:6; 시 89:26; 렘 3:4, 19 등).

예수님은 이들의 그릇된 선민사상을 깨뜨리십니다. 오직 "죄를 범하는 자마다 죄의 종이라"(요 8:34) 말씀하십니다. 여기에는 아브라함의 자손도 결코 예외가 될 수 없습니다. 누구의 자손이냐가 중요한 것이 아니라 그 속에 죄가 있느냐 없느냐가 관건입니다. "너희 중에 죄 없는 자가 먼저 돌로 치라"(요 8:7)는 말씀에서 밝히 드러나듯, 인간은 모두 죄인입니다. 누구도 예외 없이 주님께 나아와 진리의 말씀을 들어야 합니다. 오직 주님께만 죄에서 인간을 자유롭게 하실 권한이 있습니다.

예수님은 아브라함이 하나님의 자녀인 것도 자기를 영접했기 때문이라고 말씀하십니다. "너희 조상 아브라함은 나의 때 볼 것을 즐거워하다가 보고 기뻐하였느니라"(요 8:56). 결국 아브라함 역시 예수님을 영접한 사람입니다(창 18장 참조). 그런데 그의 자손들은 예수님을 배척하고 죽이려 했습니다. 그래서 예수님은 "너희가…나를 죽이려 하는도다 아브라함은 이렇게 하지 아니하였느니라"(요 8:39-40)라고 말씀하신 것입니다.

여기서부터 예수님의 말씀은 두려운 선언으로 바뀝니다. 아브라함과 달리 예수님을 영접하지 않은 유대인들은 결국 하나님 자녀가 아니라는 선언입니다. 예수님은 그들에게 "하나님이 너희 아버지였으면 너희가 나를 사랑하였으리니 이는 내가 하나님께로부터 나와서 왔음이라"(요 8:42) 하시면서 "너희는 너희 아비기 행한 일들을 하는도다"(요 8:41)라고 야단치십니다. 이때 등장한 '너희 아비'는 '마귀'를 뜻합니다. 예수님은 "너희는 너희 아비 마귀에게서 났으니 너희 아비의 욕심대로 너희도 행하고자 하느니라"(요 8:44) 하십니다. "내가 진리를 말하는데도…나를 믿지 아니"(요 8:46)하기 때문이고 "너희가 듣지 아니함은 하나님께 속하지 아니하였"(요 8:47)기 때문입니다.

예수님의 설교는 결국 처음에 믿었던 유대인들을 분노하게 만들었습니다. 그들은 예수님을 도저히 하나님으로 받아들일 수 없었습니다. 그래서 "아브라함이 나기 전부터 내가 있느니라"(요 8:58)라는 예수님 말씀에 "돌을 들어 치려"(요 8:59) 한 것입니다. 어떤 면에서 예수님은 참 서글픈 설교자이십니다. 오병이어 때나 지금이나 예수님의 말씀은 대다수의 사람들에게 거부를 당했습니다. "빛이 어둠에 비치되 어둠이 깨닫지 못하더라"(요 1:5)는 말씀대로입니다. 그들이 예수님을 거부한 이유는 예수님이 하나님이시기 때문입니다. 유대인들은 이를 심각한 신성모독으로 받아들였습니다. 하지만 예수님은 이 선언을 멈추지 않으셨습니다. 예수님을 믿는 것은 곧 예수님의 하나님 되심을 믿는 것이기 때문입니다. 이 경지를 받아들이는 것이 신앙입니다. 세상은 주님을 거부하지만 오직 "하나님께 속한 자"(요 8:47)는 이 진리를 깨달아 참 자유를 얻을 것입니다.

날 때부터 맹인 된 자를 고치심(요 9:1-41)

예수님은 "길을 가실 때에 날 때부터 맹인 된 사람"(요 9:1)을 만나십니다. 제자들은 "이 사람이 맹인으로 난 것이 누구의 죄로 인함이니이까 자기니이까 그의 부모니이까"(요 9:2)라고 묻습니다. 사람들은 무엇이든 원인을 찾기 좋아합니다. 어떤 결과에 대해 합리적인 원인을 찾으면 마음이 편해집니다. 이런 습성이 과학과 학문의 발전을 가져오기는 했지만, 인간의 불행에 지나친 논리를 적용하는 것은 잘못입니다. 제자들이 맹인을 보고 죄 운운한 것은 일단 그들이 종교적 테두리 안에 있었다는 증거입니다. 하지만 그들은 정작 맹인의 고통에는 아무 관심이 없었습니다. 고통받는 이웃을 품기보다 상처를 주려는 이상한 종교심이 작동합니다.

예수님은 제자들에게 "이 사람이나 그 부모의 죄로 인한 것이 아니라 그에게서 하나님이 하시는 일을 나타내고자 하심이라"(요 9:3)라고 말씀하십니다. 아마 이 말씀은 보통 사람보다 소리에 민감한 맹인의 귀에 들어와 상처 입은 마음을 치유해 주었을 것입니다. 아무도 그에게 이런 말을 해준 사람이 없었기 때문입니다. 세상 모든 고통의 근원은 물론 죄입니다. 죄 때문에 세상이 병들었고 병든 세상에서 질병과 고통이 시작되었습니다. 여기에는 '네 죄, 내 죄'가 따로 없습니다. 누가복음의 '갈릴리 사람들과 실로암 망대 사건'(눅 13:1-5)에서 보았듯, 모든 죄인은 이 세상 고통에 책임이 있습니다. 나는 아무 책임 없는 척 남을 정죄하는 것은 오만한 태도입니다. 우리는 예수님이 맹인을 향해 보이신 태도를 배워야 합니다. 예수님은 맹인의 고통을 통해 하나님의 영광이 드러날 것이라고 하셨습니다. 죄인을 향한 기대부터 보이신 것입니다. 고통받는 자를 대할 때 혹은 내가 고통에서 신음할 때 마땅히 배울 자세입니다.

공관복음서에는 맹인을 치료하신 이야기가 총 7번 나옵니다(마 9:27; 12:22; 15:30; 20:30; 21:14; 막 8:22; 10:46). 하지만 날 때부터 맹인 된 자 이야기는 두 측면에서 다른 맹인 이야기와 차이를 보입니다. 먼저 예수님은 "땅에 침을 뱉어 진흙을 이겨 그의 눈에 바르시고…실로암 못에 가서 씻으라"(요 9:6-7) 하십니다. 상당히 복잡한 과정을 거쳐 치료가 이루어집니다. 또 하나는 날 때부터 맹인 된 자의 치료가 본래 완전히 불가능한 일이었다는 사실입니다. 다른 맹인들이 눈을 뜬 것도 놀라운 기적이지만 이 맹인의 치료에는 "창세 이후로 맹인으로 난 자의 눈을 뜨게 하였다 함을 듣지 못하"(요 9:32)였다는 고백이 붙습니다. 이는 후천적 시각장애와 선천적 시각장애에 큰 차이가 있음을 보여 줍니다.

예수님은 선천적 맹인을 치료하시면서 침과 흙을 섞어 진흙을 만드시고 눈에 바르셨습니다. '에바다 사건'(막 7:33-37)과 '벳새다 맹인 치료'(막 8:22-26) 때도 예수님이 침을 바르시는 장면이 나옵니다. 하지만 이 본문의 치료에는 침이 아니라 '진흙'이 주된 재료입니다. 침은 진흙을 이기기 위한 보조재입니다. 그러면 의구심이 듭니다. 왜 이 맹인에게만 유독 진흙이 필요했을까요? 한 가지 추정이 가능합니다. 다른 맹인과 달리 이 사람은 애초에 안구 자체가 없었을 확률이 높습니다. 안구가 없으면 고칠 부위도 없기에 치료를 시도하기조차 불가능합니다. 오늘날 잘 알려진 맹인 피아니스트 유예은 양이 바로 이 무안구증으로 태어난 경우입니다.

예수님은 맹인의 텅 빈 눈 속에 흙을 채우시고 그 흙으로 새 눈을 창조하신 것입니다. 이는 예수님이 곧 창조주시라는 요한복음의 선언과 상통합니다. 또한 이 사건 후에 성령을 수여하시는 장면과도 직결됩니다. 예수님은 부활 후에 제자들을 만나셔서 "그들을 향하사 숨을 내쉬며…성령을 받으라"(요 20:22) 말씀하십니다. 이 장면들은 창세기에서 하나님이 "땅의 흙으로 사람을 지으시고 생기를 그 코에 불어넣으시니 사람이 생령이 되니라"(창 2:7)라는 구절과 흡사합니다. 흙으로 지음받아 생기를 얻은 인간은 죄를 지어 "흙이니 흙으로 돌아갈"(창 3:19) 운명이 되고 말았습니다. 하지만 태초부터 하나님과 함께 계셨던 예수님은 이 땅에 오셔서 인간을 다시 새롭게 창조하신 것입니다.

특히 이때 창조하신 부분이 눈이라는 사실은 중요합니다. 예수님이 새로운 눈을 창조하신 것은 인간에게 예수님의 신성을 바라볼 능력을 주셨다는 의미입니다. 이 눈을 얻으려면 먼저 자기 몸을 주님의 손에 맡겨야 합니다. 빈 눈 속에 진흙을 넣는 것은 고통이었을 것입니다. 그러나 맹인이 예수님의 손길을 거부했다면 이 창조는 결코 일어나지 못했을 것입니다. 자기를 통해 '하나님의 일이 드러날 것'(요 9:3)이라는 말씀을 믿은 그는 묵묵히 예수님의 손길을 받아들였습니다. 나아가 실로암까지 가는 불편한 길도 마다하지 않고 끝까지 순종했습니다. 이 과정을 통해 그는 마침내 새로운 피조물로 거듭난 것입니다.

주님의 손길과 명령을 거부하면 새 눈을 얻지 못하고 예수님 의 거룩한 신성을 깨닫지 못합니다. "세상의 일들을 악하다고 증 언"(요 7:7)하신 예수님께 반항하고 자기 의를 내세우는 자는 여전 히 맹인 상태로 남아 있습니다. 그래서 예수님은 "내가 심판하러 이 세상에 왔으니 보지 못하는 자들은 보게 하고 보는 자들은 맹 인이 되게 하려 함이라"(요 9:39) 하셨습니다. 이 말씀을 들은 바리 새인들은 "우리도 맹인인가"(요 9:40) 물었습니다. 그러자 예수님은 "너희가 맹인이 되었더라면 죄가 없으려니와 본다고 하니 너희 죄가 그대로 있느니라"(요 9:41) 말씀하셨습니다. 스스로 본다고 자 부하는 영적 맹인들을 향한 일침입니다.

양의 문과 선한 목자 비유(요 10:1-39)

날 때부터 맹인 된 자를 치료하신 예수님은 다시 사람들에게 양 의 문과 선한 목자 비유를 들려주십니다. 먼저 "나는 양의 문이 라"(요 10:7) 하시고 "내가 문이니 누구든지 나로 말미암아 들어가 면 구원을 받고 또는 들어가며 나오며 꼴을 얻으리라"(요 10:9) 말씀 하십니다. 세상에서 구원과 생명의 꼴을 얻을 방도는 오직 예수님 뿐입니다. 따라서 예수님 외에 다른 통로로 영생에 접근하려는 자는 강도 심보를 가진 이들입니다. 예수님은 "문을 통하여 양의 우리에 들어가지 아니하고 다른 데로 넘어가는 자는 절도며 강도"(요 10:1)라고 하셨습니다.

이처럼 양의 문이신 예수님은 또한 "선한 목자"(요 10:11)도 되십니다. 선한 목자는 양들을 위해 목숨을 버립니다(요 10:11). 예수님이 십자가에서 "목숨을 버리는 것은 그것을 내가 다시 얻기 위함"(요 10:17)이요, 이를 통해 자기 양들에게 "영생"(요 10:28)을 주기 위함입니다. 하지만 세상에는 목자를 가장한 삯꾼도 있습니다. 본래 "삯꾼은 목자가 아니요 양도 제 양이 아니"(요 10:12)기 때문에 "이리가 오는 것을 보면 양을 버리고 달아나"(요 10:12) 버립니다. 삯꾼은 목자인 척 다가오지만 그들 역시 도둑과 같은 존재입니다. "도둑이 오는 것은 도둑질하고 죽이고 멸망시키려는 것뿐"(요 10:10)인데, 삯꾼이 양들을 버려둠으로써 결국 "이리가 양을 물어 가고 또 헤치"(요 10:12)는 것과 같은 결과입니다.

참된 양의 문이자 선한 목자이신 예수님께 자기를 의탁하는 양은 복됩니다. 예수님이 오신 것은 "양으로 생명을 얻게 하고 더 풍성히 얻게 하려는 것"(요 10:10)이기 때문입니다. 하지만 다른 통로를 찾아 헤매거나 삯꾼에게 자기를 맡기는 양은 어리석습니다. 이들은 결국 "도둑질하고 죽이고 멸망시키려는"(요 10:10) 마귀의 손에 생명을 잃게 될 것입니다. 이 가르침은 예수님 외에도 구원의 길이 있다는 오늘날 다원주의 시대에 새겨야 할 말씀입니다. 인간에게 영생을 주시는 분은 예수님뿐입니다. 이를 부인하는 것은 절도

요, 강도요, 도둑입니다.

예수님이 진리를 선포하시자 "이 말씀으로 말미암아 유대인 중에 다시 분쟁"(요 10:19)이 일어납니다. 논란은 "예루살렘에 수전절"(요 10:22)이 이르기까지 지속됩니다. 수전절은 구약에 나오지 않는 유대인 명절인데, BC 164년에 수리아에게 빼앗긴 예루살렘 성전을 마카베오가 다시 찾아 봉헌한 날입니다. 일명 하누카라고 불리는 이 명절은 지금도 이어지는 유대인 명절로서 기독교의 성탄절과 시기가 비슷합니다. 그래서 "수전절이 이르니 때는 겨울이라"(요 10:22)라고 나온 것입니다. 이때까지 예루살렘에 머무르신 예수님은 "성전 안 솔로몬 행각에서"(요 10:23) 유대인들에게 다시 양과 목자의 비유를 말씀하십니다. 의심으로 가득 찬 자들에게 "너희는 내 양이 아니므로 믿지 아니하는도다"(요 10:26)라고 하면서 이렇게 말씀하십니다. "내 양은 내 음성을 들으며 나는 그들을 알며 그들은 나를 따르느니라 내가 그들에게 영생을 주노니 영원히 멸망하지 아니할 것이요 또 그들을 내 손에서 빼앗을 자가 없느니라 그들을 주신 내 아버지는 만물보다 크시매 아무도 아버지 손에서 빼앗을 수 없느니라"(요 10:27-29).

여기서 예수님을 따르는 양들은 곧 하나님의 소유요, 그분의 자녀임이 밝혀집니다. 예수님을 "세상에 보내신"(요 10:36) 하나님께서는 "영접하는 자 곧 그 이름을 믿는 자들에게 하나님의 자녀가 되는 권세"(요 1:12)를 주셨습니다. 따라서 하나님이 인류에게 주신 최종 명령은 예수님을 영접하라는 것입니다. 이 명령대로 "하나님의 말씀을 받은 사람들은 신(神)이라"(요 10:35, 시 82:6 참조)는 놀라운 칭함을 얻게 됩니다. 그들이 따르는 예수님이 "나는 하나님의 아들이라"(요 10:36) 하셨고, 나아가 "나와 아버지는 하나"(요 10:30)라고 선언하셨기 때문입니다.

나사로를 살리심과 생명의 신앙(요 11:1-57)

수전절 설교에 대한 반응 역시 좋지 않았습니다. 예수님이 "나와 아버지는 하나이니라"(요 10:30)라고 하시자 "유대인들이 다시 돌을 들어 치려"(요 10:31) 했고 설교가 끝난 후 그들은 "다시 예수를 잡고자"(요 10:39) 했습니다. 결국 예수님은 예루살렘을 떠나 "다시 요단강 저편 요한이 처음으로 세례 베풀던 곳에 가사 거기 거하"(요 10:40)십니다.

그때 예수님이 사랑하시던 마르다와 마리아와 그들의 오빠 나사로의 집에서 갑작스런 소식이 전해집니다. 나사로가 병들었다는 것입니다(요 11:3). 소식을 들으신 예수님은 "이 병은 죽을 병이 아니라 하나님의 영광을 위함이요 하나님의 아들이 이로 말미암아 영광을 받게 하려 함이라"(요 11:4) 말씀하십니다. 하지만 즉시 나사로에게 가지는 않으시고 "그 계시던 곳에 이틀을 더 유하시고 그 후에 제자들에게…유대로 다시 가자"(요 11:6-7)고 하십니다. 나사로는 이미 죽은 후였고 나사로의 집은 예루살렘에서 오 리쯤(요 11:18) 되는 베다니였습니다. 제자들은 "랍비여 방금도 유대인들이 돌로 치려 하였는데 또 그리로 가시려 하나이까"(요 11:8)라고 만류하지만 예수님은 "내가 거기 있지 아니한 것을 너희를 위하여 기뻐하노니 이는 너희로 믿게 하려 함이라"(요 11:15) 하시며 기어이 베다니로 가십니다. 베다니에 도착하셨을 때는 "나사로가 무덤에 있은 지 이미 나흘"(요 11:17)이 지난 후였습니다.

마르다는 예수님이 오신다는 말을 듣고 곧 나가 맞이했고 마리아는 집에 남아 있었습니다(요 11:20). 예수님은 두 여인과 차례로 대화하십니다. 이 대화에서 두 자매의 신앙적 차이를 발견하려는 것은 무리한 시도입니다. 두 여인 모두 훌륭한 신앙인이면서 동시에 한계를 보여 주기 때문입니다. 마르다와 마리아는 둘 다 "주께서 여기 계셨더라면 내 오라버니가 죽지 아니하였겠나이다"(요 11:21, 32)라고 고백합니다. 이 고백은 두 자매의 믿음이 상당히 깊었음을 보여 줍니다. 그들은 누구보다 예수님의 초월적 능력을 믿었고, 그 능력으로 오빠의 병이 충분히 나을 수 있다고 믿었습니다.

하지만 자매의 고백에는 한계도 느껴집니다. 두 여인 모두 예수님의 능력이 죽기 전까지만 유효하다고 믿었습니다. 물론 마르다는 "그러나 나는 이제라도 주께서 무엇이든지 하나님께 구하시는 것을 하나님이 주실 줄을 아나이다"(요 11:22)라는 고백을 드렸습니다. 마르다의 신앙이 앞으로 더 발전할 가능성이 있음을 보여 줍니다. 하지만 이 고백 역시 완전한 확신에서 나온 말은 아니었습니다. 예수님이 무덤의 "돌을 옮겨 놓으라"(요 11:39) 명령하셨을 때, 마르다는 "주여 죽은 지가 나흘이 되었으매 벌써 냄새가 나나이다"

(요 11:39)라고 말했기 때문입니다. 그녀의 믿음은 여전히 죽음이라는 한계를 넘어서지 못하고 있었습니다. 그래서 마르다는 예수님이 "네 오라비가 다시 살아나리라"(요 11:23)고 하시자 "마지막 날 부활 때에는 다시 살아날 줄을 내가 아나이다"(요 11:24)라고 답합니다.

마르다의 신앙은 훌륭하지만 일반적입니다. 지금 우리의 믿음과 비슷합니다. 당연히 모든 사람은 죽습니다. 아무도 죽음을 피할 수 없습니다. 하지만 예수님을 믿고 영접한 자는 마지막 때 다시 살아나 영생을 얻습니다. 예수님도 오병이어 사건에서 썩을 양식의 허무함을 가르치시고 주님의 살과 피로 주어지는 생명의 양식을 먹으면 마지막 날에 내가 그를 살리리라고 하셨습니다(요 6:40). 하지만 예수님은 나사로를 살리심으로써 더 높은 차원의 신앙이 있음을 보여 주십니다. 예수님은 마르다에게 말씀하십니다. "나는 부활이요 생명이니 나를 믿는 자는 죽어도 살겠고 무릇 살아서 나를 믿는 자는 영원히 죽지 아니하리니"(요 11:25-26).

'나를 믿는 자는 죽어도 살겠고'라는 말씀은 복음의 핵심이자 마르다가 이미 잘 아는 내용입니다. 하지만 곧이어 선언된 '살아서 나를 믿는 자는 영원히 죽지 않는다'의 의미는 신비하고 어렵습니다. 이를 제대로 이해하려면 예수님이 두 종류의 신앙인에 대해 말씀하고 계시다는 것을 알아야 합니다. '나를 믿는 자'(요 11:25)와 '살아서 나를 믿는 자'(요 11:26)입니다. 둘은 같은 신앙인처럼 보이지만 사실 다릅니다. 그냥 '나를 믿는 자'는 전통적인 부활 신앙인입니다. 이 사람은 죽음을 맞이하지만 죽고 나서 종말의 때 다시 부활할 것을 믿습니다. 하지만 '살아서 나를 믿는 자'는 다릅니다. 한마디로 이 사람은 '영원히 죽지 않을 것'입니다. 이들에게는 죽음 자체가 없고 영생만 있습니다. '죽음'이란 과정을 뛰어넘어 현재에 이미 영생을 누리고 있다는 말입니다.

이 믿음은 전통적 신앙을 훌쩍 뛰어넘습니다. 일반적인 '삶-믿음-죽음-부활-영생'이란 공식에서 '죽음'이 빠져 버렸기 때문입니다. 심지어 죽음이 없기에 부활도 이미 일어난 상태라 볼 수 있습니다. 그들은 이미 부활하여 영생을 누립니다. 여기서 요한복음만의 놀라운 사상이 드러납니다. 요한복음은 성도의 영생이 미래 종말에만 주어지는 것이 아니라고 밝힙니다. 믿는 자에게는 이미 영생이 시작되었고 죽음은 더 이상 의미가 없습니다. 이들은 이미 종말 이후의 부활의 때를 살고 있습니다. 물론 종말과 부활도 분명히 존재합니다. 예수님은 "무덤 속에 있는 자가 다 그의 음성을 들을 때가 오나니 선한 일을 행한 자는 생명의 부활로, 악한 일을 행한 자는 심판의 부활로 나오"(요 5:28-29)게 될 것이라고 말씀하셨습니다.

하지만 이 말씀을 하시기 전에 또 하나 기이한 말씀을 주셨습니다. "죽은 자들이 하나님의 아들의 음성을 들을 때가 오나니 곧 이때라 듣는 자는 살아나리라"(요 5:25)입니다. '곧 이때라'는 마지막 때가 이미 도래했고 실현되었다는 선언입니다. 미래에 주님의 음성을 듣고 무덤에서 나올 자들도 있지만, 이미 지금 '이때'에 주님의 말씀을 듣고 부활한 존재도 있다는 뜻입니다. 바로 '살아서 나를 믿는 자'들입니다. 이들에게는 죽음과 무덤이 아무 의미가 없습니다. 그들에게는 현재 곧 '이때'가 이미 부활과 영생의 시간입니다. 그래서 예수님은 "내 말을 듣고 또 나 보내신 이를 믿는 자는 영생을 얻었고 심판에 이르지 아니하나니 사망에서 생명으로 옮겼느니라"(요 5:24)라고 말씀하십니다.

여기서 '얻었고'(에케이, ἔχει)는 현재형이고 '옮겼느니라'(메타베베켄, μεταβέβηκεν)는 완료형입니다. 주님의 말씀을 듣는 자는 미래에 영생을 얻는 것이 아니라 현재에 이미 영생을 얻었습니다. 바로 지금 '이때'에 하나님 아들의 음성을 듣고 다시 살아났습니다. 따라서 그들은 예수님을 믿은 순간부터 죽음과 상관없는 자가 되었습니다. 땅에서부터 이미 영생을 시작한 존재들입니다. 그러므로 그들은 신적 존재입니다. 예수님은 "하나님의 말씀을 받은 사람들을 신(神)이라"(요 10:35) 하셨습니다. 여기서 예수님이 왜 "나는 부활이요 생명이니"(요 11:25)라는 두 개념을 구분하셨는지 드러납니다. 전통적인 신앙인에게 예수님은 부활입니다. 예수님을 믿는 자는 죽은 후에 부활하여 영생을 얻습니다. 마르다가 "마지막 날 부활 때에는 다시 살아날 줄을 내가 아나이다"(요 11:24)라고 한 고백은 절대 틀린 말이 아닙니다. 예수님은 당연히 믿는 자의 부활입니다.

하지만 더 깊은 차원이 있습니다. 바로 '생명'입니다. 예수님은 생명이시므로 생명 되신 주님을 지금 믿는 자는 이미 "사망에서 생명으로 옮겨"(요 5:24)졌습니다. 따라서 그의 삶에 더 이상 사망은 없습니다. 이미 생명 안에 들어와 거하고 있기 때문입니다. 이처럼 요한복음은 예수님을 믿는 자들 속에 '부활의 예수님'을 믿는 신앙과 '생명의 예수님'을 믿는 신앙이 미세하게 구분됨을 보여 줍니다. 부활의 예수님을 믿는 자는 '나를 믿는 자'이고 생명의 예수님을 믿는 자는 '살아서 나를 믿는 자'입니다. 둘 다 분명히 예수님의 자녀요, 거룩한 성도입니다. 하지만 둘 사이에는 인식의 차이가 있습니다. 부활의 신앙은 늘 죽음을 염두에 두고 죽음 이후에 생명이 주어진다고 생각합니다. 생명의 신앙은 죽음을 염두에 두지 않고 이미 부활하여 영생을 누립니다.

이 사상은 신약의 다른 곳에도 나옵니다. 누가복음에서 예수님은 인간이 보기에 죽은 자들도 "하나님에게는 모든 사람이 살았느니라"(눅 20:38)라고 말씀하십니다. 에베소서에서 바울은 "허물로 죽은 우리를 그리스도와 함께 살리셨고…또 함께 일으키사 그리스도 예수 안에서 함께 하늘에 앉히시니"(엡 2:5-6)라고 말합니다. '살리셨다', '일으키셨다', '앉히셨다'는 모두 과거형으로, 이미 이루어진 사실을 의미합니다. 따라서 성도는 죽음에서 부활했을 뿐 아니라 이미 하늘에 올라가 거하는 자들입니다. 요한복음이 말하는 '생명의 신앙'을 가진 자는 바로 이 놀라운 경지에 도달한 사람들입니다.

물론 실제로는 그들도 땅에서 죽음을 맞이할 것입니다. 하지만 육체의 죽음을 죽음으로 인식하지 않습니다. 지상의 목숨은 그들에게 아무 의미가 없습니다. 죽음은 일종의 현상이자 과정일 뿐입니다. 따라서 죽음을 슬퍼하고 두려워할 필요가 없으며, 나아가

의식할 필요도 없습니다. 그들의 인식에는 이미 죽음 자체가 없습니다. 땅에서 이미 영생의 존재로 살고 있기 때문입니다. 이는 예수님의 태도에서 더욱 확실히 증명됩니다. 예수님은 나사로의 죽음 앞에서 마리아가 "우는 것과 또 함께 온 유대인들이 우는 것을 보시고 심령에 비통히 여기시고 불쌍히"(요 11:33) 여기셨습니다.

'비통히 여기셨다'(엠브리마오마이, ἐμβριμάομαι)는 본래 '엄하게 꾸짖는 것'을 의미합니다. 요한복음에 나온 두 번(요 11:33, 38)을 제외하고 이 단어는 신약에 총 세 번 더 나오는데, 모두 '엄히 경고하다'(마 9:30; 막 1:43) 혹은 '책망하다'(막 14:5)로 번역되었습니다. 다시 말해, 예수님이 그들을 비통히 여기신 것은 그들의 눈물을 책망하시고픈 마음입니다. 이어지는 '불쌍히 여기셨다'(타랏소, ταράσσω)라는 번역은 의미가 많이 빗나간 의역입니다. 신약성경에 총 17번 나오는 이 단어는 한 번도 '불쌍히 여기다'로 쓰이지 않고 주로 '괴롭다'(요 12:27; 13:21)나 '근심하다'(요 14:1, 27)로 사용됩니다. 이 단어를 굳이 "불쌍히 여기사"(요 11:33)라고 의역한 이유는 알 수 있습니다. 잠시 후에 "예수께서 눈물을 흘리시더라"(요 11:35)는 장면이 나오기 때문입니다. 우리말 성경 번역자는 예수님이 사람들을(혹은 나사로를) 불쌍히 여겨서 우셨다고 본 것 같습니다.

하지만 전체 맥락에서 예수님의 눈물은 다른 의미입니다. 인간의 어리석음을 꾸짖는 마음(비통히 여김)과 인간을 불쌍히 여기는 마음은 달라서 동시에 표출되기 어렵습니다. 따라서 이 말은 예수님이 그들의 눈물을 불쌍히 여기신 것이 아니라, 그들의 어리석음을 보고 스스로 괴로워 근심하신 것입니다. 죽음의 한계를 넘지 못하고 죽음 앞에 슬퍼하는 그들의 어리석음을 꾸짖으시는 비통한 마음으로, 인간의 어리석은 인식의 한세를 근심하며 괴로워하셨습니다. 그리고 비통함과 근심이 극에 달하자 결국 눈물을 흘리신 것입니다.

이는 사람들이 예수님의 눈물을 보고 "보라 그를 얼마나 사랑하셨는가 하며 그중 어떤 이는…맹인의 눈을 뜨게 한 이 사람이 그 사람은 죽지 않게 할 수 없었더냐"(요 11:36-37)라고 했을 때 "예수께서 다시 속으로 비통히 여기"(요 11:38)셨다는 표현에서 증명됩니다. 만약 예수님께 나사로를 살릴 능력이 없었다면 그 눈물을 나사로나 혹은 우는 자들을 향한 슬픔과 연민으로 해석할 수도 있습니다. 하지만 예수님은 잠시 후에 거뜬히 나사로를 살리십니다. 따라서 예수님의 눈물은 죽음을 슬퍼하심이 아니라 오히려 죽음의 한계를 벗어나지 못하고 슬피 우는 인간의 나약함이 근심스러워서 우신 것입니다. 그렇다면 예수님의 '비통한 심정'과 '근심'과 '눈물'은 결국 인간들이 부활의 신앙을 넘어 생명의 신앙으로 거듭나기를 원하신 것입니다. 부활의 신앙이 있어도 땅에서의 죽음은 슬픕니다. 하지만 생명의 신앙은 그 죽음이 아무것도 아님을 깨닫게 합니다. 나사로는 죽어서 무덤에 있는 것 같았지만 여전히 살아 있었습니다. 예수님은 나사로의 죽음을 아셨지만 "우리 친구 나사로가 잠들었도다 그러나 내가 깨우러 가노라"(요 11:11)라고 말씀하셨습니다.

이제 예수님이 나사로를 다시 살리신 이유가 밝혀집니다. 나사로를 살리신 것은 당연히 예수님의 크신 능력과 하나님 영광의 징표입니다. 하지만 그 심층에는 육체의 죽음이 아무것도 아니요, 무덤의 권세가 성도에게 아무 의미도 없음을 보여 주려는 의도입니다. 부활의 신앙을 가진 자도 물론 이 경지를 어느 정도 압니다. 하지만 그들은 여전히 세상 사람들처럼 죽음을 두려워하고 슬퍼합니다. 예수님은 그들의 인식이 바뀌어 생명의 신앙으로 성장하기를 원하십니다. 성도의 죽음은 죽음이 아닙니다. '살아서 나를 믿는 자'는 이미 영생의 존재입니다. 죽으면 육체가 썩고 냄새나는 것 같지만 그의 본질은 여전히 영생을 살고 있습니다. 심지어 냄새나는 육체도 죽은 게 아니라 자고 있을 뿐입니다. 따라서 성도는 죽음을 두려워하거나 슬퍼할 필요가 없습니다. 아니, 죽음 자체를 의식할 필요가 없습니다. 예수님을 영접한 순간 '사망에서 생명으로 옮겨졌으며' 이미 영생을 살고 있기 때문입니다.

생명의 신앙을 지금 우리가 이해하기는 참 어렵습니다. 땅에서 육체가 죽지만 종말에 다시 부활할 것이라는 신앙이 더 편하게 다가옵니다. 하지만 생명의 신앙이 강조되어야 할 특별한 상황이 있습니다. 박해와 순교의 상황입니다. 죽음이 코앞에 있는 상황에서 믿음을 지키는 자들에게 생명의 신앙은 엄청난 위로와 용기를 줍니다. 죽음 자체가 두렵고 슬픈 일이면 믿음을 위해 목숨을 내놓기가 힘듭니다. 또 이미 억울하게 죽은 형제자매의 비극을 보면 시험에 빠지기 쉽습니다.

당시 요한 공동체는 큰 박해를 경험하고 있었습니다. 요한복음에 기록된 예수님은 늘 박해와 돌에 맞을 위기에서 활동하시고(요 5:16, 18; 10:31 등), 예수님을 따르는 자들이나 그리스도로 시인하는 자들 역시 박해의 위기 속에서 살아가고 있습니다(요 7:13; 9:22; 12:42). 이런 상황은 요한 공동체의 당시 상황을 반영합니다. 예수님은 "사람들이 나를 박해하였은즉 너희도 박해할 것이요"(요 15:20)라고 예언하셨습니다. '너희'는 예수님 당시 제자들뿐 아니라 이후의 요한 공동체 성도들도 포함합니다. 이런 상황에서 생명의 신앙은 빛을 발합니다. 마지막 때 부활한다는 믿음도 박해를 이기는 힘이 됩니다. 하지만 요한 공동체는 이보다 더 높은 경지의 믿음을 소유하고 있었습니다. 그들은 아예 죽음을 넘어선 자들이었습니다.

따라서 그들이 당하는 박해와 죽음은 수동적인 것이 아닙니다. 예수님이 "내가 내 목숨을 버리는 것은…내게서 빼앗는 자가 있는 것이 아니라 내가 스스로 버리노라 나는 버릴 권세도 있고 다시 얻을 권세도 있으니"(요 10:17-18)라고 하신 것처럼 요한 공동체 성도들 역시 자기 목숨을 빼앗기는 것이 아니라 스스로 처분할 만큼 부수적인 것으로 여겼습니다. 그들은 이미 영생하는 존재였기 때문입니다. 그들에게 땅에서의 목숨은 지극히 부수적이며 필요에 따라 언제든 버릴 수 있는 것이었습니다(물론 이는 자살과 무관하며 박해 상황에 적용될 개념임). 심지어 이를 버리면 오히려 많은 열매를 맺고(요 12:24) 나아가 영생하도록 보전하게(요 12:25) 될 것입니다.

땅에서의 목숨과 죽음이 성도에게 아무것도 아님을 입증해 주신 것이 바로 나사로를 살리신 기적입니다. 예수님을 영접한 자는 죽어도 죽은 것이 아니요, 육체가 무덤에 들어가 썩어도 자는 것일 뿐입니다. 죽음이란 주님이 깨우시면 언제든 다시 일어날 현상일 뿐입니다. 영생을 얻은 성도가 더 이상 죽음의 틀에 매여 있지 않음을 보여 주시려고 예수님은 죽은 지 나흘이나 지난 나사로를 살리신 것입니다. 성도는 미래의 부활을 넘어 이미 부활해서 영생을 누리는 존재입니다. 이 인식의 경지에 이른 자는 두려울 것이 없습니다. 어떤 박해나 죽음의 위기에도 영생에 속하여 의연히 진리의 길을 고수하고, 진리를 위해 살다가 진리를 위해 죽을 수 있습니다. 요한 공동체는 이처럼 놀라운 신앙의 경지를 배워서 이미 하늘의 평화를 누리던 사람들이었습니다.

나사로 사건의 여파(요 11:45-57)

예수님이 나사로를 살리신 후 "많은 유대인이 그를 믿었으나…대제사장들과 바리새인들이 공회를 모으고…이 사람이 이 많은 표적을 행하니 우리가 어떻게 하겠느냐"(요 11:45-47) 고민하기 시작했습니다. 실은 이들의 논의 자체가 모순입니다. 예수님의 표적을 인정한다면 그들도 예수님을 믿으면 됩니다. 하지만 그러면 잃을 것이 너무 많았습니다. 로마와 결탁해서 부귀영화를 누리던 그들은 행여 예수님이 무리를 선동하여 혁명이라도 일으키면 자신들의 소유를 빼앗겨 버릴까 염려했습니다. 그래서 그들은 "만일 그를 이대로 두면 모든 사람이 그를 믿을 것이요 그리고 로마인들이 와서 우리 땅과 민족을 빼앗아 가리라"(요 11:48) 말합니다. 나라와 민족을 걱정하는 듯하지만, 이 말은 결국 자기들의 재산과 입지가 흔들릴 것을 두려워한 것입니다. 언제나 그렇듯 진리를 파괴하는 것은 현실의 욕망에 매달리는 이들입니다.

결국 이 회의에서 그해의 대제사장인 가야바(요 11:49)는 사람들에게 "한 사람이 백성을 위하여 죽어서 온 민족이 망하지 않게 되는 것이 너희에게 유익"(요 11:50)하다고 주장합니다. 이 말은 본래 예수님을 죽여서 기득권을 지키자는 의도였지만, 결론적으로 예수님이 "그 민족을 위하시고…흩어진 하나님의 자녀를 모아 하나가 되게 하기 위하여 죽으실 것을 미리 말함"(요 11:51-52)과 같은 예언이 되었습니다. 그들은 "이날부터…예수를 죽이려고 모의"(요 11:53)하기 시작했습니다(나사로까지 죽이려 함. 요 12:10-11). 유대인의 유월절이 가까워 많은 사람이 예루살렘에 올라갔을 때(요 11:55) 이미 "누구든지 예수 있는 곳을 알거든 신고하여 잡게 하라 명령"(요 11:57)이 떨어진 상태였습니다. 세 번째 유월절을 기점으로 예수님은 본격적으로 고난의 길에 접어드십니다.

요 12:1-17:26

사역 끝의 5일

향유를 부은 마리아(요 12:1-8)

유대인의 위협을 피해 빈 들 가까운 곳인 에브라임(요 11:54)에 계시던 예수님은 유월절 엿새 전에 다시 베다니 나사로의 집을 방문하십니다. 그러자 그곳에서 예수님을 위한 잔치(요 12:2)가 벌어집니다. 나사로의 동생인 "마르다는 일을 하고…마리아는 지극히 비싼 향유 곧 순전한 나드 한 근을 가져다가 예수의 발에 붓고 자기 머리털로 그의 발을"(요 12:2-3) 닦았습니다. 이 사건과 누가복음의 향유 사건(눅 7:36-50)은 완전히 별개의 것이지만 마태복음과 마가복음의 '한 여인의 향유 부음'과는 상당히 흡사합니다. 뚜렷이 차이 나는 점은 '유월절 엿새 전'과 '유월절 이틀 전'(마 26:2; 막 14:1)이라는 시간 묘사와 '베다니 나사로의 집'과 '베다니 나병환자 시몬의 집'(마 26:6; 막 14:3)이라는 공간 묘사입니다(부은 곳이 머리냐 발이냐 등의 부수적인 차이도 있음).

만약 요한복음이 공관복음서를 참고해서 가장 늦은 시기에 기록되었다면 이 차이들은 오히려 보강의 의미로 볼 수 있습니다. 즉 나사로의 병이 본래는 나병과 연관된 것이었고, 나흘의 시간 차이는 이 사건을 더 정확히 알고 있던 요한이 수정했다는 말입니다. 마리아는 오빠의 죽음과 살아남을 통해 예수님의 십자가 죽음이 가까웠음을 직감한 것 같습니다. 그래서 예수님은 그녀가 붓고 남은 향유에 대해 "나의 장례할 날을 위하여 그것을 간직하게 하라"(요 12:7)고 하신 것입니다. 여기서 주목할 것은 마리아의 침묵입니다. 보통 실제로는 아무 일도 안 하는 자들이 이러쿵저러쿵 말이 많습니다. 마찬가지로 향유를 부을 때 "제자 중 하나로서 예수를 잡아 줄 가룟 유다"(요 12:4)는 마리아를 비판했습니다. 하지만 유다의 본심은 "돈궤를 맡고 거기 넣는 것을 훔쳐"(요 12:6) 내려 한 것이었습니다. 진실한 헌신은 요란하고 떠들썩한 소란이 아니라 묵묵한 행함입니다. 본문 전체에서 마리아는 아무 말이 없고, 다만 그녀의 헌신의 결과인 "향유 냄새가 집에 가득하더라"(요 12:3)고만 나옵니다.

한 알의 밀이 땅에 떨어져 죽으면(요 12:20-50)

마리아가 향유를 부은 다음 날 예수님은 나귀를 타고 무리의 환영을 받으며 예루살렘에 입성하십니다. 그러자 "명절에 예배하러 올라온 사람 중에 헬라인 몇이"(요 12:20) 빌립을 통해 "우리가 예수를 뵈옵고자 하나이다"(요 12:21)라고 청합니다. 예수님은 "인자가 영광을 얻을 때가 왔도다"(요 12:23) 하신 후 "한 알의 밀이 땅에 떨어져 죽지 아니하면 한 알 그대로 있고 죽으면 많은 열매를 맺느니라"(요 12:24)는 말씀을 하십니다. 헬라인들의 면담 요청에서 예수님은 어떤 징조를 보신 것 같습니다. 이방인들에게까지 자신의 이름이 전해지기 시작한 것을 보시고 유대인을 넘어 인류를 위해 십자가를 지실 때가 가까웠음을 느끼신 것입니다(요 11:52 참조).

한 알의 밀 이야기는 그래서 나온 가르침입니다. '한 알의 밀'은 예수님 자신입니다. 십자가에 죽지 않으시면 이 세상에 하나님의 자녀들이 탄생할 수 없습니다. 하지만 십자가에서 "죽으면 많은 열매를 맺"(요 12:24)게 될 것입니다. 결국 이 말씀에는 예수님의 결단과 각오가 들어 있습니다. 본래 하나님이시지만 육체를 입고 오신 예수님은 인간과 똑같은 고통과 두려움을 갖고 계셨습니다. 그래서 "지금 내 마음이 괴로우니 무슨 말을 하리요 아버지여 나를 구원하여 이때를 면하게 하여 주옵소서 그러나 내가 이를 위하여 이때에 왔나이다"(요 12:27)라고 기도하셨습니다. 겟세마네의 기도와 상통하는 이 기도는 평소 예수님이 십자가 사명을 두고 늘 하나님께 용기를 구해 오셨다는 증거입니다. 죽음을 넘어 영생을 사는 생명의 신자들이 현실을 극복하기 위해 배우고 염두에 두어야 할 기도입니다.

'한 알의 밀'에는 예수님을 믿는 성도들도 포함됩니다. 예수님은 잠시 후 "사람이 나를 섬기려면 나를 따르라"(요 12:26)라고 말씀하십니다. 이는 믿는 자들도 주님을 따라 한 알의 밀로 죽을 때 많은 열매를 맺을 수 있다는 말씀입니다. 여기에는 명령과 약속이 공존합니다. 명령은 죽으라는 것이고 약속은 이를 통해 열매 맺는다는 것입니다. "나 있는 곳에 나를 섬기는 자도 거기 있으리니"(요 12:26)라는 말씀대로입니다. '나 있는 곳'은 십자가의 자리이자 하나님 나라입니다. 주님을 따라 십자가로 나아가면 잠시 잠깐의 고통 후에 하나님 나라에 이를 것입니다. 그러므로 "자기의 생명을 사랑하는 자는 잃어버릴 것이요 이 세상에서 자기의 생명을 미워하는 자는 영생하도록 보전"(요 12:25)할 것입니다. 이때의 '생명'은 나사로 사건에서 '나는 부활이요 생명이다'라고 하신 '생명'과 다른 단어입니다. 이 단어는 '목숨'으로 번역하는 것이 정확합니다.

자기 목숨을 사랑하고 거기 매달리는 자는 어리석습니다. 땅에서의 목숨은 금세 사라질 안개입니다. 하지만 참 생명 되신 예수님을 따르는 자는 영원한 생명을 누립니다. 그에게 땅의 '목숨'은 더 이상 중요하지 않습니다. 예수님을 따르는 것은 '한 알의 밀'의 길을 따라가는 것입니다. 이 길은 고통과 죽음 같지만 실은 많은 열매를 얻어 영원히 즐거워할 영광의 길입니다. 십자가의 길을 예수님은 오래전부터 예고하셨습니다. 니고데모에게 "모세가 광야에서 뱀을 든 것같이 인자도 들려야 하리니 이는 그를 믿는 자마다 영생을 얻게 하려 하심이니라"(요 3:14-15) 하셨고, 유대인들에게 "너희가 인자를 든 후에 내가 그인 줄을 알"(요 8:28)리라 하셨으며, 다시 "내가 땅에서 들리면 모든 사람을 내게로 이끌겠노라"(요 12:32)라고 하셨습니다. 이 모두는 "자기가 어떠한 죽음으로 죽을 것을"(요 12:33) 보이신 것입니다.

세상에는 여전히 주님의 말씀을 믿지 않는(요 12:37) 자들이 있습니다. 눈이 멀고 마음이 완고하기 때문입니다(요 12:40). 믿으면서도 박해가 두려워 "드러나게 말하지 못하"(요 12:42)는 자들도 있습니다. 이들 역시 "사람의 영광을 하나님의 영광보다 더 사랑"(요 12:43)하는 자들입니다. 이들은 모두 심판당할 것입니다. "사람이 나를 섬기려면 나를 따르라"(요 12:26)는 예수님의 명령을 거역했기 때문입니다. 이때 "나를 저버리고 내 말을 받지 아니하는 자를 심판할 이"(요 12:48)가 따로 있습니다. 예수님은 "내가 한 그 말이 마지막 날에 그를 심판"(요 12:48)할 것이라고 하십니다. 이는 온전히 따르지 않는 자들이 심판받을 때 예수님의 말씀이 '증거물'로 제출될 것임을 보여 줍니다. 인생을 살면서 내 귀에 들려온 수많은 말씀이 그날에 증거자료가 되어 나를 심판할 것입니다. 그러므로 지금 내가 읽고 듣고 보는 진리의 말씀을 결코 소홀히해서는 안 됩니다.

제자들의 발을 씻기심(요 13:1-20)

공관복음서의 최후의 만찬이 '성찬'에 집중한 반면 요한복음은 '세족'을 공개합니다. 이런 부분은 복음서들이 서로의 기록을 보충해 주는 작용을 합니다. 그날의 만찬 자리에 성찬식과 세족식이 함께 있었다는 말입니다. 오늘날 복음서 연구는 각 복음서 사이에 존재하는 차이점들을 캐내어 분리를 강조합니다. 하지만 하나님께서 굳이 네 권의 복음서를 주신 까닭은 서로 보충하여 보다 온전한 예수님의 삶과 인격을 복원시켜 주시려는 것입니다. 따라서 차이점에만 집중해서 무엇이 옳고 그르냐를 따지기 전에 전체가 말하려는 바를 종합하는 눈이 필요합니다.

예수님이 제자들의 발을 씻기신 세족의 의미는 명확합니다. "내가 주와 또는 선생이 되어 너희 발을 씻었으니 너희도 서로 발을 씻어 주는 것이 옳으니라"(요 13:14)입니다. 이때 중요한 것은 '왜 하필 발을 씻기셨을까'입니다. 베드로는 "손과 머리도 씻어 주옵소서"(요 13:9)라고 합니다. 하지만 예수님은 "이미 목욕한 자는 발밖에 씻을 필요가 없느니라"(요 13:10)라고 하십니다. 유대인의 신발은 주로 샌들 형태였습니다. 즉, 당시 포장이 안 된 먼지투성이 길에서 인간의 발은 더러움에 가장 자주 노출되는 부분이었습니다. 그러다 보니 서로 꺼리고 피하는 부분입니다. 예수님의 세족은 믿음의 형제들이 서로 품기 힘든 부분까지 찾아서 받아들이고 섬기라는 메시지입니다.

예수님은 "내가 온 것은 세상을 심판하려 함이 아니요 세상을 구원하려 함이로라"(요 12:47) 하셨고 이 말씀대로 인간의 모든 더러운 죄를 마다하지 않으시고 피로 씻어 주셨습니다. 교회는 이 사랑을 얻은 자들이 모인 곳입니다. 예수님을 따라 타인의 발바닥까지 낮아져서 서로 종이 되어 섬김이 마땅합니다. 섬기는 자로 오셔서 제자들의 발을 씻겨 주시고 십자가에 목숨까지 내어 주신 주님을 믿는다면서 여전히 누가 크냐, 누가 더 얻느냐를 놓고 싸우는 것은 큰 비극입니다. 복음이 무엇인지, 기독교가 무엇인지 모르는 행동입니다. 그럼에도 이런 일은 비일비재합니다. 교회 안에는 섞인 자와 가라지들이 늘 알곡을 위협합니다. 예수님의 열두 제자 중에도 이런 자가 있었는데, 바로 가룟 유다입니다. 그는 예수님을 배신해서 당시 힘겹게 일어선 예수님의 공동체를 파괴하려 했습니다. 물론 예수님이 부활하심으로 모든 것이 되살아났지만 배신자 유다는 영원히 멸망할 자의 표상이 되었습니다.

배신자 가룟 유다 (요 13:1-30)

세상에서 가장 견디기 힘든 고통 중 하나는 믿었던 사람에게 배신당하는 것입니다. 예수님은 뼈아픈 배신의 고통도 당하셨습니다. 예수님을 배신한 유다는 특별한 인물이었습니다. 예수님의 많은 추종자 중에 열두 제자로 뽑힌 것이나(눅 6:12-16) 돈궤를 맡고 있었다는 것은(요 12:6; 13:29) 그가 누구나 인정할 만큼 신실했다는 증거입니다. 심지어 예수님이 세족식을 하신 후 가룟 유다를 배신자라고 공개적으로 지적하시며 "네가 하는 일을 속히 하라"(요 13:27) 하셨을 때도 "이 말씀을 무슨 뜻으로 하셨는지 앉은 자 중에 아는 자가 없"(요 13:28)었다고 나옵니다. 평소 유다가 누구의 의심도 받지 않을 만큼 좋은 이미지를 갖고 있었다는 증거입니다. 하지만 그는 결국 예수님을 팔아넘기고 말았습니다.

대체 무엇이 그를 이렇게 만들었을까요? 이를 추적하기 전에 짚고 넘어갈 것이 있습니다. 이상하게도 오늘날 가룟 유다를 애국자로 몰아가려는 자들이 있습니다. 이런 식의 해석은 성경적으로 가치가 없고 나아가 당시 초대교회를 어지럽히던 이단서, 유다복음서의 내용과 맞닿습니다. 가룟 유다의 배신에는 변론의 여지가 없습니다. 그가 배신한 이유는 명확합니다. 돈 때문입니다. 마태복음에는 유다가 예수님을 팔 결심을 하고 실행하는 순간이 이렇게 묘사됩니다. "그때에 열둘 중의 하나인 가룟 유다라 하는 자가 대제사장들에게 가서 말하되 내가 예수를 너희에게 넘겨주리니 얼마나 주려느냐"(마 26:14-15). 주목할 것은 '그때에'입니다. 헬라어로 본래 이 단어는 '그러고 나서'(then)의 뜻입니다.

그러면 대체 무슨 일이 있고 나서 가룟 유다가 예수님을 팔려고 시도한 것일까요? 마태복음과 마가복음은 이 시도가 '한 여인의 향유 부음'(마 26:6-13; 막 14:3-9) 사건 직후에 있었다고 말합니다. 그렇다면 이 사건과 유다의 배신 사이에 어떤 연관성이 있음을 예측할 수 있습니다. 여인이 향유를 부었을 때 "어떤 사람들이 화를 내어

서로 말하되 어찌하여 이 향유를 허비하는가 이 향유를 삼백 데나리온 이상에 팔아 가난한 자들에게 줄 수 있었겠도다 하며 그 여자를 책망하는지라"(막 14:4-5, 마 26:8 참조)라고 나옵니다. 그런데 요한복음은 이 말을 한 사람이 바로 가룟 유다였다고 밝힙니다. "제자중 하나로서 예수를 잡아 줄 가룟 유다가 말하되 이 향유를 어찌하여 삼백 데나리온에 팔아 가난한 자들에게 주지 아니하였느냐하니"(요 12:4-5).

향유의 가격을 한눈에 산정해 낸 유다의 안목이 놀랍습니다. 그는 고가품에 상당히 관심이 많았던 것 같습니다. 삼백 데나리온은 당시 노동자의 300일치 일당입니다. 지금 기준으로 약 3천만원 정도 되는 거금이니 향유가 얼마나 귀한 것이었는지 알 수 있습니다. 어쩌면 집안의 가보였거나 마리아가 평생 모은 재산일 수도 있습니다. 이를 가난한 자에게 주지 않았다고 유다가 화를 낸것은 전혀 본심이 아니었습니다. 그녀가 향유를 헌금하면 그가 맡은 돈궤에 거금이 들어옵니다. 그러면 재정 담당자인 유다는 꽤큰 몫을 표시나지 않게 훔쳐 낼 수 있었습니다. 하지만 그럴 기회가 무산되자 흥분해서 가난한 자 핑계를 대며 화를 낸 것입니다. 요한복음은 이를 명확히 밝혀 줍니다. "이렇게 말함은 가난한 자들을 생각함이 아니요 그는 도둑이라 돈궤를 맡고 거기 넣는 것을 훔쳐 감이러라"(요 12:6).

예수님은 유다에게 "그를 가만 두어 나의 장례할 날을 위하여 그것을 간직하게 하라"(요 12:7)고 하십니다. 이 말씀에는 준엄한 경고가 들어 있습니다. 예수님은 가룟 유다의 헌금 도둑질을 이미 알고 계셨습니다. 그런데 돈에 눈먼 유다가 또 큰돈이 될 만한 향유를 보았으니 나중에 마리아에게 접근해서 어벙하든 남은 향유를 헌금하게 하리라고 생각하신 것입니다. 그래서 '그를 가만 두어 그것을 그냥 그녀가 간직하게 하라' 하신 것입니다. 즉 '이 향유에 눈독들이지 말라'고 쐐기를 박으신 것입니다. 이 말씀을 듣는 순간 유다는 지금까지의 도둑질을 예수님이 이미 알고 계셨음을 깨닫습니다. 그래서 이 말씀을 듣고 '그러고 나서' 예수님을 팔아넘기기로 결심한 것입니다.

죄인의 심리를 파악하면 유다의 결심을 이해할 수 있습니다. 유다는 예수님의 말씀을 들으면서 부끄러움과 분노를 동시에 느꼈을 것입니다. 우리도 종종 이럴 때가 있습니다. 인간은 대부분 잘못이나 죄악을 감추고 삽니다. 남에게 드러나지 않으면 태연하게 잘 삽니다. 하지만 감춰진 죄가 드러나면 당황해서 부끄러움과 분노를 동시에 느낍니다. 부끄러움은 회개의 가능성과 맞닿아 있습니다. 자신이 정녕 부끄러워서 하나님과 사람 앞에 용서를 구하면 이 부끄러움은 인간을 회개로 이끕니다. 하지만 분노는 자기합리화를 가져옵니다. '억울하다, 나도 피해자다, 내게는 충분히 그럴 이유가 있다, 너는 내 사정을 모른다' 등의 심리는 마침내 자기 죄를 부인하고 죄를 들추려는 진리를 파괴하여 완전범죄에 이르려 합니다.

가룟 유다는 두 번째 길을 택했습니다. 예수님의 지적을 받은 순간 회개보다 예수님을 죽여서 완전범죄를 이루려고 결심했습니다. 잘못을 고백하고 용서받을 용기가 없었습니다. 게다가 마침 대제사장들이 "예수를 흉계로 잡아 죽이려고 의논"(마 26:4)하고 있었고 "누구든지 예수 있는 곳을 알거든 신고하여 잡게 하라"(요 11:57)는 명령도 떨어진 상태였습니다. 유다는 이것을 기회로 여겼습니다. 그래서 그들을 찾아가 흥정을 벌인 것입니다. "얼마나 주려느냐"(마 26:15) 말하는 유다에게서 돈을 사랑하는 악인의 섬뜩함이 보입니다. 이 기회에 예수님을 죽여서 그간의 횡령도 은폐하고 한몫 잡을 일석이조의 기회를 챙기려 한 것입니다.

그런데 유다에게 다시 한 번 회개할 기회가 주어집니다. 제자들의 발을 씻기신 예수님은 "너희 중 하나가 나를 팔리라"(요 13:21) 말씀하십니다. 이후 예수님은 "떡 한 조각을 적셔다 주는 자가 그니라 하시고 곧 한 조각을 적셔서 가룟 시몬의 아들 유다에게"(요 13:26) 주십니다. 유다에게 허락하신 마지막 기회였습니다. 마리아가 향유를 부었을 때 유다만 알아듣도록 간접적인 암시를 주신 예수님은 마지막 만찬 자리에서 또 한 번 유다에게 회개를 촉구하신 것입니다. 그런데 성경은 그 순간 "조각을 받은 후 곧 사탄이 그속에 들어간지라"(요 13:27, 눅 22:3 참조)라고 기록합니다.

이 구절을 두고 말이 많습니다. 심지어 가룟 유다를 불쌍히 여기는 해석도 있습니다. 유다 탓이 아니라 마귀 탓이라는 것입니다. 하지만 이런 식의 성경 읽기는 매우 잘못된 것입니다. 이 말씀은 한마디로 그가 죄를 선택했다는 뜻입니다. 회개할지, 죄를 고

집할지 고민하다가 회개의 기회를 버린 것입니다. 유다는 회개 대신 분노를 택했습니다. 자기 죄를 밝히는 진리를 도리어 공격했습니다. 유다는 예수님이 아니라 사탄을 영접한 것입니다. 세족식이 있기 전에도 "마귀가…시몬의 아들 가룟 유다의 마음에 예수를 팔려는 생각을 넣었더라"(요 13:2)라고 나옵니다. 하지만 이 상태는 아직 죄가 아닙니다. 생각은 언제든 들어올 수 있습니다. 마귀가 주는 악한 생각은 우리 마음에 자주 들어옵니다. 하지만 이 생각을 품고 갈등할 때 회개함으로 속히 버리고 주님을 모셔야 합니다. 하지만 유다는 주님을 버리고 마귀가 준 생각을 구체적으로 실행할 결심을 했습니다. 예수님이 그의 발을 씻고 닦아 주시는 중에도 말입니다. 이처럼 극심한 완악함이 바로 '사탄이 그 속에 들어간 상태'입니다.

예수님은 유다가 끝내 완악하여 회개의 기회를 거부하고 사탄의 생각을 따를 결심을 확고히 하자, 결국 "네가 하는 일을 속히 하라"(요 13:27) 말씀하십니다. 예수님의 체포 장면에서 유다는 병사들에게 "내가 입 맞추는 자가 그이니 그를 잡아 단단히 끌어가라"(막 14:44)고 말합니다. '단단히'라는 말에 증오심이 느껴집니다. 심지어 그가 수고비로 받은 "은 삼십"(마 26:15)은 성경적으로 어느 집 소가 다른 집 종을 뿔로 받아 죽였을 때 그 종의 몸값으로 지불하는 액수입니다(출 21:32). 유다는 이 액수의 의미도 마음에 들었을 것입니다. 자꾸만 죄를 지적하고 회개시키려는 예수님을 '죽은 종 값'에 팔아넘긴 것입니다. 이는 회개를 거부하고 증오로 진리를 파괴하는 자들의 본성을 보여 줍니다.

성경은 유다가 결국 "스스로 목매어 죽은지라"(마 27:5)라고 전합니다. 그런데 사도행전에 보면 "이 사람이 불의의 삯으로 밭을 사고 후에 몸이 곤두박질하여 배가 터져 창자가 다 흘러나온지라 이일이 예루살렘에 사는 모든 사람에게 알리어"(행 1:18-19)졌다고 나옵니다. 이 기록들을 종합하면, 유다는 지금까지 빼돌린 돈을 부동산에 투자해 온 것 같습니다. 그는 예루살렘 인근에 농장을 구입했고, 예수님이 돌아가신 후 양심의 가책을 느껴 자기의 농장으로 달려가 목을 매어 자살했으며, 죽어서 나무에 매달린 채 장시간 방치되었다가 가지가 부러져 떨어지는 바람에 시신의 배가 터진 상태로 발견되어 예루살렘 일대의 뉴스거리가 된 것입니다. 가룟 유다는 회개의 기회를 거부하고 욕망에 집착하다 끝내 멸망한 죄인의 대표입니다.

첫 번째 고별설교(요 13:31-14:31)

회개의 기회를 버리고 "유다가 그 조각을 받고 곧 나가니 밤"(요 13:30)이었습니다. '밤'이란 묘사는 그가 결국 어둠에 속한 사람임을 보여 줍니다(요 3:2; 9:4; 11:10 참조). 유다가 나간 후 예수님은 남은 제자들에게 고별설교를 하십니다.

공관복음서에 나오지 않는 이 소중한 설교는 이렇게 시작합니다. "예수께서 이르시되 지금 인자가 영광을 받았고 하나님도 인자로 말미암아 영광을 받으셨도다"(요 13:31). 유다가 뛰쳐나가는 것을 보시고 예수님은 십자가가 코앞에 닥쳤음을 직감하셨습니다. '인자가 이미 영광을 받았다'는 말씀은 십자가를 지실 만반의 준비가 끝나셨다는 뜻입니다. 십자가는 고통과 죽음이지만 이를 통해 부활의 영광이 주어지고 예수님은 온 세상의 구주가 되실 것입니다. 따라서 십자가는 영광이고 십자가를 지기로 결단하신 순간, 이미 영광을 받으신 것입니다.

이처럼 고별설교는 십자가를 지시겠다는 예수님의 굳은 결단에서 시작됩니다. 고별설교는 1차(요 13:31-14장)와 2차(15-17장)로 나뉘는데, 구분 기준은 14장과 15장 사이에 "일어나라 여기를 떠나자"(요 14:31)라는 말씀입니다. 이 말씀은 1차와 2차 고별설교가 서로 다른 장소에서 행해졌음을 보여 줍니다. 하지만 내용상으로는 매우 긴밀히 연결되어 있습니다.

먼저 1차 설교에서 예수님은 제자들에게 "너희가 나를 찾을 것이나 일찍이 내가 유대인들에게 너희는 내가 가는 곳에 올 수 없다고 말한 것과 같이 지금 너희에게 이르노라"(요 13:33)라고 말씀하십니다. 알맹이가 빠져 보이는 이 말씀은, 이제 예수님이 어디론가 떠나실 텐데 그곳에 제자들이 따라올 수 없다는 말씀입니다. 예수님은 또한 "새 계명을 너희에게 주노니 서로 사랑하라 내가 너희를 사랑한 것같이 너희도 서로 사랑하라"(요 13:34) 명령하십니다. 두 가지 주제, 즉 '어디론가 떠나심' 그리고 남은 자들에게 서로 사랑하라 하신 '새 계명'이 바로 고별설교 전체의 핵심 주제입니다.

첫 번째 고별설교에는 예수님의 '어디론가 떠나심'이 집중적으로 다뤄집니다. 설교는 주로 예수님과 네 명의 제자 사이의 질문과 대답 형식으로 이어지는데, 그 넷은 베드로, 도마, 빌립 그리고 가룟인 아닌 유다입니다. 먼저 예수님이 떠나신다고 하시자 베드로는 "주여 어디로 가시나이까"(요 13:36)라고 질문합니다. 흔히 이 질문은 영화 대사로도 널리 알려져 있는데, 베드로가 로마의 박해를 피해 떠나다가 환상 중에 예수님을 보고 '주여 어디로 가시나이까'(라틴어로 '쿼바디스 도미네')라고 묻는 장면입니다. 하지만 베드로의 말은 본래 성경에서 나온 것으로, 바로 이 대목에서 주님께 드린 질문입니다 (헬라어로 퀴리에, 푸우 휘파게이스, κύριε, ποῦ ὑπάγεις).

베드로의 질문에 예수님은 "내가 가는 곳에 네가 지금은 따라올 수 없으나 후에는 따라오리라"(요 13:36)고 말씀하십니다. 그러자 베드로는 왜 자기가 지금 따라갈 수 없냐고 하면서 "주를 위하여 내 목숨을 버리겠나이다"(요 13:37)라고 말합니다. 하지만 예수님은 베드로가 앞으로 "세 번 나를 부인하리라"(요 13:38) 예고하십니다. 베드로의 반응에서 보듯, 예수님의 '떠나심'이란 주제는 제자들을 굉장히 불안하게 만들었습니다. 그래서 예수님은 곧이어 이렇게 말씀하십니다. "너희는 마음에 근심하지 말라…내 아버지 집에 거할 곳이 많도다…가서 너희를 위하여 거처를 예비하면 내가 다시 와서 너희를 내게로 영접하여 나 있는 곳에 너희도 있게 하리라… 내가 어디로 가는지 그 길을 너희가 아느니라"(요 14:1-4).

이 말씀은 당연히 예수님이 십자가를 지신 후 부활하셔서 하나님 곁으로 올라가리라는 말씀입니다(요 8:23). 따라서 '그 길을 너희가 아느니라'의 '그 길'은 아버지께로 가는 길입니다. 하지만 제자들은 이 말씀을 깨닫지 못했습니다. 그래서 이번에는 "도마가…우리가…그 길을 어찌 알겠사옵나이까"(요 14:5)라고 묻습니다. 예수님은 "내가 곧 길이요 진리요 생명이니 나로 말미암지 않고는 아버지께로 올 자가 없느니라"(요 14:6)고 하십니다. 제자들은 예수님을 잘 압니다. 그런데 예수님은 아버지께로 가는 '유일한 길'입니다. 따라서 제자들 역시 '그 길'을 압니다. 여기서 예수님과 그 길은 일체가 됩니다. 이런 식의 도약적 개념 결합은 이후로도 계속됩니다. 하나님께로 가는 길이신 예수님은 점점 하나님과 일체가 되십니다. 예수님은 "너희가 나를 알았더라면 내 아버지도 알았으리로다 이제부터는 너희가 그를 알았고 또 보았느니라"(요 14:7)라고 말씀하십니다.

이번에는 빌립이 "주여 아버지를 우리에게 보여 주옵소서 그리하면 족하겠나이다"(요 14:8)라고 말합니다. 그러자 예수님은 "빌립아…나를 본 자는 아버지를 보았거늘 어찌하여 아버지를 보이라 하느냐"(요 14:9) 말씀하십니다. 예수님은 "내가 아버지 안에 거하고 아버지는 내 안에 계신"(요 14:10) 상태이셨기 때문입니다. 예수님이 "이르는 말"(요 14:10)과 "행하는 그 일"(요 14:11)은 주님께서 "스스로 하는 것이 아니라 아버지께서 내 안에 계셔서 그의 일을 하시는 것"(요 14:10)입니다. 따라서 예수님을 본 자는 곧 하나님을 본 자입니다. 예수님과 하나님은 하나이시기 때문입니다.

정리하면 '하나님께로 가는 길–예수님–하나님' 셋은 결국 하나로 결합됩니다. 그런데 이 하나 됨이 제자들에게로 확장됩니다. 예수님은 "나를 믿는 자는 내가 하는 일을 그도 할 것이요 또한 그보다 큰일도 하리니"(요 14:12)라고 말씀하십니다. 이 말씀은 제자들이 앞으로 주님보다 더 큰 초능력을 발휘할 것이란 뜻이 아닙니다. 예수님이 하나님과 하나 되어 이 땅에서 활동하신 것처럼 예수님을 믿는 자들 역시 하나님과 하나 되어 활동할 것이라는 뜻입니다. 이를 예수님은 "내가 아버지 안에, 너희가 내 안에, 내가 너희 안에 있는 것"(요 14:20)이라고 표현하십니다. 한마디로 이퀄(equal) 상태를 의미합니다. '너희가 내 안에 내가 너희 안에' 있는 상태는 너희와 내가 똑같은 합동일 때만 가능합니다. 이 상태는 이미 땅에서 이루어졌습니다. 예수님은 이미 제자들과 하나 되어 주님이 제자들 안에 거하시고 또한 제자들이 주님 안에 거하기 때문입니다. 그런데 그 예수님 또한 "아버지 안에 거하고 아버지는 내 안에 계신"(요 14:10) 분입니다. 두 분은 태초부터 본래 하나셨습니다. 따라서 새로운 합체가 다시 일어납니다. 예수님과 하나 된 제자들은 자연스럽게 하나님과도 하나가 됩니다. 제자들 스스로는 결코 하나님과 하나가 될 수 없습니다. 하지만 예수님이 하나님과 하나이시므로 제자들은 하나님과도 하나가 됩니다.

그런데 여기서 문제가 발생합니다. 제자들과 하나 된 예수님이 "내가 아버지께로 감이라"(요 14:12) 말씀하신 것입니다. 게다가 그

곳은 제자들이 "지금은 따라올 수 없"(요 13:36)는 곳입니다. 그러면 문제가 생깁니다. 예수님이 떠나시므로 제자들과 주님의 하나 됨이 깨지기 때문입니다. 그런데 예수님은 자기가 아버지께로 가기 때문에 오히려 제자들이 하나님과 더 잘 통할 것이라고 말씀하십니다(요 14:12-13).

이 수수께끼의 해답은 '보혜사 성령'입니다. 예수님이 아버지께로 가시면 "그가 또 다른 보혜사를 너희에게 주사 영원토록 너희와 함께 있게"(요 14:16) 하실 것입니다. 보혜사라는 단어는 '곁에서 돕는 자'란 뜻입니다. "그는 진리의 영"(요 14:17)이시고 "곧…성령"(요 14:26)이십니다. 예수님은 아버지께로 가신 후 성령을 보내셔서 제자들을 "고아와 같이 버려두지 아니하"(요 14:18)실 것입니다. 성령님은 제자들에게 "모든 것을 가르치고 내가(예수님이) 너희에게 말한 모든 것을 생각나게"(요 14:26) 하실 것입니다. 궁극적으로 성령은 예수님과 동일하신 분입니다. 성령과 함께함은 예수님과 함께함입니다. 따라서 성령은 예수님처럼 "너희와 함께 거하심이요 또 너희 속에"(요 14:17) 계실 것입니다.

여기서 '길-예수님-제자들-성령님-하나님' 다섯은 다시 하나가 됩니다. 예수님이 떠나서도 성령님 덕분에 이 결합은 계속 가능해집니다. 하지만 누구나 성령을 받을 수 있는 것은 아닙니다. 예수님은 "세상은 능히 그를(성령을) 받지 못하나니 이는 그를 보지도 못하고 알지도 못함이라"(요 14:17)라고 말씀하십니다. 그러자 가룟인 아닌 유다에게 의문이 생깁니다. 그는 "주여 어찌하여 자기를 우리에게는 나타내시고 세상에는 아니하려 하시나이까"(요 14:22)라고 묻습니다. 이 질문에 예수님은 "사람이 나를 사랑하면 내 말을 지키"(요 14:23)고 "나를 사랑하지 아니하는 자는 내 말을 지키지 아니"(요 14:24)한다고 말씀하십니다.

드디어 '사랑'이란 개념이 등장합니다. 예수님과 제자들의 하나 됨은 사랑을 통해 가능해집니다. 사랑하면 하나가 됩니다. 예수님은 자기를 사랑하는 제자들에게 자신을 나타내십니다. 하지만 예수님을 사랑하지 않는 자들은 주님과 하나가 될 수 없습니다. 그들에게 자신을 나타내실 필요도 없고 설령 나타내셔도 그들은 예수님과 보혜사 성령을 받지도, 보지도, 알지도 못합니다.

그렇다면 예수님을 사랑하는 자의 증거는 무엇일까요? 바로 '계명 순종'입니다. 예수님은 "나의 계명을 지키는 자라야 나를 사랑하는 자"(요 14:21)라고 하십니다. 이것이 지금까지 살펴본 신비한 결합의 출발점입니다. 예수님의 계명을 지키면 예수님을 사랑하는 자로서 예수님과 하나가 되고, 또한 예수님이 하나님과 하나이시므로 하나님과도 하나가 됩니다. 그러면 "내 아버지께서 그를 사랑하실 것이요 우리가 그에게 가서 거처를 그와 함께"(요 14:23)할 것입니다. 그 거처는 곧 하나님 나라입니다. 따라서 그는 예수님과 함께 그 나라에서 영원히 거할 것입니다. 이 큰 은혜의 출발이 예수님의 계명을 지키는 것입니다. 이 계명은 예수님이 주신 '새 계명' 곧 "서로 사랑하라"(요 13:34)입니다.

두 번째 고별설교(요 15:1-16:33)

첫 번째 고별설교를 마치고 장소를 옮기신 예수님은 두 번째 고별설교를 시작하십니다. 예수님은 "나는 포도나무요 너희는 가지라"(요 15:5) 말씀하십니다. 이 비유 역시 '하나 됨'에 대한 가르침입니다. 예수님은 제자들과 하나 됨을 시각적 언어로 생생히 보여주십니다. 가지가 포도나무에 붙어 있듯이 너희도 "내 안에 거하라 나도 너희 안에 거하리라"(요 15:4)라는 말씀입니다. 그런데 여기에 '열매'라는 개념이 추가됩니다. 예수님은 "그가 내 안에, 내가 그 안에 거하면 사람이 열매를 많이 맺나니"(요 15:5)라고 말씀하십니다. 예수님과 하나 된 제자들이 주님 안에서 날마다 더 풍성한 생명을 누리며, 나아가 이런 제자들의 수가 앞으로 더욱 증가할 것이라는 의미입니다.

예수님과 제자들이 하나 되어 열매 맺는 상태는 곧 "내 말이 너희 안에 거하면"(요 15:7) 가능해집니다. 주님과 제자들의 하나 됨은 말씀에 의해 유지되고 보존됩니다. 이 말씀은 예수님의 "계명"(요 15:10)으로 곧 "내가 너희를 사랑한 것같이 너희도 서로 사랑하라"(요 15:12)입니다. 예수님은 새 계명이 "너희 안에 거하면 무엇이든지 원하는 대로 구하라 그리하면 이루리라"(요 15:7) 약속하셨습니다.

자칫 이 구절을 오해하면 기도를 도깨비 방망이처럼 여길 수 있습니다. 그러나 이 기도는 개인의 차원이 아닙니다. 기도의 능력을 얻으려면 먼저 '서로 사랑하라'는 명령에 거해야 합니다. 이 명령은 절대 혼자서 지킬 수 없습니다. '서로 사랑'은 상대가 있어야 하므로 새 계명은 공동체 안에서만 지켜집니다. 따라서 '원하는 대로 구하라'고 하신 기도의 주체는 공동체입니다. 즉 공동체 전체가 서로 사랑하고 그 사랑 가운데 마음을 합하여 모두가 간절히 원하는 것을 기도할 때 주님께서 들어주신다는 뜻입니다.

예수님은 한 걸음 더 나아가 "너희는 내가 명하는 대로 행하면 곧 나의 친구라"(요 15:14)고 하십니다. "종은 주인이 하는 것을 알지 못"(요 15:15)합니다. 하지만 주님은 "내가 내 아버지께 들은 것을 다 너희에게 알게"(요 15:15) 하셨습니다. 제자들은 이제 종이 아니라 예수님의 친구입니다. 예수님이 이처럼 "너희를 택하여"(요 15:16) 세우신 이유는 "열매를 맺게 하고…내 이름으로 아버지께 무엇을 구하든지 다 받게 하려"(요 15:16)는 것입니다. 하지만 택함받은 제자들의 삶에 축복만 주어지는 것은 아닙니다. 주님의 친구 된 제자들은 세상의 미움도 함께 받을 것입니다. "세상에 속한 자가 아니요 도리어 내가 너희를 세상에서 택하였기 때문에 세상이 너희를 미워"(요 15:19)할 것입니다.

그러나 "세상이 너희를 미워하면 너희보다 먼저 나를 미워한"(요 15:18) 것이라는 예수님의 말씀을 알아야 합니다. "사람들이 나를 박해하였은즉 너희도 박해할 것"(요 15:20)이라고 말씀하셨습니다. 그럼에도 제자들을 따르는 자들이 생겨날 것입니다. "내 말을 지켰은즉 너희 말도 지킬"(요 15:20) 자들이 분명히 있다고 하셨습니다. 하지만 박해의 기운은 더욱 거셉니다. "사람들이 내 이름으로 말미암아 이 모든 일(즉 박해)을 너희에게 하리니 이는 나를 보내신 이를 알지 못함"(요 15:21)이기 때문입니다. 결국 이 말씀은 예수님이 떠나신 후 제자들과 더불어 요한 공동체가 큰 박해를 경험할 것이라는 예언입니다. 예수님은 "사람들이 너희를 출교할 뿐 아니라 때가 이르면 무릇 너희를 죽이는 자가 생각하기를 이것이 하나님을 섬기는 일이라 하리라"(요 16:2)라고 예언하십니다.

'출교'(아포쉬나고고스, ἀποσυνάγωγος)라는 단어는 오직 요한복음에만 세 번 나오는데(요 9:22; 12:42; 16:2), 직역하면 '회당에서 쫓겨남'입니다. 신약성경 다른 곳에는 나오지 않는 이 의도적인 합성어는 요한 공동체가 유대인들의 회당에서 쫓겨난 경험이 있음을 추정하게 합니다. 하지만 이 쓰라린 고통을 주님은 이미 예고하셨습니다. 예수님은 "오직 너희에게 이 말을 한 것은 너희로 그때를 당하면 내가 너희에게 말한 이것을 기억나게 하려 함"(요 16:4)이라고 하셨습니다. 여기 나오는 미래적인 '그때'는 요한복음을 읽는 요한 공동체에게 이미 현재입니다. 요한 공동체는 이 구절을 읽으면서 지금 자신들이 당하는 고통이 주님께서 미리 예언하신 것임을 깨닫게 됩니다. 그리고 "그들이 이런 일을 할 것은 아버지와 나를 알지 못함"(요 16:3) 때문이란 사실도 깨닫습니다.

무엇보다 이 고통스러운 현실에서도 자기들을 여전히 예수님과 하나 되도록 인도하시는 분의 존재도 깨달을 것입니다. 예수님은 "내가 떠나가지 아니하면 보혜사가 너희에게로 오시지 아니할 것이요 가면 내가 그를 너희에게로 보내리니"(요 16:7)라고 말씀하셨습니다. "진리의 성령이 오시면 그가 너희를 모든 진리 가운데로 인도하시리니 그가 스스로 말하지 않고 오직 들은 것을 말하며⋯ 내 것을 가지고 너희에게 알리"(요 16:13-14)실 것입니다. 따라서 주님 승천 후 성령을 모시고 나아가던 당시 제자들과 이후의 요한 공동체, 그리고 오늘날 우리 교회들은 모두 예수님을 보지 못하나 여전히 성령 안에서 주님을 모시고 사는 것입니다.

이 말씀 후에 예수님은 "조금 있으면 너희가 나를 보지 못하겠고 또 조금 있으면 나를 보리라"(요 16:16) 말씀하십니다. 이 말씀은 먼 미래의 '재림'이 아니라 며칠 뒤에 있을 '부활'에 대한 예고입니다. 예수님이 십자가에서 죽으심으로 "너희는 곡하고 애통하겠으나 세상은 기뻐"(요 16:20)할 것입니다. 하지만 "지금은 너희가 근심하나 내가 다시 너희를 보리니 너희 마음이 기쁠 것"(요 16:22)입니다. 이는 예수님이 사흘 만에 부활하셔서 다시 제자들을 찾아오시겠다는 약속입니다. 그 후 아버지께로 올라가시고 대신 보혜사 성령이 내려오실 것입니다. 그래서 예수님은 끝으로 "내가 아버지에게서 나와 세상에 왔고 다시 세상을 떠나 아버지께로 가노라"(요 16:28)라고 말씀하신 것입니다.

하지만 이 모든 과정이 진행되려면 반드시 중요한 사건을 거쳐야 합니다. 바로 십자가입니다. 주님이 십자가를 지셔야만 지금까지 말씀하신 모든 약속과 예언이 진행될 것입니다. 그래서 예수님은 제자들에게 "보라 너희가 다 각각 제 곳으로 흩어지고 나를 혼자 둘 때가 오나니 벌써 왔도다"(요 16:32) 하시고도 두려워하지 않으시고 "내가 혼자 있는 것이 아니라 아버지께서 나와 함께 계시"(요 16:32)다고 말씀하십니다. 십자가의 고통은 예수님 선에서 끝날 것이 아닙니다. 예고대로 제자들과 요한 공동체도 동일한 박해를 경험할 것입니다. 이때 박해받는 성도들은 당연히 큰 두려움을 느낄 것입니다. 그래서 예수님은 고별설교의 끝을 승리의 메시지로 장식하면서 큰 용기를 주십니다. "이것을 너희에게 이르는 것은 너희로 내 안에서 평안을 누리게 하려 함이라 세상에서는 너희가 환난을 당하나 담대하라 내가 세상을 이기었노라"(요 16:33).

예수님이 말씀하신 '평화'는 "세상이 주는 것과 같지 아니"(요 14:27)합니다. 이 평화는 몸과 마음이 편해져서 느끼는 것이 아닙니다. 오히려 다가올 죽음 앞에서도 하나님이 여전히 나와 함께 계시며 또 이 길을 먼저 가신 예수님이 승리하셨음을 볼 때 느끼는 평화입니다. 다시 말해, 썩을 양식을 통해 즐기는 육신의 평화가 아니라 담담히 목에 칼을 받으면서 느끼는 영적 평화입니다. 이처럼 고별설교의 심층에는 곧 십자가를 지실 예수님이 앞으로 같은 박해를 경험할 자기 사람들을 염려하면서 끝까지 승리하기를 바라는 염원으로 가득 차 있습니다.

고별기도(요 17:1-26)

긴 고별설교를 마치신 예수님은 마침내 "눈을 들어 하늘을 우러러"(요 17:1) 보시고 기도를 시작하십니다. 이 기도는 3단계로 이해할 수 있습니다. 첫째는 '예수님 자신'을 위한 기도(요 17:1-5), 둘째는 '제자들'을 위한 기도(요 17:6-19), 셋째는 앞으로 예수님을 믿게 될 '미래 성도들'을 위한 기도(요 17:20-26)입니다.

먼저 예수님은 "아버지여 때가 이르렀사오니 아들을 영화롭게 하사 아들로 아버지를 영화롭게 하옵소서"(요 17:1)라고 간구하십니다. 여기서 '때'란 곧 다가올 십자가를 말합니다. 십자가를 통해 예수님은 "아버지께서 아들에게 주신 모든 사람에게 영생을"(요 17:2) 주실 것입니다. 그래서 이 기도는 자연스럽게 영생 얻을 사람들을 위한 간구로 이어집니다. 그중에서 먼저 지금 함께 있는 제자들을 위해 기도하십니다. 예수님은 "세상 중에서 내게 주신 사람들에게 내가 아버지의 이름을 나타내"(요 17:6)었는데 "그들은 아버지의 말씀을 지키었"(요 17:6)고 또한 "아버지께서 나를 보내신 줄도 믿었사옵나이다"(요 17:8)라고 하십니다. 그래서 예수님은 이 귀한 제자들을 위해 간절히 기도하십니다. "내가 비옵는 것은 세상을 위함이 아니요 내게 주신 자들을 위함"(요 17:9)이라 하시면서 자신이 "그들로 말미암아 영광을 받았"(요 17:10)다고 말씀하십니다.

이어 예수님은 "그들을 보전하사 우리와 같이 그들도 하나가 되게 하옵소서"(요 17:11)라고 하나님께 간구합니다. 이제 곧 예수님은 "세상에 더 있지 아니하오나 그들은 세상에 있"(요 17:11)기 때문입니다. 세상에 남은 그들은 예수님처럼 환란을 당할 것입니다(요 16:33). 하지만 주님은 박해 속에도 그들이 사라지지 않고 보전되기를 구하십니다. 예수님은 "내가 비옵는 것은 그들을 세상에서 데려가시기를 위함이 아니요 다만 악에 빠지지 않게 보전하시기를 위함"(요 17:15)이라고 하십니다.

이 속에는 두 가지 간구가 들어 있습니다. 먼저 그들을 세상에서 데려가지 말아달라는 것입니다. 이 간구는 제자들이 앞으로 세상에서 감당해야 할 사명이 있다는 뜻과도 통합니다. 영생을 믿는 성도는 박해와 고통 속에서 죽음을 쉽게 받아들일 수도 있습니다. 하지만 그렇게 모두 순교해 버리면 공동체 자체가 사라질 수도 있습니다. 그래서 예수님은 그들을 세상에서 데려가지 말아 달라고 하나님께 부탁드린 것입니다. "그들을 세상에 보내"(요 17:18) 마땅히 이루게 하실 사명이 있기 때문입니다. 제자들은 세상의 미움을 받지만 그럼에도 세상을 외면해서는 안 됩니다. 주님의 파송을 받아 "그들의 말로 말미암아 나를 믿는 사람들"(요 17:20)을 만들어야 합니다.

그러나 악한 세상의 박해는 거셉니다. 그래서 두 번째 간구가 이어집니다. 우리말 성경에서 '그들을…악에 빠지지 않게 보전하시기를 위함'(요 17:15)이라는 번역은 문제가 많은 의역입니다. 이 문장을 원어로 직역하면 '악으로부터 그들을 지켜 주시기 위함'입니다. 이때의 '악'은 일반적인 죄악이 아니라 제자들을 박해하는 세상을 뜻합니다. 예수님은 제자들이 세상의 박해로부터 보호받기를 계속해서 간구하고 계신 것입니다. 악한 세상이 아무리 박해해도 제자들이 악으로부터 보전되기를 간절히 기도하셨습니다. 따라서 앞의 간구와 이 간구는 결국 동일한 내용입니다.

제자들을 위한 기도를 마치신 예수님은 "내가 비옵는 것은 이 사람들만 위함이 아니요 또 그들의 말로 말미암아 나를 믿는 사람들도 위함"(요 17:20)이라고 하십니다. 앞에 나온 '이 사람들'은 예수님 당시의 제자들이고 뒤에 나오는 '나를 믿는 사람들'은 나중에 이 구절을 읽는 요한 공동체, 나아가 지금의 우리를 포함합니다. 예수님은 미래의 성도들까지 "다 하나가 되어 우리 안에 있게"(요 17:21) 해달라고 기도하십니다. 하나님이 예수님께 주신 "영광을 내가 그들에게 주었사오니 이는 우리가 하나가 된 것같이 그들도 하나가 되게 하려 함"(요 17:22)이십니다. 믿는 자들이 하나가 되고 하나 된 그들이 또한 본래 하나이신 '성자─성부'와 하나가 되면 "세상으로 아버지께서 나를 보내신 것을 믿게"(요 17:21) 할 수 있고 또한 "아버지께서 나를 보내신 것과 또 나를 사랑하심같이 그들도 사랑하신 것을 세상으로 알게"(요 17:23) 할 것입니다.

결국 예수님의 마지막 기도는 예수님이 떠나신 후 제자들과 미래 성도들이 세상에서 박해와 고통에 시달려도 두려워하거나 피하지 말고 주님의 파송자로서 당당하게 사명을 이루기를 바라는 간구입니다. 그 사명은 악한 세상에게 영생의 진리를 전하는 것입니다. 이때 "영생은 곧 유일하신 참 하나님과 그가 보내신 자 예수 그리스도를 아는 것"(요 17:3)입니다. 제자 된 성도는 이를 세상에 전해야 합니다.

2천 년이 지난 지금, 우리는 예수님의 기도가 이루어졌고 또 계속 이루어지고 있음을 봅니다. 바람 앞에 등불 같은 위기에도 제자들과 요한 공동체는 예수님의 간절한 기도대로 악한 세상에서 보전되어 오늘에 이르렀습니다. 나아가 박해하던 세상이 오히려 '아버지께서 예수님을 보내신 것'(요 17:21)과 '아버지께서 예수님을 사랑하심같이 이 땅의 믿는 자들도 사랑하신 것'(요 17:23)을 깨닫고 주님 앞에 나아오고 있습니다. 진실로 그 밤에 예수님이 간구하신 대로입니다.

요 18:1-21:25
십자가와 부활

체포당하심과 '에고 에이미'(요 18:1-19:16)

고별설교와 기도를 마치신 예수님은 "제자들과 함께 기드론 시
내 건너편으로 나가시니 그곳에 동산이"(요 18:1) 있었습니다. 이 동
산은 공관복음서가 말하는 겟세마네가 분명합니다. "그곳은 가끔
예수께서 제자들과 모이시는 곳이므로 예수를 파는 유다도 그곳
을"(요 18:2) 알고 있었습니다. 그런데도 예수님이 이곳에 오신 까닭
은 십자가를 지실 마음의 준비가 되셨다는 증거입니다. 결국 예수
님은 체포되십니다. 이후 재판을 거쳐 십자가형을 언도받으시는

장면은 공관복음서와 유사합니다. 체포 후 안나스에게 끌려가셨다가 다시 가야바에게 가시고 그 사이에 베드로(와 또 다른 제자)가 대제사장의 뜰에 들어갔다가 주님을 부인합니다. 예수님은 다시 빌라도 법정에 가신 후 결국 유대인들의 선동에 의해 십자가 처형이 확정되십니다.

그런데 체포되실 때 한 가지 흥미로운 장면이 나옵니다. 예수님은 무기를 든 사람들이 다가올 때 "너희가 누구를 찾느냐"(요 18:4) 물으십니다. 그들이 나사렛 예수를 찾는다고 하자 주님은 "내가 그니라"(요 18:5)라고 대답하십니다. 그러자 "그들이 물러가서 땅에 엎드러"(요 18:6)집니다. 이때 예수님의 '내가 그니라'라는 말씀은 요한복음의 특징으로 자주 언급됩니다. 헬라어로 '에고 에이미'(ἐγώ εἰμι)라는 이 표현은 요한복음의 중요한 특징으로 널리 알려져 있습니다.

성경에 총 48번 나오는 에고 에이미는 요한복음에만 24번 사용되었습니다. 따라서 이 속에 뭔가 중요한 의미가 있는 것은 분명합니다. 하지만 한 가지 오해는 깨고 가야 합니다. 간혹 에고 에이미가 마치 하나님의 '본성'이나 고유한 '명칭'인 것처럼 생각하는 경우가 있는데, 그렇지 않습니다. 이 문장은 일차적으로 '나는…이다'라고 말할 때 쓰는 일반적인 표현입니다. 여기에 '생명의 빛', '선한 목자' 등이 들어가면 말 그대로 '에고 에이미 생명의 빛' 즉 '나는 생명의 빛이다'라는 문장이 되는 것입니다. 요한복음에 이 문장이 유독 많이 나오는 것은 예수님께서 '나는…이다' 형태의 말씀을 많이 하셨기 때문입니다.

물론 다른 단어 없이 순수하게 에고 에이미만 쓰인 문장도 요한
복음에 9번 나옵니다. 하지만 이때도 에고 에이미가 하나님의 명
칭을 대신하는 것은 아닙니다. 그저 '내가 그 사람이다'라는 뜻입
니다. 이는 날 때부터 맹인이었던 사람이 눈을 뜬 후 다른 사람들
이 진짜 그 사람인지 의아해 하자 맹인이 "내가 그라"(요 9:9)고 말
하는 장면에서 확실히 밝혀집니다. '내가 그라'는 문장 역시 정확
히 에고 에이미입니다. 만약 이 명칭이 하나님을 가리킨다면 맹인
은 절대로 에고 에이미라는 말을 쓸 수 없고 해서도 안 됩니다. 혹
자는 이 문장이 출애굽기에 나오는 "나는 스스로 있는 자"(출 3:14)
와 같은 문장이라고도 하는데, 역시 오해입니다. 구약의 이 구절을
헬라어로 번역하면 에고 에이미가 아니라 '에고 에이미 호 온'(ἐγώ
εἰμι ὁ ὤν)입니다. 칠십인 역에서 이를 확인할 수 있습니다.

에고 에이미 자체에는 하나님에 대한 상징성이 없습니다. 굳이
이를 밝히는 데는 이유가 있습니다. 요한복음이 예수님을 하나님
으로 묘사하는 것은 틀림없지만 그 증거를 에고 에이미라고 보아
서는 안 되기 때문입니다. 작위적인 공식을 만들어 놓고 해석의
기준으로 삼는 오류와 마찬가지입니다. 예수님이 왜 각각의 상황
에서 '내가 그니라'(에고 에이미)는 말씀을 하셨는지 진짜 의미를 놓
칠 가능성이 큽니다. 예를 들어 체포되시는 장면에서도 예수님은
자기를 잡으러 온 자들에게 '내가 그니라'(에고 에이미) 말씀하십니다.
만약 에고 에이미 자체가 하나님을 뜻한다면 그들이 엎드러진 것

십자가와 부활 451

은 예수님이 하나님이심을 느끼고 겁을 먹었기 때문이거나, 아니면 이 말씀을 하실 때 뭔가 하나님의 능력이 나와서 그들을 넘어뜨린 것으로 보아야 합니다.

하지만 둘 다 불가능합니다. 만약 그들이 예수님에게서 하나님을 느꼈다면 잠시 후 예수님을 체포한다는 것은 말이 안 됩니다. 전에 바리새인들의 하속들이 예수님을 체포하러 갔다가 주님의 말씀에 감동해서 "그 사람이 말하는 것처럼 말한 사람은 이때까지 없었나이다"(요 7:46)라며 명령을 거부한 적이 있습니다. 단지 설교에 감동해도 이 정도인데 예수님이 하나님이심을 느끼고도 체포한다는 것은 어불성설입니다. 또한 이 말씀을 하실 때 어떤 힘이 나와서 그들이 마치 장풍에 맞은 것처럼 넘어졌다고 보는 것도 맞지 않습니다. 그들의 행동이 수동태가 아니기 때문입니다. 그들은 어떤 힘에 의해 '물러섬을 당하고 엎드러짐을 당한 것'이 아닙니다. 그들 스스로 '뒤로 물러가 땅에 엎드린 것'입니다.

따라서 그들이 물러나고 엎드린 이유를 알려면 에고 에이미의 문장 전체에 담긴 뜻부터 따져야 합니다. 예수님이 이 말씀을 하신 이유는 본문에 정확히 나타납니다. 예수님은 "너희에게 내가 그니라(에고 에이미) 하였으니 나를 찾거든 이 사람들이 가는 것은 용납하라"(요 18:8)고 하십니다. 여기서도 에고 에이미가 하나님의 명칭이 아니라는 사실은 더욱 분명해집니다. 하나님의 명칭이라면 '내가 에고 에이미라 했으니 무섭지? 썩 물러가라'고 하셔야 합니다. 하지만 예수님은 이 말씀을 했으니 나만 체포하라고 하십니다. 이게 다입니다. 이때의 에고 에이미는 예수님이 내가 그라고 밝혀 스스로 체포되시려고 사용하신 단순한 언어일 뿐입니다.

무엇보다 그렇게 하신 이유는 제자들을 보호하기 위해서였습니다. 이는 예수님이 두 번이나 그들에게 "너희가 누구를 찾느냐"(요 18:4, 7)고 물으신 것에서도 나타납니다. 예수님은 어떡하든 제자들을 보호하고 자기만 체포되려 하셨습니다. 그래서 그들이 나사렛 예수를 찾는다고 하자 에고 에이미, 즉 "내가 그니라"(요 18:5)고 밝히신 것입니다. 따라서 이 말에 그들이 물러나 엎드린 것은 어떤 신비한 장면이라기보다 잡으러 온 사람들이 크게 놀란 반응으로 해석할 수 있습니다. 예수님이 너무 당당하게 체포되시려는 데 놀라서 주춤 뒤로 물러서다가 어두운 산길에 발들이 얽혀서 단체로 넘어진 것입니다. 애초에 그들은 엄청난 준비를 갖추고 "등과 횃불과 무기를 가지고"(요 18:3) 왔습니다. 예수님의 체포가 상당히 어려울 것으로 생각했기 때문입니다. 하지만 예상과 달리 너무 간단하게 주님께서 자기를 밝히시고 체포되려 하시자 놀라서 주춤거리다 넘어진 것입니다.

따라서 이 장면에 나오는 에고 에이미는 예수님이 하나님이심을 나타내는 것이 아니라 제자들을 보호하시려는 사랑의 표현입니다. 조금 전 제자들과 드린 마지막 기도에서 예수님은 하나님께 '그들을 보전해 달라고'(요 17:11, 15), 또한 '그들을 세상에서 데려가지 말아 달라고'(즉, 죽게 하지 마시라고, 요 17:15) 부탁하셨습니다. 예수님이 "내가 그니라(에고 에이미) 하였으니 나를 찾거든 이 사람들이 가는 것은 용납하라"(요 18:8) 하신 것은 이 기도가 진심이심을 보여 줍니다. 그래서 요한복음은 이 장면의 결론을 다음과 같이 밝힙니다. "이는 아버지께서 내게 주신 자 중에서 하나도 잃지 아니하였 사옵나이다 하신 말씀을 응하게 하려 함이러라"(요 18:9). 이것이 예수님께서 '내가 그니라'(에고 에이미) 말씀하신 진짜 이유입니다. "예수께서 자기가 세상을 떠나 아버지께로 돌아가실 때가 이른 줄 아시고 세상에 있는 자기 사람들을 사랑하시되 끝까지 사랑하시니라"(요 13:1)는 기록 그대로입니다.

꺾이지 않은 예수님의 뼈(요 19:31-37)

사람을 십자가에 매달아 죽이는 것은 인류 역사상 가장 잔인한 처형 방식입니다. 흔히 단두대 처형이 끔찍하다고 하는데, 이건 오히려 인도적입니다. 사형수가 고통을 느낄 새도 없이 금방 죽어 버리기 때문입니다. 십자가 처형은 어떻게 하면 사람이 바로 안 죽고 고통을 최대한 천천히 느끼면서 죽게 할지 연구해서 만든 사형법입니다. 워낙 지쳐 계셨던 예수님은 십자가에서 당일에 돌아가셨지만 그렇지 않은 사형수도 많았다고 합니다. 보통은 이틀, 길게는 일주일 넘게 십자가에서 생존한 사람들도 있었습니다. 또한 못을 양 손바닥에 박는다고 생각하기 쉽지만, 그렇지 않았습니다. 손바닥은 약해서 체중을 견디지 못하고 찢어집니다. 실제로 못 박은 곳은 손목입니다. 사람의 손목에는 두 갈래 뼈가 있어서 그 사이에 못을 박으면 팔목 뼈에 못이 걸쳐지므로 몸이 단단히 유지됩니다.

발에 못을 박는 것도 우리가 흔히 아는 것과 다릅니다. 1968년 이스라엘의 한 유골함에서 예수님과 비슷한 시기에 십자가에 못 박혀 죽은 청년의 뼈가 발견되었습니다. 이 유골의 발에는 긴 쇠 못이 박혀 있었는데, 그 위치는 예상과 달리 발뒤꿈치였습니다. 연구해 보니 지금까지 양발을 겹치고 발등에 한 개의 못을 박았을 것이라고 생각한 것과 달리, 두 발을 각각 따로 십자가 기둥 양 측에 대고 몸부림쳐도 못이 빠지지 않도록 뒤꿈치에 작은 나무 판을 댄 상태에서 못을 친 것이 밝혀졌습니다. 즉 십자가에 달린 자의 양 발은 겹쳐진 게 아니라 벌어진 상태였던 것입니다.

그런데 요한복음은 "군인들이 예수를 십자가에 못 박고 그의 옷을 취하여 네 깃에 나눠 각각 한 깃씩 얻고 속옷도 취하니 이 속옷은 호지 아니하고 위에서부터 통으로 짠 것이라"(요 19:23)고 말합니다. 여기서 두 가지 사실이 드러납니다. 첫째, 예수님은 십자가에서 속옷까지 벗겨진 상태로 완전히 벌거벗고 죽으셨습니다. 만인이 지켜보는 가운데 나체로 매달리신 주님은 인간이 당할 수 있는 모든 고통과 치욕을 당하신 것입니다. 둘째, 이미 십자가에 못 박힌 상태에서 통으로 된 속옷이 벗겨졌다면 주님의 양 손목 혹은 양 발에 박힌 못들은 한 번 빠졌다가 다시 박혔을 가능성이 높습니다. 위로부터 통으로 짠 속옷을 군인들이 "찢지 말고 누가 얻나 제비뽑자"(요 19:24)라고 기록되어 있기 때문입니다.

십자가에 못 박히면 낮에는 뜨거운 햇볕에 말라 가고, 밤이면 차가운 바람과 외로움에 몸부림치며 죽어 갑니다. 짐승들의 습격도 많았습니다. 낮에는 까마귀나 독수리가 날아와 쪼아 대고 밤에는 들개 등이 올라와 몸을 뜯어먹기도 했습니다. 하지만 이것들보다 무서운 고통은 바로 숨 쉬는 것입니다. 사람의 양 팔이 못에 박혀 매달리면 몸이 아래로 축 처집니다. 그러면 호흡이 가빠져 발과 손목뼈에 걸친 못에 의지하여 몸을 솟구쳐야만 숨을 쉴 수 있습니다. 그래서 십자가에 매달린 사람은 가만히 있지를 못합니다. 몸을 솟구쳐 숨을 쉬고 다시 축 처치고, 다시 숨이 차서 몸을 솟구치기를 죽을 때까지 반복합니다. 완전히 탈진할 때까지 아래위로 몸을 움직이며 죽어 가는 것입니다. 더구나 십자가에서는 기절도 할 수 없습니다. 숨 쉬려고 움직이는 것이 곧 뼈를 쇠못에 깎는 고통이므로 그 아픔에 정신이 깨어나기 때문입니다.

"유대인들은…그 안식일에 시체들을 십자가에 두지 아니하려 하여 빌라도에게 그들의 다리를 꺾어"(요 19:31) 달라고 부탁했습니다. 십자가에서 숨을 쉬려고 몸을 솟구치려면 다리에 힘을 줘야 합니다. 하지만 정강이뼈를 큰 망치로 부숴 버리면 더 이상 몸을 솟구치지 못하므로 숨이 막혀 곧바로 죽음에 이릅니다. 이들의 요청이 수락되자 결국 "군인들이 가서 예수와 함께 못 박힌 첫째 사람과 또 다른 사람의 다리를 꺾"(요 19:32)습니다. 하지만 "예수께 이르러서는 이미 죽으신 것을 보고 다리를 꺾지 아니하"(요 19:33)였습니다. 대신 정말 죽었는지 확인하려고 "한 군인이 창으로 옆구리를 찌르니 곧 피와 물이 나"(요 19:34)왔다고 합니다.

요한복음은 이 사건을 구약성경의 성취로 봅니다. "이 일이 일어난 것은 그 뼈가 하나도 꺾이지 아니하리라 한 성경을 응하게 하려 함이라 또 다른 성경에 그들이 그 찌른 자를 보리라 하였느니라"(요 19:36-37). '그 뼈가 하나도 꺾이지 아니하리라'는 말씀은 예수님을 유월절 어린양에 비긴 것입니다. 요한복음 초반부에서 예수님은 "세상 죄를 지고 가는 하나님의 어린양"(요 1:29)으로 소개되었습니다. 그런데 예수님이 죽으신 때는 유월절 기간이었습니다. 공관복음서와 요한복음서 사이에 간발의 시간차가 느껴지기는 하지만, 네 복음서 모두 예수님의 죽음이 유월절 어간에 있었다고 기록한 것은 확실합니다.

따라서 예수님은 곧 유월절 어린양이십니다. 유월절은 이스라엘이 애굽의 종살이에서 해방된 것을 기념하는 날입니다. 유월절에는 엄격한 음식 규례가 있었습니다. 하나님은 "어린양에 무교병과 쓴 나물을 아울러 먹을 것이요…그 뼈를 하나도 꺾지 말"(민 9:11-12, 출 12:8 참조)라고 명하셨습니다. 유월절 식사 후에 이스라엘이 해방을 얻었듯, 유월절에 예수님이 십자가를 지신 후부터 인류는 그 살과 피를 통해 사망 권세에서 해방을 얻었습니다. 따라서 주님의 살과 피는 유월절의 참된 생명 양식입니다(요 6:54-55). 어린양 예수님이 곧 유월절 음식이 되신 것입니다. 그러므로 그분의 뼈는 꺾일 수 없습니다. 유월절 어린양의 뼈가 꺾이지 않는 것처럼 말입니다.

예수님의 뼈가 꺾이지 않은 것은 "의인은 고난이 많으나 여호와께서 그의 모든 고난에서 건지시는도다 그의 모든 뼈를 보호하심이여 그중에서 하나도 꺾이지 아니하도다"(시 34:19-20)라는 예언과도 관련이 있습니다. 이 구절을 적용하면 예수님의 뼈가 꺾이지 않은 것은 예수님이 의인으로 아무 죄 없이 죽으셨다는 뜻이자 그 고난이 승리의 부활로 이어질 것을 뜻합니다. 또한 '그들이 그 찌른 자를 보리라'는 예언은 또 다른 예언의 성취를 보여 줍니다. "내가 다윗의 집과 예루살렘 주민에게 은총과 간구하는 심령을 부어 주리니 그들이 그 찌른바 그를 바라보고 그를 위하여 애통하기를 독자를 위하여 애통하듯 하며 그를 위하여 통곡하기를 장자를 위하여 통곡하듯 하리로다"(슥 12:10)라는 말씀의 성취입니다. 이 말씀은 창에 찔리신 주님의 옆구리에서 '피와 물'이 흐르는 순간, 수많은 죄인의 심령이 통곡하고 회개하는 역사가 일어날 것이라는 의미입니다. 지금 우리는 이 예언들이 모두 성취되었고 또한 성취되고 있음을 목격하고 있습니다.

아리마대 요셉과 니고데모의 장례(요 19:38-42)

예수님이 십자가에서 "다 이루었다"(요 19:30) 말씀하시고 돌아가신 후 복음서는 모두 아리마대 사람 요셉이 주님의 시신을 거두어 "바위 속에 판 자기 새 무덤"(마 27:60, 막 15:46; 눅 23:53; 요 19:41 참조)에 장사지냈다고 기록합니다. 하지만 요한복음은 이 장례에 니고데모도 동참했다고 말합니다. 요한복음에만 등장하는 니고데모는 예수님을 만나 거듭남에 대해 배운 후 서서히 영적인 사람으로 변해 갔습니다. 영적인 변화에는 반드시 자기희생이 따릅니다. 육적인 것을 버려야 성령으로 난 자가 될 수 있습니다.

"하나님이 세상을 이처럼 사랑하사 독생자를 주셨으니 이는 그를 믿는 자마다 멸망하지 않고 영생을 얻게 하려 하심이라"(요 3:16) 말씀하신 예수님은 이어서 니고데모를 초청하셨습니다. "악을 행하는 자마다 빛을 미워하여 빛으로 오지 아니하나니 이는 그 행위가 드러날까 함이요 진리를 따르는 자는 빛으로 오나니 이는 그 행위가 하나님 안에서 행한 것임을 나타내려 함이라"(요 3:20-21)라고 말입니다. 난생 처음 빛으로 나아오라는 초대를 받고 니고데모의 마음은 복잡했을 것입니다. 애초에 그가 남의 눈을 피해 "밤에 예수께"(요 3:2) 찾아간 것은 본래 어둠에 속해 있었다는 증거입니다. 하지만 예수님께 진리를 배우고 나서 니고데모는 점차 빛으로 나아옵니다.

초막절에 예수님이 예루살렘에 계셨을 때 "대제사장들과 바리새인들이 그를 잡으려고 아랫사람들을"(요 7:32) 보냈습니다. 하지만 그들은 주님을 체포하지 않고 그냥 돌아와 "그 사람이 말하는 것처럼 말한 사람은 이때까지 없었나이다"(요 7:46)라고 말합니다. 그러자 바리새인들은 "너희도 미혹되었느냐 당국자들이나 바리새인 중에 그를 믿는 자가 있느냐 율법을 알지 못하는 이 무리는 저주받은 자로다"(요 7:47-49)라고 호통을 칩니다. 그때 그 자리에 니고데모가 함께 있었습니다. 그는 강력한 양심의 촉구를 느꼈습니다. 그래서 "우리 율법은 사람의 말을 듣고 그 행한 것을 알기 전에 심판하느냐"(요 7:51)라며 동료들에게 이의를 제기합니다.

물론 당시 니고데모가 완전히 변화된 것은 아닙니다. '우리 율법'이라고 말한 것은 아직 그가 바리새인 그룹에서 확실히 분리되지 않았다는 증거입니다(반대로 예수님은 '너희 율법'이란 표현을 쓰심. 요 8:17; 10:34 참조). 그럼에도 그는 지금 어둠에서 빛으로 나아가는 첫걸음을 과감히 내디뎠습니다. 니고데모의 말을 듣고 바리새인들이 "너도 갈릴리에서 왔느냐 찾아보라 갈릴리에서는 선지자가 나지 못하느니라"(요 7:52)고 윽박지른 모습은 니고데모가 자신이 속한 어둠과 맞서기 시작했음을 보여 줍니다. 여기에는 용기가 필요합니다. 용기가 믿음의 시작이요, 이때부터 인간은 어둠의 세력에서 벗어나기 시작합니다.

이후로 진리의 빛을 향한 니고데모의 행보는 더 빨라집니다. 예수님이 십자가에서 죽으시자 마침내 자기의 길을 확실히 정한 것입니다. 그는 아리마대 요셉과 함께 다시 등장합니다. "아리마대 사람 요셉은 예수의 제자이나 유대인이 두려워 그것을 숨기더니 이 일 후에 빌라도에게 예수의 시체를 가져가기를 구하매 빌라도가 허락하는지라 이에 가서 예수의 시체를 가져가니라 일찍이 예수께 밤에 찾아왔던 니고데모도 몰약과 침향 섞은 것을 백 리트라쯤 가지고 온지라"(요 19:38-39).

사복음서에 모두 등장하는 아리마대 요셉은 "부자"(마 27:57)였고

"존경받는 공회원"(막 15:43)이었습니다. 공회원이란 표현은 당시 이스라엘을 이끄는 산헤드린 멤버를 지칭하는 말로, 니고데모도 여기에 소속되었던 것 같습니다(요 3:1). 그렇지만 "아리마대 사람 요셉은 예수의 제자"(요 19:38, 마 27:57 참조)이기도 했습니다. 물론 처음부터 온전한 제자였던 것은 아닙니다. 요한복음은 그가 "예수의 제자이나 유대인이 두려워 그것을 숨기"(요 19:38)고 있었다고 밝힙니다. 제자의 이름만 가졌을 뿐 여전히 육에 속한 사람이었음을 보여 줍니다. 니고데모도 마찬가지였습니다. 그도 한때 동료들과 입씨름을 벌이긴 했지만 질타를 받은 후 더 이상 아무 말도 하지 못하고 침묵했습니다.

요한복음은 이런 수동적 자세를 온전한 믿음으로 인정하지 않습니다. "관리 중에도 그를 믿는 자가 많되 바리새인들 때문에 드러나게 말하지 못하니…그들은 사람의 영광을 하나님의 영광보다 더 사랑"(요 12:42-43)했다고 합니다. 요셉과 니고데모는 예수님을 믿긴 했지만 두려움이 많았던 관리들의 대표입니다. 그 이유는 말할 것도 없이 자기 육체에 올 손해 때문이었습니다. 부자면서 공회원이라는 명예에 손실이 올까 두려웠기에 마음으로는 동조했지만 온전히 따르지 못한 것입니다. 하지만 이 어정쩡한 자리에 있던 요셉과 니고데모는 어느 순간 완전히 변화합니다. 바로 예수님의 죽으심을 목격한 후였습니다.

이들의 변화를 잘 표현하는 단어가 마가복음에 나옵니다. 예수님이 돌아가신 후 요셉은 "당돌히 빌라도에게 들어가 예수의 시

체를 달라"(막 15:43)고 합니다. '당돌히…하다'(톨마오, τολμάω)라는 단어
는 신약성경에 총 16번 나오는데 '감히…하다'는 뜻입니다. 이 단
어는 예수님의 시체를 거두는 일에 담대함과 용기가 필요했음을
보여 줍니다. 예수님을 죽인 동료 지도자들에게 이 일이 금방 발
각될 것이기 때문입니다. 그러면 그들의 눈총과 의심이 시작되고
지금껏 쌓아온 부와 명예뿐 아니라 목숨도 위험해질 가능성이 있
었습니다.

하지만 놀랍게도 아리마대 요셉과 니고데모는 바로 이때 자신
들이 예수님의 제자임을 드러낸 것입니다. 그들이 드디어 빛으로
온전히 들어갈 결심을 했다는 증거입니다. 예수님의 십자가를 보
고 제자들도 모두 도망가 버린 상황에서 용감히 나타나 주님의 시
체를 거둔 두 사람은 십자가의 참 의미를 온전히 깨달은 자들이었
습니다. 이들의 모습은 엄숙한 도전을 던집니다. 영광받는 자리에
서는 것은 쉽습니다. 하지만 고난받는 자리로 내려가서 자기를 드
러내기란 무척 어렵습니다. 십자가가 진정한 영광이라는 영적 믿
음 없이는 불가능합니다.

니고데모는 "모세가 광야에서 뱀을 든 것같이 인자도 들려야 하
리니"(요 3:14)라는 예수님의 예언을 이미 들었고 필경 이것을 동료
인 아리마대 요셉에게도 말해 주었을 것입니다. 처음에 그들은 이
예언의 의미를 몰랐습니다. 그러다가 예수님이 십자가에 달리셨
을 때 비로소 하나님의 아들이 땅에 오신 이유를 았습니다. 그것
은 인간의 죄를 대속하기 위함이셨습니다. 그들은 성령의 사람들

로 거듭났습니다. 주님의 십자가의 살과 피가 곧 생명의 양식임을 깨달은 것입니다. 이 깨달음이 심장을 때리는 순간 두려움은 사라졌습니다. 사람의 영광을 사랑해서 지금껏 보듬고 있던 육체의 욕망이 얼마나 어리석은지, 주님의 십자가에 동참함이 얼마나 값진 것인지 뼈저리게 깨닫고 마침내 진정한 제자로 환골탈태한 것입니다.

그들의 변화는 예수님의 장례에서 두 사람이 바친 목록을 통해 확인할 수 있습니다. 아리마대 요셉은 예수님께 "바위 속에 판 자기 새 무덤"(마 27:60)을 드렸습니다. 유대인들의 무덤은 개인 용도가 아니라 가족 전체를 위한 대형 무덤입니다. 바위를 깎아서 큰 무덤을 조성하려면 엄청난 인력과 장비가 필요합니다. 하지만 그는 예수님의 죽으심에 소중한 재산을 아낌없이 드립니다.

니고데모도 마찬가지였습니다. 그도 "몰약과 침향 섞은 것을 백 리트라쯤 가지고"(요 19:39) 왔습니다. 그가 가져온 '몰약과 침향'은 매우 귀한 것들로 왕들이 사용하던 것입니다(아 4:14; 시 45:8). 이 귀한 향유를 니고데모는 '백 리트라'나 가지고 왔습니다. 이는 약 34킬로그램 무게로 혼자 들고 오기에 버거울 만큼 많은 양입니다. 물론 가격은 더 엄청납니다. 대략 추정해 봐도 10억 원의 가치가 넘습니다. 아마도 그의 전 재산과 바꾸었을 가능성이 높은데 이렇듯 엄청난 향품을 가져온 것은 주님의 몸 전체를 담구기 위한 것이었습니다.

이 모두는 니고데모와 아리마대 요셉이 예수님의 죽음의 의미가 측량하지 못할 가치임을 깨달았다는 증거입니다. 한때 자기의 재산과 기득권을 빼앗길까 갈등하던 두 사람은 진심으로 내게 있는 모든 것을 아낌없이 드리는 경지에 오른 것입니다. 니고데모 (Νικόδημος)라는 이름은 '이김'이라는 뜻의 '니케'(νίκη)와 '백성'이라는 뜻의 '데모스'(δῆμός)가 결합된 형태로, 백성의 정복자 혹은 백성 중의 승리자로 해석할 수 있습니다. 이 이름은 아마도 그의 부모가 니고데모에게 앞으로 남보다 세상에서 더 큰 승리를 얻으라고 붙여 주었을 것입니다. 그는 그 기대만큼 큰 성공을 거두었습니다. 이스라엘의 지도자가 되었고 백성들의 선생이라는 명예와 거액의 재산까지 얻었습니다. 하지만 예수님을 만나 진리를 배우자 육이 아닌 영의 승리가 진정한 승리임을 깨달았습니다. 이를 위해 이전에 승리라고 여겼던 육의 것들을 내려놓고 영의 사람으로 거듭났습니다. 예수님이 "세상에서는 너희가 환난을 당하나 담대하라 내가 세상을 이기었노라"(요 16:33) 선언하신 의미를 진실로 깨달았기 때문입니다.

냉소적인 도마의 고백(요 20:24-29)

십자가에 달려 돌아가신 예수님은 사흘 후에 다시 부활하셨습니다. 요한복음은 부활의 첫 목격자가 "막달라 마리아"(요 20:1)라고 밝힙니다. 부활 후 예수님은 "안식 후 첫날 저녁 때에 제자들이"(요 20:19) 모인 곳에 나타나셨습니다. 이때 제자들을 향해 "숨을 내쉬며 이르시되 성령을 받으라"(요 20:22) 하셨습니다. 이는 창조주이신 예수님이 이 땅에 거듭난 자들의 모임인 교회를 새로 창조하신 장면입니다. 특히 성령을 내려주시면서 주님은 "너희가 누구의 죄든지 사하면 사하여질 것이요 누구의 죄든지 그대로 두면 그대로 있으리라"(요 20:23)라고 하셨습니다. 앞으로 교회가 '천국의 열쇠'(마 16:19)를 가지고 '음부의 권세를 이기고'(마 16:18) 세상의 죄인들을 구원하는 방주 역할을 하리라는 예언입니다.

하지만 이 첫 번째 부활주일 모임에 "열두 제자 중의 하나로서 디두모라 불리는 도마"(요 20:24)는 함께 있지 않았습니다. 아마도 도마는 당시에 예수님의 뜻을 따르고 싶은 마음이 없었던 것 같습니다. 예수님은 십자가를 지기 전에 제자들을 위해 기도하시면서 네 번이나 거듭해서 간곡한 소망을 표현하셨습니다. 믿는 이들로 '하나가 되게 하옵소서'(요 17:11, 21, 22, 23)라는 것이었습니다. 하지만 도마는 지금 제자들과 하나 되지 못하고 따로 행동합니다. 십자가 사건 후 도마의 마음에 큰 실망이 있었다는 증거입니다.

공관복음서에는 도마의 이름만 나오지만(마 10:3; 막 3:18; 눅 6:15), 요한복음에는 도마가 네 번이나 직접 등장해서 구체적인 말과 행동을 합니다. 이때 나타나는 도마의 성품이 독특합니다. 도마의 첫 등장은 예수님이 나사로를 살리기 위해 가실 때였습니다. 유대로 가시려는 예수님을 제자들이 만류하며 "랍비여 방금도 유대인들이 돌로 치려 하였는데 또 그리로 가시려 하나이까"(요 11:8) 했을 때 주님이 뜻을 굽히지 않고 재촉하시자 도마는 다른 제자들에게

"우리도 주와 함께 죽으러 가자"(요 11:16)고 말합니다. 이 말의 의미는 당시 도마에게 죽음을 각오한 믿음이 있었다는 것이 아닙니다. 예수님이 체포되실 때 도마도 다른 제자들과 함께 즉시 도망쳤습니다(마 26:56; 막 14:50). 심지어 베드로처럼 예수님의 뒤를 따라가 보지도 않았습니다(요 18:15). 그의 말은 일종의 냉소였습니다. '아유, 저 고집을 어떻게 꺾겠어. 우리 가서 그냥 확 같이 죽어 버리자'는 뜻입니다.

도마가 냉소적이라는 증거는 두 번째 등장에서 더 분명해집니다. 첫 번째 고별설교 때 예수님이 "내가 너희를 위하여 거처를 예비하러 가노니…내가 어디로 가는지 그 길을 너희가 아느니라"(요 14:2-4)고 하시자 도마가 불쑥 "주여 주께서 어디로 가시는지 우리가 알지 못하거늘 그 길을 어찌 알겠사옵나이까"(요 14:5)라고 말합니다. 이 질문 역시 매우 도전적입니다. '어디 가는지 말도 안 해놓고 우리보고 어떻게 알란 말이야'라는 뜻입니다. 이쯤 되면 도마가 예수님께 불만이 있었다는 기미가 느껴집니다. 그런데 세 번째로 등장한 도마는 이제 대놓고 끔찍한 말을 합니다. 부활하신 예수님을 보지 못한 도마에게 제자들이 주님을 보았다고 하자 "내가 그의 손의 못 자국을 보며 내 손가락을 그 못 자국에 넣으며 내 손을 그 옆구리에 넣어 보지 않고는 믿지 아니하겠노라"(요 20:25)라고 말한 것입니다.

이 말은 상당히 불경스럽습니다. 작은 못 자국에는 손가락을 넣고 큰 창 자국에는 손을 집어넣겠다는 말은 어떤 경우에도 사흘

전에 돌아가신 스승에 대해 할 수 있는 말이 아닙니다. 도마가 불손한 말을 하는 데서 뭔가 짙은 원한이 느껴집니다. 기대와 달리 너무 허무하게 죽어 버린 예수님께 실망하고 그로 인해 자기 목숨까지 위험해진 현실이 원망스러웠던 것입니다. 당시 제자들은 유대인들이 두려워서 모인 곳의 문들을 닫고 있었습니다(요 20:19). 그러니 평소에도 냉소적이었던 도마는 예수님이 십자가를 지신 후에 더욱 끔찍한 말로 모독적인 발언을 쏟아낸 것입니다.

만약 도마의 등장이 여기서 끝나 버렸다면 그는 끝내 불명예스러운 제자로 남았을 것입니다. 하지만 다행히 도마는 네 번째 등장에서 부활하신 예수님을 뵈었습니다. "여드레를 지나서 제자들이 다시 집 안에 있을 때에 도마도 함께 있고 문들이 닫혔는데 예수께서"(요 20:26) 다시 나타나신 것입니다. '여드레를 지나서'는 지난번 주님과의 만남이 있은 지 정확히 7일 후를 뜻합니다. 당시의 '지나서'라는 표현은 첫째 날도 포함합니다(마 27:63 참조). 따라서 예수님이 다시 나타나신 날은 지난 '안식 후 첫날'과 같은 일요일, 즉 주일입니다. 성령이 강림하신 오순절 날 역시 계산해 보면 주일입니다(레 23:14-15). 부활하신 예수님을 섬기는 성도들의 공식 모임 시간이 주일로 확정된 배경입니다.

인류 최초의 첫 주일 예배에 빠진 도마는 다행히 두 번째 주일 예배에 참석했습니다. 이때 나타나신 예수님은 "도마에게…네 손가락을 내밀어 내 손을 보고 네 손을 내밀어 내 옆구리에 넣어 보라 그리하여 믿음 없는 자가 되지 말고 믿는 자가 되라"(요 20:27)고

하십니다. 그토록 냉소적이던 도마는 예수님의 말씀을 듣고 마침내 변화합니다. 그는 예수님께 "나의 주님이시요 나의 하나님이시니이다"(요 20:28)라고 고백합니다. 예수님이 곧 하나님이시라는 요한복음의 첫 선언(요 1:1)이 긴 여정을 거쳐 도마의 고백을 통해 마무리된 것입니다.

부활 후 세 번째 나타나심(요 21:1-25)

부활하신 예수님은 두 번째 주일에 제자들을 만나신 후 한동안 나타나지 않으신 것 같습니다. 그래서 제자들은 절망감을 느꼈습니다. 베드로를 비롯한 일곱 명의 제자들이 예루살렘을 떠나 고향 갈릴리 호수에서 다시 물고기를 잡기 시작한 것입니다. "시몬 베드로가 나는 물고기 잡으러 가노라 하니 그들이 우리도 함께 가겠다 하고 나가서 배에 올랐으나 그날 밤에 아무것도 잡지 못하"(요 21:3)였다고 요한복음은 기록합니다. 밤새 허탕을 치고 "날이 새어 갈 때에 예수께서 바닷가에 서셨"(요 21:4)습니다. 예수님은 제자들의 배를 향해 "그물을 배 오른편에 던지라 그리하면 잡으리라"(요 21:6) 하셨습니다. "이에 던졌더니 물고기가 많아 그물을 들수 없"(요 21:6)을 정도였습니다.

가장 먼저 주님이심을 알아챈 "예수께서 사랑하시는 그 제자가 베드로에게 이르되 주님이시라 하니"(요 21:7) 베드로는 "벗고 있다가…겉옷을 두른 후에 바다로 뛰어"(요 21:7)내립니다. 나머지 제자들도 "물고기 든 그물을 끌고 와서 육지에 올라 보니 숯불이 있는데 그 위에 생선이 놓였고 떡도"(요 21:8) 있었습니다. 그물에는 "가득히 찬 큰 물고기가 백쉰세 마리"(요 21:11)나 되었고 제자들은 주님께서 마련해 놓으신 숯불에 구운 떡과 생선으로 조반을 먹었습니다. "이것은 예수께서 죽은 자 가운데서 살아나신 후에 세 번째로 제자들에게 나타나신 것"(요 21:14)입니다.

조반을 먹은 후(요 21:15) 예수님은 베드로에게 세 번에 걸쳐 "네가 나를 사랑하느냐"(요 21:15, 16, 17) 물으십니다. 유명한 이 장면에는 여러 논란이 있습니다. 자주 언급되는 것 중 하나는, 예수님이 베드로에게 물으신 세 번의 '사랑하느냐'가 '아가파오-아가파오-필레오'의 순서이고 베드로의 대답인 '사랑합니다'는 '필레오-필레오-필레오'였다는 것입니다. 보통 '아가파오'(ἀγαπάω)는 아가페의 무조건적 사랑이고 '필레오'(φιλέω)는 인간의 우정과 관련된 것이라고 봅니다. 즉 예수님은 베드로에게 보다 완전한 사랑을 원하셨는데 주님을 세 번 부인한 베드로가 감히 그렇게 답하지 못하자, 결국 예수님이 기대치를 낮추시고 베드로의 수준대로 마지막에 '필레오'라고 물으셨다는 해석입니다. 이 해석은 듣기에 은혜롭지만 정답이라고 하기에는 문제가 있습니다.

신약성경에서는 '아가파오'와 '필레오' 사이에 차이가 발견되지 않습니다. 두 단어는 똑같이 '사랑하다'는 뜻입니다. 하나님이나 예수님의 사랑을 표현할 때도 '아가파오'뿐 아니라 '필레오'가 자주 사용됩니다(요 5:20; 11:3; 16:27; 20:2 등). 따라서 이 본문을 제대로 보려면 '사랑하다'의 차이에 매달리기보다 다른 측면에서 접근해야 합니다. 예수님이 베드로에게 세 번이나 사랑을 확인하신 것은 베드로의 세 번 부인과 관련이 있습니다. 예수님의 세 번째 물으심에 "주께서 세 번째 네가 나를 사랑하느냐 하시므로 베드로가 근심하여 이르되"(요 21:17)라고 묘사된 것은, 세 번이나 거듭된 질문이 베드로의 마음을 찔렀다는 증거입니다. 주님을 세 번 부인한 베드로는 다시 세 번의 사랑 고백의 기회를 얻으면서 회개하는 가운데 다시는 비겁하지 말자는 결심을 굳게 다졌을 것입니다.

그러나 이보다 중요한 핵심이 있습니다. 예수님이 베드로의 고백을 받으실 때마다 '내 어린 양을 먹이라'-'내 양을 치라'-'내 양을 먹이라'고 명령하신 것입니다. 이 명령은 앞으로 베드로를 비롯한 사도들이 어떤 삶을 살아야 할지 일러 주신 것입니다. 공관복음서는 사도들이 온 세상에 복음을 가르치고(마 28:20) 전파하는(막 16:15) 증인(눅 24:48)의 사명을 강조합니다. 요한복음은 더 나아가 그렇게 이룬 공동체를 목양하는 것 또한 사도들의 필수 사명임을 보여 줍니다. 이때 '먹이라'와 '치라'는 조금 다릅니다. '먹이라'는 말 그대로 먹을 것을 주는 행위이고 '치라'는 보다 포괄적인 뜻으로 목자의 전반적인 관리와 보호활동을 뜻합니다.

따라서 예수님은 사도들에게 말씀으로 양들을 먹이고 성장시키며, 동시에 이탈자나 실망자가 없도록 관리하면서 내외부의 이단적 공격으로부터 이들의 영혼을 지키라고 명령하신 것입니다. 오늘날 정상적인 교회에서 행해지는 모든 신실한 목회 활동이 바로 이 명령에 담겨 있습니다. 그런데 '먹이라'가 두 번, '치라'가 한 번 나온 것은 목회자가 말씀 연구와 가르침에 무엇보다 큰 비중을 두어야 함을 뜻합니다. 또 말씀을 먹일 대상으로 '어린양'과 '일반양'이 구분된 것은 맡기신 양들의 신앙적 경지를 잘 파악해서 각 수준에 맞는 말씀을 적절하게 제공하며 바르게 성장시키라는 의미로 볼 수 있습니다.

《신약정독》은 시리즈로 계속됩니다.

신약성독: 복음서 편

The Four Gospels :
Careful Reading of New Testament

2018. 2. 13. 초판 1쇄 인쇄
2018. 2. 26. 초판 1쇄 발행

지은이 오경준
펴낸이 정애주
국효숙 김기민 김의연 김준표 김진원 박세정
송승호 오민택 오형탁 윤진숙 임승철 임진아
정성혜 차길환 최선경 한미영 허은
펴낸곳 주식회사 홍성사
등록번호 제1-499호 1977. 8. 1.
주소 (04084) 서울시 마포구 양화진4길 3
전화 02) 333-5161
팩스 02) 333-5165
홈페이지 www.hsbooks.com
이메일 hsbooks@hsbooks.com
페이스북 facebook.com/hongsungsa
양화진책방 02) 333-5163

ISBN 978-89-365-0351-2 (03230)